KB042423

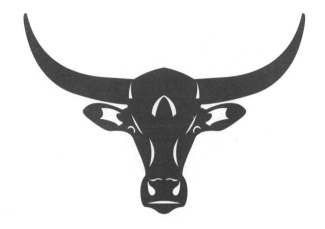

BULLWHIP EFFECT

황소채찍
효과

김수욱

박영사

황소채찍효과(Bullwhip Effect)에 대해 얼마나 이해하고 계시나요?

황소채찍효과 vs 나비효과

채찍은 손을 조금만 움직여도 채찍의 끝은 큰 파동을 일으키게 됩니다. 황소채찍효과는 소를 몰 때 쓰는 긴 채찍의 경우 손잡이 부분에서는 작은 힘이 가해져도 끝 부분에서는 큰 파동이 생기는 데 착안하여 붙여진 이름입니다. 이는 애초에 조그만 움직임이 나중에는 커다란 움직임이 될 수 있음을 의미합니다. 아주 사소하고 미미한 요인이 엄청난 결과를 불러온다는 나비효과(butterfly effect)와 유사하다고 하면 이해가 되실까요?

기업경영에 있어 나비효과와 유사한 현상을 꼽아보자면 황소채찍효과인 셈입니다. 다만, 나비효과가 우연에 가까운 인과관계에 의해 형성되는 현상이라면, 황소채찍효과는 정보 전달의 왜곡으로 발생하는 필연적인 현상이라는 점이 차이가 있습니다.

황소채찍효과 & SCM

황소채찍효과는 공급망관리(SCM: Supply Chain Management)에서 등장한 단어입니다. 일반적으로 기업 운영에 있어서 예측 가능한 장기적 변동을 제외하고 나면 대개의 제품에 대한 최종 소비자의 수요는 그 변동폭이 크지 않습니다. 그러나 공급망을 거슬러 올라갈수록 이 변동폭이 커지는 현상이 발생되면서 황소채찍효과라는 용어가 사용되었습니다.

고객의 수요가 상부단계 방향(소비자 → 소매업체 → 도매업체 → 물류센터 → 제조업체 → 공급업체)으로 전달될수록 각 단계별 수요의 변동성이 증가하게 됩니다. 공급망에 있어서 소비자 수요의 작은 변동이 제조업체에 전달될 때는 확대되므로, 제조업체 입장에서는 수요의 변동이 매우 불확실하게 보이는 것입니다. 이러한 정보의 왜곡현상으로 공급망 전체로는 재고가 많게 되고 고객에 대한 서비스 수준도 떨어지며 생산능력 계획의 오류, 수송상의 비효율, 생산계획상의 난맥 등과 같은 악영향이 발생하게 됩니다.

SCM과 기업경영 환경의 변화

1990년대 초반에 시작된 공급망 관리(SCM)의 역사에서 초기 포커스는 공급이었습니다. 가장 효율적으로 제품 또는 서비스를 생산, 공급하는 데 초점을 맞추는 기업이 성공할 수 있었습니다. 하지만, 시간이 지날수록 시장에서 공급보다 수요의 힘이 더 커지면서 2000년대 중반에 이르러 수요 지향 개념이 등장했습니다. 이것은 딜레이를 최소화하면서 수요를 감지하고 대응하는 공급망을 의미합니다. 그러나 2010년대 들어 국제 경제 및 정세가 급변함에 따라 시장의 변동성도 커졌습니다. 원유가격, 원자재 가격의 폭등이 많아 지면서, 수요 감지와 대응만으로는 이러한 급격한 변화에 대처하기가 어려워졌습니다. 기업들은 불확실성이 높아지고 있는 외부 환경의 변화에 어떤 방향으로, 어떻게 대처해야 할까요?

불확실성 대비를 위한 키워드: 황소채찍효과(Bullwhip Effect)

황소채찍효과는 불확실성이 높은 경영환경을 대표하는 키워드라고 생각합니다. 그래서 황소채찍효과를 키워드 삼아 미래를 대비하기 위한 다가올 SCM과 관련해 반드시 알아야 할 14가지 이슈를 옴니버스[1] 형식으로 구성했습니다.

- B eat the Time: Moment of Truth (MoT)
- U nderstanding SCM: Basic Concepts of SCM (SCM의 이해)
- L et the Wave Go Bullwhip Effect (황소채찍효과)

---

1 하나의 주제를 가지고 독립된 여러 개의 이야기를 늘어놓는 방식

- L et's Provide Right Amount at the Right Time: Just−in−Time (JIT)
- W ays to control the level: inventory (재고관리)
- H owever, Whatever, Whenever Guests Want Standardization & Modularization (고객 수요관리)
- I n My Arms: Arm's Length (전략적 공급계약)
- P ower of Openness: Open innovation (오픈이노베이션)
- E nough is Not Enough Quality Management (품질관리)
- F inancial Supply Chain Management (금융 SCM)
- F or the rich: Royal Marketing (로얄 마케팅)
- E very Penny Counts: Handling the Cost (원가절감)
- C an You See What's Next Technology in SCM (기술과 SCM 혁명)
- T eam Up! Supply Chain Integration (공급망 통합)

이 책에서는 전통적인 물류, 재고, 품질관리 등의 교과서에 등장하는 공급망 이론을 비롯해서 네트워크화되고 불확실성이 높아진 환경에 대처하기 위한 새로운 공급망 관리 기법들을 언급하고 있습니다.

공급망에 대한 기본적인 이해서를 찾는 경영학도들, 공급망 관리 불확실성에 대한 대비서를 찾는 기업인들에게 도움이 될 수 있기를 바라며 이 책을 쓰게 되었습니다.

그동안 대학 강단에서 강의하면서 얻은 경험을 바탕으로 비교적 긴 시간에 걸쳐 본 서를 집필했습니다. 부디 많은 분들에게 도움이 될 수 있기를 바라며 이만 머리말을 줄입니다.

2018년 봄

김 수 욱

| 차 례 |

CHAPTER 3.

공급사슬 불협화음 '황소채찍효과'
Let the Wave Go: Bullwhip Effect

CHAPTER 4.

고객이 원하는 것을, 고객이 원하는 때에, 고객이 원하는 만큼
Let's Provide Right Amount at the Right Time: Just-in-Time

CHAPTER 5.

기업의 자산, 재고를 관리하는 방법
Ways to Control the Level: Inventory

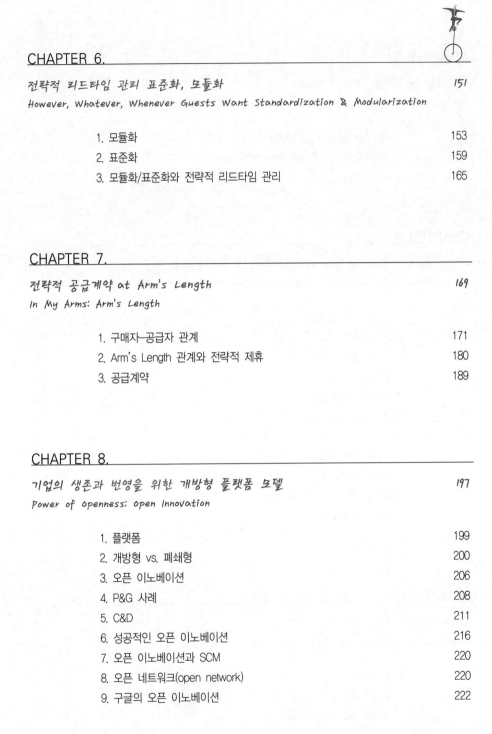

Beat the Time: Moment of Truth

모든 것을 결정하는 15초, '진실의 순간'

견딜 수 있는 시간(The Zone of Tolerance)

흔히들 첫인상이라는 말을 많이 한다. 소개팅에서, 혹은 비즈니스를 위한 첫 미팅에서 첫인상이란 전부를 좌우한다고 해도 과언이 아닐 정도로 중요하다. 또한 첫인상은 쉽게 지워지지 않는다. 부정적인 첫인상을 극복하기 위해서

그림 1-1. **The Zone of Tolerance**

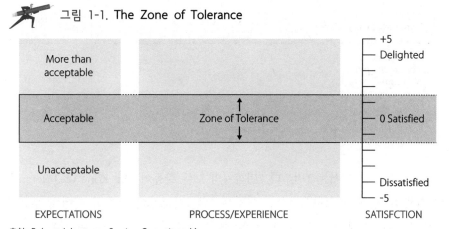

출처: Robert Johnstone, Service Operations Management

3

는 매우 오랜 시간이 걸릴 수도 있다. 이런 현상을 Robert Johnston(1995)는 "The Zone of Tolerance"라고 명명하였다.

〈그림 1-1〉은 The Zone of Tolerance를 나타낸다. 가운데의 회색 바가 The Zone of Tolerance를 의미하며, 고객의 기대를 뜻한다. 즉, The Zone of Tolerance가 넓은 고객은 관대한 고객이라 할 수 있을 것이며, The Zone of Tolerance가 좁은 고객은 관대하지 못한 고객이라 할 수 있을 것이다. 만약, 한 고객이 처음 방문했을 때 매우 만족하였다면, 그 다음 방문 시 해당 고객의 The Zone of Tolerance는 넓어져 있을 것이고, 그렇지 않은 경우라면 좁아져 있거나 아예 방문하지 않을지도 모른다.

그림 왼쪽의 Expectations와 오른쪽의 Satisfaction은 이러한 의미에서 The Zone of Tolerance를 넘어서는 서비스를 받았거나 The Zone of Tolerance에 못 미치는 서비스를 받았을 경우 고객이 환희를 느끼거나 불만족하는 경우를 의미한다. 〈그림 1-2〉의 예를 보자.

그림 1-2. The Zone of Tolerance 예시

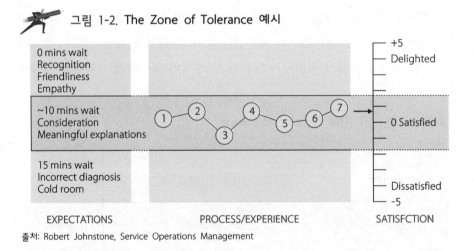

출처: Robert Johnstone, Service Operations Management

〈그림 1-2〉에서는 1번부터 7번까지의 모든 활동이 The Zone of Tolerance 의 회색 바 안에 위치하고 있다. 이것은 모든 활동들이 고객의 기대에 부응하였으며, 이로 인해 고객은 이 프로세스에서 만족하였다는 것을 의미한다. 여기

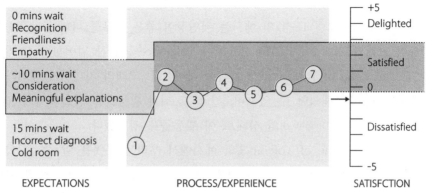

그림 1-3. The Zone of Tolerance 예시: 첫인상이 나쁜 경우

출처: Robert Johnstone, Service Operations Management

에서 고객은 10분의 대기 시간 정도를 The Zone of Tolerance로 삼았다고 가정하였다.

〈그림 1-3〉에서는 첫인상이 나쁜 경우를 설명하고 있다. 1번 활동이 고객의 기대인 The Zone of Tolerance보다 아래에 위치하고 있다. 이는 고객의 기대에 못 미친 것이며, 고객은 몹시 불만족한 상태다. 하지만 그 뒤의 The Zone of Tolerance의 위치 변화에 주목할 필요가 있다. 고객은 불만족을 먼저

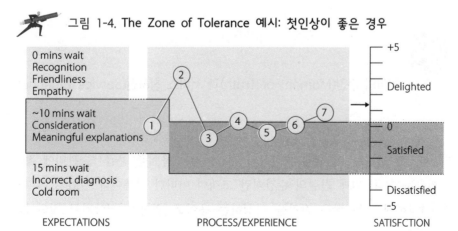

그림 1-4. The Zone of Tolerance 예시: 첫인상이 좋은 경우

출처: Robert Johnstone, Service Operations Management

경험하게 되면, 그 뒤의 기대치가 커진다. 즉, 작은 실수를 먼저 하게 되면 그 뒤에 고객을 만족시키기란 더욱 어려워지는 것이다.

이에 반해 〈그림 1-4〉의 예시는 첫인상이 좋은 경우를 나타낸다. 2번의 활동이 고객의 기대수준인 The Zone of Tolerance를 한참 넘어섰다. 그리고 난 뒤 The Zone of Tolerance가 아래로 내려갔다. 고객의 기대치가 내려가며 관대해진 것으로 해석할 수 있으며, 결국 그 뒤의 활동들은 동일함에도 불구하고 고객은 환희(Delighted)의 상태로 이 활동들을 경험했다.

앞선 The Zone of Tolerance의 예시에서 우리는 무엇을 알 수 있는가?

바로, 고객과의 접점 관리가 매우 중요하다는 것이다. 그리고 또한 만나는 순간의 첫인상이 고객을 만족시키게 되는 여러 가지 요소를 좌우한다는 것이다. 필자는 이 책의 서장에서 첫인상의 중요성을 강조하면서, 동시에 고객과의 접점을 중시해야 한다는 말을 함께 하고 싶다.

공급사슬관리(Supply Chain Management)란 하나의 조직만을 관리하는 것이 아닌 여러 조직들의 접점을 관리하여 유기적으로 공급이 가능하게 하는 경영기법이다. 필자는 이에 대한 공급망 관리 이론을 The Zone of Tolerance의 개념으로 서두를 열면서 다음 절에서는 Moment of Truth의 개념에 대해 설명하고자 한다.

진실의 순간(Moment of Truth)과 서비스 청사진(Service Blueprint)

진실의 순간은 일반적으로 경영학 내에서도 마케팅(Marketing) 용어로 불린다. 하지만 필자는 이 책에서 진실의 순간이라는 용어를 공급사슬관리에 적용시키고자 한다. 원래 진실의 순간이란 고객이 어떠한 상품이나 기업의 이미지를 결정하게 하는 짧은 순간을 지칭하는 용어로, 앞에서 이야기한 첫인상과 일맥상통한다고 할 수 있다.

이를 공급사슬관리 측면에서 이해해 보면 공급사슬을 어떻게 관리해야 할지를 알 수 있다. 공급사슬관리에서는 고객을 만나는 순간의 관리인 고객 접점 관리가 무엇보다 중요하다는 것이다. 이러한 접점을 관리하는 기법인 서비스 청사진에 대해 설명하고자 한다.

서비스 청사진은 프론트 오피스 프로세스와 백 오피스 프로세스로 나눌 수 있다. 프론트 오피스 프로세스는 대면이나 통화, 인터넷 서비스 및 원격 사용 등의 직접적인 접촉 등이 해당된다. 백 오피스 프로세스는 이러한 프론트 오피스 프로세스의 활동을 지원하는 역할을 한다. 또한 서비스 청사진은 서비스 전달 분석 기법으로 서비스의 활동이나 흐름, 실수 가능점, 고객 대기 등을 가시선을 이용해 나타내는 서비스 프로세스 도표의 일종이다.

이러한 서비스 청사진은 Shostack(1984)에 의해 Harvard Business Review에 소개된 이후 현재 공급사슬관리에 적용되어 공급사슬 내의 자재의 흐름과 실패 가능점, 자재 흐름 파악, 자재 병목 현상 등을 파악하는 데까지 이르렀다.

서비스 청사진은 아래 세 단계의 과정을 거쳐 작성된다.

- 1단계: 서비스 과정의 구분
  - 대상 업체, 혹은 서비스/제조 기업이 제공하는 모든 제조 및 서비스 단위의 수집
  - 수집된 제조 및 서비스 단위를 '가시선(Visible line)'을 통해 분류
    (*혹은 다른 여러 기준으로도 분류가 가능하다)
  - 분류 후, 고객의 입장에서 제조 및 서비스 프로세스를 정리
- 2단계: 실패 가능점(Fail Point), 대기 가능점(Waiting Point) 제시
  - 제조 및 서비스 프로세스에서 실패가 번번히 일어나는 곳을 표시
  - 제조 및 서비스 프로세스에서 실패가 일어날 가능성이 있는 곳을 표시
  - 제조 및 서비스 프로세스에서 대기가 번번히 일어나는 곳을 표시
  - 제조 및 서비스 프로세스에서 대기가 일어날 가능성이 있는 곳을 표시
- 3단계: 수익성 분석, 실패 및 지연 현상 분석
  - 실패 가능점에 대한 원인 분석

- 개선 방안 도출 및 수익성 분석
- 전체 수익률 향상 방안 분석
- 대기 시간 개선 방안 분석

그림 1-5. 휴대폰 공급망 사례

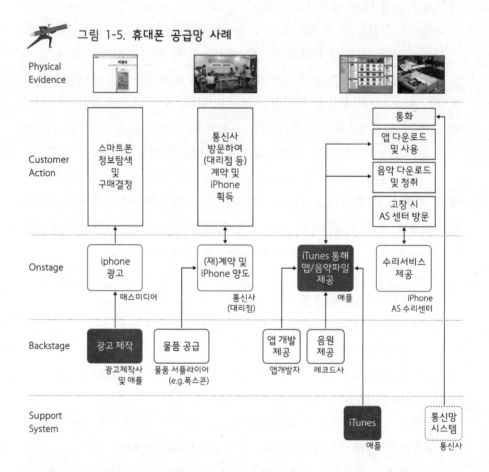

〈그림 1-5〉에는 휴대폰의 공급사슬관리가 서비스 청사진의 형태로 나타나 있다. 먼저 Physical Evidence란 물리적 증거로, 검색 횟수, 실제 판매량 등 측정할 수 있는 단위를 의미한다. 이에 대한 고객의 행동과 프론트 오피스 프로세스인 onstage와 백오피스 프로세스인 backstage, 이를 지원하는 후방 활동들로 나눌 수 있다.

이 중, 파란 상자로 표시된 부분이 Fail Point이다. 이러한 실패 가능점들을 관리하기 위하여 KPI(Key Performance Indicator)를 만들어 지표화하여 공급망을 관리할 수 있으며, 이러한 KPI의 예시는 〈표 1−1〉에 나타나 있다.

 표 1-1. Fail points and Key Performance Indicators

Fail Points	Key Performance Indicators
사람들이 잘보는 곳에 광고를 배치하지 못함	광고 시청률, 인터넷 광고 클릭수, 방문자수
계약절차가 너무 복잡하거나 하자가 있는 물품을 받음	평균계약시간, 반품율
찾고자 하는 앱이나 음악이 없음	다운로드/방문자수 비율
수리기간이 너무 길거나 수리가 제대로 되지 않음	평균 수리 시간, 재수리비율
광고가 소비자의 구매욕구를 자극시키지 못함	판매량, 설문조사를 통한 브랜드매력도
생산차질로 물품공급이 제대로 이루어지지 않음	평균물품수령대기시간
질 좋은 앱이 개발되지 않음	다운로드수
저작권 문제 등으로 음원 공급 불가	전체음원량
전산 장애 등의 이유로 인한 서비스 중지	서비스중단횟수, 기간
통화음질 저하 데이터 미전송	데이터미전송량, 통화실패횟수

〈표 1−1〉을 살펴보면, 휴대폰 공급망 프로세스에서 광고 부분의 실패 가능점인 광고 배치 문제를 실패 가능점으로 소개하고 있으며, 이에 대한 KPI로 광고 시청률이나 인터넷 광고 클릭수, 방문자수 등을 기준으로 측정하게끔 하고 있다. 또한 통화 음질 저하나 데이터 미전송 등의 기술적인 결함 역시 데이터미전송량, 통화실패 횟수 등의 정량적인 지표로 관리하고 있다.

즉, 공급망을 관리하기 위한 고객의 접점 관리는 이러한 공급망 전체의 프로세스를 먼저 파악하고, 해당 프로세스에서 실패 가능점을 찾은 후, 이를 관리하는 방안을 고민하는 것에서부터 시작된다고 해도 과언이 아니다.

3 서비스 청사진을 이용한 Value Stream Map

WCM(World Class Manufacturing)에서는 서비스 청사진을 업그레이드시킨 Value Stream Map을 제시한다. Value Stream Map은 고객 가치의 움직임을 보여주며, 여기에는 고객이 구매하는 것에 기여하는 재료와 프로세스가 포함된다. 또한 Value Stream Map은 고객에게 자재나 정보 흐름을 전달하는 방법을 보여주는 지도를 그리는 기술이다. 프로세스를 보여주는 것은 프로세스를 개선할 수 있는 프로세스를 찾아내기 위한 과정으로도 볼 수 있다.

Value Stream Map을 그리기 위해서는 아래와 같은 단계를 거친다.

첫째, 지도를 그릴 프로세스를 식별한다.
- 예를 들어 조직 리소스의 상당 부분을 소비하는 프로세스를 선택하거나, 더 많은 이익을 내는 프로세스를 선택
- 일반적으로 제조 업체는 제조 공정에 초점을 맞추는 등의 스코프(scope)가 매우 중요
- 특히, 시작과 끝 점을 정의할 필요성이 있음

둘째, 현재 프로세스를 그린다.
- 관리자와 실무자가 합심하여 현재 프로세스를 작성
- 일선 근로자를 포함시키는 것이 매우 중요

셋째, 현재 프로세스를 평가한다.
- 고객의 입장에서 부가 가치를 창출하는지에 대한 고민
- 혹은, 얼마나 많은 자원을 사용하는가? 얼마나 낭비되는가?에 대한 고민

넷째, 미래 Value Stream Map의 형태를 그린다.
- 병목 현상, 가치 저하 등을 일으키는 프로세스를 제거한 이상적인 형태의 프로세스를 작성

〈그림 1−6〉은 Microsoft Visio의 사례를 서비스 청사진의 변형 형태인 Value Stream Map으로 나타낸 사례이다. 해당 영문 설명은 아래와 같다.

- The overall control process, 전반적인 통제 프로세스
- Suppliers and the delivery methods, 공급업체와 운송 방안
- Inputs from the suppliers, 공급업체의 input
- The work processes (including inventory warehouses) through which materials move, 재고 창고를 포함하여 재료가 이동하는 작업 프로세스
- Outputs−both the desired and waste outputs, 아웃풋−목표물 및

그림 1-6. Microsoft Visio Value Stream Mapping

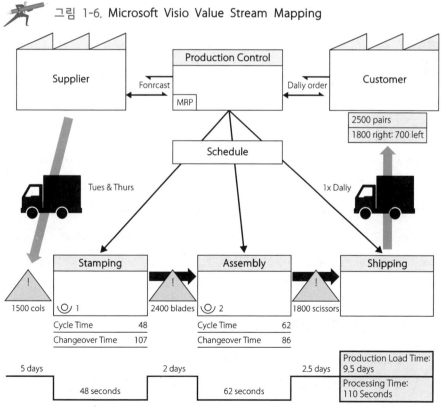

출처: http://world-class-manufacturing.com/Lean/value_stream_mapping.html

부산물 모두 포함

- Customers and the delivery methods, 고객과 운송 방법
- The information flow that co−ordinates these entities, 위 독립체들을 조직화하는 정보 흐름
- The average times required in each process, 각 공정에서 소요되는 평균 시간
- The average labor required in each process, 각 공정에서 필요한 평균 노동력
- Summary of the working and overhead times, 작업시간과 부가시간에 대한 요약

4 도요타의 TPS, 그리고 Lean Operations

앞서 Value Stream Map의 중요한 단계인 현재의 Value Stream을 평가하고 병목이나 가치의 저하를 나타내는 부분의 제거를 이미 달성한 기업이 있어 1장의 마지막에 소개하고자 한다. 공급사슬관리나 생산관리 분야에서 혁혁한 혁신을 이루어 세계적인 기업으로 발돋움한 도요타(Toyota)이다. 본 장의 마지막 절인 4절에서는 도요타의 생산 시스템인 TPS(Toyota Production System)과 Lean Operations에 대해 설명하고자 한다.

(1) 도요타의 생산 방식

도요타의 생산 방식은 크게 아래와 같은 8가지로 정리될 수 있다.

먼저 낭비와 비효율을 줄이고, 부품이나 자재가 필요할 때 즉시 알 수 있는 프로세스를 구축해 놓고, 미리 재고를 만들어 놓는 것이 아니라 수요에 기

초하여 자재나 부품을 생산하는 것이다. 또한 각 작업 부하를 평준화시키고 모든 단계에서 전사적으로 품질 관리에 관심을 쏟으며, 실수를 줄이려 노력하고 이러한 개선을 위한 소그룹을 만들어 운영한다. 마지막으로 이러한 과정을 카이젠 철학을 통해 지속적으로 개선하고 발전시켜 나간다는 것이다.

① 무다(Muda(無駄, also ムダ)(English: Waste))
　　- 낭비와 비효율
② 칸반(Kanban(看板, also かんばん)(English: Sign, Index Card))
　　- 부품이나 자재가 필요함을 알리는 수작업 시스템
③ Pull System
　　- 수요에 기초해 자재나 부품을 대체(생산)
④ 헤이준카(Heijunka(平準化)(English: Production Smoothing))
　　- 작업 부하 평준화
⑤ 카이젠(Kaizen(改善)(English: Continuous Improvement))
　　- 시스템의 지속적인 개선
⑥ 지도카(Jidoka(自働 化)(English: Autonomation-automation with human intelligence))
　　- 모든 단계에서의 품질관리
　　- 모든 작업자들이 품질에 대해 주의를 기울이는 것이 목표
⑦ 포카-요크
　　(Poka-yoke(ポカヨケ)(English: fail-safing-to avoid(yokeru) inadvertent errors(poka)))
　　- 실수를 줄이기 위해 설치된 안전망
⑧ 팀 개념(Team Concept)
　　- 공정 개선을 위해 운영되는 작업자들의 소그룹(self-directed teams)

(2) Lean Operations

린 운영 방식은 한 마디로 정의하자면, 앞서 언급한 낭비와 비효율을 제거한 도요타만의 운영 방식이라 하겠다. 즉, 최소의 자원을 사용하면서 좋은

품질의 제품과 서비스를 생산하는 운영 방식으로, 여기서 낭비란 생산 공정을 방해하거나 추가적인 가치를 창출하지 못하는 모든 행위를 일컫는다.

그림 1-7. Lean Operations

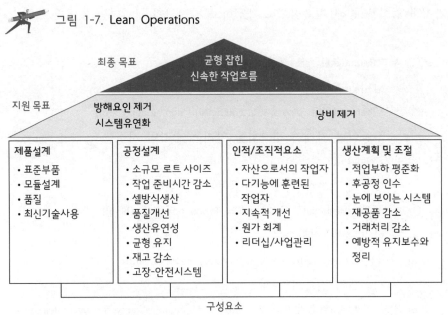

출처: Adapted from Thomas E. Vollmann, William L. Berry, and D. Clay Whybark, Manufacturing Planning and Control Systems, 5th ed. Copyright 2005 Irwin

이러한 린 운영 방식의 목표는 결국 방해 요인을 제거하여 시스템을 유연화하는 것은 물론, 초과 재고와 같은 낭비 요소를 제거하여 빠르고 품질 좋은 물건을 적시에 생산해 내는 도요타식 JIT(Just In Time)시스템을 지원하는 것이다. 이러한 린 운영에서의 낭비에 대해 조금 더 자세히 알아보자.

■ 린 운영에서의 낭비
① 재고: 공간을 차지하고 비용을 발생시키는 유휴 자원
② 초과생산: 생산자원의 초과적인 사용까지 포함
③ 대기시간: 공간을 차지하고 가치를 창출하지 못함
④ 불필요한 운송: 제품 취급 회수를 늘리고 재공품 재고를 늘림

⑤ 공정낭비: 불필요한 생산단계 발생, 스크랩(Scrap)

⑥ 비효율적인 작업 방법: 생산성 감소, 스크랩 증가, 재공품 재고 증가

⑦ 불량품: 재작업 비용 증가와 고객 불만족에 의한 매출 감소

이러한 낭비를 제거하기 위해 린 운영에서는 표준 부품을 사용하려 노력하고, 모듈 설계를 통해 낭비를 최소화한다. 또한 공정 설계에서는 작은 로트 사이즈와 작업 준비 시간을 단축하고 셀 방식으로 생산하며 품질 개선과 생산의 유연성, 균형 시스템과 재고 감축 등에 초점을 두고 설계된 프로세스를 바탕으로 운영된다.

Understanding SCM: Basic Concepts of SCM

CHAPTER

2

물류의 기능을 수행하는 시설과 배송의 네트워크 'SCM'

비즈니스 환경 변화

　기업이 생겨난 이래로 기업의 비즈니스 환경은 꾸준히 변화하고 있다. 20세기 말 블루오션이었던 시장이 21세기 들어 레드오션으로 변화하는 반면에 무선통신 시장처럼 규모가 크지 않았던 시장이 모바일 사업의 확대로 기업의 이익에 많은 부분을 담당하는 등 시장은 끊임없이 변화하고 있다. 이처럼 급속하게 변화하는 기업 환경 속에서 변화를 예측하고 이에 대응하면서 기업의 생존뿐만 아니라 변화하는 환경에 선두주자로 발돋움하기 위해서는 변화를 관리하는 역량이 중요하다. 과거에 기업은 경쟁우위를 창출하기 위해서 고전적인 자본주의경제 시대의 배경으로 형성된 기업의 최대이윤 획득과 비용 최소화의 단순한 목표를 가졌다면 현대의 기업은 고객의 니즈를 고려하고 경영환경 변화에 유연하게 대처하는 광범위한 목표를 가지고 기업을 운영해야 한다는 것이다. 그렇다면 근본적으로 변화를 일으키는 동인들은 무엇인지 알아보고 공급망관리와 연관지어 변화하는 경영환경에서 효율적인 공급사슬관리란 무엇인지 이해해보자.

　물류와 정보통신이 발달하기 이전에 사업의 많은 부분이 한 국가 혹은 인접한 국가를 시장으로 경영활동을 수행하였다. 하지만 기업이 성장하고 운송수단이 발달하고 정보화가 진행됨에 따라 사업의 규모가 확대되고 한 국가와 인접국에서 수행하던 사업을 국경을 넘어 지리적으로 먼 다른 국가로 진출하였다. 이는 소수의 국가에서 사업을 수행하는 것보다 여러 국가에서 수익을 창출하는 것이 보다 기업 경영에 도움이 되기 때문에 기업은 글로벌전략을 구사하게 된 것이다. 이를 전문용어로 세계화(Globalization)라고 일컫는데 기업 역시 기존의 다국적 기업(Multi-national corporation)에서 초국적 기업(Transnational corporation)으로 변모하게 되었다. 이처럼 기업들이 세계시장으로 진출했던 초기 단계에는 여러 국가의 시장을 하나의 시장으로 간주하고 규모의 경제를 통하여 본사(headquarter) 중심으로 글로벌 시장을 관리하는 세계화 전략을 구사하였다. 하지만 이러한 전략은 자국시장과의 다른 특색을 가진 이종 시장의 취향을 반영하지 못해 결과적으로 기업의 매출이 감소하는 부작용을 가져왔다. 표준화된 상품과 보편적인 정서에서 그 이상의 것이 필요하다는 결론이 기업인들 사이에서 강조되었고 이는 세계화를 뜻하는 Globalization과 현지화를 뜻하는 Localization의 합성어인 Glocalization이 등장하면서 무한경쟁구조 하에서 현대 기업들은 각 국의 개별 소비자들의 마음을 사로잡는 동시에, 현지에서도 지속 가능한 기업으로 성장하기 위한 전략, 즉 Glocalization 전략을 펼치고 있다.

21세기는 지식, 정보화 사회라고 한다. 그만큼 지식과 정보화 인프라가 사회의 발전에 원동력이 되는 사회로서 영리를 추구하는 기업뿐만 아니라 공공의 이익을 추구하는 정부 또한 경쟁력으로 지식과 정보를 강조한다. 정보화 사회 도래의 시발점은 컴퓨터나 통신 기술의 발달이다. 이는 인터넷의 등장과 온라인 중심의 사회로의 재구성에서 출발하였다. 이러한 새로운 사회에 적응하기 위해서는 구성원들은 새로운 정보와 지식들을 받아들여야 하고, 습득한 지식과 정보를 발전시켜 경쟁력을 확보해야 한다. 기업이 변화된 경영환경에 적응하는 방법도 이와 마찬가지다. 지식, 정보 집약적 분야에 기업의 자원을 집중적으로 배치해 경쟁력을 확보해야 하는 시대가 된 것이다.

특히, 인터넷 기반의 정보화 기술을 접근하는 주체는 기업이나 개인, 남

성과 여성, 나이에 차별 없이 다양하다. 빅데이터 시대가 오면서 정보의 공급자보다는 수요자에게 많은 선택권이 제공된다. 즉, 정보의 영향력이 지속적으로 강조되고 있는 시기인 것이다. 이는 경쟁력 향상과 영향력을 확대할 기회를 잡기 위해서는 정보와 지식 그리고 이를 활용한 기술을 보유한 조직 혹은 개인이 창의성과 새로운 아이디어를 적용할 노력이 필요하다는 것이다. 앨빈 토플러는 앞으로의 세계는 지식이 모든 생산 수단을 지배하게 되며, 이에 대비한 후세 교육 없이는 어느 나라든 생존하기 어렵다고 언급하면서 지식의 중요성을 강조하였고, 더불어 경제적인 부는 지식의 정보 위에서만 가능하다고 강조하였다. 21세기는 지식과 지식이 만들어낸 기술 그리고 정보가 가치창조의 핵심이라는 이야기다. 따라서 미래 경쟁우위는 지식과 정보의 자원화에 따른 두뇌경쟁력을 누가 창출할 것이냐에 달린 것으로 전망할 수 있다. 현재로서 정보와 지식이 강조되는 21세기 경영환경에서는 이 두 요소가 그 자체로도 중요성을 가지지만 이를 활용하는 능력 또한 강조될 것이다.

2 SCM 개요

기업의 경영환경이 변화에 변화를 거듭함으로써 이익창출을 위한 공급사슬관리(Supply Chain Management)는 경영학의 주요한 이슈로 떠오르고 있다. 기업간 경쟁은 기존의 경쟁 방식에서 공급사슬과 공급사슬 간 경쟁으로 그 범위를 넓히고 있다. 따라서, 성공적으로 공급사슬을 관리한다는 것은 기업에게 있어서 생존의 문제가 된 것이다.

공급사슬관리가 등장한 배경은 시장이 급변화하고 경쟁이 심화됨에 따라 고품질, 저가격, 적기 납기의 중요성이 증대되고 시장이 차츰 글로벌화되면서 기업의 마케팅, 소싱(Sourcing), 제조(Manufacturing), 지역별 특성화 등 기존의 일부 대상이 아닌 세계를 시장으로 하는 제품 전략 수립이 필요로 했으며 공급사슬 부가가치의 많은 부분이 생산 이외의 부분에서 발생하므로 부분적 관점보다는 전체 라인이 관리가 필요로 하게 되었다. 아울러, 기존의 생산 중심의 사고방식에서 제품의 조달, 유통이 관리 이슈로 떠오르면서 과거의 부문마다의 최적화, 기업마다의 최적화에 머물렀던 정보, 물류, 현금에 관련된 업무의 흐름을 공급사슬 전체의 포괄적인 관점에서 재검토하여 정보의 공유와 비즈니스 프로세스의 근본적인 패러다임의 변화를 꾀하면서 기업 간 긴밀한 협조가 필요한 배경하에 공급사슬관리가 등장하게 되었다.

이를 정리하면 세 가지로 압축할 수 있다. 첫째로 기업 환경의 변화를 들 수 있다. 기업의 핵심역량을 경쟁우위 요소로 집중화하여, 비핵심부문은 아웃소싱함으로써 경쟁우위에 좀 더 집중할 수 있게 되었다. 유통채널 역시 기존의 단일 채널에서 다채널로 다양해졌으며 기업에게 시장의 의미는 단일 국가에서 전 세계를 대상으로 바뀌었다. 둘째로 비효율적인 정보시스템의 활용, 기능/조직간 의사소통의 어려움 등의 정보 흐름의 문제와 프로세스 설계와 운영상의 문제를 들 수 있다. 마지막으로 하드웨어/소프트웨어, 인터넷, ERP, EDI 등 업무 지원 시스템의 발전에 힘입어 첨단 정보기술의 도입으로 공급사슬관리가 등장하게 되었다. 공급사슬관리의 등장 배경을 요약하면 다음과 같다.

공급사슬관리 등장 배경		
기업 환경의 변화	공급사슬상의 문제점 발견	IT의 발전
핵심역량을 경쟁우위 요소로 집중화	정보 흐름의 문제	인터넷의 발전
시장 및 산업의 세계화	운영상의 문제	하드웨어, 소프트웨어의 발전
자재(제품), 자금(재정), 정보 관점에서의 전체 최적화	프로세스 설계의 문제	업무 지원 시스템의 발전

공급사슬관리란 상충되는 목표를 갖는 여러 독립된 의사결정 주체들로 구성되는 공급사슬을 통합적 관점에서 관리하는 것을 의미하며, 원재료와 완제품 등을 구매, 생산, 유통하는 것과 관련된 모든 활동을 관리의 대상에 포함한다. 즉, 공급사슬은 공급자, 제조업자, 유통업자, 고객 등의 구성원들을 하나

로 연결하는 것을 의미하고 생산, 납품, 자재, 부품 및 최종제품의 재활용, 서비스 기능을 포함하여 궁극적으로 제품과 서비스를 생산하여 소비자에게 제공하는 일련의 과정을 나타낸다. 기업들은 이러한 제반 활동의 계획, 구성, 조직, 관리 및 통제를 통하여 기업의 경쟁력을 높이는 것에 초점을 맞춤과 동시에 공급사슬 관리의 목표로 제품이나 서비스와 관련하여 적절한 고객서비스 수준을 결정하고, 이윤을 최대화하거나 비용을 최소화하는 방법으로 공급사슬을 설계 및 운영하고 있다.

이런 공급사슬관리에는 크게 세 가지 흐름이 존재한다. 공급자로부터 고객으로의 상품, 고객으로부터 반품 또는 A/S를 포함하는 자재 혹은 제품의 흐름과 신용조건, 지불계획, 위탁판매 및 권리 소유권 합의 등으로 구성되는 자금의 흐름 그리고 공급사, 공정과 제품 설계, 주문의 전달과 배송 상황 등과 같은 고객서비스 활동이 포함되는 정보의 흐름이 있다. 이렇게 구성된 세 가지의 흐름의 불확실성을 관리하는 것이 공급사슬관리의 핵심이다.

그렇다면 기업에게 공급사슬을 효율적으로 관리하는 것이 왜 중요한 것인지 알아보자. 흔히들 기업 경쟁의 우선순위를 비용, 품질, 시간, 유연성의 네 가지 요소로 요약해서 표현한다. 이를 나타내면 다음과 같다.

기업 경쟁의 우선순위			
비용	품질	시간	유연성
낮은 원가	높은 품질	배달 속도	고객 맞춤
		정시 배달	다양성
	일관된 품질	개발 속도	수량 유연성

즉, 낮은 원가로 높은 품질과 일관된 품질을 유지하면서 신속하고 유연성을 갖춘 기업이 시장에서 경쟁우위를 차지할 수 있다는 의미이다. 구체적으로 위 네 가지 목표를 달성하기 위해 왜 공급사슬이 필요한지 알아본다.

첫째, 기업 경영의 부가가치의 많은 부분이 제조과정 외부에서 발생한다. 실제로 한국 교통연구원 14년도 조사에 따르면 2012년도 기준으로 GDP대비

물류비비율이 12%에 달하며 고객이 주문을 넣어 원자재 인도부터 고객에게 배송되기까지 시간 중에서 일반적으로 제조시간보다 공급사슬상에서 소요되는 시간이 더 길다. 기업들은 공정 효율화, 첨단화를 통해 제조시설 내 효율성을 높이기 위해 노력하지만 실제로는 제조된 물품을 고객까지 전달하는 경로에 투자함으로써 고객의 만족도를 더 큰 폭으로 끌어올릴 수 있는 여지가 많다.

　둘째, 일반적으로 잘 알려진 황소채찍효과(Bullwhip Effect)의 영향으로 고객과 제조업체 간에 의사소통의 왜곡이 생기기 때문이다. 황소채찍효과가 발생하는 가장 큰 이유에는 급격한 수요변동의 불확실성에 대한 공급사슬 내 각 개체들의 과잉반응에 있다. 이를 관리할 수 있는 방법이 전체 공급사슬의 전략적 제휴시스템을 유지하는 것이다. 전략적 제휴시스템이란 개체들의 동기화라고 표현할 수 있는데 공급사슬 내 모든 개체들은 정보를 공유하고 서로 도움을 주고받는 전략적 공동 협력 체제를 만들 필요가 있다. 이를 통해 앞서 언급하였던 우선순위, 특히, 시간 측면(리드타임 단축, 납기준수)에서 많은 혜택을 얻을 수 있다.

　셋째, 과거에는 고비용을 낮추기 위한 방편으로 대량생산(Mass Production)이 보편적인 생산수단으로 자리매김했었다. 생산의 원칙 및 경영의 전략, 더 나아가서는 사회의 근본 원칙으로 자리를 잡은 대량생산은 생산기술이 발전하고, 대량생산 체제의 한계가 노출되면서 대량맞춤에 대한 필요성이 제기되고, 정보 기술의 발전과 인터넷의 확산으로 기업은 고객의 다양한 니즈에 반응할 수 있는 여건이 조성되었다. 이때, 새롭게 등장한 개념이 대량고객화(Mass Customization)이다. 이러한 대량고객화의 추세에 따라 전 세계를 시장으로 하는 기업들의 물류 대상 품목들이 폭이 넓어지고 재고 및 물류관리가 점차 복잡해지면서 주문관리, 생산계획, 정보관리 역시 동시에 어려워졌다. 동시에 고객에게까지 배송되는 리드타임이 길어지고 고객의 요구에 신속히 대응하지 못하는 등 공급사슬관리의 효율성이 급속하게 떨어졌다. 이에 효율적인 공급사슬관리의 중요성이 더욱 부각되었다. 이외에도 부가가치 향상, 재고 절감, 비용 감소, 상거래방식 개선, 국제경영의 적응, 시장환경 변화 및 기업 핵심역량의 재고를 위하여 필수적인 요소로 인식되고 있다.

　　공급사슬관리의 필요성은 기업 경쟁의 우선순위와 맞닿아있는데 이는 공급사슬관리의 목표와 경쟁우위를 획득하기 위한 관리 방안이 크게 다르지 않다는 의미이기도 하다. 다음 그림을 참고하면 공급사슬의 목표 역시 고객 만족을 향상시키고, 비용을 최소화하여 최종적으로는 기업 이윤을 극대화하는 것이라는 점을 알 수 있다.

　　요컨대 SCM 도입에 바탕이 되는 기본전제와 본 절의 핵심은 다음과 같이 정리할 수 있다.

① 기업의 이익 창출
② 기업 내 혹은 기업간 공급사슬관리 구축
③ 전체 최적화 달성
④ 고객 중심의 사고
⑤ 고객의 니즈에 반응할 수 있는 신속한 경영 전략
⑥ 정보기술의 활용

3 SCM의 최근 동향

다수의 회사들은 공급사슬통합에 수반되는 혜택과 문제점을 최근에 깨닫기 시작하는 것과 같이, 공급사슬관리는 여전히 새로운 현상으로 간주되고 있다. 공급사슬관리는 그 구성원들 사이의 새로운 의사소통 시스템에 대한 투자나 문화적 차이를 극복하려는 변화를 감내해야 하는 복잡한 시도이다. 경쟁상황, 제품, 기술 그리고 고객의 변화에 따라서 공급사슬의 우선순위 역시 변화해야 공급사슬이 유연성 있게 대응할 수 있다. 공급사슬관리의 최근의 동향을 살펴보면, 공급사슬 확장을 포함하며 공급사슬의 고객 대응성 증가, '녹색 공급망관리(Green SCM)' 혹은 '지속가능한 공급사슬관리(Sustainable SCM)'라 불리는 친환경적인 공급사슬 창출 및 전체 공급사슬 비용의 감축 등의 해결해야할 과제들이 여전히 남아있다. 공급사슬관리의 현존하는 공통적 문제점들을 나열하면 다음과 같다.

① 공급사슬관리를 측정할 지표의 부족: 어떻게 대응성을 측정할 것인가?
② 배송 상태에 대한 충분하지 못한 정보
③ 재고 수준에 대한 충분하지 못한 정보
④ 충분하지 못한 IT 디자인
⑤ 불확실성을 무시하는 관행
⑥ 내부의 고객 차별
⑦ 공급사슬 내 통합의 부족
⑧ 재고 비용 산출의 어려움

시장의 복잡성이 증가함에 따라 공급사슬 역시 새로운 생산과 물류 네트워크를 수용할 수 있도록 성장해야 한다. 오늘날 다수의 글로벌 기업들은 시장을 전 세계로 확대하고 상황과 요구에 알맞은 대응을 하기 위해 노력하고 있다. 국내 기업과의 협력을 공고히 하고 해외기업과는 파트너십을 맺어 해외에 생산 시설을 건설하고 있다. 공급사슬은 변화에 변화를 거듭하고 있으며 기업은 구매, 배송, 생산 등의 활동을 조정하기 위해 글로벌 기업들과 합작으로 움직이고 있다. 실제로 우리나라에서 제3자물류(Third Party Logistics) 시장이 본격적으로 태동하게 된 것은 20세기 후반이었다. IMF로 고전을 겪던 우리나라는 물류산업에 있어서는 전환기를 맞이할 수 있었다. 실제로 컴퓨터 제조업체인 HP는 제3자 물류 기업의 도움으로 공급사슬을 확장해 왔다. 이 회사의 공급사슬관리 담당자인 톰 헐리는 "글로벌 환경에서 우리가 장악하지 않으려는 곳은 이 세계에 어디에도 없다"라고 말한 바 있다.

이러한 공급사슬의 확장은 기업 역시 이를 관리하는 통제범위를 확장하고 있다. 주로 두 가지 다른 방향으로 공급사슬의 확장이 일어나는데 첫째로는 외국의 공급업체 및 고객뿐 아니라 해외의 제조, 사무실, 소매점 등 공급사슬의 범위를 확장시키고 있는 것이고 둘째로는 공급업체와 고객을 포함하는 공급사슬의 심도를 높이는 것이다.

공급사슬관리는 제조업체의 생산부문 관리시스템인 자재소요계획(MRP: Material Requirement Planning), 제조자원계획(MRPⅡ: Manufacturing Resource Planning)에서 비롯되어 경영 및 정보기술 환경의 변화에 따라 전사적 자원관리(ERP: Enterprise Resource Planning)를 거쳐 자연스럽게 등장하였으며, 관리 대상으로서의 범위가 점차 확대되었다.

구체적으로 살펴보면, 자재소요계획은 기업의 재고 감소를 목적으로 만들어진 단순한 자재수급관리를 위한 시스템으로 1960년대 등장하였다. 주생산계획을 토대로 하여 제품생산에 필요한 원자재 종류, 수량, 주문시기들을 결정하는 과정을 자재소요계획이라 일컫는데 자재소요계획을 효과적으로 수립하기 위해서는 주생산계획(Master Production Schedule), 자재명세서(Bill of Material), 재고기록철, 조달기간 등을 지속적으로 확보하고 검토하여야 한다. 즉, 자재소요계획은 세 가지 다른 요소로 특징지어질 수 있다. 첫째로, 종속수요 품목을 대상으로 한다는 점과 둘째로 소프트웨어 시스템이라는 점, 마지막으로 주일정계획(MPS)을 기초로 하여 수립된다는 특징을 갖고 있다. 그러나 초기의 MRP

시스템은 개념의 미정립, 컴퓨터와 통신 기술의 부족, 데이터베이스(DB) 기술의 미흡 등으로 시스템을 구현시키기에는 여러 가지로 부족한 점이 많았다. 그 후 통신기술과 소프트웨어/하드웨어의 발달로 DB축적과 정보통신이 활발해지면서 기존의 자재소요계획시스템의 문제점을 보완하는 새로운 기능을 갖춘 제조자원계획(MRP II)이 1970~1980년대에 등장하였다. 제조자원계획 시스템은 MRP(자재소요계획)의 변형된 형태라고 할 수 있다. 자재소요계획이 최종제품의 생산계획에 따라 제품의 생산에 필요한 반제품 및 부품의 소요량을 계획해주는 시스템이었다면 제조자원계획은 제조자원이 한정되어 있다는 상황을 생산계획의 수립에 반영할 수 있도록 계획된 시스템이다. 그리고 원가관리, 회계, 수주관리, 재고관리 등의 기능이 추가되어 생산, 판매, 물류 측면에서 연계를 가능하게 함으로써 기존의 시스템보다 향상된 모습을 보여준다.

1990년대에 들어서는 IT기술이 급속하게 발달하고 글로벌 시장의 변화가 가속화됨으로써 경쟁이 심화되었고 이에 따라 복잡성이 증가하였다. 시장구조가 생산자에서 소비자 중심으로 개편되고 기업들은 이러한 추세 가운데 살아남기 위해서 IT를 활용한 첨단 경영 기법의 도입의 필요성을 느끼게 되었고 자연스럽게 전사적 자원관리 시스템(ERP)이 주목을 받게 되었다. 전사적 자원관리 시스템이란 생산, 판매, 자재, 인사, 회계 등 기업의 전반적인 업무 프로세스를 하나의 체계로 통합/재구축하여 정보를 서로 공유하고 신속한 업무처리를 도와주는 전사적 자원관리 패키지 시스템이다. 기업의 경영상태를 실시간으로 파악할 수 있게 하며 기업 가치의 극대화를 위해 필요한 계획, 운영 및 관리 부문의 주요 경영이슈 해결을 지원하는 첨단의 소프트웨어 솔루션이라고 할 수 있다.

그 후 1990년대 후반 들어 전사적 자원관리는 통합물류 또는 공급사슬관리 개념으로 확장되었다. 이미 언급한 바와 같이 공급사슬관리는 공급사슬 연쇄구조 내에 있는 각 조직체들이 상호 협력을 통해 제품 및 서비스의 물자, 정보, 재정의 흐름을 공유하여 통합적 관리를 추구함으로써 공급사슬 전체의 최적화를 추구하는 경영개념이다. 이상과 같은 내용을 정리하면 아래의 표와 같다.

공급사슬관리의 확장 과정		
구분	관리대상	주요 기능
자재소요계획 (1960~1970년대)	자재	• 각 기능별 최적화 • 자재 수급관리, 재고 최소화
제조자원계획 (1970~1980년대)	생산에 필요한 모든 자원	• 제조자원 관리 • 원가 절감
전사적 자원관리 (1980~1990년대)	경영 관점에서의 모든 사내 자원	• 회사의 전반적 개선을 통해 통합된 시스템의 효율 달성 • 경영혁신
공급사슬관리 (1990~2000년대)	자사와 연결된 공급사슬상의 모든 업체	• 원자재로부터 최종 소비자에게 이르는 전과정이 업무 효율적 통합 • 기업간 최적화

특히 공급사슬관리의 경우는 산업별로 각기 다른 이름으로 불리기도 한다.

- **SCM의 산업별 표현 방법**
  - 식품 부문(ECR: Efficient Consumer Response)
  - 의류 부문(QR: Quick Response)
  - 신선식품 부문(EFR: Efficient Food Service Response)
  - 의약품 부문(EHCR: Efficient Healthcare Consumer Response)

이처럼 산업별 특성을 고려하면서 공급사슬관리가 적용되는 것이다.

다음으로 공급사슬의 대응성이 증가하는 것이다. 신속한 제조, 적시생산 시스템, 대량고객화, 효율적 소비자 반응, 신속 대응 등은 기업으로 하여금 고객의 요구사항과 변화에 보다 유연하고 신속하게 대응하려는 개념이다. 특히 경영 전반의 분야에서 경쟁이 치열해짐으로써 기업은 고객에게 좀 더 신속한 대응성을 갖추는 방법을 모색하고 있다. 공급사슬의 니즈를 파악하는 것, 어떤 경쟁이 이루어지고 있는가를 아는 것, 성공적으로 경쟁할 수 있는 제품과 서비스를 선정해야 하는 것 등의 요구사항들이 공급사슬 내 기업에 어떠한 영향을 미치는지를 고려해야 고객에 대한 대응성을 제고시킬 수 있다. 위 요구사항들이 공급사슬 구성원 간에 잘 수행된다면, 대응성은 개선된다.

친환경 공급사슬관리 역시 핵심 화두로 강조되고 있다. 공급사슬관리에는 크게 세 가지 흐름(자재, 자금, 정보)이 존재한다고 이미 언급하였다. 기존의 공급사슬관리는 비용최소화나 재고 감축 등과 같은 효율성에 초점을 맞추고 있었다. 이를 경쟁우위 획득을 위한 전통적인 SCM 1.0이라 일컫는다. 그러나 최근 들어 급변하는 시장, 생산, 유통, 물류 환경 속에서 이와 같은 전통적인 SCM 1.0만으로는 더 이상 기업의 경쟁우위 획득이 어려운 것이 현실이며, 이에 따라 새로운 패러다임을 더한 차세대 SCM이 많은 기업 경영자들에게 주목받고 있다. 탄력성, 녹색, 고객지향성 추구의 가치를 포함시킨 SCM 2.0이 그것이다. 즉, 기업들은 급변하는 경영환경에 유연성을 갖추면서 환경가치를 고려하는 고객 지향적 공급사슬관리를 목표로 한다. 이 중에서 공급사슬관리의 친환경성은 세계 각국의 규제가 강화됨과 동시에 지속가능한 성장의 관점에서 인식하기 시작했다. Green SCM 혹은 GSCM이라 불리는 친환경 공급사슬관리는 사실 한 가지 통일된 정의가 존재하지는 않고, 다소 다양한 해석이 존재한다. 표현이 조금씩 다르지만 본질적인 의미는 기존의 공급사슬관리(SCM)에 친환경(Green)이라는 요소를 추가하여 환경을 위한다는 의미를 가지고 있다.

그렇다면 친환경 공급사슬관리가 필요한 이유가 무엇인지 기업들이 추진할 때 어떠한 혜택을 가져오는지 알아보자. 일반적으로 GSCM이 필요한 이유를 크게 세 가지로 압축한다.

첫째, 정부규제의 강화이다. 각국의 정부의 규제와 다수의 국제 협약은 최근 각종 유해물질에 대해서 세세한 부품 및 품질 함량까지 직접 관리하기 시작했다. 지금까지는 환경 규제를 강화하는 데 중점을 뒀다면, 최근에는 세부 부품, 구성 성분, 운송 과정, 폐기물 수거 등으로 범위가 확장되고 있는 것이다. 또한 많은 선진국에서 환경 규제가 빠르게 신설되고 채택되고 있으며 이러한 추세로 향후 우리 정부 규제 또한 더욱 빠른 속도로 강화될 전망이다. 따라서 기업이 SCM을 제대로 관리하지 못하여 환경오염을 유발하게 된다면 큰 금전적, 사회적 책임을 감수해야 하는 경영환경으로 변모하였다.

둘째, 친환경 공급사슬관리가 핵심경쟁요소로 부각되었다는 점이다. 친환경 공급사슬관리는 제품의 차별화를 가능하게 하는 요소가 될 수 있다. 실제로 에너지 소모량이 적고, 유해물질을 포함하지 않은 친환경 제품을 출시하려는 기업들의 노력 덕분에 해당 제품이 우위에 설 수 있고 연구 과정에서 기술의 발전이 있을 수 있다. 그리고 기업에게는 친환경 기업이라는 이미지를 구축하여 다른 기업과 차별화된 이미지를 갖추어 신뢰를 쌓을 수 있다.

마지막으로, 기업 내외로 환경에 대한 관심이 증가가 GSCM의 요구를 증대하였다. 환경 문제로 인한 이상 기후, 각종 오염이 실제로 체감되고 있는 현실이기 때문에 모두가 환경에 민감해지고 관심이 높아지고 있다. 특히, 정보통신의 발달과 스마트폰의 보급으로 확산된 SNS를 통한 파급력이 막강하기 때문에 환경을 오염시키는 기업은 브랜드의 가치가 순식간에 하락할 수가 있다.

더불어 친환경 공급사슬관리는 기업 경영에 광범위한 혜택을 가져다 주기도 한다. 이 역시 세 가지 관점에서 살펴볼 수 있는데 재무적, 환경적, 사회적에서 기업들은 다양한 혜택을 입는다. 이를 아래 그림에서 살펴볼 수 있다.

그림 2-1. 공급망상에서 그린 SCM 전략 도입의 장점

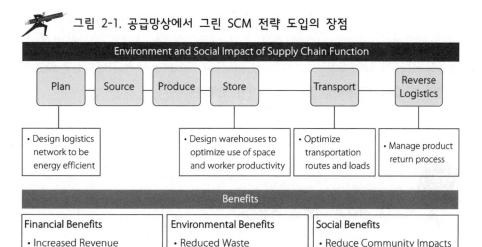

출처: Kadam, 2011

공급사슬관리의 목표에서 비용의 최소화는 분명히 높은 우선순위에 있다. 비용절감은 앞에서 언급한 바와 같이 SCM1.0 속한 기본적인 요소로써 낭비절감, 구매비용 절감, 과잉재고 및 비생산적인 활동 감축을 통하여 달성할 수 있다. 또한 공급사슬이 지속적으로 발전하면서 개선노력과 더욱 원활한 의사소통 및 공급사슬통합에 의하여 더 많은 비용절감이 가능할 것이다.

기업 경영의 세계화와 고객화, 첨단 기술의 도입 등 기업이 관여하는 공급사슬이 날이 갈수록 복잡해지면서 이를 관리하는 기업들의 어려움은 증가하고 있다. 이러한 추세는 앞으로도 지속될 것으로 전문가들은 예측하고 있다. 정보화 시대에 도래하기 전 공급망관리의 강자였던 글로벌 기업들도 변화하는 경영 환경에 적응하고자 다방면으로 노력하고 있고 일부는 상품과 정보의 전달을 관리할 역량 부족으로 고전을 면치 못하고 있다. 기업은 경쟁우위를 창출하기 위해서 고전적인 자본주의경제 시대의 배경으로 형성된 기업의 최대이윤 획득과 비용의 최소화의 단순한 목표에서 고객의 니즈를 고려하고 경영환경 변화와 이를 야기하는 동인을 고려하여 유연하게 대처하는 광범위한 목표를 가지고 기업을 운영해야 한다. 아울러 오늘날 공급사슬관리는 경쟁력 제고의 관점에서 그 중요성을 더해가고 있고 많은 이점을 깨닫기 시작하면서 그 활용도가 크게 높아졌지만 여전히 시장, 기술, 경쟁 등의 변화에 따라 공급사슬관리 방법이 변화해야 함을 인식해야 한다.

4 SCM 전략과 기업의 경쟁전략

이제까지 공급사슬관리란 무엇인지, 공급사슬관리가 기업 경영에 왜 필요한 것인지 등을 전략의 일환으로서 알아보았다. 그러나 기업이 추구하는 전략은 시기나 상황 그리고 기업이 판매하려는 제품의 종류 등에 따라서 달라지기 마련이다. 여러 가지 문제를 풀 수 있는 하나의 답은 존재하지 않기 때문이다.

2.4 SCM 전략과 기업의 경쟁전략에서는 기존의 문헌연구를 통하여 상이한 제품에 특성, 수요/공급의 불확실성, 기업의 경쟁우위 전략에 따라 어떠한 공급사슬관리전략이 더 잘 들어맞는지 알아보도록 하겠다.

공급사슬관리 방법이 도입된 이후로 POS Data 인식기술이나 전자 데이터 교환(EDI) 기술은 기업의 탄력적 생산대응, 자동화된 창고관리, 신속한 입출고 혹은 배송을 가능하게 하였다. 이미 한 번 언급했던 QR(Quick Response), ECR (Efficient Consumer Response), Accurate Response, 대량고객화(Mass Customization), 린생산(Lean Manufacturing), Agile Manufacturing 등은 정보기술과 접목하여 고객의 요구에 즉각 대응할 수 있게 만들어 주었다. 하지만 공급사슬 파트너 상호간 적대적으로 형성된 관계나 가격인하 행사에만 지나치게 의존해 온 업계의 관행 때문에 공급사슬관리 비용은 유례없는 수준으로 증가하게 되었다. 그렇다면 왜 새로운 아이디어나 기술들이 향상된 성과를 가져오지 못하는가? 물음에 대한 답은 간단하다. 기업가들이 특수한 그들만의 상황에 가장 적합한 프레임워크를 결정하지 못하였기 때문이다.

Fisher은 1997년 그의 논문을 통해 기업의 경쟁전략과 공급사슬전략 간에 조화를 이루어야 경쟁력을 확보할 수 있다고 언급하였다. 예를 들어, 기업의 목표고객이 낮은 가격이나 신속한 수요충족을 원한다면 기업은 규모의 경제를 통한 비용절감, 신속한 배송과 같은 효율적 공급사슬의 구축을 통해 경쟁력을 확보할 수 있다고 언급한 반면에 고객이 낮은 가격보다는 고객화나 신속한 신제품 출시를 원한다면 기업은 반응적인 공급사슬의 구축을 통해 경쟁력을 확보할 수 있다고 주장하였다. 이처럼 기업은 공급사슬전략의 전략적 적합성을 달성해야 한다. 이를 위해서는 목표시장의 특성, 특히 고객과 공급사슬의 불확실성을 명확히 파악하여야 하며, 기업의 공급사슬 능력과 선택할 수 있는 공급사슬 대안을 이해하여야 한다. 마지막으로 경쟁전략과 전략적 적합성을 가진 최적의 공급사슬전략을 채택해야 한다.

제품은 수요측면의 특성에 따라 크게 두 가지 기능적 제품(Functional Prouct)과 혁신적 제품(Innovative Product)으로 나뉜다. 다음은 Fisher가 제시한 기준에 따라 기능적 제품과 혁신적 제품의 특성을 나타낸 표이다.

	기능적 제품	혁신적 제품
수요 특성	예측 가능한 수요	예측 불가능한 수요
수명 주기	2년 이상	3개월~1년
공헌 이익 (Contribution Margin)	5~20%	20~60%(고정비 비중 높음)
제품 다양성	낮음(카테고리별 10~20종)	높음(카테고리별 수백만종)
수요예측 평균오차율	10%	40~100%
평균 결품율	1~2%	10~40%
비수기 가격 인하율	0%	10~25%
주문~생산 간 리드타임	6개월~1년	1일~2주

　　위 두 가지 다른 제품의 수요특성에 따른 공급사슬전략 역시 알아보도록 하겠다. 공급사슬전략 역시 여기에서는 두 가지 효율적 공급사슬전략과 반응적 공급사슬전략으로 나뉜다. 이를 몇 가지 특성에 따라 다음과 같이 나눌 수 있다.

	효율적 공급사슬	반응적 공급사슬
본원적 목적	최소의 비용으로 예측 가능한 수요 충족	시장의 불확실한 수요에 신속 대응 (결품/과다재고/가격인하 최소화)
제조 특성	높은 생산 가동률	잉여 생산 능력 보유
재고 전략	재고 최소화(재고회전 증대)	충분한 자재 및 완제품 보유
리드 타임	COST가 증가하지 않는 범위 내에서 리드타임 최소화	리드타임 최소화를 위한 적극적 투자
공급자 선정 방법	가격 및 품질	속도, 유연성, 품질
제품 설계 전략	성능 극대화, 원가 최소화	지연을 위한 모듈러 디자인

　　위 서로 다른 제품의 유형과 공급사슬전략은 2×2로 네 가지 다른 조합을 만들어 낸다. 이를 다음 그림과 같이 표현할 수 있다.

제품 유형

	기능적 제품	혁신적 제품
효율적 **공급사슬**	일치	불일치
반응적 **공급사슬**	불일치	일치

공급사슬
유형

기능적 제품은 특성상 효율적 공급사슬전략과 일치하고, 혁신적 제품은 반응적 공급사슬 전략과 일치한다. Fisher는 이를 개선할 수 있는 방법은 불일치 구역에서 일치 구역으로 전략을 수정하는 것이라고 주장하였다. 이에 덧붙여 기능적 제품을 공급하는 대부분의 회사는 효율적인 공급사슬이 필요하다는 것을 인식하는 반면에, 혁신적 제품을 공급하는 회사는 종종 우측상단 셀에 위치하는 것을 볼 수 있다고 언급하였다.

올바른 공급사슬 전략을 고안하려 할 때 제품을 특징짓는 단순하지만 강력한 방법은 불확실성 구조이다. 이 구조는 제품과 직면한 두 가지 불확실성 요소인 수요와 공급을 명시한다. Fisher는 공급사슬 전략을 제품 수요 불확실성의 올바른 수준과 매칭하는 것을 소개했다. Hau L. Lee는 공급의 불확실성을 포함하기 위한 구조를 전개했다.

수요의 불확실성은 제품에 대한 수요의 예측 가능성과 연결되어 있다. 기능적 제품은 긴 제품 수명주기를 가지므로 안정된 수요를 갖는 반면, 혁신적 제품은 짧은 제품 수명주기를 갖고 높은 혁신과 유형을 가지므로 수요 예측이 어렵다. 명백히 기능적 제품과 혁신적 제품에 대해 서로 다른 공급사슬 전략이 필요하다. 이와 관련해서는 앞서 간략하게 살펴보았다. Hau Lee는 이에 한 발짝 더 나아가 공급 측면의 불확실성의 중요성을 언급하였다.

공급 측면의 불확실성은 공급사슬 전략에 있어서 동등하게 중요하다. 안정된 공급 프로세스는 제조 프로세스와 기술적 기반이 성숙하고 공급 기반이 잘 구축된 것이다. 진화하는 공급 프로세스는 제조 프로세스와 기술적 기반이 여전히 이른 개발단계에 있으며 빠르게 변화하고, 결과적으로 공급 기반이 규모와 경험적인 면에서 제한될 수 있는 것이다. 안정된 공급 프로세스에서의 제조의 복잡성은 낮고 관리할 수 있는 경향이 있다. 안정된 제조 프로세스는 자동화되어 있고, 장기 공급 계약이 일반적이다. 반대로 진화하는 공급 프로세스에서 제조 프로세스는 많은 미세 조정을 요구하고 종종 고장과 불확실한 생산에 시달린다. 공급자들 스스로 프로세스 혁신을 겪기 때문에 공급 기반은 신뢰하지 못하기도 한다.

　기능적 제품은 성숙하고 안정된 공급 프로세스를 갖는 경향이 있지만, 항상 그런 것은 아니다. 예를 들어, 지역의 전기와 다른 공익사업 제품의 연간 수요는 안정되고 예측 가능한 경향이 있지만, 한 지역의 강우량에 의존하는 수력 발전의 공급은 매년 다를 수 있다. 또한 어떤 식품은 매우 안정된 수요를 갖지만 그 제품의 공급(양과 질 모두)은 매년 기상조건에 따라 달라진다. 마찬가지로, 안정된 공급 프로세스를 갖춘 혁신적 제품도 있다. 패션 의류 제품은 짧은 판매 기간이 있고 그 수요가 매우 예측하기 어렵지만, 공급 프로세스는 신뢰할 만한 공급 기반과 성숙한 제조 프로세스 기술을 갖추어 매우 안정적이다.

　수요와 공급 모든 측면에서, 불확실성이 높은 것은 낮은 것에 비해 더 운영하기 어렵다. 공급사슬 전략을 설계하기 전에, 불확실성에 내재되어 있는 요소들을 이해하고 불확실성을 감소시킬 수 있는 방법을 찾는 것이 필요하다. 만약 제품의 불확실성을 낮출 수 있다면 공급사슬의 성과는 분명히 높아질 것이다. Hau Lee가 제시한 불확실성 해소 전략은 다음과 같다.

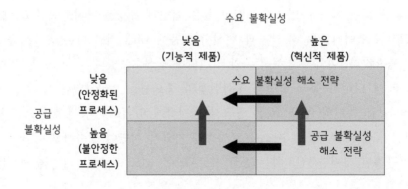

36

어떤 불확실성의 특성은 기업에게 경쟁우위를 제공해줄 수 있는 독창적이고 혁신적인 공급사슬 전략을 필요로 한다. 이러한 전략은 네 가지 종류로 나눌 수 있다. 정보 기술과 인터넷은 이러한 전략을 구성하는 데 중요한 역할을 한다. 첫째로 높은 비용 효율성 창조를 겨냥하는 전략을 사용하는 효율적인 공급사슬(Efficient Supply Chain)이다. 둘째로 공급사슬 안에서 자원을 통합하고 공유하여 공급 실패의 위험 역시 공유되도록 전략을 수행하는 리스크 헷징 공급사슬(Risk-hedgin Supply Chain)이다. 셋째로 고객 니즈의 변화와 다양성에 대응적이고 유연하게 대처하기 위한 전략을 수행하는 반응적 공급사슬(Responsive Supply Chain)을 들 수 있고, 마지막으로 재고나 다른 자원을 통합함으로써 공급 부족과 중단의 위험을 막음과 동시에 고객 니즈에 대응적이고 유연하게 대처하기 위한 전략을 수행하는 기민한 공급사슬(Agile Supply Chain)이다. 여러 제품들의 서로 다른 수요와 공급의 불확실성 성질로 인해 제품들에 대해 서로 다른 공급사슬 전략이 필요하다.

간단하게 정리하면 제품의 수요와 공급의 불확실성이 모두 낮을 때 경쟁의 기반은 효율성이다. 따라서 이러한 기업은 효율적인 공급사슬의 수립을 목표로 해야 한다. 다른 경우로 공급 프로세스가 여전히 진화하고 생산, 프로세스 신뢰성, 공급 자원, 리드타임과 관련한 불확실성과 직면하였을 때, 기업은 수요 충족에 궁극적으로 영향을 미치는 불확실성을 막는 방법을 찾아야 한다. 이러한 기업들은 리스크 헷징 공급사슬의 수립을 목표로 해야 한다. 또한 매우 예측하기 힘든 수요로 인해, 재고 과다가 발생할 수 있다. 혁신적 제품들은 제품 수명주기가 짧기 때문에, 재고 비용은 매우 클 수 있다. 이러한 제품 기업들은 반응적 공급사슬의 전략을 추구해야 한다. 끝으로 혁신적인 제품과 안정적이지 않고 발전 중인 공급 프로세스의 기업은 리스크 헷징 전략과 반응적 전략을 결합해서 사용해야 한다. 이를 기민한 공급사슬이라 일컫고 이 전략을 세우는 것이 중요하다.

수요와 공급의 불확실성은 올바른 공급사슬 전략을 고안하기 위한 틀로 사용될 수 있다. 예측할 수 없는 수요와 발전하는 공급 프로세스를 갖는 혁신적 제품은 주요한 도전과제에 직면하고는 한다. 점점 짧아지는 제품 수명주기로 인해 기업의 공급사슬 전략을 역동적으로 조절하고 적응해야 하는 압박은 커져간다. 정보의 공유, 협력, 그리고 지연(Postponement)을 사용하여 기민한 공급사슬 (Agile supply chain)을 개발하기 위해 인터넷을 사용하는 것은 기업이 그들의 시장 에서 성공적으로 경쟁할 수 있도록 해준다. 도전은 크지만, 기회 역시 그렇다.

5 SCM 도입효과

공급사슬관리(Supply Chain Management)의 도입을 통해 얻어지는 효과와 혜 택은 공급사슬관리를 적용하는 산업과 적용하는 범위와 깊이에 따라 상이하 다. 또한 공급사슬 활동에 참여하는 기업에 따라 달라지기 마련이다. 공급사슬 관리의 가장 기본적인 개념으로 정보를 적시에 제공하고 그 정보를 공급사슬 관리에 참여하는 구성원들이 공유하는 것과 공급사슬 전체의 당사자들이 공동 으로 계획하고 실천함으로써 SCM의 효과와 이익은 모든 부분에서 얻어질 수 있다. 다음은 공급사슬도입효과를 산업별로 분류한 표이다.

산업별	공급사슬관리 도입 전	공급사슬관리 도입 후
물류업	• 팔레트의 비표준화로 적재효율 저하 • 수작업에 의한 상품 분류 • 수작업에 의한 입고 및 출고	• 팔레트의 표준화로 적재효율 증대 • 바코드에 의한 자동 분류 • 자동화된 입고 및 출고
유통업	• 과대 재고 보유 • 수작업에 의한 발주 및 수주 • 수작업에 의한 검품 • 매장 구성의 비효율 • 품절 현상 발생 • 재고조사의 시산, 인력 과다 소요 • 계산의 오류 및 장시간 소요	• 최소 수준의 재고 보유 • EDI를 통합 발주 및 수주 • 바코드나 스캐너를 통한 자동 검품 • 최적의 매장 공간 활용 • 품절 현상 해소 • 자동적인 재고 파악 • POS에 의한 신속한 계산 및 정확성
제조업	• 과대 재고 보유 • 수작업에 의한 발주 및 수주 • 예측 생산 • 시장 호응도 파악 지연	• 최소 수준의 재고 보유 • EDI를 통한 발주 및 수주 • 판매 동향에 맞춰 생산 • 신속한 시장 호응도 파악

공급사슬관리는 글로벌 무한 경쟁을 위한 기본적인 요건으로 자리 매김하고 있다. 공급사슬관리의 기대 효과는 앞서 산업별로 구분하여 언급했던 표에서와 같이 과다/과소 재고의 위험을 없애고 매장의 재고를 효율적으로 유지하도록 해줌으로써 재고비용 및 그와 관련된 창고, 인원 등의 여러 가지 관리비용 절감과 EDI를 통한 발주 및 수주나 바코드에 의한 자동 분류 등의 자동화를 통해 업무 프로세스 단축 등의 효과를 기대할 수 있다. 또한 EDI와 POS 등의 첨단 시스템의 도움으로 주문 정확도가 향상되며 그에 따라 제품 공급의 안정성과 생산계획의 정확성의 확보가 가능해져 원가 절감은 물론, 최종적으로 소비자에게 양질의 상품 및 서비스를 제공할 수 있게 됨으로써 기업의 경쟁우위를 지킬 수 있도록 하여준다. 이와 관련하여 품질경영(2000년 9월호)에서는 공급사슬관리를 효과적으로 추진함에 따라 얻을 수 있는 주요효과를 다음과 같이 소개하고 있다.

(1) 재고감소

공급사슬관리의 기초가 되는 바탕은 공급사슬 전체를 보고 계획하고 실천하는 것이다. 따라서 재고관리 측면에서 생산, 유통, 판매를 위한 정보가 적시에 제공되기 때문에 공급사슬 내에서 원자재 및 제품의 흐름이 적정수준으로 원활하게 운영될 수 있다. 이는 각 업체들이 공급사슬 내의 자사에 해당하는 부분을 단절되고 독립적인 것으로 생각하여 각각 자기의 계획에 따라 상품의 흐름을 파악하면서 그에 필요한 안전재고를 확보하던 것을, 자사의 부분을 연결된 공급사슬의 일부분으로 고려함으로써 재고수준을 현저하게 줄일 수 있게 됨을 의미한다. 이는 자사에 안전재고가 없더라도 필요한 때에 틀림없이 필요한 상품이 필요한 만큼 필요한 곳에 공급된다는 확신이 있을 때 더욱 확고해진다.

(2) 업무 절차의 간소화로 인한 업무처리 시간단축

공급사슬관리는 공급사슬 내 모든 프로세스들 사이에서 유기적인 통합을 기반으로 수행된다. 그렇기 때문에 효과적으로 공급사슬관리를 운영할 경우의 업무절차 및 처리시간은 공급사슬 내 각각의 프로세스들이 개별적으로 업무절차를 수립하여 수행하는 것에 비해 상당히 간결하며 짧다. 그 이유는 각각의 프로세스가 독립적으로 업무절차를 수립한 후 수행하는 경우에는 공급사슬 내 다른 프로세스를 고려하지 않았기 때문에 사후에 업무절차를 수정하는 작업이 불가피하기 때문이다. 결과적으로 업무처리의 지연은 곧바로 납기에 대한 고객 불만족으로 이어진다. 이러한 공급사슬관리의 운영으로 인한 업무처리 시간의 단축은 다양한 정보기술의 발달에 따라 가속화될 것이다.

(3) 안정된 공급

공급사슬을 운영함으로써 구성원들 사이에 상호신뢰 관계를 형성하고 장기적인 비즈니스 파트너로서 우호적인 제휴관계를 구축하여 안정적인 거래를 확보할 수 있다. 그로 인해 구매자는 좋은 구매가격으로 더욱 좋은 품질의 필요한 상품을 공급받을 수 있고, 공급자 또한 장기적인 구매자를 확보하는 것으로 안정적인 생산활동을 벌일 수 있다. 또한 생산원가를 절감하면서 공급 상품의 수급조절을 개선하고, 더 좋은 가격으로 공급하면서도 사업수익성을 개선하는 등의 효익이 발생한다. 결과적으로 구매자와 공급자 사이에 Win—Win 전략이 구축될 수 있는 것이다.

(4) 자금흐름개선

자사가 보유하는 재고수준이 현저하게 감소하게 되며 그 재고를 유지하기 위한 공간, 관리 인력 등이 동시에 감소하게 된다. 따라서 재고 상품을 구매하기 위한 자금과 재고유지 비용이 대폭 줄어들게 되어 상당한 자금 여유가 생기게 된다. 이러한 자금은 일회성이 아니고 계속적인 것이므로 결과적으로 기업의 이익에 크게 기여하게 된다.

(5) 이익증가

공급사슬관리의 전략적 제휴에 의한 상품 및 서비스의 호혜적인 가격 적용은 직접적으로 원가에 반영되어 가격경쟁력과 이익에 직접 기여하게 된다. 또 재고자산의 감소로 인해 그 재고의 구매 및 관리유지에 소요되는 비용이 절감되어 자금흐름과 이익에 크게 공헌하게 된다. 아울러 사무절차의 간소화 및 정보공유에 의한 사무혁신을 통해 얻어지는 사무비 절감은 회사이익에 크게 공헌할 뿐만 아니라 회사의 글로벌 경쟁시대의 경쟁력 강화에도 큰 기여를 하게 된다.

위에 소개한 내용은 어디까지나 공급사슬관리의 일반적인 도입효과이다. 요약하자면 공급사슬관리는 재고 및 수송 등의 물류비용, 구매비용 절감과 주문/조달의 불확실성, 변동을 최소화하여 생산계획을 합리화하고 납기단축 및 정확성을 향상시켜 전체적인 생산의 효율성과 고객 만족을 달성할 수 있게 한다. 공급사슬관리의 도입으로 기업은 획기적인 공급/조달기간 단축 및 계획기간 등 내/외부 협력체계를 강화할 수 있으며 신속하고 유동성 있는 영업/생산/구매 전략 수립을 통해 시장변화에 대한 대응력이 강화되고 불필요한 자원의 낭비요소 및 재고 감축과 같은 전략적 공급사슬계획 수립 등 많은 긍정적 효과가 있을 수 있다.

좀 더 상세한 기대효과를 원한다면 SCOR(Supply Chain Operations Reference) Model을 살펴보기 바란다. SCOR 참조모델은 1996년 11월 미국 Supply Chain Council 69개 회원사에서 제안한 일반적인 공급사슬 운영의 참조모델로 공통적인 공급사슬관리 프로세스, 모범사례(Best Practice), 공급사슬관리 간 프로세스의 비교, 공급사슬관리 주요 성과지표 등을 정의하고 성공적인 공급사슬관리 구축을 위한 최적의 응용소프트웨어의 기준을 제시한다. 물론 일부지만 이러한 기능들도 소개되어 있으니 참조하기 바란다.

6 SCM 적용사례

가트너 그룹(Gartner Inc.)에서는 공급사슬관리 시스템에 대한 연례 보고서를 발간하면서, 전 세계 주요 기업 25곳의 공급사슬관리 추진현황에 대하여 제시하고 있다(Gartner Supply Chain TOP 25). 2015년도 기준으로 'Supply Chain Master'에 속한 기업 두 곳은 익히 알려진 애플과 P&G이다. Supply Chain Master는 지난 10년 동안 꾸준히 상위 5위에 계속 위치해야 들어갈 수 있는 영예의 자리이다. 실제로 애플은 지난 2007년 2위를 마지막으로 2014년도까지 한 번도 1위 자리를 놓치지 않은 공급사슬관리를 전 세계에서 가장 뛰어나게 수행하는 기업이라고 할 수 있다. P&G 역시 영업 및 마케팅 부의 임원들까지도 반드시 제품 공급사슬 리더십 자리를 거쳐야 하며 이는 P&G가 글로벌 공급사슬관리의 선두주자가 되는 데 일조했을 것이다. 이외에도 Amazon, 유니레버(Unilever) 등이 꾸준히 탁월한 수준의 공급사슬관리를 수행하고 있으며 다른 기업들도 가트너가 제시한 공급사슬관리를 훌륭하게 수행하는 상위 기업들을 벤치마킹하고자 노력하고 있다. 이처럼 업종을 막론하고 공급사슬관리가 기업의 핵심역량으로 강조되고 있고, 더욱더 많은 기업들이 공급사슬관리를 그들의 경쟁우위를 확보할 수 있는 수단으로 강조하고 있다. 그렇다면 국내외 공급사슬관리의 강자들은 그렇지 못한 기업들과 어떻게 차별화되는 것인지 살펴보자. 국내기업으로는 아시아, 태평양 지역의 최강자인 삼성전자와 현대자동차의 공급사슬관리 전략을 살펴볼 것이고, 해외 적용사례로는 명실상부 글로벌 TOP인 애플과 Fast Fashion산업의 대명사인 자라(Zara)의 공급사슬관리 전략의 차별성을 알아보겠다.

(1) 삼성전자

가트너가 2015년 전 세계 공급망 상위 25개 업체(Supply Chain Top 25)에 대한 조사 결과에서 국내에서는 삼성전자가 유일하게 8위를 차지하며, 지난해 6위에 이어 올해도 10위권 내에 이름을 올렸다. 삼성전자의 한 관계자는 삼성전자의 탁월한 공급사슬관리 능력을 두고 공급사슬관리는 단순히 물류나 공장, IT최적화 등이 아니며 경영이고 혁신이라며 강조했다. 기업이 경쟁력을 갖기 위해서는 양질의 제품과 이를 고객에게 알릴 수 있는 채널이 필요하다. 그러나 기업이 지속적으로 발전하기 위해서는 한 기업이 생산하는 제품의 글로벌화 혹은 수의 다양성 등의 문제 요소들이 자리 잡고 있기 때문에 위 두 가지 요소로는 충족이 되지 않는다. 이에 생산의 중요성은 앞으로 점점 더 강조될 것이다.

삼성전자가 공급사슬관리를 추진하게 된 배경에는 비즈니스 프로세스 측면과 정보시스템 측면으로 나누어 볼 수 있다. 비즈니스 프로세스 측면에서 삼성은 신속한 경영체제 구축, 비즈니스 글로벌 투명성 확보, 해외 생산의 증가 추세에 따른 변동성의 확대로 공급사슬관리가 절실하게 되었다. 더불어 분산된 ERP 시스템으로는 전 세계 통합화가 불가능하고 미래 e-business 대응에 선행 준비에 대한 필요성을 자각함으로써 공급사슬관리를 도입하게 되었다.

1997년 모니터 사업부에서 처음으로 공급사슬관리를 도입한 이래 그 범위를 확대해 나갔다. 이는 디지털화가 진행되면서 제품의 차별화가 점차 어려워지고 이제 소비자 니즈에 맞춰 얼마나 신속, 정확하게 배송을 하느냐가 기업의 경쟁력이 되었기 때문이다. 현재 전 사업부에 걸쳐 주단위 이하의 생산 및 판매 계획을 진행하고 있다. 주단위 생산 및 판매 계획을 위기관리 능력 제고를 위해 추가적으로 줄인다는 목표를 수립하고 있다. 또한 낮은 재고수준 유지나 원가 절감 등의 공급사슬관리 전략에서 한 걸음 더 나아가 적극적으로 새로운 수요를 창출하는 공격적인 공급사슬 전략을 펼치고 있다. 아울러 공급사슬의 수요예측을 제품개발에 연계하는 단계까지 나아가고 있다.

삼성전자의 공급사슬관리 전략의 추진 방향을 요약하면 조직 간의 정보 통합을 활용한 수요예측, 고객에 대한 실시간 납기 약속, 시장변화에 대응하는 계획 수립 단계의 축소 등을 들 수 있다. 삼성전자에게 공장 최적화는 20세기 말에 최대의 관심사였다. 즉, 고객의 니즈에 정확, 신속하게 반응하는 것보다 단순히 출하계획을 얼마나 잘 관리하느냐가 관건이었다. 하지만 글로벌화가 가속화되면서 이를 판매까지 영역을 넓혔다. 판매를 위해 고객에게 얼마나 물건을 신속, 정확하게 전달해주느냐가 핵심이 됐다. 재고의 움직임 최소화가 곧 경쟁력이 된 셈이다. 이후에도 삼성전자는 제품이 최종 소비자에게까지 전달되는 포인트까지 관리하는 더 폭넓은 전략을 구사하고 있다.

(2) 현대자동차

현대자동차가 현재까지 성장하는 큰 밑거름에는 해외 시장 개척이 큰 몫을 차지한다. 특히, 도요타, 폭스바겐, BMW 등의 거대 기업들이 석권하는 시장에서 나름의 차별화 정책으로 시장 점유율을 늘려가는 상황이다. 현대 자동차는 지난 2009년 전년도 판매량 대비 약 50%가량 상승하고, 이 수치는 약 7% 시장 점유율로 나타낼 수 있다. 이처럼 현대자동차가 중국을 상대로 좋은 성과를 낼 수 있었던 것은 양질의 제품을 생산한 점도 있겠지만 전문가들은 공급사슬관리의 혁신을 주요한 원인으로 꼽고 있다.

현대자동차는 2000년대 초부터 본격적으로 공급사슬관리 혁신을 시작했다. 협력업체와 원활한 의사소통을 위해 바츠(VAATZ) 시스템을 구축하고 APS(Advanced Planning & Scheduling) 프로젝트를 시작하였다. 이후 현대자동차는 연간 600만 대 이상의 생산 및 판매가 가능한 체계를 지원하기 위해 전사적인 프로세스혁신(PI)활동을 시작했다. PI로 글로벌 판매생산 관계체계를 확립하기 위해서 시장 수요를 보다 정확하게 예측하기 위해 통계적 수요 예측 시스템을 구축하였다. 특히, SCM 영역에 있어서 기존의 생산자 중심의 구조(푸시 방식)를 시장 및 고객 중심의 구조(풀 방식)로 전환하기로 했다. 이를 통해 고객의 니즈를 생산과 유기적으로 연계해 두 마리 토끼를 모두 잡겠다는 목표였다.

현대자동차는 2004년도에 들어 프로세스혁신(PI)활동을 본격화했다. 이어 2006년도에 시스템을 구체화하고 고도화를 진행하였다. 이에 크게 세 가지를 개선할 수 있었다. 먼저 시장 수요를 보다 정확하게 예측할 수 있는 통계적 수요 예측 시스템을 구축하면서 판매 및 생산 계획 역시 정교화할 수 있었다. 아울러 이전에는 납기 예시 정보를 2주간의 생산계획에 반영된 것만 알 수 있었지만 이제는 내수와 수출 모두 5개월로 확대됐다. 끝으로 글로벌 판매, 생산, 재고 현황을 통합 관리할 수 있는 모니터링 체계도 갖췄다.

덕분에 중국 시장에서 2014년 기준으로 GM과 폭스바겐에는 밀렸지만 포드, 도요타 등을 앞지르고 선전하고 있다. 영업이익률 역시 마찬가지로 BMW그룹, 도요타 자동차에 이어 세 번째를 차지하고 있다. 틀림없이 현대자동차가 내수 시장뿐 아니라 해외 시장에서 특히, 중국 시장에서 도요타를 제치고 글로벌 기업으로 성장할 수 있었던 것은 공급사슬관리의 혁신을 통해 필요한 지역에, 필요한 시점에 적당한 제품을 공급할 수 있었기 때문이라고 평가할 수 있다.

(3) 애플

애플은 전자제품을 생산하는 회사로 전 세계 시가 총액 1위에 빛나는 글로벌 기업이다. 물론 구글이 그 아성을 주춤하게 만들기도 하지만 여전히 1위는 애플임에 이견이 없다. 보통 애플의 성공을 논할 때 스티브 잡스의 창의성, 제품의 디자인, 제공되는 소프트웨어의 편리성 등 다양한 이유가 등장한다. 그러나 애플의 성공에 있어 정말 빼놓지 말아야 할 것이 공급사슬관리이다. 물론 앞서 애플은 단 두 업체가 속한 'Supply Chain Master'그룹에 속해 있다고 언급했다. 그렇다면 과거에 공급사슬관리에 있어서 썩 좋지 못한 평가를 받았었던 애플의 공급사슬관리 수준이 도대체 어느 정도이기에 떠들썩한지 알아보도록 하자.

애플의 공급사슬관리의 탁월성은 첫 번째로 Fisher와 Hau Lee가 논의했던 혁신적인 제품을 효율적인 공급사슬을 통해서 제공한다는 점이다. 사실 애플은 다음 모델이 나오기 전까지 여러 모델을 생산하지 않고 선택할 수 있는 최소한의 모델만을 제공한다. 소비자에게 가장 인기 있는 모델을 지속적으로 판매하는 것이다. 이는 판매가 안정화되고 판매가 안정화되면 수요 예측을 용이하게 진행할 수 있다. 결과적으로 생산까지 안정되게 계획할 수 있다.

이뿐만 아니다. 애플식 부품 공급사슬의 특징은 모든 제품의 생산을 아웃소싱한다는 점이다. 애플은 자체 제조시설을 갖추지 않고도, 세계 시장을 이끄는 제품을 생산할 수 있다는 의미인데 부품 구매를 공급사슬관리의 영역의 핵심으로 보고, 구매와 공급망 관리에 집중했기 때문이다. 주요 부품인 아이폰 중앙처리장치의 경우, 애플이 직접 설계해 삼성전자에 외주를 주고, 전 세계 부품회사에 주문한 중간재는 대부분 중국 내 폭스콘 공장에서 조립한다. 공장을 직접 소유하지 않는 세계 최고의 IT 제조 기업이란 희한한 구조인 것이다. 이외에도 SCM전문가를 회사의 CEO로 앉혔다든지 기존의 공급사슬관리의 포커스가 생산중심, 또는 효율성 중심에서 아이디어, 디자인, 그리고 콘텐츠를 포함하는 가치를 중심으로 이동했다든지의 이유가 있을 것이다. 다음 표는 애플의 공급사슬관리를 형태, 구매, 생산, 판매 등의 기준으로 구분한 표이다.

구분	애플 Inc.
공급사슬 형태	• 공급망의 수직적 통합 　주요 프로세스를 기업이 모두 통제
조달/구매	• 고전적인 대량 구매를 통합 원가 절감 　소수의 제품 라인으로 부품의 대량 구매 가능
조립/생산	• 지적 재산권만 보유 　모든 물리적 제조 과정 아웃소싱
판매/마케팅	• 전 세계 직영 매장 및 제휴 통신사 판매 　기기 판매에 그치지 않는 무형의 상품 판매 　→ 비용이 발생하지 않는 개발 아웃소싱

물론 여전히 아웃소싱 업체에 대한 비용을 고정비로 인식하여 노동 환경 악화 등의 문제가 발생하고 신비주의, 폐쇄주의로 인한 공급사슬 스트레스가 증가한다는 문제점들이 존재하지만 애플의 공급사슬관리는 전 세계에서 가장 탁월하다.

(4) Zara

Zara는 세계 최대 매출을 기록 중인 SPA의 한 브랜드로서 스페인에 본사를 두고 있는 회사다. SPA라 불리는 제조 직매 의류전문점(SPA: Specialty stores/ retailers of Private label Apparel)은 업체가 직접 제품을 기획하고 생산, 판매에 이르는 모든 과정을 일체화하여 운영하는 매장을 의미한다. 1980년대 GAP이 처음 도입한 이래로 SPA 산업에 속한 의류업체들은 소비자의 반응을 빠르게 대응하여 신속하게 생산하기 시작했다. 기존의 소수만이 누리는 패션에 대한 불만에 대해 최신 유행의 옷을 값싸게 제공하는 방식으로 대응하였고, 소비 생활 패턴(다양성, 신속성, 일회성) 변화를 예측하여 짧게 1~2주 단위로 신제품을 출시하게 되었다. 또한 예측 기획 생산의 오류로 인한 재고 부담이 증가하면서 신속한 소비자 반응에 대응하여 재고 최소화를 달성하기 위해 노력하였다. SPA 업체들 가운데 Zara 이외에도 성공적으로 공급사슬관리를 수행하는 기업들이 있겠지만 Zara는 삼성 고위 임원들을 주축으로 벤치마킹을 시도할 정도로 제품의 공급사슬을 관리하는 대표적인 기업이다.

　Zara의 공급사슬은 생각보다 단순하다. 비용보다 속도를 중시한다. 즉, 공급사슬은 비싸지만 빠른 속도에 중점을 둔다는 것이다. Zara 제품을 한 번쯤 구입해본 소비자라면 Zara가 광고를 많이 하지 않는 것을 알 수 있다. 대신 광고/마케팅에서 아낀 돈은 생산과 물류에 사용한다. 전 세계 모든 매장의 매니저는 일주일에 2회 주문을 넣는다. 옷은 비행기나 트럭으로 신속하게 운반된다.

　공장의 절반가량은 본사가 있는 스페인이나 근방에 위치한다. 대부분의 의류회사나 앞서 언급하였던 애플과 다르게 Zara는 디자인부터 유통, 물류를 직접 운영한다. 공장이 곧 물류센터인 셈이다. 스페인 내 14개의 자동화 공장에서는 24/7(24시간 7일=365일) 옷감을 자르고 염색도 하는 공정을 거친다. 우선 중간 제품인 그레이(Gray) 제품을 만드는데 많은 중간 제품을 만든 후 소량씩 완성해 출고하는 방식을 Zara는 선택하였다. 스페인과 포르투갈에 마지막 손질을 하는 파트너 네트워크가 수백 곳 존재한다. 이곳에서 중간 제품이 의류 상품으로 바뀌는 것이다. 이 전략은 미국의 일부 업체들도 노동력이 저렴한 아시아 지역에서 그레이 제품을 생산한 후 미국에서 마지막 손질을 한다.

　아울러 소비자 반응을 수시로 수렴하여 디자인에 반영한다. 디자인부터 생산, 물류 최종적으로 매장까지 2주 안에 도착하는 자라의 속도는 이미 잘 알려져 있다. 그만큼 고객의 니즈를 신속하게 반영하기 때문에 팔리지 않는 물건은 다른 타 의류업체에 비해 절반 수준으로 적다. 고객이 원하는 것을 원하는 때에 만드는 능력이 뛰어나다는 의미이다. 자라는 IT기술을 이용해서 또한 시장 소비자와 매장과 본사를 잇는 소통방식을 채택한다. 판매시점관리(POS) 기기를 사용해 정보를 수집하고 이를 기획, 생산, 물류 단계에 반영한다. 기획 단계에서는 실제 니즈를 반영하여 시장 적중률을 향상시키고 위험요소를 최소화한다. 생산, 물류 단계에서는 생산 시간을 단축하고 원가를 절감하여 적시에 소비자에게 전달하여 고객 만족도를 증가시킨다.

물류 시스템의 혁신을 위해서 역시 Zara는 다양한 노력을 하고 있는데 120km에 달하는 지하레일에서 자동화 시스템으로 매장의 이름과 오더날짜에 근거한 바코드 표시를 하고 에러방지 시스템 도입으로 출고의 지연이나 문제를 방지하는 자동화 물류 시스템을 도입하였다. 모든 생산제품은 스페인 물류창고로 집결 후 3시간 이내 데이터화 후 출고하고 매주 목요일과 일요일 주 2회 아침 6시 비행기로 전 세계에 출고된다. 보통 유럽은 평균 24시간, 전 세계적으로는 평균 48시간 정도가 소요되어 빠른 배송을 위한 전사적인 노력을 기울이고 있다. 마지막으로 위와 마찬가지로 Zara 공급사슬관리를 형태, 구매, 생산, 판매 등의 기준으로 아래와 같이 요약해보았다.

구분	Zara
공급사슬 형태	• 공급망의 수직적 통합 주요 프로세스를 기업이 모두 통제
조달/구매	• 고전적인 대량 구매를 통합 원가 절감 급작스런 주문량 변화와 트렌드 변화에 반응
조립/생산	• 기업 내 공장에서 직접 생산 아웃소싱 비율 30% 미만
판매/마케팅	• 자사 매장을 통한 SPA 86%에 달하는 직영 매장의 POS 시스템을 통한 즉각적 반응 전달

물론 성공적으로 공급사슬관리를 도입한 Zara 역시 몇 가지 해결해야 할 과제들이 존재한다. 패션에 대한 소비자 인식의 변화에 따른 자원 낭비의 문제와 회수 제품의 소각 등의 환경 문제들은 물론 Zara 나름의 경영 전략임에도 풀어야 할 숙제로 남아 있다.

SCM 용어

여기까지 공급사슬관리의 개념과 필요성 도입시 혜택과 대표적인 사례들에 대해서 간략하게 살펴보았다. 이번 장은 공급사슬관리의 개요에 대해서 소개하고 다음 이어질 장에서 구체적으로 성공적인 공급사슬관리를 수행하기 위해서 어떠한 노력을 기울여야 하는지에 대해서 다루도록 하겠다. 따라서 이어질 내용들의 이해를 돕기 위해 공급사슬관리의 몇 가지 핵심 용어들을 소개함으로써 이어질 장들의 이해를 돕는다. 사실 공급사슬관리란 개념을 설명하는 데 사용되는 용어들은 시간이 지날수록 증가하고 있다. 앞으로 소개할 용어들 또한 여러 분야에서 사용되고 있는 용어이고, 특히 공급사슬 관리를 이해하기 위해서는 빼놓지 말아야 할 필수 용어들이다. 다음은 용어들의 정의와 설명이다.

(1) Supply Chain

원자재부터 궁극적으로 완제품의 소비까지 공급자와 사용자들(기업)을 연결하는 프로세스이다. 공급사슬에 대한 설명은 이미 충분히 했으므로 넘어가도록 하겠다.

(2) Technology-Enabled Relationship Management(TERM)

더욱더 많은 조직들이 고객 중심의 운영이 더 이상 차별화를 위한 선택이 아니라 생존하기 위한 필수 수단이라는 것을 깨닫고 있다. 고객 중심화의 한 가지 측면은 단순하게 각각의 조직이 개별적으로 그들의 고객을 대응하는 것이 아닌 고객을 대응하는 데 있어 전사적인 관계 경영을 실행하는 것이다. Technology－enabled relationship management는 고객 중심 운영을 위한 인프라와 문화를 개발하기 위한 프레임워크를 제공한다.

(3) Electronic Data Interchange(EDI)

전자 상거래는 단순히 전자 송장이 아니다. 인터넷의 도움으로, 전자 상거래는 잠재적 파트너들과 공급자들 그리고 고객들과의 가까운 관계를 맺는 데 많은 도움을 줬다. 전자 데이터 교환이라 불리는 Electronic data interchange (EDI)는 값비싼 부가가치 네트워크를 의미하는 데 사용되곤 했다. EDI는 전자 상거래의 한 형태이며 기업간 거래에 관한 데이터와 문서를 표준화하여 컴퓨터 통신으로 거래 당사자가 직접적으로 송·수인하는 정보전달 시스템이다. 주문서, 납품서, 청구서 등 무역에 필요한 각종 서류를 표준화된 서식에 따라 서로 합의된 전자신호로 바꾸어 컴퓨터 통신을 이용하여 거래처에 전송한다. 따라서 거래 당사자들 간에 서류의 작성과 발송, 서류정리 절차 등에 있어 간소화되며 처리시간이 동시에 단축되는 효과가 있다. 덕분에 기업에게는 원가, 비용의 절감으로 제품의 주문, 생산, 납품, 유통 등 거래의 모든 단계에서 생산성을 획기적으로 향상시킨다. 그러나 현실적으로 EDI는 다수의 회사들이 다루기에는 쉽지 않은 시스템이다. 왜냐하면 한 회사가 정말 많은 수준의 서류나 데이터를 주고받지 않는다면, 비용대비 절감효과는 오히려 마이너스일 수 있기 때문이다.

(4) Value Chain

가치사슬이란 고객에게 가치를 제공함에 있어서 부가가치 창출에 직·간접적으로 관련된 일련의 활동, 기능, 프로세스의 연계를 의미한다. 하버드대 석학인 마이클 포터 교수가 제시한 개념으로 조직내부에 국한되는 물류관리에서, 조직의 경계를 넘어서는 공급사슬도 뛰어넘어 공급자와 고객에 이르는 모든 관련 당사자의 활동을 포함하는 전과정을 지칭한다. 크게 주활동과 지원활동으로 나뉘는데 주활동은 제품의 생산, 운송, 판매 등과 같은 현장업무활동을 의미하며 지원활동은 기술개발, 인사, 재무, 기획, 경영정보시스템 등을 의미한다. 가치사슬 분석을 통해 기업이 원가우위 또는 차별적 우위를 보이는 요소들을 체계적으로 파악함으로써 경쟁우위의 원천을 찾아볼 수 있고, 기업에 가져다주는 가치를 최대화하기 위한 영역을 결정할 수 있다.

(5) Efficient Consumer Response(ECR)

효율적 소비자 반응(Efficient Consumer Response: ECR)은 소비자에게 보다 나은 가치를 제공하기 위해 제조업체와 유통 업체가 상호 밀접하게 협력을 하는 식품산업의 경영 전략으로 출발하였다. 소비자 만족을 극대화하고 비용을 최소화하기 위해 제조업체와 유통업체가 동반자 관계의 형성을 통해 공동으로 대응하는 경영 전략을 일컫는다. 소비자의 반응을 즉각적으로 생산 과정에 반영해 재고의 부담을 줄이고 신상품 개발에 도움을 주는 Quick Response 전략에서 발전하여 유통 공급사슬에서 발생하는 모든 비효율적인 요소를 제거해 관련 비용을 최소화하고 소비자 만족을 극대화시키려는 제조업체와 유통 업체 전체의 공동을 노력을 나타낸다.

(6) Integrated Market Response Systems(IMRS)

Integrated Market Response Systems의 개념은 조직의 전체 공급사슬 니즈를 충족시킬 수 있는 솔루션을 단일 공급자가 제공하지 못한다는 사실로부터 발전했다. IMRS는 조직의 특정한 니즈를 충족시키기 위해서 DRP(Distribution Resource Planning), ware house management, Scheduling software, 운송 관리, 주문 프로세스 등의 다양한 시스템들의 조합이다.

(7) Electronic Commerce(E-Commerce)

전자 상거래란 PC, Mobile 등의 전자 통신 매체를 이용해 상품을 사고

파는 행위이다. IT를 응용한 전자 상거래는 기존의 거래관계를 전자화하는 것 이외에도 각종 데이터베이스, 소프트웨어 등 정보 및 지식과 관련된 비물질적인 제품의 새로운 시장을 창출한다는 데 그 의의가 있다. 인터넷의 도입과 발전 그리고 온라인에 접근할 수 있는 다양한 매체의 개발은 새로운 시장창출의 가능성을 더욱 분명하게 보여주고 있다. 넓은 의미의 전자상거래는 처음에 단순하게 온라인 쇼핑 정도에 그치지 않았지만, 현재에는 인터넷과 IT기술에 의해 실현 가능한 비즈니스와 시장형성의 모든 양상을 의미하는 것으로 변화하고 있다.

(8) Technology Enabled Selling(TES)

Technology Enabled Selling이란 판매부서의 효과성을 극대화시키기 위해 기술을 사용하여 진행하는 프로세스이다. 이것은 단순하게 외부 판매부서에 정보기술을 제공하는 것에 그치지 않고 외부 판매 부서를 넘어 전사적으로 기술을 사용하여 3자 판매 파트너들 혹은 실질적인 판매 구성원들을 연결시키는 것을 의미한다. 즉, 판매 자동화라 하며, Field/Mobile Sales, Inner Sales, Tele Sales, Partner Sales, Web Sales, Retail 등 모든 종류의 판매 채널을 통해 판매 기술을 적용하도록 지원하는 시스템이다.

(9) Point of Sale Systems(POS)

판매시점정보관리 시스템으로 풀이되는 Point of Sale Systems은 어떤 상품이 언제, 어디서, 얼마나 팔렸는지를 파악할 수 있도록 판매되는 시점에서 판매정보를 수집하여 관리하는 시스템이다. 판매시점에서 바코드를 이용해 상품의 판매 및 유통에 관한 모든 정보를 관리하는 시스템으로 백화점, 할인점, 편의점 등에서 많이 활용되고 있다. 해당 상품의 각종 정보가 자동으로 메인컴퓨터에 들어가게 되고 수집된 자료의 가공에 의해, 각 제품의 분류나 가격대에 따라 일자별, 시간대별 요일별, 종류별, 크기별 매출 현황을 분석해 주기 때문에 물건이 판매된 시점에서 실시간으로 매출이나 재고 등의 관리가 가능하게 된다.

(10) CR(Continuous Replenishment)

소비자로부터 얻은 재고 및 판매정보를 기초로 하여 상품보충량을 공급업체가 결정하는 방법으로 전통적인 상품보충프로세스를 근본적으로 변화시키는 새로운 시스템이다.

(11) Vendor Managed Inventory(VMI)

제조업체(또는 공급업체, 도매배송센터)가 상품보충시스템을 관리하는 경우 상품보충시스템이 실행될 때마다 판매, 재고정보가 유통업체에서 제조업체로 전송된다. 이러한 정보는 제조업체의 상품보충시스템에서 미래의 상품수요량 예측을 위한 데이터로 활용되며 또한 제조업체의 생산 공정에서는 생산량 조절에도 사용된다. 제조업체의 CR시스템에서 계산되는 수요량은 현재와 미래의 생산량 결정을 위한 재고 및 생산계획 수립에 효과적으로 활용될 수 있다. CR 시스템에서 계산되는 수요량에 따라 제조업체는 주문서를 작성하게 된다. 제조업체에서 작성된 상품주문정보는 유통업체로 전송되어 유통업체의 주문처리 시스템에 업데이트된다.

(12) Collaborative planning, forecasting, and replenishment(CPFR)

원자재의 생산과 공급에서 최종제품의 생산과 납품에 이르기까지 공급사슬에서 수행하는 주요 활동을 거래 당사자들이 함께 계획하는 협력과정인데, 그 범위는 사업계획, 판매예측, 그리고 원자재와 완제품의 보충에 필요한 모든 업무를 포함한다. CPFR의 목적은 수요예측의 정확성 제고와 필요한 제품의 적기·적소 공급, 그리고 전 공급사슬에 걸친 재고 감축과 품절 방지 및 고객서비스 수준 향상을 통한 공급사슬의 최적화이다. 공급자와 구매자가 기초 판매량, 판촉 노력, 매장의 개폐, 신제품 도입 등의 정보를 동시에 감안하면서 합의를 통하여 단일 수요예측을 얻으려고 협력할 때, 구매자의 니즈와 공급자의 생산계획을 동기화하여 효율적으로 재고보충을 할 수 있는 가치가 있다.

Let the Wave Go: Bullwhip Effect

CHAPTER

3

공급사슬 불협화음 '황소채찍효과'

SCM과 Bullwhip Effect(채찍효과)

기업의 여러 활동 중에서도 SCM은 기업과 고객을 연결하는 모든 경로의 효율적 유지관리를 통해 기업의 비용 절감과 이익창출에 기여하며, 고객 서비스에 만족을 높여줄 수 있으므로 매우 중요하게 여겨지는 분야이다. 공급체인 관리는 원산지에서 최종 소비자에게까지, 즉 원료재료의 획득, 조달에서 제품의 생산, 유통, 판매에 이르는 기업 활동의 전 과정에 걸쳐 제품, 서비스, 정보가 서로간에 효율적으로 전달될 수 있도록 관리하는 것을 말한다. 개별 기업 하나만을 위한 관리가 아니라 공급망 전체를 하나로 보고 이와 관련된 모든 기능을 최적화하는 것이다. 이러한 공급체인에서 나타나는 현상 중 하나가 채찍효과이다. 이는 공급체인상에서 하위 단계의 수요정보가 제대로 전달되지 않고 단계를 거치면서 점점 더 왜곡되어 상위단계로 전달되는 현상이다. 가장 상위단계인 생산자에게는 매우 왜곡된 수요정보가 전달되며, 따라서 불확실한 수요정보로 인해 제품 생산 및 공급체인 구성원들의 재고정책에 많은 피해가 발생하게 된다. 그러므로 공급체인 관리에서 채찍효과의 감소는 매우 중요한 목표이며 이를 통해 생산자는 최종고객의 수요를 보다 정확하게 파악할 수 있으며 생산계획과 자재조달계획, 재고관리계획 등을 효율적으로 운영할 수 있다. 본 챕터에서는 한 기업의 공급체인 특징 및 채찍효과의 발생요인 및 대처방안에 대하여 살펴봄으로써 이를 통해 공급체인상의 각 단계들의 조정과 협력을 통하여 원활한 정보공유를 함으로써 채찍효과의 감소가 가능하며, 무엇보다도 효과적인 공급체인 관리에서 중요한 것이 구성원간의 조정과 신뢰를 바탕으로 한 협력임을 알 수 있다.[1]

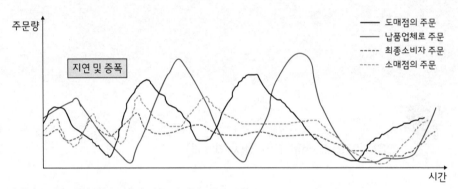

출처: http://cms2.kd.ac.kr/user/sylee/class/ie/6_Logistics.pdf

SCM의 핵심개념 Bullwhip Effect

(1) Bullwhip Effect 개념

미국에서 P&G사는 자사가 판매하는 기저귀 공급망에서 Bullwhip Effect가 일어나는 것을 발견하였다. 자사가 기저귀 원재료 공급업체에게 주문을 내는 양이 소비자의 변화에 따라서 상당히 널뛰기처럼 증폭된다는 사실을 알았

---

1 이가은 김대기,(2002) "공급체인관리 시뮬레이션 모델을 통한 채찍효과 감소방안 연구"

그림 3-1. 채찍효과의 정의

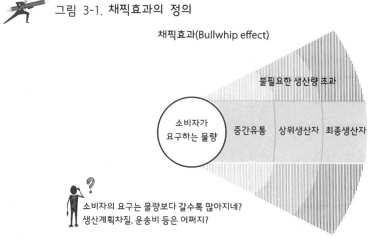

채찍효과(Bullwhip effect)

소비자의 요구는 물량보다 갈수록 많아지네?
생산계획차질, 운송비 등은 어쩌지?

출처: http://www.logger.co.kr/2010/home/home.tsp

그림 3-2. 채찍효과의 정의

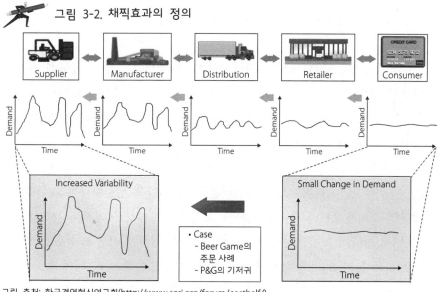

그림 출처: 한국경영혁신연구회(http://www.seri.org/forum/costhalf/)

다. 물론 공급망을 내려가면서(다시 말하면, P&G의 하위업체인 Vendor나 소매상들) 소매상에서도 이와 같은 널뛰기 현상은 있었다. 그러나 그 정도가 자사에 비해서 적었으며 공급망의 맨 하단에 있는 소비자에게는 그 변화의 정도가 상당히 작다는 사실을 알아냈다. 소비자들이 기저귀를 실제로 구매하는 양에는 큰 변화가 없는 데 반하여 자사가 원재료를 주문하는 양에는 상당히 심한 변화가 있음을 안 것이다. 이 때문에 비용이 상당히 증대되었으며 소비자 수요에 대비한 공급량을 결정하는 일도 쉽지 않았다. 미국의 Hewlett Packard사도 프린터 주문과 관련하여 P&G사에서와 같은 현상이 나타난다는 것을 발견했으며, 이 때문에 적시에 주문을 충족시키기가 힘들고 또한 이로 인해 많은 비용이 든다는 사실을 알게 되었다. 그 후에 미국의 의류업체와 식품업체들에서도 이러한 현상이 나타난다는 것이 알려졌다. 심지어 이탈리아의 제조업체인 Barilla사는 자사의 제품을 취급하는 어느 도매상이 실제로 주문을 하는 양과 판매하는 양 사이에 엄청난 차이가 있음을 알게 되었다. Barilla의 제품을 취급하는 어느 도매상이 실제로 300개를 소매상들에게 판매하는 데 반하여 실제 판매되는 양의 20배가 훨씬 넘는 약 7,000개를 주문한 것이다. 이와 같은 Bullwhip Effect를 줄이는 것이 공급사슬관리의 핵심사항 중의 하나로 미국에서 부각되게 되었다.

　　　Bullwhip Effect(채찍 효과)는 공급체인의 각 주체가 상위 주체에게 주문을 할 때 변동량을 늘려서 주문을 함으로 상위로 갈수록 실제 주문량보다 늘어나는 현상 즉, 정보의 왜곡으로 공급체인의 상위로 올라가면서 주문량의 편차가 증폭되는 현상이다.[2]

　　　소비자들이 주문을 약간 늘리면 소매상들은 주문을 조금 더 많이 하고 도매상들은 아주 많이 하며 제조업체에서는 엄청난 양을 생산한다는 것이다. 다시 말하면 소비자로부터 시작된 변화가 소매상과 도매상을 거쳐서 제조업체로 넘어오면서 상당히 부풀려진다는 것이다. 이러한 현상은 보통 Bullwhip Effect 혹은 Whiplash Effect라고 불린다. 이는 황소의 엉덩이를 살짝 치면 황소는 엉덩이에 채찍이 가해진 것으로 인해 몸을 크게 요동치면서 아주 날뛴다는 데에 착안해서 지어진 이름이다. Bullwhip Effect는 공급망상에서 수요정보를 왜곡시키는 결과를 야기하는데 이것은 여러 단계에 걸쳐서 수요에 대한 다양한 현

---

2 최근영(2002) "공급체인 시스템에서 정보흐름관리가 bullwhip effect에 미치는 효과 연구 논문" 9.

상이 나타나기 때문이다. 그 결과로 공급사슬관리의 조정활동이 잘 되지 않고 전체 공급망상에서 수익성이 떨어지게 된다. 소비자의 실제 수요에 대한 약간의 변화나 계절적인 변화가 소매상－도매상－제조업체－원재료 공급원의 공급량을 대폭적으로 확대시키게 되는 현상이다. 구체적으로 Bullwhip Effect는 다음의 두 가지 현상을 의미한다.3

① 공급망에 있어서 소매상－도매상－제조업체의 주문현상이 실제 소비자가 구매하는 소매점에서의 실제 수요보다 더 큰 규모의 변화를 유도하는 것(수요왜곡)
② 주문량의 변화가 공급망을 따라가면서 증대하는 것(변화확산)

그림 3-3. 채찍효과의 발생과정

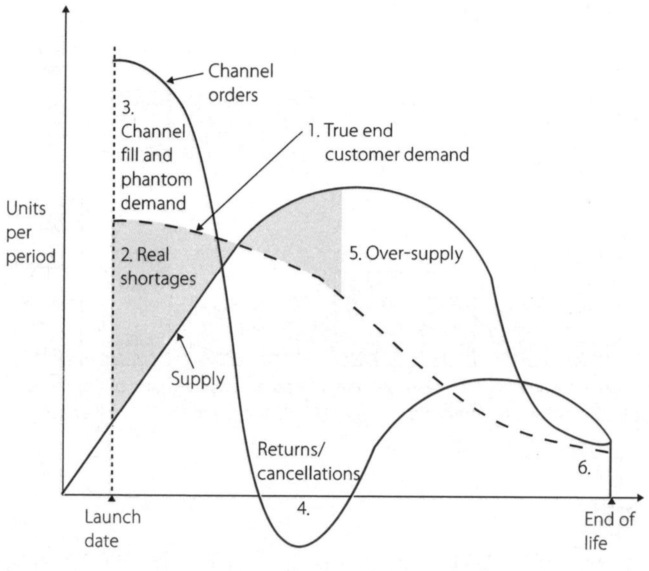

1. True end customer demand
2. Supply cannot meet initial demand, resulting in real shortages
3. Channel partners over-order in an attempt to meet demand and stock their shelves
4. As supply catches up with demand, orders are cancelled or returned
5. Financial and production planning are not aligned with real demand; therefore, production continues
6. As demand declines, all parties attempt to prevent write-down

출처: http://www.accenture.com/

---

3 한동철(2002), "공급사슬관리" 시그마인트컴 47-48

(2) Beer Game을 통해 본 Bullwhip Effect

1) Beear game이란?

Beer game은 1960년대 MIT에서 생산/분배 시스템을 설명하기위해서 개발된 시뮬레이션 게임이다. Machuca와 Barajas(1997)는 이를 바탕으로 인터넷 상에서 비어게임을 실시하고 게임의 결과에 관한 통계량을 실시간으로 처리할 수 있는 시스템을 개발하였다. 그리고 Simichi—Levi(1999) 등은 비어게임에서 주문량 결정 정책, 운송지연시간 그리고 수요 및 재고량에 관한 정보의 제공범위 등을 변경할 수 있는 기능을 추가하고, 그 결과를 분석하는 컴퓨터 활용 비어게임을 소개하였다. 비어게임에 대한 상세한 내용과 방법은 Sterman(1989)과 Franklin(1994)에 설명되어 있는데 요약하면 다음과 같다.

그림 3-4. Beer Game

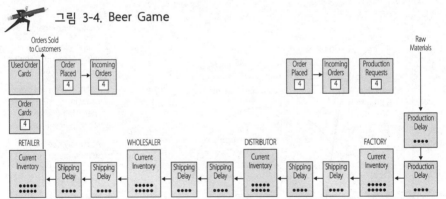

출처: Prof. John D. Sterman Sloan (1992) School of Management Massachusetts Institute of Technology, "The Beer Game" E51-351 30 Wadsworth Street Cambridge, MA 02142 jsterman "at" mit.edu

2) Beer game 방법

비어게임은 맥주를 생산해서 분배해 가는 4단계 공급체인을 묘사한 게임 보드에서 행해진다. 그림에서 보여지는 사각형 카드에는 주문량이 적혀 있고, 동그라미(동전)는 맥주 한케이스를 표시한다. 게임은 4인 1조가 한 팀으로 수행하는데 왼쪽부터 소매점(R), 도매점(R), 분배센터(D), 공장(F)을 1명씩 책임진다.

매 기간마다 고객은 소매점에 주문을 내고, 소매점은 수요에 따라 자신의 재고로부터 고객에게 맥주를 판매한다. 같은 방식으로 소매점은 도매점에, 도매점은 분배센터에, 분배센터는 공장에 발주를 하고 공장에서는 맥주를 생산해서 공급한다. 이때 공급 체인상의 각 단계에는 발주 후 일정기간의 주문처리지연(Order processing delays)과 운송지연이 발생하게 된다. 게임은 여러 팀이 각자의 게임보드상에서 수행하게 되는데, 각 팀의 목적은 게임 중에 발생되는 팀의 총비용(재고 유지 비용과 재고 부족 비용합)을 최소화하는 것이며, 원래의 비어 게임에서는 개당 재고 비용은 $0.5, 재고 부족 비용은 $1.0가 부과된다.

3) Game Rules
① Satisfy Customer Demand
② Minimize inventory costs
③ Unlimited resource and capacity
④ Each unit decides on its own
⑤ All orders have to be fulfilled(backlog)
⑥ Only communication medium is the order sheet

4) 게임절차
① 각 단계에서 현 재고(Current Inventory) 바로 오른쪽에 있는 운송지연(Shipping Delay)에 있는 동전들은 현 재고에 옮겨지고 두 번째 운송지연(Shipping Delay)에 있는 동전들은 왼쪽의 운송지연으로 옮겨진다. 공장에서는 생산지연(Production Delay)에 있는 동전들이 같은 방식으로 이동한다.
② 소매점에서는 고객의 주문카드(Order Cards)에 있는 카드를 뒤집어 주문량을 확인하고, FDW에 있는 게임 참여자는 도착주문(Incoming orders)의 카드에 적힌 수량을 재고가 허용하는 한도 내에서 직전 단계의 운송지연으로 출고한다.
③ 각 단계마다 현재의 재고량과 재고부족량을 기록한다.

④ 각 단계마다 발주주문(order placed)에 있는 카드를 바로 오른쪽에 있는 도착주문으로 옮긴다. 공장에서는 생산요청(Production request)에 있는 카드를 왼쪽의 생산지연으로 옮긴다.

⑤ 각 단계마다 주문할 수량을 결정하여 카드에 기록하고 뒤집은 상태로 발주주문에 위치시킨다. 공장은 주문량을 적은 카드를 생산의뢰에 위치시킨다.[4]

5) 게임 결과

 그림 3-5. Beer Game 결과

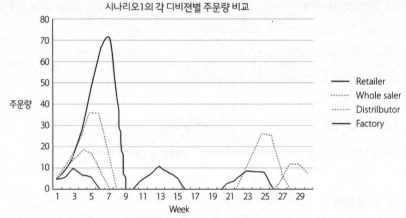

시나리오1의 각 디비젼별 주문량 비교

주문량

— Retailer
······ Whole saler
······ Distrilbutor
— Factory

Week

출처: 최근영(2002) "공급체인 시스템에서 정보흐름관리가 bullwhip effect에 미치는 효과 연구 논문" 21

게임 중 많은 참여자들은 좌절과 무력감을 나타냈다. 대부분은 그들의 동료들을 비난했고 때때로 논쟁이 불거졌다. 공장, 분배업자, 도매업자의 재고감소에서 비롯된 소매업자의 제고감소로 인해서 소매업자는 그들의 주문량을 늘렸고, 공급을 받지못한 주문량이 늘어나서, 참여자들은 그들의 공급자로부터 주문을 대폭적으로 늘렸다. 결과적으로, 공장은 엄청난 양의 맥주를 생산하고

---

4 Prof. John D. Sterman Sloan (1992) School of Management Massachusetts Institute of Technology, "The Beer Game" E51-351 30 Wadsworth Street Cambridge, MA 02142 jsterman "at" mit.edu

운송하였고, 그로 인해 재고비용이 급증하였다.

그림의 그래프에서 공급체인의 각 디비전의 주문량을 살펴보면, 고객으로부터 소매상을 거쳐 공장에 이르기까지 상위단계로 올라갈수록 주문량이 증폭되고, 변화는 더욱더 진동이 심해지는 것을 알 수 있다. 반면에 소매상의 경우 주문량이 안정적인 것을 볼 수 있다. 위의 그래프는 공급체인상에서 정보의 왜곡으로 나타나는 Bullwhip Effect 현상을 잘 나타내고 있다. 이러한 현상으로 재고량이 증가하게 되고 비용 또한 증가하게 되는 것이다.

위의 그래프를 보면 재고의 증가로 상위 단계의 비용이 많이 증가한 것을 볼 수 있다. 위의 결과에서 보듯이 Bullwhip Effect로 인한 비용을 최소화하려는 노력은 전체 공급체인시스템에서 절실히 필요하다.

6) Beer game 시사점

아마도 'Beer Game'이 Bullwhip Effect의 현상을 가장 잘 설명해 주는 경우가 될 것 같다. 게임의 참여자들은 각자 고객, 소매상, 도매상, 생산자, 공급자 등의 역할을 한다. 참여자들은 서로 대화를 할 수 없으며, 단지 앞단 파트너의 주문에 기초하여 후단의 주문 결정을 해야 한다. 이 게임을 통해 후단으로 갈수록 항상 주문의 변동폭이 커짐을 알 수 있다. 이러한 현상의 지속은 결국 참여자들의 이성적인 판단을 흐리게 하고 Bullwhip Effect를 초래한다.

대조적으로, 이러한 Bullwhip Effect의 결과가 현존하는 Supply Chain 구조하에서 어쩔 수 없는 인간의 이성적 판단에 의한 것이라고 볼 수도 있다. 이 중요한 결정은 채찍효과를 통제하기를 원하는 기업이 의사결정자의 행동보다는 사슬의 기반과 관련된 프로세스를 변경하는 데 초점을 맞추어야 한다는 것을 의미한다. 결국 현재의 Supply Chain의 구조 개선을 통해 Bullwhip Effect를 해결할 수 있다는 의미이다.[5]

---

5 Hau L. Lee · V. Padmanabhan · Seungjin Whang(1997) Sloan Management Review "The Bullwhip Effect in Supply Chains" 95-96

(3) Beer Game 실습

1) 게임진행

〈Beer Game 시작〉

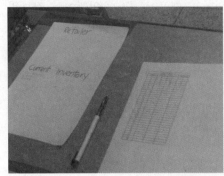

▮ Retailer

▮ Distributor

▮ Factory

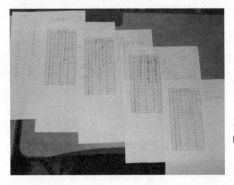

▮ Distributor Beer Game 결과:
Consumer demand-Retailer-Wholesaler-
Distributor- Factory(왼쪽부터)

2) Game Rules

① 참여자들은 서로 의사소통을 하지 못하고, 단지 주문량만 한 방향으로만 흐른다.

② 기본적인 원칙은 Inventory, Backlog 최소화를 목표로 하였지만, 게임의 진행을 원활하게 하기 위해서 Inventory, Backlog에 대한 Penalty를 없애서 게임을 진행했다.

③ Lead time: 3weeks/주문 처리는 실시간

3) Game Record

Game Record (Retailer)				Game Record (Wholesaler)			
Week	주문량	Inventory	Backlog	Week	주문량	Inventory	Backlog
1	4	12	0	1	6	12	0
2	4	8	0	2	6	6	0
3	4	4	0	3	6	7	0
4	4	6	0	4	5	6	0
5	4	8	0	5	5	1	0
6	4	10	0	6	3	5	0
7	14	11	0	7	10	2	0
8	14	0	3	8	20	0	7
9	10	0	12	9	30	0	22
10	10	0	19	10	10	0	12
11	10	0	19	11	15	28	0
12	10	16	0	12	10	56	0
13	10	16	0	13	5	81	0
14	10	21	0	14	7	82	0
15	10	11	0	15	0	82	0

Game Record (Distributor)				Game Record (Factory)			
Week	주문량	Inventory	Backlog	Week	주문량	Inventory	Backlog
1	7	12	0	1	10	12	0
2	9	5	0	2	15	2	13
3	12	10	0	3	25	0	16
4	7	11	0	4	16	3	0
5	10	14	0	5	17	26	0
6	15	24	0	6	25	21	0
7	25	0	4	7	40	1	0
8	55	0	36	8	70	0	49
9	38	0	31	9	45	0	64
10	30	0	43	10	40	0	14
11	10	0	23	11	17	57	0
12	5	82	0	12	8	119	0
13	3	84	0	13	5	164	0
14	0	85	0	14	1	173	0
15	0	85	0	15	0	173	0

4) 게임결과

① 실제 소비자의 주문량의 변화는 크지 않았으나, 상위 단계로 갈수록 주문량이 더 크게 늘어났다.

② 비슷한 시점, 즉 중간단계에서 Backlog가 발생하기 시작했다.

③ Backlog가 없어진 시점부터, Inventory가 엄청나게 늘었고, 이러한 현상은 상위단계로 갈수록 더 크게 발생했다.

④ Backlog가 없어지고 Inventory가 늘어나기 시작하면서, 주문량이 감소하기 시작한다.

5) 원인분석

① 모든 참가자들은 소비자의 Demand를 기초로 주문 양을 결정하지 않았고, 전 단계의 주문 양을 가지고만 결정했다. 즉, 모든 참여자들은 서로의 의사소통이 제대로 되지 않았다.

② 소비자 Demand가 갑자기 늘어나자 이에 대한 대비를 하지 않았던 Retailer는 Backlog가 발생하기 시작했고, 당황한 나머지 주문량을 소비자 Demand보다 더 크게 늘렸다(이러한 현상은 상위 단계로 이동할수록 증

폭되서 발생했다).

③ 참가자들 대부분이 Backlog에 대한 부담과, Leed Time을 감안해서 예상
되는 주문량에 비해 더 많은 안전 Inventory 유지를 원했다. 즉, Retailer
는 실제 소비자의 Demand보다 더 많은 주문을 하였고, Wholesaler는
Retailer의 주문 양보다 더 많은 양을, Distributor는 Retailer의 주문 양
보다 더 많이, Factory는 Distributor보다 더 많이 생산했던 것이다.

④ 각 참여자들은 Backlog에 대한 공포감으로 인해 주문량을 더 많이 늘렸
지만 사실, 소비자 Demand는 크게 변화하지 않았기 때문에, Inventory
는 쌓이게 되고, 결과적으로 주문량은 줄어드는 현상이 발생했다.

(4) Bullwhip Effect 발생원인 및 사례

 그림 3-6. Beer Game 결과

Figure 1 Increasing Variability of Orders up the Supply Chain

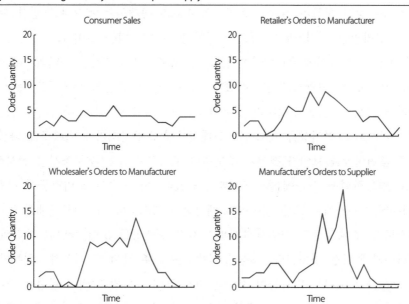

출처: Hau L. Lee · V. Padmanabhan · Seungjin Whang(1997) Sloan Management Review "The Bullwhip Effect
in Supply Chains" 94

Bullwhip Effect는 실제적으로 공급망상의 왜곡된 정보의 전달 현상이 막대한 비효율성을 야기시켜 생성되는 것이다. Bullwhip Effect의 생성원인에 대한 명확한 이해가 Bullwhip Effect를 해결하는 방안을 찾는 데 상당히 중요한 단서가 된다. 구체적으로 Bullwhip Effect를 생성시키는 요인들에는 다음과 같은 것들이 있다.

1) 개별기업 관점에서의 주문

공급만 전체의 관점이 아니라 개별기업의 관점에서 의사결정을 수행하게 되면 이것은 공급망 전체의 왜곡현상을 발생시킨다. 공급망상에서 어느 한쪽의 수요가 증대하면 이는 공급망의 다른 한쪽에서의 공급부족을 야기시킨다. 일반적으로 특정 의사결정자가 수요의 미약한 움직임으로 인해 제품이 부족할 것 같은 상황을 감지하게 되면 갑자기 안전재고량을 늘려가기 시작한다. 이것은 공급망 전체의 주문폭증을 유발하여 공급망상에서 어느 쪽으로 제품이 몰리면서 생산이 늘어나기 시작한다. 제조업체측에서는 도매상과 소매상으로부터의 주문증대 현상이 실제로 소비자의 수요가 증대하는 것으로 오인할 수 있어, 생산라인을 늘려가면서 제조에 박차를 가하게 되는 것이다.

1990년대 말기에 우리나라에서 발생한 소주사재기 파동은 국내의 Bullwhip Effect의 하나의 사례라고 볼 수 있다. 그해 가을에 유럽의 주류제조 수출국가들의 압박으로 인해 우리나라 정부가 그 다음해 1월부터 소주가격에 세금을 더 부가하여 가격인상을 예고하자 도매상들이 소주사재기에 발빠르게 나섰다. 소주 품귀현상을 보이자 정부가 주도하여 도매상에 대한 세무조사를 실시하겠다고 경고하면서 단속에 들어간 때가 있었다. 이 경우는 소비자들이 다음해 1월부터 소주가격이 오를 것이라고 예상하여 평소보다 조금 더 구매를 늘리기 시작하자, 소매상들도 소주사재기에 나섰고 도매상들 또한 상당한 분량의 소주사재기에 나선 것이었다. 그러나 실제로는 소주 값이 그 다음해 1월부터 약간 오른다고 해서 소비자들이 소주를 미리 구매하여 몇 달씩 보관하는 경우는 그다지 많지 않았다. 단지 도매상들이 전국의 소주를 대량 구매하여 야적장에 보관하면서 재고관리를 한 것이다. 소비자의 움직임은 별로 없었으나 소매상과 도매상들이 많이 움직인 경우라고 할 수 있다.

또한 같은 해 가을에 정부가 가전제품의 특별소비세를 다음해 1월부터 인하하겠다고 발표하자 소비자들이 다음해 1월 이후로 구매를 연기하였다. 이로 인하여 가전제품 도매상과 소매상들의 가전제품 판매가 급격히 감소하자 이들은 정부의 발표시기가 너무 빨랐다고 불만을 터뜨린 적이 있었다. 이것은 앞의 소주가격인상 예고와는 정반대가 되는 경우로서 가전제품의 가격인하 예고가 소비시장에 찬물을 부은 경우이다. 소비자들이 구매를 잠시 연기한 것이 소매상과 도매상의 판매에 상당히 큰 영향을 준 것이다. 실제로 그 당시의 소비자조사 결과에서는 구매를 연기한 소비자가 그다지 많지 많았음에도 불구하고 소매상과 도매상들은 판매가 급감한 것으로 느낀 것이다. 이것은 실제 소비자들이 구매가 줄어든 것이 아니다. 소매상과 도매상들이 일정 양의 여유재고로 가지고 있었는데, 다음해에 가격이 인하될 것으로 알려지자 이러한 여유재고가 감소하기 시작한 것이다. 다시 말하면, 소매상은 중소형 도매상으로부터 매입을 줄이고, 중소형 도매상은 대형 도매상으로부터 매입을 줄이며, 대형 도매상은 제조업체로부터 매입을 줄인 것이다. 가전제품 전체 공급사슬에서의 재고보유가 줄게 되자 소매상들과 도매상들의 입장에서는 판매가 격감된 것으로 느꼈던 것이다.

이와 같이 공급망은 주로 정부의 정책변경(세금인하 혹은 인상, 보조금 지원 혹은 삭감)이나 해외의 각종 환경변화(유가인상, 수입금지)와 같은 외부변화로부터 영향을 받을 수 있다. 또한 소비자 측의 각종변화(건강에 대한 인식증대로 위생적인 식품을 구매하거나 경기침체로 인해 묶음 상품이나 재활용품을 구매하는 것)가 영향을 줄 수 있다. 그 외에 제조업체 쪽에서 가격인상을 위해 의도적으로 공급을 제한하거나 자사제품 브랜드이미지 관리를 위해 한정판매를 실시함으로써 공급망을 흔들어 놓는 경우가 발생하기도 한다. 현실의 공급망은 출렁이는 줄넘기와 같아서 약간의 흔들림에도 예상보다 더 널뛰는 경우가 자주 나타난다.

2) 불규칙적인 주문과 판매량

많은 경우에 있어서 주문을 자주 하지 않고 한꺼번에 모아서 주문하는 경우가 발생한다. 이것은 자주 주문을 하게 되면 배송도 자주 해야 하는 문제가 발생하며 또한 주문을 모아서 하게 되면 공급처 관리가 편리해지기 때문이다. 따라서 매일 혹은 2~3일에 한번 주문하는 것이 아니라 주별, 월별, 분기별로 한꺼번에 모아서 하는 것이 상례라고 볼 수 있다.

　이러한 이유로 Hockey stick 현상이 자주 나타나는데 이 현상은 특정기간(월별, 분기별) 관점에서 볼 때 초반이나 중반보다는 후반에 주문량이 증대하므로 생산부서와 판매부서에서 특정기간(월별, 분기별)에 목표량을 맞추어 관리하는 현상을 의미한다. Hockey stick 현상은 수요나 주문을 더 많이 왜곡시키면서 Bullwhip Effect를 더 크게 초래하는 원인이 된다.

　우리나라의 제품 가운데 화장품의 경우에는 월별로 Hockey stick현상이 나타난다. 화장품 전문점에서는 월초나 중반에 매입한 화장품 대금을 월말에 지불하여야 하므로 자금을 마련하기 위해 덤핑시장을 포함한 여러 곳으로 화장품을 내놓으며 이렇게 마련한 자금으로 화장품 제조업체나 벤더에게 대금을 지불한다. 따라서 월말에 화장품 물동량이 전국적으로 대폭 증대하게 되고 중소 메이커의 경우에는 시장점유율 확대를 위해 이러한 시기에 마구 밀어내는 경우도 발생한다. 가격이 문제가 아니라 일단 유통에 밀어내게 되면 제조업체에서는 판매량 증대로 시장점유율이 높아졌다고 인식하는 것이다. 따라서 화장품의 초과공급량은 벤더, 화장품전문점, 화장품덤핑시장, 카셀(자동차를 타고 다니면서 화장품을 판매하는 소형 도매상으로 현장에서는 깔새라고 부름) 등에서 유통재고를 책임지게 된다.

　또한 현재 우리나라 대부분의 화장품 도소매상들은 전산화가 되어 있지 않아 소비자에게 실제로 판매되는 물량을 아무도 정확하게 알지 못한다. 단지 우리가 알고 있는 것은 화장품의 수많은 공급망상에 실제로 이 중에서 소비자에게 판매되는 양은 그다지 많지 않으며, 단순히 유통업체끼리(소매상, 중소형 도매상, 대형도매상) 화장품을 주고받는 경우가 대다수이다. 이것은 화장품뿐만 아니라 pc 소모품이나 각종 문구와 잡화류의 유통에서도 나타나는 현상으로서 소비자의 수요변화(수요증대나 수요감소)와는 별 상관없이 그저 유통업체간에 제품을 주고받는 현상이다. 이것은 소비자지향적인 현대의 공급사슬관리의 시작에서 볼 때 엄청난 문제이다.

이와 같은 문제를 해결하는 간단한 방법은 소량씩 자주 주문하는 것이다. 그러나 현실적으로는 주문을 한꺼번에 많이 하게 되면 제조업체나 벤더 측에서는 가격을 할인해 주기 때문에 단순히 Bullwhip Effect만 줄이기 위해 주문을 자주 하라고 한다면 실제로 잘 실행되지 않을 수도 있다. 또한 주문을 자주 하게 되면 전화나 팩스 등의 통신비가 증가한다. 그러나 EDI와 같은 정보기술의 도움으로 CAO(computer-assisted ordering)를 하게 되면 상대적으로 비용이 감소된다. 그러나 Van을 사용한 EDI주문의 경우에도 상당히 많은 발주비용이 들기 때문에 우리나라나 미국의 많은 업체들은 EDI주문을 어느 정도 모아두었다가 한꺼번에 하는 경우가 많다. 따라서 실제의 주문량이 어느 순간에는 몰리고 어느 순간에는 적어지는 경우가 나타나는 것이다. 이와 같은 문제들을 예방하기 위하여 최근에는 Web-EDI를 적극적으로 도입하는 경우가 나타나고 있지만, Web-EDI는 아직 우리나라에서는 이른 개념이다. 국내의 유통업체 중에서 Web-POS를 도입한 업체나 Web-EDI를 도입한 업체는 현재 한두 개뿐이며 2001년에 들어서서 몇 개의 개별 점포들이 Web-POS를 도입하고 있다. 그러나 앞으로는 이러한 방향으로 추진해야만 주문과 관련된 각종 비용을 줄일 수 있게 될 것이다.

또한 미국에서는 도로망이 잘 발달되어 있고 소매점의 자체 물류창고가 잘 완비되어 있으므로 CAO를 통해 자주 주문을 하는 것이 가능하다. 그러나 우리나라에서는 특히, 교통체증이 심각한 수도권에 위치한 점포의 경우에 몇백 평 규모의 물류창고도 거의 없으며 현재 몇 개의 대형 유통업체만이 용인 부근에 1,000평 이상의 물류창고가 있을 뿐 대부분의 수도권에 위치한 유통업체는 물류창고가 거의 없다. 다라서 자체 점포 내의 일정공간을 창고로 겸용해야 하는 입장에 있다. 이와 같은 상황에서 자주 주문을 하게 되면 배송비용이 엄청나게 들기 때문에 현실적으로 실행이 가능한지도 생각해볼 문제이다. Bullwhip Effect의 원인을 정확히 파악하기도 쉬운 일이 아니지만, 설령 알아냈다고 해도 현실적으로 해결하는 것은 더욱 쉽지 않은 것이다. 이를 위해서는 자사 물류보다는 제3자 물류(Third-Party Logistics)를 이용하는 것이 바람직한 데, 제3자 물류는 가까운 곳에 위치한 많은 공급업체로부터 가까운 곳에 위치한 많은 점포로 한꺼번에 물류를 하기 때문에 자주 배송을 할 수 있다. 미국에서는 제4자 물류(Fourth-Party Logistics: Third-Party Logistics에 또 다른 외부 컨설팅업체나 정보업체가 투자하여 독립법인을 만들어 수행하는 물류형태)까지 발전하고 있는 반면에 우리나라에서는 제3자 물류도 현재 도입 초기단계라고 볼 수 있다.[6]

그림 3-7. Beer Game 원인

Causes of Bullwhip	Information Sharing	Channel Alignment	Operational Efficiency
Demand Forecast Update	• Uderstanding system dynamics • Use point-of-sale (POS) data • Electronic data interchange(EDI) • Internet • Computer-assisted ordering(CAO)	• Vendor-managed inventory(VMI) • Discount for information Sharing • Consumer direct	• Lead-time reduction • Echelon-based inventory control
Order Batching	• EDI • Internet ordering	• Discount for truck-load assortment • Delivery appointment • Consolidation • Logistics outsourcing	• Reduction in fixed cost of ordering by EDI or electronic commerce • CAO
Price Fluctuations		• Continuous replenishment program(CRP) • Every low cost(EDLC)	• Everyday low price (EDLP) • Activity-based costing (ABC)
Shortage Gaming	• Sharing sales, capacity and inventory data	• Allocation based on past sales	

출처: Hau L. Lee · V. Padmanabhan · Seungjin Whang(1997) Sloan Management Review "The Bullwhip Effect in Supply Chains" 99

---

6 한동철(2002), "공급사슬관리" 시그마인트컴 49-54

(5) Bullwhip Effect 해결방안

앞에서 설명한 Bullwhip Effect를 줄이면서 공급망의 수익성을 올리는 방법에는 크게 다음과 같은 다섯 가지의 방법이 있다.

1) 공급망상의 목표와 인센티브 조정

공급사슬관리에서 행해지는 의사결정은 수익성 증대에 모든 초점을 맞추어야 한다. 많은 경우에 있어서 공급망상의 관리자들은 비용을 축소시키려고 노력하지만 이것이 실제적으로는 전체 비용을 증대시키거나 혹은 전체 수익성에 부정적인 영향을 주는 경우가 있다. 또한 소매상에게 마구 밀어내는 방식을 줄이는 것 역시 공급사슬관리의 수익성을 올리는 데 기여할 수 있다. 예를 들어, 제조업체의 세일즈맨이 소매상에게 판매하는 목표를 단기적인 관점이 아니라 장기적인 관점에서 판매에 치중하게 되면 소매상에게 밀어내는 물량이 상당히 줄어들게 된다. 이것은 소매상의 Forward Buying의 양도 줄이게 되므로 공급사슬 전체 측면에서는 수익성에 도움을 준다. Forward Buying이란 제조업체의 판촉행사 때문에 도매상이나 소매상이 미리 매입하는 것을 말하며, 미국에서는 소비자에게 판매되지 않았는데도 불구하고 제조업체의 판촉행사 때문에 도매상이나 소매상에서 구입하는 양이 전체의 약 25%라고 알려져 있다. 다시 말해서, 어느 제조업체에서 125개의 제품을 도매상에 판매하면 실제로 100개 정도만 소매상과 소비자들에게 직접 판매되고, 나머지 25개 정도는 유통재고로 도매상이나 소매상의 창고나 매장에 쌓여 있게 되는 것을 의미한다.

또 다른 방식은 제조업체의 세일즈맨에 대한 업무평가를 소매상에게 판매한 실적을 기준으로 하지 않고 소매상이 소비자에게 판매한 실적을 기준으로 평가하는 것이다. 실제로 미국의 Wal-Mart는 제조업체나 Vendor로부터 제품을 수납하면 즉시 대금을 지불하는 것이 아니라, Wal-Mart의 매장에서 소비자가 실제로 구매를 한(POS에서 그 제품이 최종적으로 소비자에게 판매되는 시점) 이후에 제조업체나 Vendor에게 대금을 결제한다. 다시 말하면, 제조업체나 Vendor가 Wal-Mart에 제품을 납품하여 몇 달이 지나도 그 제품이 실제로 소비자에게 판매되지 않으면 대금을 결제하지 않는 것이다. 이것은 철저한 소비자 위주의 공급사슬관리 기법으로서 소비자에게 판매가 되는 순간이 진정한 공급사슬관리의 목표가 달성되는 순간이라는 것을 현실업무에 철저하게 반영한 것이다. 이렇게 되면 소매상에게 아무리 많이 납품하여도 실제로 판매가 이루어지지 않으면 의미가 없어지므로 세일즈맨들은 소매상이 소비자에게 어떻게 판매하는지에 더욱 관심을 갖게 되어 Forward Buying의 부정적인 측면을 대폭 축소시킬 수 있다.

2) 정보의 정확성 향상

Bullwhip Effect가 발생한 이유 중의 하나는 공급망상의 전 구성원들이 자신 바로 앞의 구성원만을 근거로 의사결정을 했기 때문이다. 예를 들면, 도매상은 소매상에게만 의존하고 제조업체는 도매상에게만 의존하였기 때문에 Bullwhip Effect가 발생하게 된 것이다. 실제로 공급망상에서는 소비자와 직접 연결되는 소매상이 모든 정보획득의 핵심이다. 따라서 도매상과 제조업체가 소매상의 실제 판매 자료에 근거한다면 Bullwhip Effect는 상당히 줄어들게 된다(Bullwhip Effect를 완전히 없애는 방법은 없으며 어느 대형업체가 제조-도매-소매를 모두 직접 수행하더라도 Bullwhip Effect가 약간씩 나타나게 됨).

이러한 것을 실제로 현실화시키는 방법에는 몇 가지가 있는데, 첫 번째 방법은 CRP(Continuous Replenishment Program)이다. 도매상과 제조업체가 소매상의 POS 데이터에 근거하여 제품보충에 나서는 것이다. 이러한 CRP는 원재료 공급업체나 도매상 혹은 제3자 기관이 관리할 수 있다. 대부분의 경우에 CRP는 소매상의 실제 POS 데이터의 판매자료에 근거하는 것이 아니라, 소매상의 창고로부터 제품이 빠져나가는 것에 근거하게 된다. 물론 이것은 실제로 POS 데이터와 약간의 차이가 있을 수 있다. 소매상의 창고와 소매점포의 수가 동일하다면 거의 차이가 없겠지만, 실제로 소매점포는 여러 곳에 있는데 소매상의 물류창고는 하나일 경우에 도매상의 입장에서는 어느 소매점포에서 판매가 되었는지를 바로 알기는 쉽지 않기 때문이다. 미국의 경우에 500개 이상의 소매점포를 가진 회사형 소매체인이 적어도 수십 개가 넘는다. 물론 500

개 이상의 소매점포를 가지고 있다고 하더라도 실제 소매점의 물류창고는 몇 개 정도이며 많아야 십여 개에 불과하다. 따라서 모든 소매점포의 자료를 입수하여 분석하는 것은 정보의 양이 너무 많아지기 때문에 소매점포의 물류창고에서 빠져나가는 자료를 기준으로 분석하는 것이 일반적인 관행이다.

또한 VMI(Vendor-Managed Inventory)도 이와 같은 목적으로 활용된다. VMI란 제조업체에서 도매상의 재고를 관리하고 도매상이 소매상의 재고를 관리하는 것을 의미한다. 이것은 소매상의 모든 재고관리를 궁극적으로는 그 상위 레벨(도매상 혹은 제조업체)의 업체에서 수행함으로써 소매상에게 발생하는 정확한 판매정보를 도매상과 제조업체가 공유하려는 것이다. 미국에서는 Frito−Lay의 트럭기사가 소매점포에 가서 직접 재고관리를 한다. 현재 미국의 K−Mart는 50여 개 이상의 공급업체와 VMI를 수행함으로써 계절상품의 재고회전율이 3회전에서 9회전 정도로 증가하였으며, 비계절 상품의 경우에는 12~15회전 정도에서 17~20회전 정도로 증가하였다. 미국의 Fred Meyer의 경우는 이를 통해서 재고가 30~40% 삭감되었고, 재고보충률도 98%까지 증가하였다. VMI는 기본적으로 제조업체나 Vendor에서 소매점과 협의하지 않고 단독으로 수행하며, 소매점은 자사의 POS에서 인식된 양만큼 제조업체나 Vendor에게 대금을 지불하고 있다. 제조업체나 Vendor의 재고관리 수준을 소매점과 협의하면서 수행하는 형태가 최근에 활용되고 있는데 이것을 CMI(Co-Managed Inventory) 혹은 JMI(Jointly-Managed Inventory)라고 부른다. 이것은 제조업체나 Vendor가 예측한 양을 소매점에게 보고하고 이를 소매점이 확인한 후에 재고관리가 수행된다는 점에서 VMI보다는 한 단계 더 진보한 개념이다.

소매상이 소비자에게 실제로 판매한 양을 나타내는 POS 데이터를 도매상과 제조업체와 공유하는 것은 공급사슬관리의 조정을 원활하게 하면서 효율을 증대시키게 된다. Van을 통한 EDI나 Web−EDI 혹은 XML을 통한 각종 정보의 공유는 공급사슬관리에 관여하는 업체들의 전체 효율화에 도움을 준다. EDI(Electronic data Interchange)를 하게 되면 정확하게 정보가 전달되면서 어느 정도의 공급량 증대는 감소시킬 수 있으며, 공동으로 협력하여 생산계획이나 판매계획을 수립할 수 있게 된다. 이것이 최근에 각광을 받고 있는 CPFR(Collaborative

Planning Forecasting and Replenishment)의 기본적인 전제조건이다. 단순히 POS 데이터를 공유하는 것만으로는 충분하지 않다. 예를 들어, 어떤 청량음료업체가 전년도 6월에 대대적인 판촉행사를 시행하였다고 하자. 작년의 POS 데이터는 판촉행사의 결과자료를 보여주는 것이다. 그런데 금년 6월에는 이 제조업체에서 판촉행사 계획이 없다면 작년도의 POS 데이터를 제조업체와 소매상이 공유한다고 하여도 공급사슬관리 전체의 효율성이 그다지 높아지지는 않을 것이다. 제조업체는 소매상에게 금년에는 판촉계획이 없다는 정보를 제공하고 공동으로 판매를 예측하는 것이 바람직하다.

CEAR은 원래 Wal-Mart와 P&G사가 공동으로 노력한 데서 출발한 것이다. 당초 두 회사는 단순히 공동으로 예측하고 배송하는 CEAR(Collaborative Forecasting and Replenishment)를 수행하였다. 이것만으로는 부족함을 느끼게 되자 미국에서 공급사슬관리의 확산을 위해 노력하는 VICSA(Voluntary Interindustry Commerce Standards Association)의 협조를 받아서 CFAR에 계획기능(planning)을 추가한 CPFR (collaborative planning forecasting and replenishment)를 만들었다. 이것은 ERP(Enterprise Resource Planning)와 APS(Advanced Planning System 혹은 Advanced Planning and Scheduling: 두 가지의 용어가 다 활용되고 있음)의 두 가지 정보기술들을 활용하여 탄생하였다.

3) 운영효율성의 증대

일반적으로 재고보충기간을 단축시킴으로써 수요의 불확실성을 줄일 수 있다. 다시 말하면, 주별이나 월별 단위의 재고보충기간을 일별이나 2~3일로 단축시키면 수요의 불확실성이 어느 정도 감소된다. 이것은 특히 계절상품일 경우에는 계절에 맞게 적절히 보충하는 데에 그 의미가 있다고 할 수 있다. ASN(Advanced Shipment Notice)는 보충될 재고량을 배송 전에 소매점에게 알리고 실제로 배송될 때 이와 대조시킴으로써 재고를 보충하기 위해 들이는 노력을 감소시킨다. CR(CROSS DOCKING) 또한 공급망상의 각종 관련단계(제조업체와 도매업체, 도매업체와 소매업체)간에 제품이 이동되는 보충기간을 감소시키는 데 공헌하고 있다. CROSS-DOCKING은 간혹 FLOW THROUGH TRANSPORTATION

이라고도 불리는데 이것은 배송된 물건을 창고에 보관하지 않고 배송과 동시에 바로 소매점별로 분류하여 배송하는 시스템을 말한다. 이를 통해 물류창고에서 적재되는 시간을 감소시킬 수 있으므로 당연히 재고보충기간이 짧아지게 된다.

생산량과 발주량의 기본단위(lot size)를 줄이게 되면 공급망상의 Bullwhip Effect를 줄이게 된다. 물론 발주량의 기본단위를 줄이는 것은 조달, 수송, 수납과 관련된 각종 재고비용을 대폭적으로 감소시킨다. 미국의 Wal-Mart와 일본의 7-Eleven은 기본단위를 줄여 많은 제품들을 동시에 배송시킴으로써 각종 비용을 절감하고 있다. 운영효율성과 관련하여 Bullwhip Effect를 줄이는 또 다른 방법으로서는 보통 turn and earn이라고 부르는 것이 있다. 이것은 현재 소매점들이 주문한 양을 기준으로 공급하는 것이 아니라, 실제로 과거에 소매점에서 판매된 양에 따라 공급하는 것이다. 이것은 실제 판매에 기초하고 있으므로 훨씬 더 정확하다고 할 수 있다.

4) 가격 전략 수립

통상적으로 구매를 할 때 필요한 양만큼을 구매하기보다는 어느 일정수준의 여분을 두고 발주하는 경우가 현실에서 자주 발생한다. 왜냐하면 소매상이 실제로 필요한 양만을 구매하게 되면 소매상에 납품하는 vendor의 입장에서는 예측이 쉽지 않으며, 소매상은 소비자에게 판매한 양만큼의 구매하게 되므로 실제의 구매량이 불규칙해지기 때문이다. vendor의 입장에서는 항상 규칙적으로 소매상에게 납품을 하게 되면 제품의 공급관리가 상당히 편리해지므로 일정한 기본단위를 설정해 놓고 이 단위 이상의 구매를 요청하게 된다. 다시 말해, 통상적인 구매량에 따라 가격을 할인해 주면 실제로 필요한 양만큼 구매하게 될 가능성이 높아진다. 그러나 기본단위에 근거하게 되면 구매하는 기본양이 상당히 커져 소매상의 입장에서는 당장은 필요하지도 않은데 구매해야 하는 경우가 생기는 것이다.

또한 제조업체는 자신들이 생산한 양을 전부 판매하기를 원하므로 판매가 잘 되지 않으면 대부분의 경우에 도매상이나 소매상에게 판촉행사를 하게 된다. 이때 가격할인 조건을 내걸면서 대량구매를 유도하게 되기 때문에 앞에서 설명한 것처럼 도매상들이나 소매상들은 Forward Buying을 하게 되는 것이다. 이러한 판촉행사를 없애고 제조업체가 일정하게 판매를 하게 되면 Bullwhip Effect는 상당히 감소하게 된다. 이러한 방식 중에서 현실에서 사용되고 있는 것이 EDLP(Every Day Low pricing)이다. EDLP란 소매상이 일년 내내 항상 최저가로 제품을 구매하여, 소비자에게도 일년 내내 항상 최저가로 제품을 판매한다는 방식으로부터 나온 가격전략이다. 소매상이 vendor에게 일년 내내 항상 최저가로 구입을 하겠다고 요청하면 vendor의 입장에서는 판매촉진을 할 여지가 상당히 줄어들게 된다. 미국에서는 Wal-Mart나 K-Mart와 같은 할인점들이 EDLP 전략을 애용하였으나 국내에서는 미국식 EDLP가 완전히 정착되지 못하고 있다. 미국의 할인점들은 일년 내내 최저가로 판매를 하므로 세일이라는 것이 없다. 국내의 할인점들이 저렴한 백화점(일반적으로 양판점으로 불림)식의 각종 세일행사를 하면서 EDLP를 수행하여 Bullwhip Effect를 많이 줄인 것으로 알려지고 있다.

5) 리드타임 단축

리드타임을 줄이는 것이 Bullwhip Effect를 감소시키는 또 다른 방법 중의 하나이다. 리드타임이 상대적으로 긴 공급망에 있어서 충분한 양의 안전재고가 있다면 몇 주 동안의 수요에는 안정적으로 대응이 가능하다. 그러나 리드타임이 몇 주라 하더라도 어느 정도 수요가 증대하는 경우에 이것을 소비자 수요가 대폭 증대하는 것으로 오인하게 되면 주문량이 많아지면서 공급망에 일종의 허수 주문들이 나타나게 된다. 리드타임이 상당히 짧은 경우에는 제품회전 기간이 빨라지므로 대규모의 허수주문이 발생하기는 힘들다. 보통 우유나 햄과 같이 식품점으로 매일 배송(daily dispatching)되는 제품의 경우에는 제품이 많이 판매된다고 해서 아무리 주문을 많이 하여도 실제적으로 공급량이 갑자기 증대되지는 않는다. 그 이유는 매일 소량씩을 배송하므로 배송차량이 상당히 작아서, 소매점들이 주문량을 늘리더라도 이에 맞게 갑자기 배송트럭의 용량을 늘리기도 힘들며 배송트럭을 추가 배치하는 것도 쉽지 않기 때문이다.

또한 소비자 구매주기가 조금 긴 닭고기의 경우에 있어서도 실제적으로 공급망이 널뛰기하는 듯한 Bullwhip Effect가 나타나기는 쉽지 않다. 2001년에 영국산 소의 광우병 파동으로 인해 대체수요로서 닭이 호응을 받았다. 물론 닭고기에 대한 소비자들의 구매가 증가한 것은 사실이었지만 공급망 전체로 볼 때 허수주문이 많지 않았다. 그 당시 국내에서 닭고기 공급체인으로 유명한 어느 업체는 하루에 약 20만 마리의 닭을 내수와 수출을 하였다. 공급망상에서 주문이 늘어나더라도 닭의 생산량은 어느 정도 한정되어 있기 때문에 갑자기 공급망이 팽창하지는 않았다. 또한 닭고기의 구매주기가 2~3일에 한 번 정도로 짧기 때문에 도소매점에서 닭을 보관해 둘 필요성도 상대적으로 적었다. 그러나 일반 공산품의 경우에는 특정한 이유로 인해(정부의 정책변경, 국제적인 유가변화) 품귀현상이 나타날 것을 두려워하여 수요가 일시적으로(몇 주 몇 달) 대폭 증대하게 되면 p&g사의 기저귀 pampers에서 나타났던 Bullwhip Effect가 우리나라에서도 나타날 수 있다. 앞의 닭고기의 경우에는 공산품이 아니었기 때문에 Bullwhip Effect가 적게 나타난 것이다.[7]

Bullwhip Effect의 원인	Bullwhip Effect의 해결방안
Demand forecast updating	Avoid multiple demand forecast updates
Order batching	Break order batching
Price fluctuation	Stabilize prices
Rationing and shortage gaming	Eliminate gaming in shortage situations

출처: 최근영(2002) "공급체인 시스템에서 정보흐름관리가 bullwhip effect에 미치는 효과 연구 논문"

---

7 한동철(2002), "공급사슬관리" 시그마인트컴 54-63

Let's Provide Right Amount at the Right Time: Just-in-Time

CHAPTER

4

고객이 원하는 것을, 고객이 원하는 때에, 고객이 원하는 만큼

　JIT는 일본 도요타 자동차의 원가절감 및 생산성 향상을 위한 독자적인 생산방식 'Just In Time'의 약자로, 필요한 때에 맞추어 물건을 생산하고 공급하는 것을 의미한다. JIT는 제조업체가 부품업체로부터 부품을 필요한 시기에 필요한 수량만큼만 공급받아 재고를 극도로 줄여 비용을 절감하는 재고관리 시스템이다.

　그럼 현재 기업들이 해결해야 할 시대적 과제는 무엇일까? 기업들은 고객이 원하는 것을, 고객이 원하는 때에, 고객이 원하는 만큼 재화나 서비스를 공급해야 한다. 아마존, 델, 샤오미, 자라, 텐센트, 구글, 알리바바 등을 포함해 모든 기업들은 그들이 목표하는 비즈니스 성격에 따라 방식이나 기법이 서로 다를지라도, 결국 같은 깃발을 향해 나아가고 있다. 그것은 바로 '21세기의 기업 활동은 모두 JIT(Just In Time) 게임'이라고 할 수 있다.

1 JIT의 배경 및 개념

　1973년 1차 오일 쇼크(Oil Shock)는 일본 내의 수천 개의 기업이 도산하고 수만 개의 기업이 적자로 허덕이게 만들었다. 경영의 어려움이 극심한 시기,

경제적 불황의 도래는 경제 구조면에서 실업사태, 해고의 바람, 생산의 감소 등 각 기업에 심각한 문제점과 어려움을 안겨주었다. 그러나 도요타 자동차는 다른 회사에 비해 이익 감소폭이 작아 주목을 받기 시작하였으며, 그 후 3년 간 도요타의 이익은 점점 상승하였다. 다른 회사와의 격차가 커짐에 따라 도요타 생산방식은 더 큰 관심을 불러일으켰으며, 1977년 미국 내에서 IE학회 주최로 열린 국제 "심포지엄"에서 일본 도요타 특유의 JIT생산시스템이 발표되고, 그에 의한 효과와 공장 경영철학이 전 세계의 생산관련분야 학자와 교수, 기술자에게 어필되면서 세계적으로 유명해지게 되었다.

1973년까지 고도경제성장 시대의 일본 기업의 생산방식은 미국식으로 만족하고 있었다. 그러나 고도성장이 멈추고 성장률이 점점 낮아지면서 미국식의 계획적 양산방식으로서는 기업의 발전을 기대할 수 없게 된 것이다. 그 당시 일본의 기업구조나 생산시스템은 설비나, 작업배치 등의 면에서 미국식을 모방해 왔지만 고도성장이 그치고 소비자의 수요욕구의 다양화와 경제·사회 구조의 변화가 다반사로 발생하는 시기에는 생산량이 줄면서 대량생산방식으로는 기업의 성과를 유지할 수가 없게 되는 것이다. 즉, 재고는 편재하고 생산의 균형은 무너졌으며 여러 곳에 낭비가 발생하게 되었다.

도요타는 대량생산으로 제품 1개당 평균코스트를 극소화하는 미국의 방식을 맹목적으로 모방하는 것은 위험하다고 생각해 왔다. 따라서 코스트의 절감과 낭비의 배제로 이익을 증대시키는 생산시스템으로 JIT시스템이 개발되고 발전된 것이다.

적시생산 시스템(just-in-time: JIT)은 제품생산에 요구되는 부품 등 자재를 필요한 시기에 필요한 양만큼 조달하여 낭비적 요소를 근본적으로 제거하려는 생산시스템이다. 적시생산으로서 재고관리 방식의 하나로 출발하여, 새로운 생산시스템의 개념으로 발전한 JIT시스템은 전통적인 재고시스템과는 달리 생산활동 전반에 영향을 미치므로 생산관리의 새로운 접근법으로 볼 수 있다. 일본의 도요타(Toyota) 자동차에서 최초로 시작된 JIT는 제조업체의 내부적 '낭비(waste)'를 방지함으로써 이익을 개선하려는 생산관리의 관점으로 요약할 수 있다. 재고를 자산으로 파악하는 기존의 관점과는 달리 JIT는 재고를 비용의 근원으로 간주하고 제거되거나 가능한 한 줄여야 하는 대상으로 간주하며, 나아가 불량품의 발생 및 작업 현장의 비효율적 측면 역시 비용을 발생시키는 원인으로서 제거되어야 하는 대상으로 본다. 전통적인 생산시스템의 경우에는 불확실한 소요량에 대비하여 안전재고를 보유하지만, JIT시스템에는 매일 또는 매 시간 요구되는 자재를 소량으로 조달함으로써 재고를 최소화할 수 있다. 그러므로 JIT시스템은 재고의 감소와 관련된 여러 가지 활동을 전개하여 비용을 절감하고 품질의 개선과 작업의 작업능률 향상으로 생산성을 높이는 생산시스템이라 할 수 있다.

'Just In Time'을 한마디로 말하면 필요한 물건을 필요한 때에, 필요한 만큼 만들거나 조달하는 일을 가리킨다. 즉, 적시판매를 위해 완제품을 생산 및 운반하고, 적시에 조립품들이 완제품으로 조립되며, 적시에 구매 원자재가 부품으로 전환되는 것이다. 따라서 JIT시스템의 의미는 구매, 생산, 판매, 유통에 이르는 기업 활동의 전 부문에 걸쳐서 적용되는 개념으로 적시납기의 실행에 중점을 둔 하나의 공장관리 철학으로 모든 생산자원의 낭비요소를 제거함으로써 무재고와 총합적 품질관리를 통한 기업의 개혁을 주도하기 위한 것으로 볼 수 있다.

현재 JIT시스템은 자동차는 물론 항공, 기계, 가전, 컴퓨터, 통신 등 일본의 여러 산업에서 성공적으로 도입·운영되고 있다. 1980년대 이래 미국의 자동차 및 전자산업 등에서 적극적으로 도입되어 현재 많은 기업에서 획기적인 경영성과를 나타내고 있다.

2 JIT시스템의 목표 및 요인

JIT생산방식은 생산시스템의 설계와 운영상의 모든 면에서 낭비적 요인을 제거하며 지속적인 개선을 추구한다. 생산시스템에서 나타나는 낭비적 요인으로 기계가동 점검 및 감시, 부품 수량의 확인과 기다림, 과다한 생산과 재고보유, 자재의 장거리 이동, 기계고장과 공구선정, 불량품으로 인한 폐기와 재작업이 있다.

JIT시스템은 생산 활동에서의 이러한 낭비적 요인을 제거하는 것을 궁극적인 목표로 한다. 이러한 목표를 구체적으로 제시하면 제조준비시간의 단축, 재고의 감소, 리드타임의 단축, 자재취급 노력의 경감, 불량품의 최소화 등이다.

JIT시스템의 주요 관리요소는 다음과 같이 8가지가 있다.

(1) 자재흐름의 원칙

재고의 자재흐름은 푸시(push)와 풀(pull) 방식으로 구분이 되는데, JIT시스템은 풀 방식의 재고관리 방식이고 MRP시스템은 푸시 방식의 재고관리 방식이다.

흐른다는 것은 막힘없이, 끊임없이 움직이는 것을 의미하는 것으로 기업이나 공장은 원료에서 시작하여 상품(완성품)에 이르기까지 많은 공정들의 흐름으로 이루어진다.

(2) 소롯트 크기

JIT시스템 사용자들은 가능한 한 소롯트 크기로 재고를 유지하려 한다. 소로트화의 목적은 급변하는 시장에 대응하기 위하여 필요한 만큼을 필요한 때에 만들고 재고를 삭감하여 원가가 올라가지 않도록 준비교체시간을 단축하는 것이다. 소롯트 크기는 다음의 세 가지 이유 때문에 매우 중요하게 다루어야 한다.

첫째, 소롯트는 순환재고를 줄일 수 있다.

둘째, 소롯트는 리드타임의 감소를 도와줄 수 있다.

셋째, 소롯트는 생산시스템에서 균일한 작은 부하를 달성하도록 도와준다.

(3) 짧은 준비시간

롯트 크기의 감축은 많은 장점에도 불구하고 가동준비시간이 최소수준으로 줄지 않으면 별 효과가 없다. 소롯트 크기의 생산은 가동준비시간의 횟수를 증가시키기 때문에, 가동준비시간을 줄이기 위해서는 엔지니어링, 경영진, 기계제어기, 자동장착용 마이크로 컴퓨터, 작업진행조의 교체준비 등의 여러 가지 방법을 사용하여야 한다.

(4) 동일한 주 생산계획

JIT에서도 MRP와 같이 주 생산계획(MPS)이 시스템을 선도한다. 즉, 주 생산일정계획에서 수립된 소요량과 정책들은 JIT시스템에 대한 소요량에 직접 영향을 준다. 그러므로 개별 작업장의 부하가 비교적 일정할 때, JIT시스템은 원활한 운영을 유지할 수 있다.

JIT시스템에서 가장 이상적인 생산형태는 매일 같은 물품을 같은 수만큼 만드는 것으로, 생산량이 어느 특정한 시기에 집중되는 작업의 경우, 어느 시기에는 높은 부하로 인해 무리가 생기고, 그 이외의 시기에는 전혀 작업을 하지 않아 문제가 발생한다. 이때 기업은 많은 낭비를 하게 되므로 매일 일정량의 생산을 하는 것이 효율적이다.

(5) 부품 및 작업방법의 표준화

작업자들은 표준화된 작업방법으로 표준 업무를 연속적으로 반복할 때 작업효율이 올라가고 생산성을 증가시킬 수 있다.

(6) 긴밀한 공급자 연계

JIT시스템에서는 매우 낮은 재고수준으로 운영되므로 재고설정이 자주 일어나고 적시에 납품이 이루어져야 한다. 그러므로 공급자들과의 관계를 긴밀하게 유지하여야 하며, 공급자와 제조업자의 관계를 향상한다는 다음의 세 가지에 유의하여야 한다.

첫째, 공급업자의 수를 줄이고, 제품설계의 초기단계에 공급업자들을 참여시킨다.

둘째, 공급업자들을 가까운 곳에 위치하도록 하여 항상 대화와 정보교환이 용이하도록 한다.

셋째, 공급업자를 포함한 JIT공급망 전체의 효율성을 향상시키고 재고를 줄이도록 해야 한다.

(7) 유연한 노동력

작업자가 한 가지 이상의 작업을 수행할 때 유연성이 높다고 하는데, 대부분의 공정에서 작업수행에 필요한 기술수준이 높을 때 유연성은 낮아질 수밖에 없다. 그러므로 계속적인 교육과 훈련이 필요하다.

(8) 지속적인 개선

생산효율과 생산품의 품질을 높이기 위해서는 계속적인 생산시스템의 개선이 필요하다.

3 JIT시스템의 특징

미국의 기업이나 학자들은 동적인 미국기업의 특성에 적합한 JIT방식을 연구하여 Pull 생산방식의 장점을 흡수하는 데 많은 노력을 기울였으며 미국식 생산기법에 적합한 Lean 생산방식을 적용하였다. 국가간·기업간에 경쟁이 격해지면서 기업들은 매출중심의 이익확보에서 생산시스템 내 낭비적인 요소를 줄여 원가를 줄이는 수익성 중심의 관리방식으로 초점을 바꾸게 되었다.

JIT 생산방식은 전통적인 IE기법인 작업관리나 공정관리, 생산관리 기법 등을 바탕으로 인적·물적 자원에 대한 절약과 이를 통해 저렴한 가격과 품질로 사회에 봉사하고자 하는 생산철학이다.

JIT 생산시스템은 작업을 할 때 수행하는 가공, 검사, 운반, 대기 및 정체 공정에서 가공만을 작업으로 인정하고, 이외의 나머지 공정은 부가가치적인 것으로 간주하여 제거하는 것을 목표로 한다. 검사공정은 실수방지장치(Fool Proof)나 리미트 스위치(Limit Switch)를 이용한 검사장치로 실수하였을 때 알려주고 멈추게 하는 자동화에 의해서 품질을 공정 중에서 확보한다. 전수검사와 같은 효과를 얻으면서 검사공정을 줄이고 100% 양품만을 다음 공정에 제공한다. JIT 생산시스템에서는 "다음 공정은 고객"이라는 자세로 완벽한 제품만을 생산하여 다음 공정에 넘겨준다. 운반공정은 설비배치의 개선을 통해 자재의 투입구와 출구를 같게 하고, 자공정의 출구가 다음 공정의 투입구로 이어가는 U라인으로 하여 전체 공정을 하나로 이어가는 U라인화한다. 즉 작은 U라인들이 모여 공장 전체로는 커다란 U라인을 구성하여 운반 작업을 줄인다.

(1) 풀 방식의 자재흐름

공정의 반복성이 높고 자재흐름이 명확히 결정된 기업이 JIT시스템을 활용하는 경향이 있는데 이유는 풀 방식이 생산량과 재고량 관리를 작업장에서 정밀하게 통제할 수 있게 하기 때문이다.

(2) 일관성 있는 고품질

JIT시스템은 자재흐름을 균일하게 유지하기 위하여 불량과 재작업을 제거하려고 한다. JIT시스템을 효율적으로 운영하기 위해서는 제품규격을 잘 지키고 TQM과 같은 통계적인 기법과 행동과학적 접근법을 시행하여야 한다. JIT 시스템에서는 노동자들 스스로 품질검사관으로 행동함으로써 원천에서 품질을 통제한다.

(3) 소규모 로트 크기

JIT시스템 사용자들은 재고를 완충용으로 쌓아놓지 않으며 가능한 한 작은 로트 크기로 재고를 유지한다. 로트 크기를 줄이면 세 가지 장점이 있다. 첫째, 작은 로트 크기는 주기재고를 줄어들게 하는데 주기재고는 안전재고 이상으로 재고가 쌓인 것을 말한다. 평균주기재고는 로트 크기의 절반이기 때문에 로트 크기가 줄어들면 주기재고도 줄어든다. 주기재고를 줄이면 생산과 재고유지에 필요한 시간과 공간을 절약할 수 있다. 둘째, 작은 로트 크기는 리드타임을 감소시킨다. 이에 따라 수송재고도 줄어드는데 이는 로트가 작아지면 각 작업장에서의 총 작업시간도 작아지기 때문이다. 그리고 작업장이 작은 로트를 처리하고 있기 때문에 그 작업장에서 대기하는 시간도 짧아진다. 결함이 발견되었을 때 로트 전체의 불량 검사를 실시하는 작업지체시간이 큰 로트보다 줄어든다. 셋째, 작은 로트는 생산시스템에서 작업보호를 균일화하는 데 도움이 된다. 큰 로트는 공정시간의 상당한 부분을 차지하고 있어서 작업장별로 부하가 균일한 계획을 세우기가 어려워진다.

(4) 준비시간 단축

로트 크기의 감축은 가동준비회수의 증가라는 문제점을 초래한다. 가동준비시간이 짧은 공정에서는 로트 크기를 감축할 수 있다. 그러나 가동준비시간이 상당히 긴 조립생산라인에서 가동준비를 자주하면 인력과 자본의 낭비가 발생한다.

(5) 작업장 간 부하 균일화

개별 작업장의 부하가 일별로 균일할수록 JIT시스템이 잘 운영된다. 균일한 작업부하를 유지하기 위해서는 품종구성과 생산량을 항상 비슷하게 함으로써 작업장의 일별 수요를 균일하게 하여야 한다.

(6) 부품과 작업방식의 표준화

부품 공유성이나 모듈화라고도 부르는 부품표준화는 반복성을 증가시킨다. 작업자들은 표준화된 작업방법으로 표준 업무를 연속적으로 반복하게 되는 것이다. 반복횟수가 늘어감에 따라 작업자들은 효율적인 작업방법을 익히게 되고 결국생산성이 높아진다.

(7) 납품업체 유대강화

JIT시스템은 매우 적은 재고로 운영되기 때문에 납품업체와 긴밀한 협조체제를 갖추어야 한다. 부품을 자주 선적하고 리드타임을 단축하고 적시에 도착하여야 하며 고품질의 부품을 공급하여야 한다.

(8) 노동력의 유연성

노동자가 한 가지 이상의 일을 수행할 수 있으면 노동력이 유연하다고 한다. 작업자들을 다양한 작업장으로 옮길 수 있기 때문에 병목현상을 재고에 의존하지 않고 해결하는 데 도움이 된다. 또한 누구나 휴가 중인 작업자 대신 일을 할 수 있다.

4 JIT시스템의 장·단점

(1) JIT시스템의 장점

① 소요 공간 절약
② 원재료, 구입부품, 재공품, 완제품의 재고투자 절감
③ 제조 리드타임 단축
④ 직간접 노동은 물론, 사무직도 생산성 향상
⑤ 설비 장비의 이용률 향상
⑥ 사무, 계획 업무의 단순화
⑦ 종업원 참가적 경영
⑧ 제품 품질 향상

(2) JIT시스템의 단점

① 생산 활동에 관련된 책임이 현장의 작업자와 일선 감독에게 과도하게 부과된다.
② 임금 및 보상 시스템의 변경을 필요로 한다. 이는 노사 간에 신뢰를 요구한다.
③ 1일 생산량이 오랜 기간 동안 일정 수준으로 안정되도록 계획되어야 한다.
④ 실제 생산량과 계획량이 일치해야 한다.
⑤ 작업 준비 횟수, 공급자의 물건을 싣는 횟수가 많아진다.
⑥ 제품설계, 제품혼합, 대량수요 같은 변화에 신속히 적응하지 못한다.
⑦ 불규칙한 수요의 제품이나 특수주문품에는 적용하지 못한다.
⑧ 설비배치 변경이 요구된다.
⑨ 공급체제와 납품업체들과의 관계를 관리하기가 어렵다.

5 도요타 칸반시스템

도요타의 오노 다이치는 JIT의 기본 원리를 생산 및 물류 활동에 적용하여 작업장 간 정보흐름방식인 칸반시스템을 개발하였다. 일본어로 칸반은 카드 혹은 표지판을 의미하는데 이것은 연속공정을 거치는 작업순서를 통제하는 수단으로 사용된다. 1950년대 말 오노 다이치는 미국의 슈퍼마켓에서 상품이 유통되는 방식을 보고 이를 도요타에 적용시켰다. 소비자는 꼭 필요한 시간에 꼭 필요한 양만큼만 사갔고 공급업체는 팔린 양만큼 납품했는데 이는 도요타에서 찾고 있는 시스템이라고 생각했다. 칸반은 인수 칸반과 생산 지시 칸반의 두 종류가 이용되고 있는데, 인수 칸반은 후속공정이 인수해야 하는 제품의 종류와 양을 지정하며 생산 지시 칸반은 선행공정이 생산해야 할 제품과 그 양을 표시함으로써, 인수량과 생산량에 관한 정보를 전달한다.

칸반시스템에 의한 경쟁력 증가는 칸반의 원활한 순환도 중요하지만 꼭 지켜야 하는 규칙이 있다. 이러한 규칙들이 완전하게 충족되지 않으면 비록 칸반시스템을 도입하더라도 JIT의 실현은 불가능할 것이다.

① 불량품은 절대로 다음 공정으로 옮겨져서는 안 된다.
② 다음 공정이 앞 공정으로 부품을 가지러 간다.
③ 생산량은 인수량과 같아야만 한다.
④ 미세 조정기능을 가져야 한다.
⑤ 제품의 모델과 양은 평준화되어야 한다.
⑥ 계획은 평준화되어야 한다.
⑦ 칸반은 표준 상자에만 부착되어야 한다.
⑧ 칸반의 매수는 적을수록 좋다.
⑨ 표준재고품은 정위치에 있어야 한다.
⑩ 제조활동에 안정성을 유지해야 한다.

JIT 구매 활동 및 JIT Ⅱ

JIT구매는 자재의 획득시점을 중점으로 자재의 운송량을 감소시키고 제품 생산에 필요한 자재를 필요시점에 지원하기 위한 방법이다. JIT구매의 목적은 자재구매수량을 최저수준으로 구매하도록 수량을 감소시키고 자재를 생산시점에서 지원한다는 것이다. 이러한 구매체계로 운영할 경우, 자재를 생산현장으로 직송하여 재고저장 및 이동 등과 관련된 각종 비용을 절감할 수 있다. 하지만 구매활동에 JIT를 적용하기 위해서는 다음과 같은 전제 조건을 필요로 한다. 왜냐하면 단순히 적시배달만을 강요함으로써 공급업체들로 하여금 완충재고를 더 보유하도록 강요하는 부작용을 초래할 수도 있기 때문이다.

① 확실하고 안정적인 스케줄링 시스템
② 공급업체에서의 JIT구축
③ 공급업체와의 장기적인 협력 및 신뢰분위기
④ 공급업체와 구매업체간의 공유된 비전
⑤ 가능한 지리적으로 가까운 공급업체와 관계유지

다음 표는 JIT 구매방식과 전통적 구매방식을 비교·분석한 것이다.

1986년 미국의 BOSE사에서는 구매활동에 JITⅡ시스템을 실시하였다. 이는 정보기술을 이용하여 공급업체의 사원이 구매업체의 기업에서 거래와 관련된 모든 업무를 수행하며 상호 협력할 수 있도록 지원하는 시스템이다.

JIT Ⅱ의 다섯 가지 원리는 다음과 같다.

① 공급업체와 구매업체간의 장기적인 관계가 유지된다.
② 공급업체는 관리자급 사원을 구매업체에 상주시킨다.
③ 구매업체는 상주하는 공급업체 사원에게 구매관련업무에 대한 권한을

표 4-1. JIT구매 및 전통적 구매방식의 비교분석

구매활동	JIT구매방식	전통적 구매방식
로트사이즈 결정	• 소규모 구매 • 많은 회수의 납품	• 대규모 구매 • 적은 납품 회수
공급업체 결정	• 장기계약 • 근접지역의 단일/소수업체	• 단기계약 • 다수의 공급업체
공급업체 평가	• 평가 중점: 품질, 납품이행 실적, 가격	• 평가 중점: 적정 수준의 품질, 가격, 납품이행 실적
협상 및 입찰 절차	• 기본목표: 장기계약을 통한 최고 품질	• 기본목표: 최저구매가격
행정처리	• 간소화	• 정식절차 요구
포장	• 소형/표준화, 낱개 또는 정량포장	• 부품형태와 무관한 표준화

부여한다.

④ 공급업체도 상주하는 사원에게 구매업체 사원들과 함께 일하고 정보를 교환하는 권한을 부여한다.

⑤ 공급업체는 상주하는 사원에게 고객을 대표하는 권한을 부여한다.

이제는 공급업체 역시 JIT를 도입하고 운영해야 한다. 구매업체는 공급업체를 구매업체의 한 부서로 간주하고 서로 상생하는(win-win) 전략을 도입하여 경쟁에서 이겨나갈 수 있도록 장기적으로 서로 협력하고 신뢰할 수 있어야 할 것이다.

7 JIT 소프트웨어와 정보 시스템 활용

JIT를 지원하기 위한 많은 소프트웨어들이 소개되고 있는데 그 중 잘 알려진 것으로 Hewlett—Packard system을 들 수 있다. JIT software의 구성은 일반적인 제조계획 및 통제시스템(MPC system)과 거의 유사하지만 부품에 대한 재고 균형을 개선시키기 위해 backflush로직을 사용하고 있다.

최근 사용자가 이해하기 용이하도록 사용자 위주의 소프트웨어가 개발되고 있으며 고객 중심적 접근방식은 기업에서의 다른 운영시스템과 연결을 허용하여 기업의 모든 사람들이 JIT를 이해하고 실행하도록 하고 있다.

JIT는 제조관리방식에서의 변화를 요구하기 때문에 제조를 지원하기 위해서는 컴퓨터기반시스템(computer-based system) 설계에서의 변화 역시 요구하고 있다. JIT는 많은 거래처리와 숨겨진 공장의 규모를 줄일 것을 요구한다. 즉 각 작업장에서 작업자에게 책임과 권한을 부여하며 스스로의 판단에 의해 일정계획을 수립할 수 있게 하는데, 이는 MRP의 집중화컴퓨터시스템과는 달리 분산화컴퓨터시스템(decentralized computer system)을 의미한다. 더 나아가, JIT가 반복생산이 아닌 제조현장에서도 사용되기 위해서는 작업현장에 있는 각 개인에게 PC가 지원되어 상세일정계획 정보를 지원해야 할 것이다. 기업내부에서의 문제뿐만 아니라 기업간 거래에서의 문제를 빨리 처리하여 결국 최선의 고객서비스를 위해 JIT는 컴퓨터기술과 정보통신기술의 발전에 힘입어 계속 발전되어야 할 것이다.

8 JIT의 발전 – JIT와 TQM의 결합

기업의 전략적 차원에서 JIT는 TQM과 결합함으로써 서로 보완할 수 있으므로 보다 효율적이고 효과적인 생산시스템을 구축할 수 있을 것이다. JIT와 TQM은 일본에 그 뿌리를 두고 있다.

일본은 1950년대부터 통계적 품질관리에 바탕을 둔 TQM을 기업 전체의 품질관리로소 적용하였고 1960년대 중반 이후 광범위한 총체적 품질경영철학의 일부로서 JIT를 발전시키고 실행해 왔다. 이와 대조적으로 미국 및 유럽에서는 1970년대 후반부터 JIT를 생산전략으로서 인식하였고 1980년대 중반이후 일본기업의 성공적 TQM적용에 관심을 갖기 시작하였다. 이와 같이 두 경영철학의 발전 및 실행은 두 지역에서 상이하게 다른 면을 보여주고 있지만 JIT와 TQM은 두 가지 다른 경영철학이라기보다는 기업 전체의 생산성 향상을 위한 통합적 의미의 기업전략이라 해야 옳은 것이다. 생산측면에서의 품질과 생산력은 기업전략의 핵심이기 때문에 JIT는 품질을 우선으로 기업 전체를 운영하기 위한 TQM의 일부가 되어야 한다.

최근의 연구에 의하면 JIT를 실행하고 있는 다수의 기업들은 TQM까지 포함함으로써 JIT에 의한 생산주기(cycle time)와 재고관리 측면에서 보다 나은 성과가 있다고 하며 또한 TQM으로 효율성의 증대도 향상시킬 수 있다고 한다.

JIT와 TQM은 더 이상 다른 두 가지 독립된 경영 이론이라기보다는 서로가 밀접히 상호작용을 하거나 각 이론의 성공적 실행을 위해 반드시 필요한 조건이라고까지 말할 수 있다. 특히, TQM은 JIT 실행에 있어서 성공을 위한 기본적 밑거름이 될 수 있으므로 조직전체의 전반적이고 합리적인 경영을 다루는 총체적 품질경영은 잠재적으로 JIT를 포함하고 있다고 할 수 있다.

9 서비스업에서의 JIT

JIT는 재고감축의 한 기법으로 제조업에서만 사용되는 것으로 오해되는 경우가 있다. 그러나 앞에서 밝혀진 바와 같이 JIT는 재고감축뿐만 아니라 낭비제거, 생산의 라인화, 신속한 작업전환, 공급자와의 협력, 수요에 대한 신속한 반응 등 많은 요소를 포함하는 폭넓은 관리시스템이다. 이와 같은 JIT의 다양한 개념과 방법들은 서비스업에서도 사용될 수 있다.

(1) 서비스 시스템의 특징

현대산업에서 비중이 증대되고 있는 서비스 산업은 국가경제에서 점하는 비중이 클 뿐만 아니라 그 역할 또한 점점 증대되고 있음에도 불구하고 이에 대한 운영관리 및 경영에 대한 연구는 제조업과 비교하였을 경우 아주 미미하다. 그 원인 중의 하나는 제조시스템과 다른 서비스 시스템의 특징을 들 수 있다.

1) 고객의 서비스과정에의 참여

대개 생산과정에서 서비스가 제공된다. 따라서 입지가 중요시되며 고객이 만족할 수 있는 쾌적한 생산 환경의 마련과 신속하면서도 경제적인 서비스 활동이 전개될 수 있는 시설구조가 요구된다.

2) 생산과 소비의 동질성

제품과 달리 서비스의 생산과 소비는 동시에 이루어지며, 서비스의 무형성으로 인하여 수요변화에 대비하여 재고를 활용할 수 없다. 그러므로 서비스 시설 내지 요인의 확충이나 고객의 대기 등으로 공급과 수요를 조절해야 한다. 따라서 수요예측, 수요평준화, 서비스능력조정이 운영에 매우 중요하다. 또한 이와 같은 생산과 소비의 동시성은 서비스의 품질관리를 어렵게 하는 요인이기도 하다.

3) 서비스 활동의 시간적 한계

시간 제한적인 서비스 수요로 인하여 서비스 활동은 시간 제한성을 띠게 된다. 연극공연, 열차운행, 식당 등은 정해진 시간에 서비스 활동이 요구된다. 그러나 앞에서 언급한 생산과 소비의 동시성 내지 서비스의 비저장성으로 인해 재고를 활용할 수 없다. 수요가 시한성을 띠고 있지만 서비스 수요의 시기는 어느 정도 예측할 수 있다. 고객의 도착률을 확률적으로 예측하거나 사전에 예약을 받음으로써 불확실한 수요에 대비하는 것 등이다.

4) 고객과 생산자의 직접접촉

고객의 생산과정 참여와 더불어 서비스 활동은 대인 접촉을 통하여 이루어지므로 제조활동과 달리 고객과의 접촉정도가 높다. 대부분의 서비스 활동은 고객과 서비스 제공자 간의 접촉으로 이루어지므로 서비스시스템의 효율은 서비스 활동에 종사하는 구성원들의 자질, 능력, 마음가짐에 따라서 크게 좌우된다. 따라서 이들 구성원들의 선발에서부터 교육, 훈련, 동기부여, 작업조건 개선 등에 세심한 주의가 필요하다.

5) 고객접근적인 서비스 제공

소비와 생산의 동시성으로 인하여 서비스는 유통경로를 통하여 고객에 제공되기 힘들다. 고객이 서비스 사업장으로 가든지 아니면 서비스제공자가 고객에게 오든지하여 고객과 서비스 생산자사 접촉한다.

이와 같은 고객 접근성 서비스 활동은 제조활동과는 달리 규모의 경제성에 제약을 받는다. 고객접근을 용이하도록 하는 방법의 하나는 고객을 쫓아서 서비스시스템을 교통이 편리한 곳이나 고객이 접근하기 쉬운 곳에 분산 운영하는 것으로, 예컨대 햄버거 체인이나 은행의 현금자동 인출기의 경우를 들수 있다.

6) 서비스산출물의 무형성

서비스는 눈에 보이지 않으므로 인식하기 힘들 뿐 아니라 생산 활동의 측정이 곤란하여 계량적으로 관리하기 어려울 뿐만 아니라 관리자의 주관이나 융통성이 개재되기 쉽다. 따라서 서비스 활동에서는 무형의 서비스를 구체화 내지 유형화하도록 해야 하는데 가령 서비스내용을 유형화한다거나 표준 업무 절차와 같은 서비스기준이나 표준을 정해서 이를 지키는 것 등이다.

이와 같이 제조시스템과 특징을 달리함에도 불구하고 서비스 시스템도 운영관리 및 경영에 있어서 제조시스템에서의 여러 기법 및 이론이 효과적이라는 것이다. 특히, 자동차를 비롯한 대규모 제조시스템의 품질과 생산성 향상에 커다란 혁신을 일으켜온 JIT시스템의 철학을 서비스 시스템에 도입하는 것은 큰 의의가 있다고 하겠다.

(2) 서비스업에서의 JIT의 적용

서비스업 중에서도 생산과정이 대량, 반복적이며 물품(식품, 우편물, 약품 등)을 사용하는 업종은 JIT적용의 이득이 크다. 즉, 제조업과 유사한 서비스업일수록 JIT도입의 효과가 큰 것이다. 한편, 제조업의 JIT도입이 서비스의 JIT화를 촉진할 수 있다. 제조업이 JIT를 도입하면서 이들에게 자재를 수송하는 화물운송/배달서비스도 JIT화되어 가는 현상을 볼 수 있다. 다음 사례들은 JIT의 개념과 방법이 서비스업에서 어떻게 작용되는가를 보여준다.

1) 풀시스템

근래 건설업에서는 자재가 사용 직전에 도착하도록 조치한다. 이것은 자재를 조기 발주하여 건설현장에 오래 쌓아두는 폐습을 JIT식으로 시정한 것이다. 또 맥도널드와 같이 서비스과정에서 물품(식품)을 공급하는 서비스업은 풀시스템을 사용하여 재고를 최소화하면서 신선한 제품을 공급한다.

2) 완전품질

서비스업에서도 벤치마킹, 서비스설계, 품질기능전개(quality function deployment) 등의 기법을 사용하여 서비스품질을 향상시킬 수 있다.

3) 부하의 평준화

병원, 호텔, 레저시설들은 예약제와 차별가격 등의 방법을 사용하여 서비스시설에 대한 부하(수요)를 평준화할 수 있다.

4) 공급자와의 협력

간이식품점, 할인매장 같은 대량서비스업은 공급자와의 협력을 통하여 JIT식 납품(소로트, 신속, 고품질 납품)을 실현할 수 있다.

5) 종업원의 유연성

자동차수리업은 어떤 고장도 쉽게 다룰 수 있는 다재다능한 기술요원이 필요하다. 백화점 점원은 현금출납, 상품분류 및 보관, 상품전시, 세일즈 등 여러 가지 일을 할 수 있어야 한다. 개별화(맞춤, customization)의 정도가 높은 서비스일수록 종업원의 다기능화가 절실히 요구된다.

6) 자동화

은행은 자동입출금기(ATM)를 설치하여 고객이 은행서비스를 하루 24시간 적시에 이용할 수 있게 한다.

7) 예방보전

기계와 시설에 대한 의존도가 높은 서비스(항공사, 운수업, 종합병원)는 예방보전이 잘 되어야 서비스를 신속, 원활하게 제공할 수 있다.

8) 생산의 라인화

서비스업에서도 서비스과정과 시설배치를 라인화하여 서비스의 능률을 높이고 서비스시간을 단축할 수 있다. 카페테리아, 집단신체검사, 공항의 출입국절차 등은 서비스 라인화의 좋은 대상이라 할 수 있다.

10 서비스 특성에 따른 JIT기법

(1) 무형성

서비스의 무형적 특성은 무엇보다도 가시성 확보를 중요하게 한다. 서비스의 과정은 물론 결과조차 가시적이지 않으므로 고객은 서비스를 인지하기 어려운 경우가 생기게 된다. 이 상황에서 가시적 통제는 효과적이며 특히 Normann(1984)이 언급한 결정적 순간에 가시적 효과를 얻어야 한다. 따라서 투입요소의 가시화와 아울러 과정 절차의 가시화를 최대한 추구해야 한다. 특히, 고객 입장에서 누락되거나 소홀히 다루어지기 쉬운 부분에 가시적 통제를 도입할 필요가 있다.

가시적 통제의 한 가지 방법인 칸반보드는 생산시스템 내의 상황과 성과를 가시적으로 만들어 통제하려는 것이다. 이 방법은 이해가 쉽고 통제를 용이하게 한다. 특히, 고객의 품질인지가 매우 중요한 서비스에서 가시적 방법은 직원에 대한 통제 및 고객에 대한 신뢰를 제공할 수 있다.

서비스 제공과정에서도 주요 중간작업을 가시화하는 노력이 중요하다. 이는 고객의 신뢰를 얻고 양질의 서비스 인지를 유도하게 하며 내부적으로도 가시적 목표를 향한 동기유발 효과를 갖는다. 각종 성과지표, 품질대리 측정물, 상패, 서훈 게시는 서비스의 유형성을 과시하는 효과도 기대할 수 있다. 따라서 자체 품질달성 진척상황, 예를 들면 고객불만 처리, 기타 서비스와 관계된 성과를 게시하면 생산성 제고가 강제화된다. 매장 내에서 모범서비스 직원 표찰을 달게 하거나 각종 상패를 부착하여 고객의 서비스 인지와 내부 동기유발

효과를 동시에 달성하는 것이 그 예가 될 수 있으며, 이 경우 고객이 중요하다고 생각하는 차원에서 가시화를 시도해야 함은 물론이다.

(2) 순간 생산/소비

1) 동기화 생산/로트축소/준비·전환시간 단축

순간 생산/소비라는 서비스의 또 다른 특성은 수요와 공급의 일치를 어렵게 한다. 서비스의 특성은 고객의 수요에 즉시 반응하는 pull 성격이 이미 강하다. 미리 계획을 하기 어려운 수요의 특징과 인적요소의 존재로 인하여 push가 어려운 것이다. 따라서 동기화 생산기법이 서비스 과정에 무리 없이 적용될 수 있다. 고객중심의 pull방식은 전체적 작업의 동기화를 위한 방법으로 특유의 서비스 상황에 맞추어 로트 축소, 준비·전환시간 단축, 혼류(mixed model)생산, 중복생산, 로트 분할 등의 방법을 이용할 수 있다.

2) 간판신호

JIT 방식의 핵심은 적시라는 시간 중시에 있으므로 시간축 경쟁에서 유리하게 적용된다. 서비스에서는 고객이 시간에 더욱 민감한 것이 보통이므로 유연성을 통하여 시간의 단축을 유도하고 경쟁우위를 확보할 수 있다. 간판신호 방식은 고객이나 업무의 대기행렬 상황에 적용될 수 있으며 여기서 더 나아가 공정통합으로 전용라인을 만드는 방법은 실질적인 업무단계의 통합을 가능케 한다. 이 경우 직원의 책임소재 명확화와 고객과의 연결이 쉬워지므로 업무의 생산성을 높일 수 있다. 예를 들면 고속도로 톨게이트에서 대기차량이 일정 수가 넘으면 추가요원을 투입하여 게이트 수를 늘리는 것이다.

3) 다능공/유연장비

서비스 수요의 불규칙성에 대응하기 위하여 능력의 유연성을 확보하여 업무분담 및 이동이 용이하게 해야 한다. 인력과 장비의 유연성을 높이는 방법으로서 다능공이나 유연장비가 유리하며 능력의 호환성을 높이면 수요등락에 대처가 가능하다. 슈퍼마켓의 피크타임대에 재고 담당 직원이 계산대에 투입되고, 여유시간에는 그 반대로 운영하는 관행을 예로 들 수 있다.

4) TQC 활동

서비스의 생산/소비 동시발생은 사후적 품질관리를 허용하지 않는다. 따라서 품질을 원천에서 관리하는 총체적 품질관리(TQC)가 유용하게 활용될 수 있다. 특히, 과정관리도와 같이 과정중의 품질통제가 효과적이며, 사전 예방적 차원의 품질계획, 품질훈련·교육, 품질자료 분석 및 수집, 그리고 품질평가 차원의 품질검사, 품질측정, 과정검사, 고객반응 감시활동이 중요하다.

(3) 인적요소 중시

1) 지속적 교육·훈련

서비스 제공에서는 현장 직원의 역할이 중요하며 고객이 중시하는 결정적 순간의 대부분을 담당하고 있다. 이를 위해 집중적 훈련과 직원능력개발을 위한 프로그램의 필요성이 크며 고객문제 해결을 위한 현장의 권한확대가 강조된다. 결국 서비스에서는 생산성 개선을 인력에 의존해야 하므로 직원의 능력을 극대화하기 위한 능력개발이 필요하다. 이를 위해 심도있는 직무훈련과 자질 향상을 위한 프로그램의 필요성이 크다. 맥도널드의 햄버거대학, 홀리데이 인, 그리고 디즈니랜드의 자체 교육기관은 이러한 목적으로 운용된다.

2) 개선활동

인간중시의 다른 방법으로는 개선을 위한 제안활동과 분임조 활동을 들 수 있다. 서비스 조직 내 직무만족도와 서비스 품질과는 밀접한 관계를 가지므로 반드시 직원만족을 추구해야 한다. 특히, 현장직원 수준의 개선활동은 보상과 인지뿐만 아니라 인간적 배려에서 중요하며 경영층과의 커뮤니케이션 창구가 될 수 있다. 미국 노드스트름 백화점은 품질성과와 관련된 각종 지표를 추적하고 개선을 주도하는 것이 직원의 자발적인 참여로 이루어지고 있다.

(4) 서비스 결과의 이질성

1) 초점화 공장

서비스 수요의 특성은 불규칙하고 변동성이 많은 것이 특징이다. 예를 들어, 외식업이나 항공운송, 그리고 통신서비스는 주중 특정 시간대에 수요가 집중되는 경우가 많다. 더욱이 서비스 수요에는 제조상황처럼 인위적인 요소가 적으므로 일정한 패턴을 발견하기가 어렵다. 또한 재고비축이 불가능하므로 수요에 대처하기 위해 능력을 피크 수준에 맞추어 유지하거나 서비스 수준을 높이기 위해 많은 인력과 장비의 유휴시간을 높여 낭비로 이어지게 되는 경우가 많다. 이와 같이 서비스 수요는 대비가 불가능하므로 수요관리가 병행되어야 한다. 수요관리는 수요의 특징을 이용하여 수요의 발생시점과 양을 이동 및 분산시킴으로써 능력의 이용률을 높이고 효율성을 달성케 한다.

2) 셀 방식

서비스 결과의 이질성은 우선 투입요소의 비균일성, 서비스직원의 이질성, 그리고 고객 요구사항의 상이성 및 인적 특성에 기인하는 것이 대부분이다. 따라서 수요의 여과로 투입요소의 동질성을 유도하거나 서비스 과정의 단순화를 추구하여 바람직하지 않거나 불필요한 이질성을 극소화시키는 것도 바람직하다. 그러나 이질성은 서비스의 기본특성이기도 하므로 무조건 동질성을 추구하는 것은 물론 바람직하지 않다. 셀 방식의 국내사례로서 강남병원의 등록, 수납, 채혈실 등을 각 층이나 주요 외래과별로 분리해 모든 고객의 업무가 한 곳에서 자체완결되는 형태가 있다.

가장 보편적인 형태로는 서비스 과정에서 공통적 부분을 발췌하여 이를 반복가능하게 표준화하는 방법으로 부분적인 셀 방식을 시도하는 것이다. 작업을 나누어 고객의 차별화된 니즈와 무관한 공통처리 부분을 증대시켜 이를 대량처리가 가능하게 유도하는 것이다. 즉, 표준화로 가능한 부분은 반복처리하려는 것이다. 공통처리 부분을 셀 방식으로 대량 반복처리하면 동일한 인력과 장비에 의해 작업이 진행되므로 이질성이 줄어들게 된다. 이 경우 서비스 상품 표준화와 서비스 제공방법의 공식화가 반드시 선행되어야 한다.

다음 표는 이상의 서비스 특성과 적용개념 및 기법을 요약한 내용이다.

서비스 특성	문제점	해결방법	적용개념·기법
무형성	• 결과측정 불가 • 품질인지 곤란	• 과정 가시성 확보 • 인지갭 제거	• 가시적 통제

순간 생산/소비	• 시간 중시
	• 고객의 과정참여
	• 완충장치 부재
	• 사후통제 곤란
		• 신속 생산/제공
		• 고객과 집적 연계
		• 인력/장비 유연성
		• 교차훈련, 직무순환
		• 사전/과정통제 강화
			• 동기화 생산/로트 축소,
			  준비-전환시간 단축 간
			  판방식
			• 다능공/유연장비
			• TQC활동

인적요소중시	• 현장직원 의존 • 고객참여	• 상품요소로서 인적자원 개발	• 지속적 교육/훈련 • 개선활동
서비스결과의 이질설	• 투입요고 상이 • 처리과정 상이	• 수요여과 공통부분 개발	• 초점화 공장 • 셀 방식

11 JIT의 제약적 한계

JIT 시스템은 이상적이라 할 수 있다. 그러나 무분별한 도입은 오히려 기업 경영에 어려움을 가중시킬 수 있다.

1980년대 구미의 대기업들에서는 대기업의 생산시스템 효율을 높이고, 협력업체에서도 대기업의 수요에 따라 생산하여 최소한의 재고를 보유하고 납품하기에 다품종 소량생산에 매우 적합한 생산시스템을 도입하였다. 이들은 JIT 생산으로 인한 재고감소 및 생산리드타임 단축 등의 장점을 충분히 연구하고 검증한 후 기업에 적용하여 성공하였다. 이에 비하여 한국기업들은 JIT의 전제조건에 대한 충분한 연구와 검증을 거치지 않고, 장점만을 취하기 위해 무리하게 도입하여 많은 시행착오를 겪었다.

점점 다양화되어 가는 사회로 인해 최근 대기업들이 개별적으로 도입을 시도하고 있다. 하지만 한국기업에 적합한 JIT생산시스템 모델이 없어 일본 및 미국 등의 모델을 수정 없이 도입하고 있기 때문에 많은 문제점을 야기하고 있다. JIT생산시스템을 도입하는 데는 여러 가지 생산요인에 의하여 생산시스템이 민감하게 반응하므로 수정 없이 적용하기는 곤란하다. 즉, 상황에 맞게 개선하여 적용해야 하는 것이다. 한국기업의 생산환경은 동적이고 수요의 변동성이 크므로 JIT생산시스템이 안정적으로 운영되기 위해서는 수요의 변동이 적어야 평준화 생산이 가능해지고, 생산시스템의 효율을 보다 높일 수 있다. 그러므로 JIT시스템의 무분별한 도입 보다는 기업의 상황에 맞게 변화시켜 능동적으로 도입해야 한다.

■ JIT 사례
_사례 1: 도요타 자동차의 JIT 사례

"자동차 판매 5백 19만 대로 세계 3위, 미국 시장 점유율 8.7%, 흑자 5천 6백 80억 엔으로 일본 기업 중 11년째 1위" 도요타 자동차의 98년 성적표다. 도요타는 98년 현재 일본에 3백 9개의 dealer와 5천 7백 개의 판매망을 운영하고 있으며 해외 24개국에 40개 생산기지를 갖고 있는 다국적 기업이다. 뿐만 아니라 세계적인 여론조사에서 항상 고객만족도 1위를 달리고 있다. 성장 잠재력의 지표가 되는 내부유보도 97년 기준으로 4조 4천 6백 92억 엔에 이른다. 이에 따라 현재 도요타의 브랜드 가치만도 1백 42억 달러가 넘는 것으로 나타나고 있다.

도요타는 1937년 일본 아이치현의 인구 33만(93년)의 작은 고장에서 트럭 회사로 출발했다. 제2차 세계대전시기 정부에 군용트럭을 납품하는 특권을 갖고 사업의 기반을 잡고 전쟁이 끝나자 승용차 생산으로 전환했다. 그러나 당시 일본은 전쟁의 피해로 내수에 기대를 거는 것은 어려운 상황이었다. 존폐의 위기에 놓인 도요타는 결국 미국시장을 선택했다.

타깃은 Ford와 GM. "이왕 싸울 바엔 일등과 싸워라"는 어구는 아직도 도요타의 마케팅 전략으로 통하고 있다. 그러나 당시 일본은 부족한 자본과 열악한 설비 때문에 미국 포드자동차의 컨베이어시스템을 도입하는 것은 불가능했다. 따라서 일본의 상황에 맞는 방식을 개발해야 할 필요성에서 나온 것이 도요타 자동차의 JIT system이다. "필요한 것을 필요한 때에 필요한 만큼" 제공해 제품을 생산하는 시스템이다. 도요타는 이 시스템을 통해 71년 미국의 크라이슬러를 밀어내고 빅3로 도약했다.

90년대 중반 일본경제의 침체와 거품 제거에 따른 위기를 오쿠다 당시 사장의 일본식 경영파괴로 극복하면서 신기술개발을 통해 21세기 준비에 들어갔다. 지난 97년 세계 최초로 무공해 하이브리드 카를 개발했으며 최근에는 고객이 주문한 차를 5일 만에 생산할 수 있는 시스템도 갖췄다.

_사례 2: 노던 텔레콤의 지속적인 개선

그래험-벨이 전화를 발명한 지 불과 8년 후에 가동을 시작한 노던 텔레콤은 전화산업을 위한 집중국 교환기, 전송설비, 사설교환기를 생산한다. 최초로 완전 디지털스위치를 도입한 1970년대 후반에 노던 텔레콤은 광범위하고 획기적인 성장기에 접어든다. 1984년의 매출은 25억 달러였다. 종업원은 1,500명이 증가했으며 3년 연속 산출이 두 배로 되었다.

그러나 1985년에 경쟁자들이 독자적인 완전 디지털스위치를 생산하게 되어, 높은 품질의 정교한 제품을 저가에 생산해야만 하는 압력을 받았다. 노던 텔레콤은 새로운 경쟁환경에 적응한 몇몇 공장에서 JIT생산철학을 실행하였다. 경영진은 장기적인 성공에는 생산과정의 전면적 재검토가 필요하다고 보고 있었고 지속적인 개선이 많은 분야에서 요구되었다. 이 회사가 처음에 관심가진 세 가지 영역은 생산공정개선, 신제품도입과 변화, 조달이었다.

• 생산공정 개선

첫째 단계로서 전사적품질관리(TQC)를 도입하였는데 이에 따라 감독자와 라인종업원에게 품질관리에 대한 훈련을 시키고 품질문제가 발생했을 때 라인을 정지시킬 수 있는 권한을 종업원에게 주었다(안돈 시스템). 생산로트크기는 감소되었고, 생산라인에 1주일분의 재고를 밀어내지 말고 한 단위 로트크기를 목표로 필요한 만큼의 자재만 가져가라는 지시가 내려졌다.

- 신제품도입과 변화

다기능적 생산팀을 도입함으로써 사업부 중에는 시장에 신제품을 내놓는 데 요구되는 시간을 50% 감소시킨 곳도 있다. 개발팀들은 디자인, 생산, 마케팅을 포함하는 여러 기능의 대표들로 구성되었다. 제품이 설계단계에 있을 때 그 팀은 무엇이 상업적으로 중요한 것인지 또는 무엇이 생산하기 어려운지에 대한 아이디어를 나누었다. 이 팀은 설계변경과정에서 일반적으로 발생하는 어려운 문제를 완화시키는 데 도움을 주었다.

- 조달

공급업자의 수를 1984년의 9,400개에서 1988년에는 2,500개로 감소시켰다. 이를 수행하기 위해 한 사업부에서 검증 프로그램을 디자인하였고 그에 따라서 공급업자들은 까다로운 검증 표준을 충족시킬 수 있음을 증명해야 했다. 오늘날 회사 전체가 이 프로그램을 이용한다. 공급업자들은 노던 텔레콤의 주문을 얻기 위해서 생산시스템에 상당한 변화를 일으켜야 했다. 노던 텔레콤은 품질표준을 만족시킬 것으로 확신되는 공급업자와 긴밀하게 거래하였고, 성공적인 공급업자로부터 자재를 조립라인에 직접 끌어다 썼다. 이 노력은 수령주기시간을 3주에서 4시간으로, 수입검사스텝을 47명에서 24명으로, 자재결함으로 인한 현장의 문제점을 97%까지 감소시켰다.

_사례 3: 요코하마 타이어의 JIT 사례

요코하마 타이어는 일본시장 점유율 17%로 브리지스톤에 이어 2위를 달리고 있는 업체며 세계 타이어업계 순위는 7위이다. 한국타이어가 라이벌로 꼽고 있는 이 회사는 97년까지 23년간 한국타이어에 기술을 제공하고 지분도 갖고 있었던 인연이 있는 업체다. 요코하마는 1917년 설립됐다. 본사는 도쿄에 있으며 일본 내에 5개의 타이어생산 공장을 보유하고 있다. 매출액은 지난해 4천 12억 엔을 달성했다. 요코하마의 장점은 뛰어난 기술력이 뒷받침된 고기능제품의 다품종 생산에 있다. 그러나 1인당 생산성은 브리지스톤에 비해 상대적으로 떨어진다는 것이 약점이다. 이 같은 문제를 극복하기 위해 요코하마는 최근 JIT(적기공급)방식을 도입하고 품질개선 운동을 전개하고 있다. 이를 통해 생산비용을 절감하고 재고를 감축하는 성과를 올리며 새로운 도약을 모색하고 있다. 또 최근 IT(정보기술)네트워크 구축을 통해 30%가량의 인원을 감축하는 구조조정도 단행했다. 부가가치가 높은 브랜드 개발에도 심혈을 기울이고 있다.

요코하마는 일본 내 시장지배력이 높은 업체다. 북미지역에 생산 및 판매회사를 보유하고 있으며 유럽에도 판매망이 구축돼 있으나 아직 생산의 80% 이상을 일본 내에서 소화하고 있다. 그래서 월드 플레이어라기보다는 일본 내 회사로 인식되고 있는 게 사실이다. 그러나 최근에는 세계 수준의 기술력을 바탕으로 북미에 승용차용 타이어 생산공장과 트럭타이어 생산을 위한 합작법인을 설립하고 베트남과 필리핀에 잇달아 공장을 건설하는 등 발빠른 행보를 보이고 있다.

수출 비중을 점차 높여 "세계의 요코하마"로 재탄생하겠다는 계획이다. 해외 판매망 강화를 위해 제휴 파트너도 모색하고 있다. 이 같은 혁신은 지난 4월 야스오 도미나가 회장 취임 이후 구체화되고 있다. 요코하마는 사업 다각화에도 활발히 나서고 있다. 회사 내에 "멀티플 비즈니스 그룹"을 만들어 건설 항공 스포츠 등 타이어 외의 사업에 투자하고 있다. 매출의 30%가량을 "멀티플 비즈니스"에서 올리고 있다.

_사례 4: 세븐 일레븐 재팬 사례

「세븐 일레븐 재팬」은 일본 전역에 5,000여 개의 점포 대부분이 그 고장의 식품점, 주점, 잡화상, 연료가게 등이 업종을 바꾸어 세븐 일레븐의 간판을 내걸고 있다.

따라서 직영점은 불과 얼마 되지 않는다. 「세븐 일레븐 재팬」에서 하는 일은 우선 점포개설에 관한 상담에 응하며, 개장방법을 지도하고, 트레이드마크 사용의 허가(유료), 상품의 배치방법, 매입처의 추천, 부기회계, 출고서비스, 상품매입의 노하우, 경영상담 등의 서비스를 제공한다. 점포의 설비일체 및 광고비용을 본부에서 부담한다. 또한 중요한 것은 이익을 보증한다는 것이다.

「세븐 일레븐 재팬」의 대부분이 소프트이다. 「세븐 일레븐 재팬」의 95년도 매출액은 1조 4,771억 엔, 경상이익은 981억엔, 매출액 경상이익률은 6.6% ,총자본 경상이익률은 21.0%로 일본의 편의점 1위를 차지하고 있다.

- 「세븐 일레븐 재팬」이 현재까지 해 왔던 일은
  ① 비 인기 상품의 처리로 재고를 감소시키고 이에 따라서 발생하는 매상감소를 인기상품의 투입으로 보충하여 매상의 증가를 도모한 것
  ② 납기의 단축

①, ②에 의하여 재고수준은 점점 제로에 가깝게 할 수 있었다. ①, ②를 좀 더 자세히 살펴보면 소매점에서의 주문이 도매점까지 도달하는 시간, 그 주문정보를 특히 소매점별 그리고 상품별로 나누는 시간, 그 정보에 따라서 실제로 상품이 소매점에 도착하는 시간 등 세 가지로 크게 나눌 수 있다. 이 전체시간을 크게 단축하지 않으면 재고가 증가한다.

더구나 물건의 종류는 많은데(3,000종 이상) 주문단위는 현저하게 소규모이다. 때문에 보통 이 요구에 응할 수 있는 도매상이나 메이커는 없다. 「세븐 일레븐 재팬」은 소규모 주문에 대응키 위하여 도매상과 소매점, 즉 가맹점과의 사이에 도매전문점(대표도매)을 두고 있다. 여기서 각 소매점에서의 주문을 정리하면 수량이 대규모가 된다. 물론, 도매전문점에서는 각 도매상으로부터 운송될 물건을 소매점별, 상품별로 세분화한다. 운송을 비롯해서 소규모의 주문에는 배송도 한다. 하루에 2, 3편씩 각 소매점을 순회하며 운송하고 있는데 차질이 생긴다 해도 10분 이상 차질이 생기는 경우는 없다고 한다. 그뿐만 아니라 선도(鮮度)보증기한이 지나면 가차없이 버린다. 폐기의 부담 비용은 소매점 측에서 지게 된다. 따라서 각 점포의 오너는 "매상에 따라 많지도 적지도 않은 적당량의 물건을 항상 갖추어 놓고 차츰 판매 개수를 늘려나간다"고 하는 합리적인 대응을 하고 있다. 이상과 같은 고객 지향적 사고에 기인한 세븐 일레븐의 "종합 정보시스템"에 의해서 미국의 모 기업이 어려운 경영난에 봉착해 있음에도 불구하고 「세븐 일레븐 재팬」에서는 큰 성공을 거두게 되었다.

_사례 5: 대우중공업의 JIT 사례

대우중공업은 그리스의 크리스텐사로부터 30만톤급 초대형 원유운반선(VLCC) 2척을 1억 4천만 달러에 수주했다고 21일 발표했다. 이 배는 지금까지 건조된 VLCC 중 가장 빠른 16.4노트(시속 30.4km)로 운항할 수 있도록 설계된다. 지금까지 건조된 VLCC는 보통 15.8노트(29.3km)대이며 세계에서 가장 빠른 VLCC도 16노트(29.7km)를 넘지 못했다.

대우가 건조할 VLCC는 지금까지 건조된 선박들보다 0.6노트 이상 더 빠른 셈이다. 선주사는 1년에 약 1만km 정도를 더 운항, 약 3억원의 운항수입을 추가할 수 있게 된다. 배의 길이는 3백 32m, 폭 58m, 깊이 31m이며 내년 7월과 10월 말 선주 측에 각각 인도된다.

대우 측은 "가장 많은 VLCC를 건조한 경험을 바탕으로 세계에서 가장 빠른 VLCC를 설계해 건조하게 된다"고 설명했다. 대우는 지금까지 총 61척의 VLCC를 수주, 이 중 48척을 인도하고 13척을 현재 건조중이다. 이 배들이 모두 인도되면 현재 운항되고 있는 약 4백 30척의 VLCC 중 15%를 대우중공업이 건조하게 되는 셈이다.

대우는 JIT(Just-In-Time)시스템을 도입, 보통 1년 정도 걸리는 VLCC 건조기간을 8개월로 단축하는 등 세계적인 경쟁력을 보유하고 있다. 이번 선박을 발주한 크리스텐사는 그리스의 유력 해운그룹인 아난겔그룹(ANANGEL GROUP)의 유조선 전문운항회사다. 대우에 지금까지 VLCC 3척 등 총 11척 5억 달러 상당의 선박을 발주했다.

_사례 6: NEC의 초린 혁명

NEC는 1993년 말부터 경영부진으로부터 벗어나기 위해 초린 생산방식을 도입하여 제품의 집계, 자재조달 등의 업무처리를 혁신하였다. NEC의 초린 혁명은 단순한 생산혁신운동의 전개부터 생산라인의 개선, JIT생산시스템의 확립, 설계부문의 효율화 등의 방향으로 추진되었다.

생산혁신운동으로 2S(정리, 정돈)와 레드 카드제(불필요한 비품, 설비에 부착)의 도입, 생산라인 개선을 위한 설비의 다운 사이징, 조립라인 작업자의 간격 좁

히기, 구동의 컨베이어 벨트 철거와 라인의 2열 배치 등을 추진하였다. JIT생산시스템의 확립을 위해서는 공장 내 부품창고를 설치하여 외부 보관제도를 폐지하고, 다형의 자재의 수시 발주 등 자재 발주방식의 변경, 간판시스템의 도입, 생산의 평준화체제 구축, 재발주의 소로트화, 자재공급업자와의 협력체제 구축 등을 시도하였다. 설계부문의 효율화를 위해서는 동시공학체제의 도입과 작업통제의 자동화와 단순기능 작업자로부터 다기능작업자를 육성하기 위한 노력을 하였다.

이와 같은 JIT시스템을 기초로 하는 NEC의 초린 혁명을 추진한 결과 3,000㎡이상의 여유공간을 확보하였고, 30% 이상의 생산성 향상을 가져왔다. 또한 제품의 생산라인을 1/6으로 단축하였으며 부품의 재고감소 및 제품의 개발기간을 단축하는 등의 효과를 얻을 수 있었다.

_사례 7: S반도체 사례

S반도체 회사는 1966년 제정된 외자도입법에 이한 100% 외국투자법인으로 한국 최초로 설립된 집적회로를 조립·생산하는 회사이며 집적회로가 구성되어 있는 칩을 웨이퍼 형태로 미국회사에서 들여와 이를 가공하여 완성품 제조 후 다시 본사로 수출하고 있다. S반도체회사에서 생산되는 집적회로는 기술자본 집약적인 최첨단 제품으로서 IBM, NCR, STRONG, CDC, FORD 등에 납품되고 있으며 항공기 컴퓨터, 우주 항공 산업 등 다양하게 사용하고 있다.

반도체 산업이 최기에는 공급이 수요를 따르지 못하여 이른바 생산자 중심의 시장을 형성할 수 있었다. 그러나 반도체 생산기술의 급속한 발전 및 수용의 팽창 그리고 그에 따른 반도체의 과잉생산을 불러 일으켰고 그로 인하여 반도체 시장은 80년대 초를 기점으로 수요자 시장으로 바뀌어 갔다. 따라서 반도체 제조기업 사이의 치열한 경쟁은 신기술의 개발, 품질향상, 원가절감을 요구하게 되었고 이러한 기업외부의 급변하는 환경에 대처해 나가기 위하여 이 회사는 1984년에 JIT를 도입하였다.

특히, 이 회사는 JIT시스템을 기업의 성장전력으로 다지고 정기적인 기업 목표로 추진하기 위해 생산방법 측면에서 다음과 같은 제도를 실시하였다.

1) 디지털 신호간판

디지털 신호간판은 생산을 계속하여야 할 제품과 후공정의 문제 발생으로 인하여 생산을 중단하여야 할 제품에 대한 정보를 전공정으로 전달하기 위한 수단으로서 현장 감독자들이 이 정보에 의하여 신속한 조치를 취할 수 있도록 하는 관리자용 정보 전달 수단이다. 디지털 신호간판은 각 공정별로 설치되어 있으며 각 작업의 작업 진행 상황을 알려주는 컴퓨터 시스템인 SPRINT시스템과 연결되어 매 시간마다 재고량 등 새로운 정보를 전 공정으로 전달하여 준다.

2) 신호등 제도

디지털 신호간판이 현장 감독자를 위한 정보전달 시스템이라면 신호등 제도는 형장 작업자들 사이에서 정보를 전달하여 주는 방법이다. 후공정 스위치가 off 위치에 있으면 청색 등이 점등되고 on의 위치에 있으면 적생 등이 점등되도록 설계하였다.

3) 손수운반 제도

손수운반 제도는 생산공정에 있어서 제품의 가동을 생산 작업자가 직접 하도록 하는 것을 말한다. 전에는 생산작업자는 생산장비만 다루었고 제품이동은 따로 담당하였으나 손수운반제도 실시 이후에는 후공정의 작업자가 필요한 제품을 필요한 시점에 필요한 양을 가져간 만큼 생산하게 되어 공정 간의 재고를 제거할 수 있었고 재고의 대기시간도 단축시킬 수 있었다.

4) 신호게이트 설치

각 공정 간에 신호게이트를 설치하였다. 이때 신호게이트는 리미트 스위치와 신호등을 장치하여 후공정에서 제품을 인수하여 가면 전공정 측에는 청색 신호등이 점등되고 전공정에서 제품을 넣게 되면 전공정 측은 적색 신호등, 후공정 측은 청색 신호등이 점등되도록 설계되었다. 또한 신호게이트는 제품 형태별로 구분하여 작업자들은 자신이 작업하고 있는 제품을 위한 게이트의 신호등 점멸에 의하여 작업을 진행하였으며 이것은 이동거리가 짧으나 특히 수작업을 요구하는 공정 사이에서 효과적이다.

5) 자동중단 시스템

사례회사는 각 장비에 자동중단장치를 부착하여 장비의 파라미터가 변하거나 문제가 발생하면 자동중단시스템이 작동되어 작업을 중단하게 하였다. 뿐만 아니라 자동중단장치와 연결된 신호등을 장비마다 설치하여 이 신호등의 점멸에 의하여 현장의 작업자뿐만 아니라 정비기사, 현장 감독자들이 즉시 알게 되어 신속히 문제를 해결하도록 하였다.

6) 불량예방 신호등 제도

불량예방 신호등은 적색, 황색, 청색의 세 가지 색으로 점멸하도록 설계되어 있으며 관리도와 작은 형태의 메모판이 마련되어 있다. 품질관리부서의 순회검사에서 이상이 발견되어 있을 경우 미리 설정된 불량예방 신호등의 운영절차에 의하여 신호등을 점검시키고 즉시 메모판에 이상 상태를 기록하였으며 조치를 취할 수 있게 하였다.

7) 다기능 작업자 교육

JIT 시스템을 효율적으로 운영하기 위한 전략으로 현장 작업자의 비운용 능력을 한 가지 장비에 국한시키지 않고 작업자가 속해 있는 공정을 중심으로 전정과 후공정의 장비도 운용할 수 있도록 교육을 실시하였다.

_사례 8: 美 병원 '도요타式' 부실 수술

미국 펜실베이니아주 피츠버그의 앨러게이니 종합병원은 최근 일본 요타자동차의 라인스톱제를 도입했다. 공장에서 작은 불량이 발생할 경우 생산라인 전체를 중단하는 것처럼 진료 문제가 발생하면 최고 경영진까지 나서 즉시 문제를 해결하는 방식이다. 이 병원은 이 같은 조치로 두 곳의 중환자실에서 정맥주사 감염률을 90% 떨어뜨려 연 50만 달러의 비용절감 효과를 봤다.

미국 병원들이 '도요타 방식'을 도입하는 데 앞장서고 있다고 아시안 월스트리트저널(AWSJ)이 13일 보도했다. 최근 미국 의료보장제도가 파산 지경에 이르는 등 병원들이 치솟는 비용부담에 경영 여건이 악화되자 도요타의 생산방

식에 눈을 돌린 것이다. AWSJ는 현재 미국 전국의 10여 개 병원이 도요타 공
장의 인원, 장비의 빠른 순환과 근본원인 진단, 가이젠(改善) 등을 도입해 비용
감축과 치료 효율을 높이고 있다고 전했다.

　도요타 방식은 수요에 맞춰 적기에 정량을 생산하고(JIT), 근로자의 작업공
정을 분석해 불필요한 노동을 없애 최대한 작업흐름을 자연스럽게 만든다. 대
신 문제가 발견되면 모두가 근본 원인을 치유하는 데 매달려 불량품과 재고,
낭비를 없애 생산성을 높이는 게 특징이다. 병원들은 이 같은 방식을 도입해
환자들의 대기 시간이나 수술실 준비시간, 휠체어 재고율까지 대폭 줄였다. 의
사들의 검진과 치료도 훨씬 빨라지고 오진이나 의료사고도 없앨 수 있게 됐다
는 것이다.

　알루미늄 대기업 앨코아의 최고경영자 출신인 오닐 전 장관은 6년 전부터
피츠버그지역 보건개혁운동을 이끌며 의사와 병원 경영진을 상대로 5일 코스
의 '도요타 방식' 교육과정을 개설했으며 이미 325명의 졸업생을 배출했다. 또
시애틀의 버지니아메이슨병원의 경영진 30여 명은 올 들어 직접 일본 도요타
와 히타치 에어컨 공장을 2주간 방문해 경영비법을 전수받기도 했다고 AWSJ
는 전했다. 그러나 환자의 생명을 다루는 병원에 자동차공장의 생산공정을 주
입하는 것에 대해 반발도 만만치 않다. 효율을 최고로 하는 공장의 문화와 치
료 중심의 병원 문화 사이에 충돌도 발생했다. 이 때문에 경영진과 의료진 사
이에 갈등이 생기고, 일부 환자들은 빡빡해진 진료 일정에 불만을 터뜨리기도
한다는 것이다. 일부 병원에서는 이와 같은 갈등을 무마하려고 의료진과 병원
직원들에게 도요타식 개혁을 교육하면서 아예 '도요타'란 이름을 빼버리기도
한다고 신문은 전했다.

_사례 9: 네트워크시대의 JIT사례

1) (주)일신산업의 DELY JIT

　고객만족의 수준향상을 위해 부단히 노력하고 있는 (주)일신산업은 조달,
생산, 물류, 영업 등의 핵심기능을 글로벌 네트워크 조직으로 구축하여 DELY
JIT시스템을 현지화, 국제화함으로써 세계 최고의 고객만족을 실현하는 기업

을 목표로 하고 있다.

　DELY JIT시스템이란 고객이 필요로 하는 제품의 적정재고를 가지고 팔린 만큼 자동 보충하는 시스템으로 무결점의 제품을 FULL-SET PACKAGE로 적기에 공급하는 것을 말한다. (주)일신산업은 DELY JIT시스템을 기본으로 하는 QR(Quick Response) NET WORK을 구축하여 의류제품의 기획에서부터 소비까지 고객과 함께하는 생산방식을 취하고 있다.

　2) 크라이슬러

　크라이슬러는 1970년대 후반 도산 위기를 겪었으나 1978년 아이아코카 회장이 취임하면서 새로운 도약을 하였다. 자동차 3사 가운데 크라이슬러가 JIT를 가장 먼저 도입하였다는 사실이 크라이슬러의 재도약에 일익을 담당하였다. 크라이슬러가 매출규모에서는 3위이나 재고관리의 효율성을 나타내는 재고회전율이 자동차 3사 중 가장 높다는 것은 크라이슬러가 JIT의 선구자일 뿐만 아니라 꾸준히 JIT를 성공적으로 운영하고 있음을 증명한다.

　_사례 10: 도요타가 자랑해 온 JIT(적기생산방식), 강진에 무용지물

　도요타는 JIT를 실천하기 위해 '물건과 정보의 흐름도'라는 그림을 만들어서 활용해 왔다. 이 방식을 채택하면, 설비와 부품, 인력을 미리 준비하지 않고, 완성차의 판매 속도에 맞춰 설비와 부품, 인력을 준비한다. 자동차 주문 물량이 들어오는 것을 보아가며 부품회사에 주문을 내고, 인력 수급을 맞추고, 조립라인을 가동한다. 따라서 낭비요소를 크게 줄이게 된다. 공정 간에 생산 차질을 빚지 않도록 생산제품의 정보를 간판(看板)에 적어 앞뒤 공정간 정보를 주고받는 방식(간판방식)으로 진행되어 '간반 방식'이라고도 불린다.

　JIT는 미국 하버드대 경영대학원이 도요타의 성공을 연구하면서 '간반(看板)'과 '가이젠(改善)'을 일본어 발음대로 표기할 정도로 유명해진 방식이다. 도요타가 이 방식으로 성공하자, 우리나라는 물론 세계 여러 기업들이 JIT 방식을 도입했다.

하지만 도요타를 세계 최고의 자동차로 만든 JIT 방식이 구마모토 지진에 오히려 도요타를 얽어매는 족쇄로 작용했다. 부품회사 하나가 지진 피해로 가동할 수 없게 되자, 도요타 조립라인 26곳이 멈춰섰다. 제때 부품을 공급받지 못하기 때문이다. 비용을 줄이기 위해 만들어졌던 생산방식이 오히려 큰 손해를 입히고 있는 것이다. 도요타의 가동중단 결정으로 입을 피해는 2011년 동일본 쓰나미로 인한 가동중단에 버금간다.

이에 비해 혼다자동차는 지진발생지역인 구마모토의 오토바이 공장만 가동중단했고, 일본 남부지역의 공장은 가동시켰다. 니싼도 규슈공장을 재가동했다. 유독 도요타만 전국적으로 조립라인 가동을 중단한 것은 바로 특유의 생산방식에 문제점을 드러낸 것이라는 평가다.

도요타는 지난 2월에도 강철 부품 공장에서 폭발사고가 나 일본 전역의 생산라인 가동을 중단한 적이 있다. 당시에 도요타는 조업중단으로 8~9만대 자동차를 생산하지 못했다. 당시 도요타 조업 중단으로 일본의 산업생산이 6.2% 감소했다. 이번 도요타의 조업중단은 구마모토에 공장을 두고 있는 아이신 세이키라는 계열사의 가동중단에서 비롯됐다. 도요타 계열사인 이 공장에서는 도어와 엔진 부품을 제작하고 있다. 아이신 세이키의 공급재개 일정은 불투명하다. 도요타는 통상 대부분 부품을 몇 시간 이상 쌓아 놓지 않고 필요할 때마다 공급업체로부터 거의 즉시 조달받는다. 하지만, 납품업체가 재난재해로 부품을 원활하게 공급하지 못하면 재고가 없어 생산을 즉시 중단해야 한다.

1997년엔 아이신 세이키 공장에서 화재가 발생해 부품 생산이 중단되는 바람에 도요타의 생산이 5일간 중단된 적이 있고, 2007년엔 피스톤 링을 생산하는 부품회사 리켄사가 지진으로 조업이 중단되면서 도요타는 생산을 멈춘 적이 있다. 2011년 3월 쓰나미 발생으로 660개 부품회사의 가동이 멈췄을 때 도요타는 최대의 피해를 봤다. 도요타는 2011년 지진 사태 이후 본사에서 관리하는 부품수급의 권한을 각 지역 공장에 일임했다. 공장 인근의 협력사를 통해 부품을 공급받을 경우 천재지변 등에 대응하기 쉽다는 점을 감안한 것이다. 또 부품 현지화율이 높아질수록 공정 및 운송비용을 절약할 수 있다. 도요타는 이를 '新JIT' 방식이라고 불렀다. 하지만 새롭게 개선한 시스템도 진도

6.5와 연이은 7.3의 지진 앞에는 무릎을 꿇었다.

전문가들은 이번 생산중단은 최소 2주 이상 지속될 것으로 보고 있다. 조립라인과 아이신 부품공장의 재가동 준비는 이르면 5월 초에 이뤄질 것으로 전망된다.

각종 재해에 따른 잦은 조업중단은 도요타의 '저스트 인 타임' 재고 시스템 때문이다. 재고를 쌓아 두지 않고 필요한 제품만 비축해 재고비용을 최소한으로 줄여 최고의 효율을 올리는 도요타의 JIT 생산방식이 지진과 같은 재난에 취약성을 드러냈다.

Ways to Control the Level: Inventory

기업의 자산, 재고를 관리하는 방법

재고관리

　　재고란 한마디로 정의하면 미래에 사용하기 위하여 보관하고 있는 모든 유휴자산이다. 재고는 모든 경제부문에서 발생하는 공통적인 문제이다. 제조업, 농업, 도·소매업, 병원과 같은 영리조직이든, 학교, 정부와 같은 비영리조직이든, 어떤 형태로는 재고를 보유하게 되므로 재고관리의 문제가 발생하게 된다.

　　만일 기업에서 반제품인 자재 및 부품이 떨어지고 없다면 그 시점에서 모든 생산활동은 중단되고 말 것이다. 또한 완제품 재고의 부품은 고객 요구를 충분히 충족시켜주지 못하고 기회이익을 놓친다. 이러한 재고 부족에 따른 손실을 방지하려면, 많은 양의 재고를 보유하고 있어야 할 것이다. 그러나 지나치게 많은 재고는 자금을 묶어 놓음으로써 기업의 원활한 자금흐름을 막게 되고, 시장변화에 대한 대응력을 떨어뜨리며 흑자도산까지 이르게 된다.

　　따라서 재고관리란 첫째, 적시적량의 재고로 고객에 대한 서비스 수준을 최대로 하며, 둘째, 이에 수반되는 제반비용을 최소화하는 것이라 할 수 있다.

(1) 재고보유의 동기

재고보유의 동기에 관해서는 학자들에 따라 여러 이론이 있지만, 일반적으로 제시된 세 가지 동기가 재고보유의 직접적인 동기로 받아들여지고 있다.

① 거래동기: 거래상의 이유, 즉 수요는 매일 반복되지만 납기는 일정시점을 기준으로 한다. 예를 들면, 주문이 1달에 1번인 경우, 1개월 동안의 물량을 비축해 두어야 한다.
② 예방동기: 주문량의 납기지연 및 예기치 않은 수요의 증가는 재고부족의 위험을 증가시킨다. 이러한 재고부족의 위험은 예상수요 이상의 재고를 보유함으로써 감소될 수 있다. 즉, 위험을 방지하기 위한 것이다.
③ 투기동기: 기업이 실질적인 가격 상승에 대비하기 위하여 정상수준보다 더 많이 구매·생산하려고 함으로써 재고보유가 발생한다.

(2) 재고관리의 목적

재고관리의 목적은 ① 고객의 서비스 수준을 최대화하고, ② 발생하는 비용을 최소화하려는 데 있다.

이들 두 목표는 일반적으로 서로 상반되는 뜻을 내포하고 있다. 높은 수준의 고객서비스는 높은 재고비용을 가져오며, 낮은 재고비용은 일반적으로 낮은 수준의 고객서비스를 초래한다. 결과적으로 대부분의 재고결정은 비용과 고객서비스 수준간의 조화를 가져오는 상충관계이다.

이러한 목적을 달성하기 위한 문제는 과소재고뿐만 아니라 과잉재고를 피하기 위한 재고결정에 균형을 유지하는 것이다. 이 두 가지 기초적인 결정은 ① 재고주문시기와 ② 재고의 양에 의해서 결정된다.

(3) 독립수요와 종속수요

재고관리가 이루어지고 있는 기업에 있어서의 주요한 구분은 재고품목에 대한 수요가 독립적이냐 종속적이냐의 문제이다. 종속수요 품목은 최종제품의 생산에 사용될 구성부품 혹은 하위조립품 등을 일컫는다. 예컨대 새로운 산악자전거를 생산하는 데 대한 한 바퀴의 수요를 생각해 보자. 만약 산악자전거가 2개의 바퀴를 필요로 한다면 생산기간동안 소요될 바퀴의 총 수는 단순히 생산라인에서 생산될 자전거 수에 대한 함수로 표현된다. 100대의 산악자전거를 생산한다면 $100 \times 2 = 200$개의 바퀴가 필요하게 된다는 것이다.

한편, 독립수요 품목은 완제품 혹은 기타 최종품목이 이에 해당된다. 완제품은 시장의 수요가 불확실하므로 특정기간 동안 이 품목들이 얼마나 수요가 발생할 것인가를 정확하게 결정하는 것은 어렵다. 그러므로 독립수요의 수요파악은 주로 수요예측에 의존하는 반면에, 종속수요의 수요파악은 수요예측이 필요 없게 된다.

(4) 재고비용

재고와 관련되어 발생하는 비용은 재고유지비용, 재고주문비용, 그리고 재고부족비용 이 세 가지로 요약할 수 있다.

1) 재고유지비용

재고유지비용은 일정수준의 재고를 보관, 유지하는 데 드는 비용이다. 유지비에는 보관비, 보험료, 세금, 감가상각비, 훼손에 따른 비용와 재고에 투입된 자금의 이자, 창고운영비, 재고의 변질 및 손상에 따른 비용 등이 포함된다.

유지비용 중 대부분의 회계상에 나타나지만 훼손의 3요소(도난, 진부화, 손상)에는 설명이 필요하다. 도난은 고객과 종업원에 의한 재고의 도난이다. 도난이 매출액의 상당한 부분을 차지하는 업체도 있음을 보여주기 때문이다. 진부화는 재고가 모델의 변경, 기계적 변경 또는 기대하지 않았던 수요의 감소에 의해 사용이 구식화되거나 팔리지 않는 것이다. 손상은 물리적인 결함이나 파손에 의한 손상이다.

2) 재고주문비용

재고주문비용은 주문으로부터 인수하기 전까지의 과정에서 발생하는 비용이다. 예를 들면, 물품수송비, 통신비, 인수비, 관계자들의 임금 등이 여기에 포함된다. 만일 회사에서 부품을 자체 생산할 경우에는 이를 작업준비비라 한다.

3) 재고부족비용

재고부족비용은 재고부족, 즉 품절로 인해 발생되는 손실이다. 품절비라고도 하며 재고의 부족량과 부족기간에 의해 결정된다. 일반적으로 재고부족 현상이 나타나면 기업은 판매의 기회를 놓치고 고객을 잃고 그리고 명예도 실추된다. 따라서 부족비용은 이러한 손실에서 오는 기회손실을 말한다.

(5) 재고모형의 종류

재고모형은 수요와 조달기간의 성격에 따라 확정적 모형과 확률적 모형으로 구분한다. 재고는 미래 수요를 만족시켜야 하기 때문에 수요예측이 중요하다. 만일 어떤 제품에 대한 연간수요량이 100개로 일정하다면, 이는 확정적 수요라 할 수 있다. 그러나 수요량이 일정하지 않고 각 수요량이 발생할 확률이 다르게 되면, 이는 확률적 수요라 한다. 예를 들어, 연간수요량이 100개일 확률은 10%, 200개일 확률은 20%, 그리고 300개일 확률은 30%라면, 이는 확률적 수요라 볼 수 있다. 조달기간이 일정하면 확정적 재고모형이고 수요와 조달기간이 일정치 않으면 확률적 재고모형이다.

2 확정적 재고모형

시장의 수요와 조달기간이 일정하다고 가정할 때 주문량을 결정하는 것이 확정적 재고모형이다. 여기에서는 가장 대표적인 모형은 EOQ, EPQ 그리고 수량할인에 관해서 살펴보도록 하자.

(1) 경제적 주문량

재고에 있어서 가장 기본적인 경제적 주문량(Economic Order Quantity: EOQ) 모형은 가장 간단한 모형으로서 주문비용과 유지비용의 합을 최소화하는 것으로서 1915년 해리스(F.W. Harris)에 의해서 고안됐다. 이 모형은 전적으로 비현실적인 것은 아니지만 다소 이상적인 형태에 근거를 두고 있으므로 실제의 적용에는 다음과 같은 전제조건으로 인하여 어려움이 따른다.

EOQ 기본모형의 가정
1. 단일제품만을 대상으로 한다
2. 수요율이 일정하고 연간수요량은 확정적이다
3. 조달기간은 일정하다고 본다
4. 주문량은 전량 일시에 입고된다
5. 수량할인(가격할인)은 없다
6. 재고부족은 없다고 본다

이러한 가정의 중요성은 〈그림 5-1〉의 재고사이클 관한 그림에서 볼 수 있다.

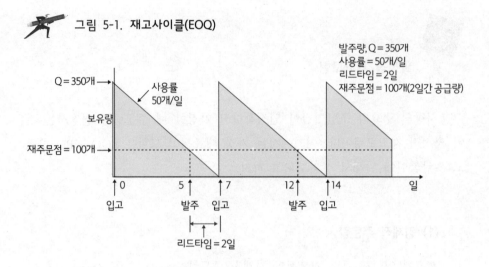

그림 5-1. 재고사이클(EOQ)

발주량, Q = 350개
사용률 = 50개/일
리드타임 = 2일
재주문점 = 100개(2일간 공급량)

최적주문량은 재고유지비용과 재고주문비용 간의 상충관계에 의하여 구할 수 있다. 이것은 주문의 크기가 변함에 따라 유지비용은 증가하지만, 주문비용은 감소하기 때문이다. 예를 들어, 만약 주문의 크기가 상대적으로 작다면 평균재고와 유지비용이 낮아지지만, 주문의 빈도는 많아지게 되어서 연간주문비용이 높아지게 된다. 반대의 경우에는 한번에 많은 양을 주문하게 되면 당연히 주문비용은 낮아지게 되지만 높은 평균재고수준으로 유지비용은 상승하게 된다. 〈그림 5-2〉와 〈그림 5-3〉은 이러한 내용을 보여주고 있다.

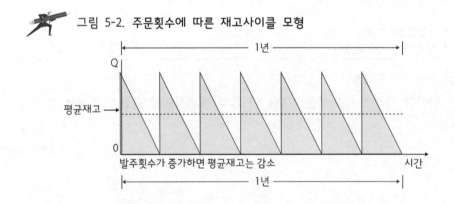

그림 5-2. 주문횟수에 따른 재고사이클 모형

발주횟수가 증가하면 평균재고는 감소

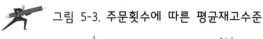

그림 5-3. 주문횟수에 따른 평균재고수준

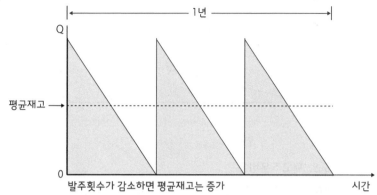

그러므로 가장 이상적인 주문량은 매우 많거나 적은 양이 아닌 중간수준의 주문량이 될 것이다. 주문량의 정확한 계산은 유지비용과 주문비용의 상대적 크기에 따라 달라진다.

재고유지비용은 연간단위당 재고유지비용과 평균재고를 곱해서 계산한다. 여기에서 평균재고는 주문량의 반으로 간주한다. 이것은 재고수준이 Q에서 0까지 일정하게 감소할 경우 평균재고는 (Q+0)/2 즉, Q/2가 되기 때문이다. 따라서 연간단위당 재고유지비용을 H로 나타내면, 평균재고량과 연간 총재고유지비용은 다음과 같다.

$$평균재고량 = Q/2 + (안전재고량)$$
$$연간\ 총재고유지비용 = Q/2 \times H$$

여기에서 재고유지비용은 Q의 선형함수이므로 주문량의 변화에 직접 비례하여 증가하거나 감소함을 알 수 있다.

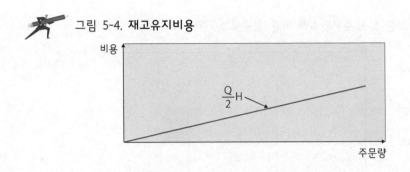

그림 5-4. 재고유지비용

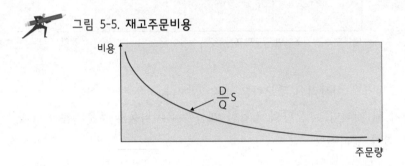

그림 5-5. 재고주문비용

앞에서 설명한 바와 같이 1회 주문량이 증가함에 따라 연간 재고주문비용은 감소할 것이다. 왜냐하면 연간수요량이 정해져 있으므로 1회 주문량이 커질수록 주문횟수는 줄어들기 때문이다. 예를 들어, 연간 수요가 120로트(lot)이고 1회 주문량이 10로트라 하면, 1년 동안에 12회의 주문을 해야 한다. 이럴 경우, 연간주문비용이 많아지게 된다. 만일 주문횟수를 1회에 20로트씩 주문한다면 1년에 6회만 주문하면 되고, 이와 같은 경우에는 당연히 재고주문비용이 줄어들게 된다. 그러나 주문비용이 줄어드는 대신에 재고유지비용은 늘어나게 된다. 그러므로 재고주문비용과 재고유지비용의 합치 최소가 되는 지점에서 재고의 양을 결정해야 최적주문량이 될 수 있을 것이다. 이때 D를 연간수요량, Q를 1회 주문량이라 하면 연간주문횟수는 D/Q가 되면, 연간주문횟수, 연간주문비용은 다음과 같이 계산된다.

$$연간주문횟수 = D/Q, \ 연간주문비용 = D/Q \times S$$

결국 연간주문비용은 1회 주문량과 반비례 관계에 있음을 알 수 있다.

EOQ 모형에서의 연간총재고비용은 연간재고유지비용과 연간재고주문비용의 합으로 나타날 수 있다. 즉,

$$연간총비용 = 연간재고유지비용 + 연간주문비용$$

$$TC = Q/2 \times H + D/Q \times S$$

TC = 총비용

D = 수요량(일반적으로 연간 단위량으로 표시)

S = 주문비용/주문

Q = 주문량

H = 연간재고유지비용/단위

 그림 5-6. **총비용곡선**

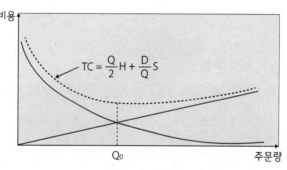

〈그림 5-6〉에 나타난 바와 같이 총비용곡선이 가장 낮은 지점은 재고유지비용과 재고주문비용이 일치할 때 총비용이 최소가 된다. 즉,

$$Q/2 \times H = D/Q \times S$$

$$Q^2 H = 2DS$$

$$Q^2 = 2DS/H$$

$$\therefore Q^* = \sqrt{2DS/H}$$

$$주문간격 = Q^*/D$$

$$주문횟수 = D/Q^*$$

(2) 경제적 생산량

EQO 모형에서는 주문량이 한 번에 도착하는 것을 전제로 하였다. 그러나 기업이 자체공장에서 어떤 품목을 생산하면서 동시에 소비하는 경우에 재고는 한번에 확보되는 것이 아니라 일정한 생산기간 동안 점진적으로 쌓이게 된다. 이러한 경우, 비용을 최소화하는 주문량을 경제적 생산량(Economic Production Quantity: EPQ)이라고 한다.

그림 5-7. EPQ 모형

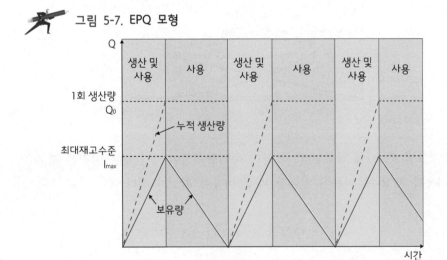

만일 자체 공장에서 생산에 필요한 만큼, 필요한 양을 조달한다면, 사용률과 생산율이 같아지므로 쌓이지도 않고, 생산로트의 크기 문제도 발생되지 않는다. 그러나 이러한 경우에는 실제는 거의 없이 대부분이 생산율이 사용률보다 크게 나타난다. 이에 대한 모형이 〈그림 5-7〉에서 설명되고 있다. 생산율은 사용률보다 크므로 생산이 이루어지는 구간에서는 재고 수준이 점점 증가하게 된다. 즉, 이 구간에서는 생산율과 사용률의 차이만큼 재고수준이 증가한다. 예를 들어, 일일 생산율이 20단위이고 일일 소비율이 5단위라면 재고는 15단위씩 매일 증가하는 것이다. 이렇게 계속해서 증가하는 재고수준은 생산중단 시점에서 최고수준이 된 후, 계속 감소하다가 재고가 고갈되면 생산은 재개되고 이러한 주기가 반복되는 것이다.

EPQ 모형에서도 EOQ 모형의 이론이 그대로 적용되나, EOQ의 주문비용은 EPQ에서는 생산준비비용(작업준비비용)으로 대체된다. 기본적인 EPQ 모형에서는 모든 주문품이 전량 입고될 때, 재고로 쌓였다가 수요율 d로 사용된다. 그러므로 재고유비지용은 EPQ 전량에 부과된다.

EPQ 방정식의 수정은 여기서는 준비비가 되는 주문비 (S)나 총수요 (D)에는 영향을 끼치지 않으며, 재고로 쌓이지 않는 생산량의 부분에 대해서는 보관비가 부과되지 않으므로 단지 재고유지비용 (H)를 절감시키는 데만 영향을 끼치게 된다.

만약 생산량의 비율을 나타내는 것이며, $1-(d/p)$는 재고로 쌓이는 생산량의 비율을 나타내는 것이다.

예컨대 D=80단위이고, P=100단위이며, D/P=80/100이 되므로 80%가 일일수요가 되고 $1-0.80=0.20$이다.

EOQ의 연간총비용 = 연간 생산준비비용 + 연간재고유지비용

연간 생산준비비용 = D/Q × S

연간 재고유지비용은 연간 재고로 유지하는 양, 즉 평균재고에 연간단위

랑 재고 유지비용을 곱한 값이다.

생산기간은 t=Q/P가 된다.

생산기간 동안 재고는 (P−d)의 비율로 증가하므로 최대 재고수준은 다음과 같다.

$$\text{최대 재고수준} = (P-d)Q/P$$

평균 재고수준은 최대 재고수준의 1/2이므로,

$$\text{평균 재고수준} = 1/2 \times Q/P(P-d)$$

그러므로 연간 재고유지비용은 다음과 같다.

$$\text{연간 재고유지비용} = 1/2 \times Q/P(P-d) \times H$$

연간 총비용 TC는 연간 총비용＝연간 생산준비비용＋연간 재고유지비용이므로

$$TC = DS/Q + (P-d)QH/2P$$

경제적 생산량 Q_p를 구하는 방법은 EOQ 모형에서와 같이 연간 생산준비비용과 연간재고비용을 같게 놓고 EPQ에 대해 풀어보면 다음과 같다.

$$DS/Q = (P-d)QH/2P, \quad Q^2 = 2DSP/H(P-d)$$

$$\therefore Q_p = \sqrt{2DS/H \times (P/P-d)}$$

또, 연간 총비용＝재고유지비용＋작업준비비

$$= (I_{max}/2) \times H + (D/Q) \times S = I_{max}: 최대재고량$$

EOQ와 EPQ의 차이를 살펴보면,

① 재고의 입고가 EOQ에서는 순간적으로, EPQ에서는 점차적으로 이루어지고,

② EPQ에서는 EOQ의 주문비용 대신에 생산준비비용(작업준비비용)이 된다.

(3) 수량할인의 EOQ

수량할인이란 고객의 대량구입을 유도하기 위해 대량구입에 대한 가격을 낮추어 주는 것이다. 예를 들어, 어느 의료기기회사가 〈표 5-1〉에서와 같이 응급의료박스에 대한 가격표를 제시했다고 하자. 수량할인을 해주고 있으므로 한 박스당 가격은 주문량이 증가할수록 감소하고 있음을 알 수 있다.

 표 5-1. 가격표

주문량	주문량 대비 주문가격
1~44	1,000원
45~99	800원
70 이상	600원

수량할인이 있는 경우, 고객은 구입가격의 하락으로 인한 잠재적 이익의 측면과 대량구입으로 인한 평균재고의 상승으로 재고유지비용이 증가하는 측면을 저울질하게 될 것이다. 고객의 입장에서 수량할인의 궁극적인 목표는 총구매비용이 최소가 되는 주문량을 결정하는 것이다. 여기에서 재고유지비용과 주문비용, 구매비용의 합으로 구해진다.

즉, TC = 재고유지비용 + 주문비용 + 구매비용

$$= Q/2 \times H + D/Q \times S + PD$$

- P는 단위당 구매가격임

3 재고관리의 다양한 적용 사례

(1) SK 에너지와 현대오일뱅크

원유 공급처 다변화만큼이나 정유사에 있어 중요한 것 중 하나가 바로 재고관리이다. 정유업에 있어 재고관리의 개념은 크게 다음과 같다. 원유 생산지 및 각 기업별 유통체계에 따라 조금씩 차이가 생길 수 있겠지만 국제 석유시장에서 원유를 구입해 국내 공장으로 들여오는 데 걸리는 시간은 약 21~22일이다. 또 자사 기준으로 원유 수입 시점부터 석유제품을 주유소에 판매해 매출이 일어나는 시점까지 걸리는 시간은 2013년 기준으로 40.2일이다. 정유업계에서는 보통 이 기간에 있는 제품을 '재고'로 간주하는데 그 사이 국제 휘발유 가격이 떨어지면 회계상 손실이 발생한다. 비싼 값에 원유를 사서 떨어진 가격에 휘발유를 팔아야 하기 때문이다. 이것이 정유업에 있어 재고관리가 다른 산업군보다 중요한 이유다. 정유업만큼 재고의 가치가 짧은 시간에 급변하며 그 영향력이 지대한 산업도 드물다.

구체적인 액수를 살펴보면 재고관리의 중요성을 쉽게 알 수 있다. 금융감독원 전자공시시스템에 따르면 SK에너지와 GS칼텍스, S-OIL, 현대오일뱅크 등 정유 4사의 2013년 3분기 누적 재고평가손실은 총 1,229억원 규모다. 같은 기간 정유 4사의 영업이익은 4,198억원으로 영업이익의 29.3%에 달하는 금액이 재고평가손실로 집계됐다. 물론 2013년의 경우 유가가 크게 하락한 탓에 재고평가손실이 평년보다 높게 측정된 부분이 있다. 마찬가지로 재고평가손실은 실제 영업활동에서 발생한 것이 아닌 만큼 현재 유가하락 국면이 상승세로 돌아서면 이전에 발생한 재고평가손실은 일정부분 만회되는 등 거시적인 경제의 흐름에 마찬가지로 영향을 받는 부분이 크다. 하지만 정유사로서는 마냥 경제의 큰 흐름에 의존할 수는 없는 노릇이기 때문에 효율적인 재고관리의 필요성이 대두된다.

1) 재고관리를 위한 SK에너지의 노력

이런 배경을 가지고 자사는 특히, 원유 수입량이 가장 많다 보니 기본적으로 가장 많은 재고를 갖고 처리해야 한다. 그런 면에서 다른 기업들보다도 재고관리를 어떻게 하느냐가 실제적인 이익 및 손실에 미치는 영향이 더 크다. 자사는 기본적으로 앞서 언급한 40.2일 중 배 위에 있는 21~22일을 제외한 재고기간 18일 가량을 줄이는 데 역량을 집중시키고 있다. 그런 노력 중 하나로 자사는 재고현황과 판매가격, 생산계획 등을 종합적으로 고려해 컴퓨터 시뮬레이션을 돌린 후 그 결과를 공장운영에 반영한다. 또한 장기계약으로 사들이는 원유 외에 시장에 풀리는 저가의 '스팟 물량'을 구입해 재고 단가를 줄인다. 재고관리 태스크포스(TF)와 유가 TF가 상시 협력, 모니터링 체계를 구축하고 있음은 물론이다. 이 밖에 제품 가격이 추가로 하락하더라도 원래의 가격으로 팔 수 있는 파생상품을 계약해 활용하는 경우도 있다.

이러한 재고관리 노력들에도 불구하고 자사의 재고관리 실적은 그렇게 좋지는 않다. 앞서 살펴본 2013년 3분기 자사의 누적 재고평가손실은 714억 원에 달한다. 경쟁사인 GS칼텍스의 379억원, S-OIL의 108억 원과 비교해보았을 때 확연한 차이를 보인다. 심지어 같은 기간 현대오일뱅크는 27억원으로 업계에서 가장 낮은 수준의 재고평가손실을 기록했다. 물론 재고평가손실은 원유 가격 등 외부적인 요소에 따라 많은 부분 좌지우지되며 회사의 규모에 따라 재고관리의 효율이 결정되는 부분이 큰 것은 맞다. 어떤 이들은 SK에너지의 규모를 고려해보았을 때 저 정도의 재고평가손실은 선방을 한 쪽에 가깝다고 말하기도 한다. 그럼에도 앞서 밝혔듯 거시적인 흐름에 휘둘리지 않고 매번 평온한 흐름을 이어가기 위해서는 재고관리 측면에서 좋은 역량을 발휘하고 있는 현대오일뱅크의 사례들을 벤치마킹 혹은 참고하여 개선할 필요가 있다.

2) 현대오일뱅크

현대오일뱅크의 재고관리 핵심은 간단하다. 원유를 적게 사들이고 제품은 빨리 파는 재고관리의 기본 원리를 충실히 따랐다. 즉, 그들은 유가 하락기가 오면 원유 구입량과 공장 가동량을 신속히 줄이고 쌓아둔 재고를 최대한 빨리 국내외에 판매한다. 수출 일정을 앞당겨 원유와 제품 재고를 기존의 80~85% 수준까지 낮춘다. 재고를 줄이다 보니 주유소 물량이 몰리는 월말에 제품이 모자라는 사태도 빚어지지만, 이를 어느 정도 감수하고서라도 재고관리를 철저하게 함으로써 보다 큰 재고평가손실을 방지한다고 볼 수 있다. 현대오일뱅크가 이렇게 과감한 모습을 보일 수 있는 것은 물론 그들의 몸집이 정유사 4사 중 가장 작아 유가를 예측하고 움직이는 대신 시장 상황을 확인한 다음에 움직여도 충분히 효율적인 움직임을 가져갈 수 있었기 때문이다. 이러한 점에서 규모가 큰 자사의 입장에서는 한계가 있는 부분이 많겠지만, 보다 유연한 재고관리를 위해서는 적기에 조금 더 과감한 움직임을 취할 필요가 있다.

(2) 현대자동차: 다변화 수요에 대처하는 유연성 MRP, ERP 정보시스템

이 장에서는 MRP, ERP 등의 정보시스템을 중심으로 현대자동차의 강점 중 하나인 불안정한 수요에 대처하는 유연성에 대해 분석해보고자 한다. 현대자동차의 생산방식의 핵심은 엔지니어들이 기술적 요소의 잠재력을 최대한으로 활용하는 가운데 조직적 요소에서 작업자가 담당하는 노동의 비중을 최소한으로 줄이고 부품 납입지시 시스템인 MRP를 활용해 수요 변화에 따른 생산계획의 조정을 유연하게 소화하면서 생산차질이 거의 없는 생산관리를 실현하는 데에 있다. 여기서 MRP란 주 일정계획(MPS)의 완제품 소요량을 시간단계별로 하위 조립품, 구성부품, 그리고 원자재에 대한 소요량으로 변환시키며 언제 얼마만큼 주문할지를 리드타임과 기타 정보를 사용하여 필요시점에 역으로 작업하는 컴퓨터 기반의 정보시스템을 일컫는다. 따라서 독립수요는 완제품 자체에 대한 수요, 종속수요는 완제품 생산을 위해 필요한 원자재, 부품, 조립품들에 대한 수요로 이뤄진다고 할 수 있다. 이 장에서는 MRP 시스템을 시작으로 하여 현대자동차가 어떻게, 다른 완성차업계와 비교되는 현대자동차만의 수요지향적 생산시스템을 구축했는지에 대해 살펴볼 것이며 먼저 현대자동차의 정보체계의 발전과정을 간략히 살펴보기로 한다.

1) 발전과정

현대자동차는 1980년대 중반부터 체계적인 생산 관리를 위해 정보시스템을 본격적으로 도입하기 시작했으며, 이 시기부터 현대 차는 400여 개의 부품집단으로 부품을 분류하여 관리하는 '부품구성체계인 BOM을 도입하고, 이에 기초하여 생산계획에 따라 부품 소요량을 계산하는 '자재소요계획'인 MRP 시스템을 발전시켜 가게 되었다. 이어서 이를 기반으로 하여 최종조립 공정에서 작업을 지시하는 '조립지시(ALC) 시스템을 발전시켰고, 2000년 이후 앞 장에서 기술한 바와 같이 모듈화, 플랫폼을 기반으로 유연자동화를 통한 혼류 생산(mixed production)방식을 통해 유연생산체계를 확립하였다. 그리고 2009년 전사적 관리시스템인 ERP를 도입하여, 생산환경을 체계적으로 지원하며 현대자동차만의 수요지향적 정보화가 효과적으로 작동하게끔 하였다고 할 수 있다.

그렇다면 현대자동차가 기존에 생산관리방식의 주류라고 할 수 있는 도요타의 생산방식인 TPS식 끌어당기기 방식과는 다른, 엔지니어 주도의 기술 중심적 정보시스템의 도입을 통한 '밀어내기 방식'의 수요지향적 생산관리를 택하게 된 배경은 무엇일까?

2) 배경 및 본론

현대자동차 초기에 MRP 시스템적 생산관리 방식을 채택하게 된 것은 빠르게 변화하는 자동차산업 환경변화와 어울러 수직적 부품업체관계와 대립적

노사관계의 영향을 받으면서 진행되었다고 할 수 있다. 좀 더 부연설명하자면, 대립적 노사관계 속에서 일관된 노동자들의 적극적 참여를 기대할 수 없게 되자, 현대자동차의 정보시스템은 현장 작업자의 숙련에 의존하지 않는 기술 중심적이고 숙련절약적인 방식으로 진행될 수밖에 없었던 것이다. 경쟁사인 도요타와 비교해 볼 때 현대자동차는 정보시스템의 진전을 통해 도요타자동차가 구현한 '끌어당기기' 방식의 장점을 '밀어내기' 방식을 통해 달성하고 있는 셈이다. 현대자동차의 정보화를 통한 수요지향적 생산관리는 '밀어내기'의 방식으로, 도요타자동차의 '간반(看板)'으로 대표되는 부품 납입지시 시스템의 '끌어당기기' 방식과는 비교된다. '밀어내기'는 생산 작업이 사전에 계획한 대로 이루어지는 생산관리 방식을 지칭한다. 이에 비해 '끌어당기기'는 그전의 작업이 완료됨으로써 생산 작업이 시작되는 생산관리 방식을 지칭한다. 달리 말하면, '끌어당기기' 방식은 작업의 시작을 계획하는 것이 아니라, 필요에 따라 생산을 승인하는 시스템이다. 사실 그 정의 자체로만 보면, '밀어내기'는 순차적 생산방식이며 따라서 공급지향적 생산방식에 그 원리를 두고 있다. 따라서 재고관리측면에서 JIT에 비해 MRP가 확실히 불리할 여지가 있다고 할 수 있는데, 현대자동차는 이러한 단점들을 그대로 수용하지 않았으며, JIS라는 고유의 생산방식으로 발전시키면서 그러한 문제를 극복하고 오히려 우위를 서는 위치에 자리 잡았다.

먼저 그러한 현대자동차만의 생산관리의 특징의 배경을 알기 위해서는, 앞서 살펴본 MRP와 JIT의 차이점에 주목해볼 필요가 있다. 주요한 차이점은 첫째로 수요가 불안정한 환경에 있어서의 대응 그리고 둘째로 엔지니어 중심의 '기술'중점적 생산방식이라고 할 수 있는데, 이러한 차이점을 중심으로 볼 때, 현대자동차가 가지는 생산관리방식의 특징으로 첫 번째는 부품업체 간의 정보교환 효율성을 제고했다는 점이고, 두 번째는 엔지니어 주도의 숙련 절약적 생산방식을 발달시킨 것을 살펴볼 수 있다.

우선 부품업체 간의 정보교환 효율성 제고측면에서 현대자동차는 앞서 언급한 새로운 생산관리기법인 JIS시스템을 통해 기존 MRP의 단점을 극복하였으며, 바츠, VMI 등의 부품업체 조직 전산화를 통해 안정적으로 유연성을 확보하였다. JIT와 JIS 비교를 통해 주목해야 할 가장 큰 특징은 수요가 변화할 때의 대처능력이라고 할 수 있다. 앞서 MRP와 JIT의 비교에서 파악할 수 있듯이, JIT는 간판방식과 같은 '눈으로 보는 관리'를 전개하여 안정된 MPS를 필요로 하는 반면, MRP는 컴퓨터 관리를 주축으로 하며 변경이 잦은 MPS의 수용이 가능하다. 결국 JIS시스템은 기존에 MRP로 유지되던 정보화 data base를 확장 시켜 적용한 시스템이라고 할 수 있다. 그 정의는 부품업체와 완성차업체 간 의 생산에 대한 실시간 정보 공유로 부품업체에 서열정보를 제공하여 필요한 모듈 제품을 완성차 생산라인에 정확한 시간과 조립 순서에 맞춰 투입시키는 시간과 순서의 개념이 복합된 생산방식이라고 할 수 있다. 따라서 자동차 생 산공정과 거의 동시에 부품이 생산되는데, 예를 들어, 10번째 차에 특별 부품 을 장착하는 옵션이 있다면 현대모비스에서 나오는 모듈도 그 순서에 맞춰 10 번째에 해당 부품과 옵션이 모두 장착돼 벨트를 통해 공장으로 들어가게 되는 방식인 것이다.

이와 관련해 과거 수요가 불안정했을 때 도요타의 대응능력을 살펴보면 JIT시스템을 도입한 도요타의 경우 수요의 갑작스런 변동이 발생한 2008년 금 융위기 당시 재고관리문제에 큰 차질을 빚었지만, 동 시기, 현대자동차는 오히 려 공격적인 마케팅으로 시장점유율을 크게 높여 나갔다. 여기에는 분명 환율 등의 외부적인 요인도 존재하지만 앞서 살펴본 이러한 JIS시스템을 통한 효율 적인 생산관리도 한 몫 했다고 볼 수 있을 것이다. 구체적으로 현대자동차의 JIS시스템을 활용한 생산관리 단계를 보면 다음과 같다.

1단계: MRP에 의해 부품 소요량 계산

2단계: 현대자동차의 부품구매시스템인 VAATZ[2]를 통해 부품업체들에 게 전달

3단계: 부품업체들 상호간 월간, 주간, 일간 생산계획 정보 공유

4단계: 부품 납입지시 시스템인 VMI이용 최종 조립라인의 부품 소요량 산출

여기서 부품납입지시 시스템 VMI에서 부품 소요량이 산출되는 과정을 부품의 성격과 납품 방식에 따라 구분하면 아래와 같다.

표 5-2. 현대자동차 VMI 부품의 성격별 분류

구분	부품 성격	비중[1]	부품 납입 방식	재고수준[2]
직서열 부품	부피가 크거나 사양수가 복잡한 부품; 대부분 모듈 부품; 머플러, 헤드라이기, 도어트림, 범퍼, 메인휠 튜브, 선바이저	5%	① 생산조립시스템(MES)을 통해 부품업체에게 생산계획, 소요량 정보를 제공, 부품 조립 ② PBS가 끝나는 시점에서 투입 정보 지시 ③ 서열 정보에 따라 부품업체가 최종 조립라인에 투입	0.0일 (0시간)
사내 서열 부품	엔진, 변속기 등 사내에서 생산되는 부품+일부 부품[3]	40%	① 생산조립시스템(MES)과 납입지시시스템(WMI)을 통해 부품업체에게 서열 정보 제공 ② 직영 또는 사내하청 작업자가 완성차 공장 내부에서 조립 ③ 서열 정보에 따라 상관 작업자가 최종 조립라인 사이드에 투입, 조립라인 작업자가 작업	0.4일 (8시간)
일반 부품	직서열 부품과 사내 서열 부품을 제외한 모든 부품	55%	① 납입지시시스템(VMI)을 통해 부품업체에게 납품 정보를 제공 ② 부품업체가 자율적으로 완성차 공장의 물류창고에 납품 ③ 상관 작업자가 납품 용기(박스/빠레트 등)를 최종 조립라인 사이드에 투입, 조립라인 작업자가 작업	0.4일 (8시간)

주: 1) 부품수 기준
　　2) 부품이 완성차 공장에 들어온 후, 최종 조립라인에 투입되기까지의 시간
　　3) 공장 여건, 노사관계에 따라 해당 부품이 다름

여기서 핵심은 서열납품을 하지 않는 일반 부품은 생산계획 대비 부품 소요량의 실적을 정보시스템을 통해 실시간으로 확인하면서, 부품업체의 납품 회수를 수시로 조정한다는 사실이다. 이러한 특성은 MRP방식에 더해 최종 조립라인의 수요 변화에 대처할 수 있는 유연성을 부여한다. 이러한 수요측면의 유연성은 도요타와 현대자동차의 미국시장에서의 판매사양을 비교해볼 때 단적으로 드러난다.

불안정한 수요에 대한 대응능력 외에도 재고관리에 있어서도 JIS가 더 우월하다고 할 수 있는데, JIT는 각 생산라인의 수요를 파악해 시간대별로 협력

업체에서 부품을 공급받아 조립하는 식으로 재고를 줄이기 때문에 약간의 재고가 존재하는 반면, 이에 비해 JIS는 부품업체와 완성차 업체가 실시간으로 순서에 맞춰 제품을 생산해 나가기 때문에 완성제품을 보관할 필요가 없게 된다. 이러한 특징을 바탕으로 현대자동차는 JIS시스템을 통해 불안정한 수요에 대한 대응능력이라는 강점을 살렸을 뿐만 아니라, MRP의 단점 중 하나인 재고유지의 문제를 극복했다고 할 수 있다.

다음으로 현대자동차는 부품구매시스템인 VAATZ, 부품납입지시시스템인 VMI를 구축하여 안정적으로 다품종 유연생산을 유지할 수 있었다. 다시 말해, 앞에서 언급한 JIS시스템이 효과를 발휘하기 위해서는 직관적으로 부품업체들과의 긴밀한 관계가 전제되어야 하는데, 이 부분에 있어 현대자동차는 VAATZ라는 폐쇄형 마켓플레이스 방식을 통해 협력업체와 결속을 다지는 협의체를 구축함으로써, 공급받는 모듈에 대한 관리를 공고화시켰다는 의미이다. 사실 VAATZ를 도입할 때 제조업계 시장은 개방형 B2B 마켓플레이스를 여는 것이 활성화되던 때였고 글로벌 제조업계들은 너나 나나 할 것 없이 구매과정에서 원가절감을 위해 이러한 개방형 마켓플레이스를 채택했으며 도요타 역시 예외가 아니었다. 하지만 구매과정에서 원가절감을 위해 기존 거래 경험이 없는 외부 부품업체를 물색하다보면, 호황기에 생산에 대한 수요가 급증할 때, 그 품질관리에 차질을 빚기 마련이다. 2010년 도요타는 대규모 리콜사태가 발생하였는데, 여기에 직접적인 원인은 미국 부품업체의 가속페달에서 발생한 결함이었다. 물론 현대자동차의 경우에도 현지 업체를 발굴하는 경우가 있으나 현대자동차 핵심 모듈의 경우 이와 같은 VAATZ SYSTEM의 풀 안에서, 협업을 진행할 수 있는 신뢰할 수 있는 국내업체들을 우선시하여 설계 및 생산을 진행하고 있기 때문에 이러한 위험에 덜 노출된다고 할 수 있다. 앞서 언급한 부품업체의 동반진출 역시 이와 연관된다고 할 수 있다. 이러한 부품업체의 기능강화를 통한 효율적 생산관리는, 각 부품업체가 완벽한 품질검사 후 모듈을 제공함에 따라 완성차 조립라인에서 부품의 품질을 검사하는 시간 역시 단축시킨다는 점에서 후술할 품질관리와도 연관된다고 할 수 있다. 그리고 서두에서 언급했던 2009년 ERP 시스템은 이러한 VAATZ, VMI 시스템을 MRP 시스템과 통합함으로써 그 관리를 좀 더 효율적으로 바꾸었다고 할 수 있는데, 논문의 결과를 인용해보면, 2009년 ERP 시스템을 도입한 이후, 공장 가동이 멈춘 야간 시간을 이용하여 엔진, 변속기를 포함한 모든 부품에 MRP로 부품 소요량을 신속하게 다시 산정하도록 한 후, 다음 날 아침 일찍 변경된 생산계획을 해당 부품업체에 통보함으로써 생산차질에 대응하는 것이 가능해졌다고 한다. ERP는 상기 MRP의 발전단계로 볼 수 있으며, MRP에 비해 보다 광범위한 범위(생산, 회계, 재무, 마케팅) 측면에서 통합적인 자원관리를 주도하며, 경영환경의 변화에 즉각 대응하여 BPR(Business Process Reengineering)과도 연계되는 개념이다. 이러한 전사적 관리시스템(ERP)은 앞서 언급한 모듈화, 플랫폼을 주축으로 한 생산관리방식을 체계적으로 지원하며 현대자동차만의 '기민한' 생산방식이 효과적으로 작동하는 데에 그 전반적인 환경으로서의 역할을 한다고 할 수 있다. 현대차는 주요 완성 차 업체 중에서는 최초로 '전사적 자원관리(ERP)'를 전면적으로 도입하여 기업 활동의 모든 영역에서 정보를 공유하면서 실시간으로 관리하고 있다. 세계 유수의 소프트웨어업체인 SAP의 패키지를 선택하여 총 328억 원의 비용을 들인 ERP는 BOM, MRP, VAATZ(Value Advanced Automotive Trade Zone: 부품구매), VMI(Vendor Management Inventory: 납입지시), ALC 등 기존의 시스템을 연결시켜 통합적으로 관리함으로써 정보를 실시간으로 공유하여 투명경영을 실현할 뿐 아니라 변경 사항에 대해 신속하게 대응할 수 있게 됨으로써, 생산관리의 효율성을 높일 수 있게 됐다.

두 번째 특징을 살펴보기 이전에, 전술하였다시피 현대자동차가 MRP 시스템을 채택하게 된 배경과 같은 맥락으로 현대자동차는 강성노조를 환경으로 가지기 때문에, '노동' 기술의 유연한 잠재력을 활용하는 숙련 절약적 생산방식을 채택하게 되었다고 언급하였는데, 현대자동차는 이러한 특징을 기반으로 두 가지 우위를 가지게 되었다. 첫째로 유연표준화, 둘째로 연구·개발 분야에 대한 집중이 바로 그것이다. 먼저 첫째로 현대자동차는 '구상'과 '실행'의 분리를 극단화하여 '유연 표준화'를 달성했다. 다시 말해, 먼저 '구상'적 측면에서 기획과 설계 등의 구상단계에서 엔지니어가 다양한 기술과 전문성을 적용하고, 자동화가 진행됨에 따라 이를 프로그램화시켜 기계에 내재함으로써 중앙 집중적인 관리할 수 있게 하고 '실행'적 측면에서 현장 작업자의 숙련에 대한 의존을 최소화하여 별다른 숙련이 없는 작업자도 쉽게 업무를 수행할 수 있는 작업조직을 구성하였다. 이렇듯 현대자동차는 앞서 살펴본 모듈화, 플랫폼을 기반으로 하고 여기에 엔지니어의 기술을 중심으로 한 유연표준화를 적용하여 수요의 다변화에 대처할 수 있었으며, 이는 미국시장진출 당시의 제품다양화를 드러내는 다음의 표에서도 명확히 보여진다.

표 5-3. 미국시장 내 현대 소나타와 도요타 캠리 차종비교

구분	등급	차체 색상	내 장
2012 도요타 캠리	4dr Sedan 14 Auto L	9종 (슈퍼 화이트~ 블루 메탈릭)	2종 (아이보리 파브릭/ 애쉬 파브릭)
	4dr Sedan 14 Auto LE		
	4dr Sedan 14 Auto SE		
	4dr Sedan 14 Auto XLE		
	4dr Sedan V6 Auto SE		
	4de Sedan V6 Auto XLE		
2012 현대 소나타	GLS 4dr Sedan 6A	8종 (그레이~ 루비)	4종 (블랙 레더~ 와인 레더)
	GLS 4dr Sedan 6M		
	GLS 4dr Sedan PZEV		
	Ltd 2.0T 4dr Sedan 6A		
	Ltd 2.0T 4dr Sedan 6A w/Wine Interior		
	Ltd 4dr Sedan 6A		
	Ltd 4dr Sedan 6A w/Wine Interior		
	Ltd 4dr Sedan PZEV		
	Ltd 4dr Sedan PZEV w/Wine Interior		
	SE 2.0T 4dr Sedan		
	SE 4dr Sedan 6A		

주: 도요타는 미국 판매법인 홈페이지의 견적내기를 통해 작성한 데 비해, 현대차는 딜러 홈페이지를 통해서만 견적내기가 가능했음. 회사가 제시한 사양만을 대상으로 하고 자유롭게 선택할 수 있는 추가 사양은 제외했음

'구상'적 측면에서 기획과 설계에 많은 투자를 한다는 이러한 특징은 다음 단락, 품질관리에서 언급할 사전시험공장인 파이로트와도 연관된다. 또한 엔

지니어의 기술을 중시하다 보니, 연구, 개발에 집중하게 되었고, 그 결과 짧은 시간만에 놀라운 기술력을 확보하게 되었다. 그 예로 2008년 현대자동차의 쎄타엔진은 미국 다임러크라이슬러와 일본 미쓰비시가 생산하는 차에 장착하는 조건으로 5,700만 달러의 로열티를 챙겼고 이는 독자엔진인 알파엔진을 만든지 10여 년 만에 세계시장 어디에 내놓아도 손색이 없는 엔진을 만들 수 있는 역량을 갖추게 된 것이라고 볼 수 있다. 2010년, 그룹 역사상 최고로 연구·개발에 4조 6,000억원을 투입하였고, 친환경 자동차 개발인력을 1,000명까지 늘린다고 발표하기도 하였다.그 결과 카파, 누우 엔진을 만들고, 글로벌 자동차 업계에 수출하는 등 현대자동차가 비교적 후발주자임에도 불구하고 선발주자인 미국, 일본 자동차업계에 기술력을 수출하는 위치에까지 이르렀다고 볼 수 있다.

(3) 샤오미: 예약판매 방식을 바탕으로 한 주문생산시스템 (Build-To-Order: BTO)

샤오미는 재고 관리 측면에 있어서, 예약판매 방식을 바탕으로 한 주문생산시스템을 사용하고 있다. 즉, 예약 주문 방식을 바탕으로, 생산을 담당하는 OEM 업체와 협력하여 주문 물량을 빠르게 생산할 수 있는 효율적이고 유연한 재고 및 생산 관리 시스템을 구축하고 있는 것이다. 따라서 예약판매제도는 샤오미의 재고 관리 측면에서 매우 중요한 혁신 요소로 작용한다. 고객은 사전에 인터넷으로 예약신청을 해야만 비로소 구매 자격을 갖게 되는데, 이를 위해 자신의 이름과 연락처, 주소, 희망하는 휴대폰 모델명을 입력하는 과정을 거쳐야 한다. 샤오미의 온라인 사이트에서는 매주 화요일 12시부터 인터넷 판매가 시작되며 항상 몇 십 만대의 휴대폰이 단 5분 만에 완판되는 경우가 매우 많다. 그리고 사오미는 화요일에 판매된 휴대폰 모델명과 수량을 그 다음 주 월요일에 공식 사이트에 공식 발표한다. 올해 2월 'Mi 5' 모델은 사전예약 과정을 거쳐 판매되었는데, 1400만 명을 넘어서는 소비자가 사전예약을 한 바 있다. 물론, 사전예약을 했음에도 불구하고 제품을 구매하지 않는 소비자들도 있기 때문에 1,400만 대를 넘는 예약건수 모두가 실제 구매로 이어진다고 할 수는 없지만, 높은 사전예약자 수로 화제를 불러일으킨 바 있다.

흔히 주문생산시스템하면 컴퓨터 생산업체인 델(Dell)을 떠올리는 것이 일반적이다. 델은 주문생산 방식을 바탕으로, 중간 유통 단계를 생략하고 소비자와 직접 거래하는 혁신적 유통시스템을 도입함으로써 세계적인 컴퓨터 회사로 더욱 빠르게 성장할 수 있었다. 샤오미의 주문생산시스템이 델의 경우와 다른 점은, SNS에 제품을 미리 올려 소비자들의 반응을 살펴본 이후에 본격적인 생산에 들어간다는 점이다. 즉, 샤오미의 주문생산 방식은 델이 이용했던 'Build to order' 방식을 참고하기는 했지만, SNS에 올린 상품에 대한 호응도를 통해 생산량을 미리 예측하고 생산한다는 점에서 차별화된다고 할 수 있다.

이러한 온라인 예약판매를 바탕으로 한 주문생산 제도는 실질 수요를 정확하게 예측하는 데 도움을 준다는 점에서 재고 측면에 있어 장점을 지닌다. 샤오미는 매주 회의를 개최해 그 주의 휴대폰의 출하량, 예약 수량 및 기타 인터넷지수에 대해 예측하며, 3개월 후의 시장수요를 함께 예측한다. 이를 통해 다양한 이해관계자가 관여하는 전통적인 영업방식에서 나타나는 유통경로상의 채찍효과를 최소화할 수 있다. 또한 주문생산과 예약판매 방식을 통해 수요가 공급을 초과하도록 유지함으로써, 짧은 시간 내에 제품이 판매되도록 공급 수준이 유지될 수 있고 이는 재고 비용을 최소화하는 데 도움을 준다. 뿐만 아니라 예약 판매 방식하에서는 외상판매와 같은 방식이 행해질 확률이 거의 없기 때문에, 자금 회전을 건전하게 유지하여 재정 건전성 측면에 있어서도 도움을 준다.

However, Whatever, Whenever Guests Want

Standardization & Modularization

전략적 리드타임 관리 표준화, 모듈화

1 모듈화

모듈화(modularity)란 하나의 시스템을 보다 작은 하부시스템(subsystem), 모듈(module), 부품 수준으로 분해할 수 있는 정도를 의미한다. 기업 경영에서 모듈화는 다양한 분야에서 활용되고 있다. 자동차나 선박 조립공정에서는 개별 단품들을 차체에 직접 장착하지 않고 몇 개의 관련된 부품들을 하나의 덩어리로 생산해서 장착한다. 컴퓨터 프로그램에서는 독립적이고, 자신이 하위의 서브 프로그램을 다시 갖는 서브프로그램을 사용하는 것을 말한다. 모듈화는 물류분야에서도 사용되는데, 물류에서의 모듈화는 물류시스템을 구성하는 각종 요소인 화물의 단위 적재 및 장비, 보관용 기기, 시설의 기준척도 및 대칭계열을 의미한다.

(1) 자동차산업에서의 모듈화

근대적 자동차 생산방식의 시초는 1910년대 미국 포드사의 '컨베이어 시스템(conveyer system)'이다. 현재 모든 제조업 공정에 널리 활용되고 있는 컨베이어 시스템은 재료나 부품을 일정한 반송(搬送) 장치에 실어 보냄으로써 생산 공정을 규격화한 방식이다. 자동차 산업은 이 시스템을 통해 비로소 대량생산 체제로 나아갈 수 있었다.

이후 1970년대 일본 도요타자동차의 '간판 방식'이 선보이면서 자동차 산업은 일대 변화를 맞았다. 생산공정간 차질을 빚지 않도록 생산제품의 정보를 간판(看板)에 적어 앞뒤 공정간 정보를 주고받는 '간판 방식'은 제품 설계부터 생산과 판매에 걸리는 시간인 소위 '리드타임(lead time)'을 줄이는 데 혁신적인 역할을 했다.

그러나 1990년대 후반부터 새로운 생산 방식이 등장해 20세기를 풍미한 컨베이어 시스템과 간판방식을 밀어내고 21세기형 세계 제조업의 표준으로 자리를 잡아가고 있다. 다름 아닌 '모듈방식'이다.

생산방식으로서 '모듈방식'이란 쉽게 말해 자동차 조립공정의 일부를 모듈 업체에 이관함으로써 생산공정을 단축하는 것을 말한다. 대표적인 모듈 생산 품목은 운전석, 섀시, 프론트엔드, 도어, 시트 등이다. 예컨대 운전석 모듈의 경우 종전에는 완성차 업체가 계기판, 핸들, 에어콘 장치, 에어백 등을 생산라인에서 일일이 조립했지만 모듈화를 통해 부품사가 이를 미리 완성해 공급하고 완성차는 운전석 모듈을 생산하여 차량에 끼워 넣기만 하면 되는 것이다.

모듈방식은 주요 부품을 '서브시스템'화하여 조립공정을 단순화하고 과거 완성차 업체나 부품업체에서 담당하던 조립운영과 재고관리를 모듈업체가 담당하게 함으로써 신차 개발뿐만 아니라 차량 생산에 소요되는 기간을 혁신적으로 단축할 수 있다는 이점이 있다. 아울러 개발 단계에서부터 부품과 기능의 통합을 고려하고 최적화함으로써 설계, 조립, 물류 등의 전 단계를 독립적으로 수행하도록 하고 물류비용과 재고 비용, 품질보증 비용 등 관련 비용을 절감함으로써 경제적 효과도 큰 것으로 나타나고 있다.

(2) 모듈화 설계

모듈화 설계(modular design)는 표준화된 구성요소들의 집합으로 다양한 제품을 산출하기 위한 제품설계 방식이다. 기업들은 모듈화 설계를 통해서 모듈을 구성하는 부품을 표준화하여 부품의 범용성과 규모의 경제를 달성할 수 있고, 나아가 공급자에 대한 구매력을 향상시킬 수 있다. 또한 한정된 모듈로부터 다양한 제품을 산출함으로써 차별화 지연을 달성할 수 있다. 모듈화는 지연전략을 구현하기 위한 핵심 요소로 작용한다.

(3) 모듈형 스마트 기기

모듈형(modular) 스마트 기기는 주요 부품을 사용자가 직접 교체하며 사용할 수 있는 스마트폰, 스마트 왓치 등과 같은 기기를 말한다. 구글이 모듈형 스마트폰 개발 계획인 프로젝트 '아라'를 발표하면서 촉발된 모듈형 스마트 기기 트렌드는 블락스웨어러블이 개발한 모듈형 스마트 왓치 '블락스'를 통해 스마트 왓치 분야로도 확대되고 있다. 스마트폰 후발 주자인 중국의 ZTE는 모듈형 스마트폰인 '에코모비우스'를 선보이면서 실험에 나서고 있고, 스페인의 통신업체인 텔레포니카는 모듈형 사물인터넷 플랫폼 '씽킹씽즈'를 상용화해 출시하면서 시장의 주목을 받고 있다. 모듈형 스마트 기기는 비용 절감, 환경오염 방지, 소비자 선택권 증대라는 세 가지 장점을 갖고 있으며, 기존의 대형 단말 개발사와 중소 규모 개발사, 개발자들의 역학 관계에도 변화를 가져올 것으로 예상된다.

모듈형 스마트폰은 업그레이드하고 싶은 모듈만 갈아 끼우면 성능이 향상되기 때문에 스마트폰 교체에 따른 구형 폰 폐기물 증가와 같은 환경 문제를 해결하고, 폰 교체 비용을 절감하고 사용자의 선택 권한을 증대한다는 장점이 있다. 스마트폰 교체 주기가 점차 짧아지면서 최신 스마트폰을 구입한 유저들은 구형 폰을 버리거나 중고 시장에 내 놓는 경우가 많아지고 있으며, 스마트폰에는 유해 물질들과 희소한 금속들이 포함되어 있기 때문에 환경오염과 자원 낭비 문제가 부각되었다. 모듈형 스마트폰은 구형폰 폐기물에 따르는 환경오염과 자원 낭비 문제를 해결할 수 있는 대안으로 기대되고 있다. 또한 업그레이드를 원하는 사용자는 해당하는 부품 모듈 교체 비용만 지불하면 되기 때문에 스마트폰을 통째로 바꾸는 데 따르는 비용이 절감된다.

프로젝트 아라는 구글이 모토로라, 폰블록스(Phonebloks)와 함께 오픈소스형 모듈형 스마트폰 플랫폼을 개발하는 프로젝트로 시작되었으나 현재는 구글 산하의 ATAP팀이 담당하는 프로젝트로 발전하였다. 프로젝트 아라는 폰블록스(Phonebloks)의 창립자인 데이브 하켄스(Dave Hakkens)의 아이디어에서 시작되었다. 데이브 하켄스는 아인트호벤 디자인 학교를 2013년 여름에 졸업하고 폰블록스의 아이디어를 내놓았는데, 이는 스마트폰의 메인보드에 부품들을 레고 조각처럼 결합시켜 자유자재로 탈착이 가능하도록 하는 것이었다. 2013년 10월 모토로라(Motorola)는 1년 동안 ATAP(Advanced Technology and Projects)팀이 구상하고 개발해온 모듈형 개인 맞춤 스마트폰 하드웨어 프로젝트 아라(Project Ara)를 발표하였다. 프로젝트 아라는 모토로라와 데이브 하켄스의 스타트업 기업인 폰블록스와의 협업을 통해 개발을 진행한다. 모토로라는 자체적으로 개발해 왔던 조립형 스마트폰 기술에 폰블록스의 콘셉트를 반영하는 기술 지원을 담당하고 폰블록스는 모듈 개발에 필요한 커뮤니티 활성화를 담당하였으며, 궁극적으로는 프로젝트 아라를 통해 도출된 모듈형 스마트폰 플랫폼을 오픈소스 형태로 개방해 다양한 사업자들이 참여하는 방향을 지향하였다. 모토로라가 레노버에 인수되었을 때 구글은 모토로라의 ATAP 팀을 인수해 자사 내로 편입함으로써 프로젝트 아라를 지속한다는 의지를 보였다. 구글은 조립형 핸드폰 아이디어를 냈던 이스라엘의 벤처기업인 Modu가 보유하고 있던 특허를 2011년 사들이면서 조립형 스마트폰 개발을 준비해 왔다.

아라의 모듈은 디스플레이, 카메라, 배터리, AP 등의 스마트폰 핵심 하드웨어 이외에도 레이저 포인터, 소형 프로젝터, 바코드 영수증 프린터, 맥박 측정 장치와 같은 특수 용도의 부품도 모듈화해 추가할 수 있도록 계획되었다. 구글은 엔도 프레임만을 개발 및 생산하고 모듈은 표준만을 지정해 써드파티 업체와 다른 업체들이 자유롭게 생산할 수 있도록 하고 아라의 모듈을 생산하는 데 별도의 라이선스 비용을 받지 않을 것으로 알려져 있다.

제조사가 디자인하고 가격을 매겨왔던 스마트폰 시장이 소비자가 직접 부품을 조합함으로써 자신이 원하는 가격과 성능을 선택할 수 있는 소비자의 능동적 선택권이 크게 증가할 수 있다. 또한 하나의 부품이 고장나거나 특정한 기능의 업그레이드가 필요할 때 새로운 제품을 구매할 수밖에 없었던 상황이 모듈 단위로 자가 교체가 가능해지면서 스마트폰 소비 행태에도 큰 변화가 생길 전망이다. 그러나 부품의 모듈화는 스마트폰의 크기와 무게를 불필요하게 증가시키고, 디자인 측면에서도 모듈형 스마트폰의 디자인 완성도가 기존 스마트폰보다 떨어질 것으로 우려되어 이를 해결하기 위한 기술적, 디자인적 과제가 남아 있다.

 그림 6-1. 폰블록스의 모듈형 스마트폰 디자인 콘셉트(좌)와 프로젝트 아라의 디자인 콘셉트(우)

출처: 구글

영국의 스타트업인 블락스웨어러블(Blocks Wearables)은 부품을 사용자가 선택해 교체할 수 있는 모듈형 스마트 왓치인 블락스(Blocks) 개발을 진행 중이다. 블락스는 모듈형 스마트폰 개발 계획인 프로젝트 아라에서 착안해, 스마트 왓치의 기능과 디자인을 모듈 교체를 통해 맞춤화한다는 목표로 개발되었다. 블락스웨어러블은 영국 임페리얼 칼리지의 컴퓨터공학 박사과정 학생과 엔지니어가 설립한 업체로 현재 8명까지 팀 구성원이 증가하였다. GPS, 운동 추적기, 생체 인식 센서, 지문인식 기능, 스피커, 근거리통신(RFID, NFC) 등 다양한 스마트 왓치용 모듈이 개발 가능할 것으로 보이며 블락스웨어러블은 모듈형 스마트 왓치 블락스를 CES 2015에서 인텔이 주관하는 '메이크 잇 웨어러블

(Make It Wearable)' 콘테스트에 출품해 주목을 끌었다. 스마트 왓치 전면 기본 프레임은 150달러, 그 외 추가 가능한 모듈은 20~40달러 정도의 가격이 책정될 것으로 알려졌으며, 프레임과 선택 모듈이 포함된 패키지 상품은 200~300달러가 될 것으로 예상된다. 또한 다양한 개발사들이 직접 모듈을 개발할 수 있도록 개발 툴을 오픈소스 형태로 개방할 계획이다.

 그림 6-2. 모듈형 스마트 왓치 블락스의 디자인 컨셉 모습

중국의 통신 장비 및 스마트폰 업체인 ZTE는 2013년 1월 그동안 개발해 왔던 모듈형 스마트폰인 에코모비우스(Eco Mobius)를 공개하였다. 에코모비우스는 메인 모듈을 디스플레이, 코어, 카메라, 배터리의 네 부분으로 나누고 본체에 있는 홈에 모듈을 끼우는 방식으로 디자인되었다. 메인 모듈에 장착되는 세부 모듈은 CPU, RAM, GPU 등 더 작은 부품으로 나뉘며 이들을 메인 모듈에 자석으로 부착하였다. 에코모비우스는 권위 있는 디자인 상인 2013년 레드닷어워드(Red Dot Design Awards)를 수상할 정도로 디자인의 혁신성을 인정받았다. 에코모비우스는 구글의 프로젝트 아라와 유사하게 스마트폰 폐기물로 인한 환경문제와 맞춤형 기능 구현을 위해 모듈 콘셉트를 제시하였다. 에코모비우스는 4.9인치, 5.8인치, 7.9인치의 세 가지 옵션 중에서 크기를 선택하도록 되어 있으며, 배터리가 더 필요할 때는 배터리 모듈을 하나 더 장착할 수 있어

프로젝트 아라보다 더 유연한 맞춤 기능을 보여주고 있다. 또한 세부 모듈을 CPU, RAM, GPU까지 나눠 교체 가능하도록 함으로써, 더 세부적인 기능 옵션과 맞춤화를 가능하게 하는 것으로 평가받았다. 에코모비우스의 콘셉트와 스펙은 프로토타입 수준으로 아직 정식 상용 제품으로 구현되지는 못했으며, 출시를 위해서는 가격과 대량 생산 문제를 해결해야 할 것으로 보인다.

 그림 6-3. ZTE 에코모비우스의 콘셉트 디자인 모습

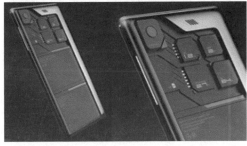 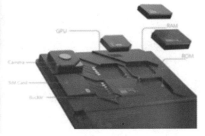

2 표준화

표준화는 사전적으로 표준이나 기준(규격) 등을 만들어 사용함으로써 합리적인 활동을 조직적으로 행하는 것을 의미하며 표준화의 대상이 되는 것은 품질·형상·치수·성분·시험 방법 등으로 이들에 일정한 표준을 정하여 호환성(互換性)을 높이도록 한다. 일반적으로 표준화는 다양한 종류의 부품·부재·설계·상세 등을 소수의 타입으로 정리하여 구조의 재료·부재 치수·기둥 배치·공간의 크기·설계 상세 등을 일치시키는 것을 의미한다.

기업경영에서도 표준화는 중요한 의미를 가지고 있다. F.W.테일러는 시간동작연구를 통하여 가장 능률적인 작업방법을 발견하고자 하였다. 이를 위해 각 작업자에게 표준화하기 위한 작업지도표를 작성함과 동시에, 표준시간

을 설정하여 작업관리의 기초로 삼았다. 그리고 각 작업자가 표준시간을 공평하게 달성할 수 있게 하기 위하여 공구(工具)나 시설에 관한 최선의 방안을 연구하여 표준화하였다.

과학적 관리법에서의 표준화란, 작업방법·작업시간·작업공구나 설비에 관한 과학적 조사에 의하여 'One best way'를 발견하고, 그것을 모든 작업자에게 표준화함을 뜻한다. 더 나아가 표준화를 실시함으로서 표준에서 벗어난 것들만 관리의 초점을 맞추는 예외관리(例外管理)가 가능하게 되었다.

포드시스템(Ford system)하에서의 표준화는 대량생산을 가능하게 하기 위한 제품이나 부품의 규격통일을 뜻한다. H.포드는 제품을 단일품종에 표준화함과 함께 부품의 규격통일에 의해 부품의 호환성(互換性)을 확보함으로써 양산 시스템을 확립하였고 부품의 집중적 대량생산을 가능하게 하였다. 제품·부품의 표준화는 양산시스템의 불가결한 기초를 이룩하고 있다.

오늘날의 체인 스토어, 슈퍼 체인이나 외식(外食)산업 체인의 경우, 상품의 표준화, 점포설계의 표준화를 비롯하여 판매방법에서 경영방침에 이르기까지 과학적 조사에 근거한 'One best way'를 발견하고 그것을 전점포에 표준화하고 있다.

결론적으로 표준화란, 대량생산이나 대량구매를 가능하게 하고 과학적 관리를 가능하게 하며 또는 소비자에 대한 품질보증을 목적으로 하는 것으로서, 제품·부품·품질·작업방법·공구·설비에서 경영의 방침·방법·절차에 이르기까지 최선의 기준이나 규격을 발견하고 통일화하는 것을 의미한다.

■ 표준화 사례

1) 국내

가. SK에너지-폴리에틸렌 고온난방 파이프 기술

폴리에틸렌 고온난방 파이프는 폴리에틸렌의 장점인 위생성과 가공성에 새롭게 고온에서의 내구성을 강화한 신소재로서 주로 건축용 온수, 난방관용 소재로 이용되며, 최소한 50년의 내구성과 재생성을 보여주고 있는 고부가가치 신소재이다. 파이프시장에서는 표준화를 통한 규격제정이 시장선점의 매우 중요한 요소로 작용하기 때문에 2002년 7월 KS규격을 제정하고 2003년 국제표준을 제안하였으며, 2007년 우리기술이 반영된 국제표준 4종(ISO 22391-1, 2, 3, 5)이 제정·확정되었다. 이에 따라 국내에서 기술을 개발했음에도 불구하고 국제규격이 제정되지 않아 해외시장 개척에 어려움을 겪는 기업들이 SK에너지의 국제표준화를 통하여 해외시장 진출이 가능해졌다.

그림 6-4. 환경 친화적 온수·난방 파이프용 PE-RT

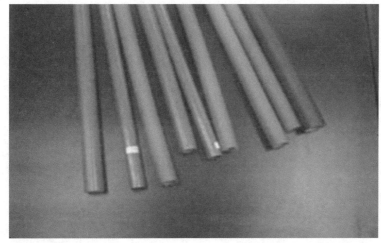

나. 모바일 RFID

모바일 RFID 서비스란 개인의 필수 소지품화된 휴대전화 단말기에 RFID 리더를 장착하여, 각종 사물에 부착되어 있는 RFID 태그를 읽어 해당 사물에 대한 정보 서비스를 제공하는 새로운 형태의 모바일 서비스를 말한다. 예를 들어, RFID 태그가 붙어 있는 와인병을 휴대폰 RFID 리더로 읽으면 산지, 품종, 맛 등의 와인 정보를 휴대폰 화면에 받아 볼 수 있다.

우리 나라 기업들은 국내 모바일 RFID 서비스 기술 표준을 기반으로 ISO/IEC JTC 1 및 ITU－T에서 국제표준 14건을 개발하였다. 전 세계 국제표준 제안 총 68종 중 약 16%에 해당하는 11종을 우리나라가 제안하여 미국, 유럽 등 선진국과 대등한 기술경쟁을 펼치고 있다. 그동안 미국 및 유럽 기업들에 의해서 RFID 관련 국제표준화가 주도되어 온 점을 감안한다면, 우리의 RFID 기술력은 정부와 관련업계 등이 합동으로 핵심기술개발에 박차를 가하여 짧은 기간에 비약적인 성장을 했으며, 세계시장 진출 전망도 밝은 편이다.

모바일 RFID 관련 기술은 ETRI, 삼성전자, SK텔레콤 등 우리 기업들이 "모바일 RFID 포럼" 구성을 통해 세계최초로 시범서비스 사업을 완료하였고, 국제표준으로 제안한 RFID 분야의 한국 대표 브랜드라 할 수 있다.

향후 모바일 RFID가 활성화된다면 사물에 RFID를 부착하여 사물의 정보를 확인하고 주변 상황정보를 감지하는 RFID 및 센서 기술을 활용하여, 일상생활, 건강관리, 환자 관리 및 질병 치료, 환경 조건 인식, 제품 구매 등 생활 전반에서 정보화 시대를 실감하게 하고 삶의 질을 대폭 증진시킬 수 있는 정보화 환경을 제공할 것으로 기대된다. 특히, 근거리무선통신기술(NFC: Near Field Communication)의 등장으로 모바일 RFID 서비스에 대한 수요가 폭발적으로 증대될 것으로 예측되며, 지불결재 기능과 연계되어 온라인 및 오프라인간의

그림 6-5. 모바일 RFID 서비스

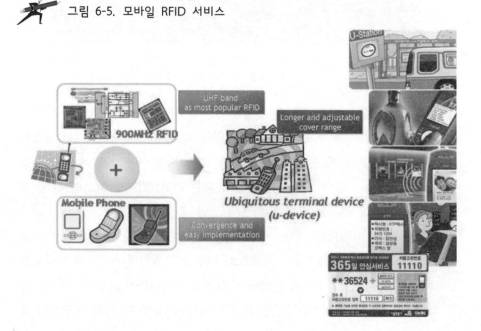

media break 현상이 가중될 것으로 예상된다.

2) 해외

가. 인텔

인텔의 표준화 전략의 중요한 특징은 자신이 생산하지 않는 주변요소들에 대한 표준화를 통하여 전체 생산비용을 절감시켜 시장을 지속적으로 확대하면서, 자신의 핵심기술은 특허로 철저히 방어하여 시장 확대에 따른 과실을 철저히 확보한다는 것으로 요약할 수 있다.

인텔은 마더보드, 로컬버스, 시스템버스, 주변기기 버스, 하드디스크드라이버(HDD) 인터페이스, 메모리인터페이스 등 매우 다양한 분야의 컴퓨터 관련 표준화를 주도하였다. 이러한 표준화는 1995년 대비 2003년 컴퓨터 가격이 약 60% 정도 하락하였을 정도로 컴퓨터 가격의 하락을 불러오고 이는 수요의 급격한 증가를 가져다 주었다. 모든 컴퓨터에는 CPU가 필요하기 때문에, CPU시장에서의 자사의 확고한 지위를 유지하기 위하여 인텔은 매년 엄청난 비용을 지불하고 CPU관련 특허소송을 제기하고 있다. 그 외에도 타사 CPU와의 차별성을 소비자에게 각인시키기 위하여 "Intel Inside"라는 로고를 컴퓨터 외부에 부착하도록 하는 마케팅 방식도 활용하였다.

이러한 표준화를 추진함에 있어서 인텔의 경영자들은 단순한 기술적 우위가 시장지배자의 위치를 보장해주지 못함을 인식하고서, 표준화된 제품의 시장공급을 책임져 줄 우수한 공급업체와의 협력을 표준화와 함께 추진하였다. 그와 관련된 대표적인 예가 ATX규격의 표준화를 추진하면서 대만의 공급업체와 협력을 한 것이다. 이것은 기술과 생산의 대표적인 제휴사례라고 할 수 있다. 또한 이러한 전략은 기술개발 → 생산확대 → 가격하락 → 시장확대 → 수익증가 → 기술개발의 선순환 구조를 구축하는 표준화 전략의 핵심으로 인텔은 이러한 선순환 구조의 출발을 위한 제휴전략을 매우 성공적으로 수행하였다.

나. 웹브라우저

1994년 인터넷 브라우저를 개발하여 배포를 한 신생기업인 Netscape의

사업 아이디어는 자사의 웹브라우저가 모든 온라인 어플리케이션 사용자와 모든 콘텐츠 및 어플리케이션 사이를 연결하는 하나의 인터페이스로서 표준이 되는 것이었다. 반면 마이크로소프트는 1995년 초기까지 브라우저 시장을 심각하게 생각하지 않았으나 브라우저가 운영체제에 영향을 줄 수 있을지 모른다는 우려를 가지게 되어 익스플로러를 출시하였다.

MS는 Netscape가 사실상 표준이 되어져 있는 상황을 반전시키기 위하여 시장의 영향력 있는 관전자의 영향력을 이용한 간접네트워크 효과를 활용하였다. 또한 사실상 표준이 정해진 시장에서 사용자에게 MS가 심리적으로 Netscape의 대안이 될 수 있을 정도의 시장점유율을 확보하기 위한 노력을 기울였다. 또한 인스톨드 베이스의 확보를 위하여 Netscape사가 가지고 있지 못한 운영체제인 윈도우를 적극 활용하였다. 즉, 단순히 익스플로러만으로 경쟁을 하였다면 교체비용으로 인하여 사용자들이 Netscape에서 익스플로러로 전환을 하지 않았겠지만 윈도우의 업그레이드를 병행하면서 사용자들의 저항을 줄이는 전략을 구사하였다.

최초진입자가 아닌 MS가 사실상 표준인 Netscape와의 경쟁에서 승리한 것은 표준화 전략의 많은 부분을 우리에게 일러주고 있다. 먼저 운영체계의 사실상 표준인 윈도우가 브라우저 표준을 선택하는 데 결정적 요인으로 작용했다는 것은 새로운 것을 만들 수 있는 거대기업이 새로운 보완적 기술로 표준을 통제할 수 있다는 것을 보여주고 있다. 그리고 MS가 가지고 있는 마케팅 역량과 유통망의 확보가 거대소비시장에서의 기술전파를 가능하게 하였다. 반면 Netscape는 기존의 인스톨드 베이스를 제대로 활용하지 못하였고, MS와 같은 거대기업과의 경쟁에 필요한 제휴전략도 보여주지 못하였다. 그리고 네트워크 외부성을 활용한 표준화 전략은 MS사례에서도 여전히 유용함을 다시 한 번 확인할 수 있다.

3 모듈화/표준화와 전략적 리드타임 관리

늘 특별한 대우를 해주고 있기 때문에 이해 해줄 거라고 생각했던 단골고객들조차 막상 발주할 때에는 가격도 대폭 깎아주고, 납기를 앞당겨주지 않으면 다른 업체와 계약을 하겠다며 협박에 가까울 정도로 실랑이를 벌이면서 영업사원을 몰아붙인다. 항상 수주와 판매목표 달성에 스트레스를 받고 있는 영업사원은 생산부문의 사정은 생각해 보지도 않고 고객의 무리한 단납기 요구를 어쩔 수 없이 들어주면서도 감사한 마음으로 수주를 한다. 대량구매를 하는 우량고객을 확보해보지 못한 영업력이 취약한 영업사원일수록 "고객은 왕이다"라는 말을 즐겨 쓰면서 이런 수주형태로 쉴 새 없이 수주를 한다. "고객은 왕이다"라는 말 한마디에 제조부문은 이런 형태의 수주를 만족시키기 위해 제조원가가 상승되는 것은 말도 못하고 특근, 잔업은 물론이고 때에 따라서는 추가 인원을 투입하여 비상작업을 해서라도 납기를 맞추곤 한다. 생산부문에서는 이런 수주 형태는 효율도 떨어지고, 코스트가 올라가게 된다고 아우성치지만 고객을 등에 업은 영업부문은 의기양양하게 생산부문이 복에 겨운 푸념을 한다고 넘겨버린다. 이런 일들이 생산현장에서는 늘 있는 일이며 고객이나 영업사원을 탓할 일은 아니다. 고객의 요구를 만족시켜야 하는 것은 생산부문이 해야 할 몫이며, 납기를 경제적이며 효율적으로 맞추기 위해서는 리드타임을 단축하는 것이 필연적이다.

넓은 의미의 리드타임은 수주에서부터 고객에게 제품을 양도하기까지의 기간을 말하지만 여기에서는 생산부문에 국한된 리드타임을 말하고자 한다. 즉, 생산 리드타임이란 재료가 투입되어 생산이 완료되기까지 소요되는 시간을 뜻하기 때문에 납기에만 영향을 준다고 생각하기 쉽지만, 실제로 리드타임은 기업경쟁력의 수준을 결정하는 품질(Q)경쟁력, 코스트(C)경쟁력, 납기(D)경쟁력, 고객만족(S)경쟁력 등을 움켜쥐고 있다. 좀 더 알기 쉽게 리드타임을 간단한 공식으로 표현한다면

[생산 리드타임＝가공(조립) 시간＋정보의 정체 시간＋물건의 정체 시간]

으로 나타낼 수 있다. 가공(조립)시간에는 낭비적인 공수, 기종 교체시간, 작업불량, 부품불량, 재작업시간, 설비고장, 비효율적인 작업조건 등과 다공정수로 인한 지연시간, 재작업 및 조정작업으로 인한 지연시간 등이 녹아 있다. 정보의 정체시간에는 생산지시 지연시간 또는 생산 지시의 오류로 인한 지연시간, 사양변경 지연으로 인한 지연시간, 기종 교체정보 지연으로 발생되는 지연시간들이 포함되어 있다. 물건의 정체시간에는 부품의 결품으로 인한 대기시간, 필요 이상으로 가지고 있는 라인사이드 데드 스톡으로 인한 대기시간, 부품불량으로 인한 대기 또는 리워크(rework) 작업시간 등이 들어 있다. 이렇게 리드타임 속에서 꼭 필요한 공수의 시간인 것처럼 버젓이 위장하고 있는 낭비적인 시간들을 제거하여 꼭 필요한 네트(net)공수만 남아 있게 하는 것이 리드타임 단축활동의 핵심이 된다.

제조업에서 리드타임이 길어진다는 것은 건설공사에서 공기(工期)가 길어지는 것과 동일하다. 건설 현장에서 공기가 길어지면 기간적 효율이 사정없이 떨어지게 되어 출혈공사로 전락하게 된다. 이렇게 되지 않도록 야간의 횃불작업도 마다하지 않는 것을 볼 수가 있다. 건설공사의 수익성은 공기(工期)에 달려 있다고 해도 과언이 아니다. 이와 마찬가지로 제조현장에서도 리드타임이 길어 기간적 효율이 떨어지면 공정간 재고, 버퍼의 재고, 부품재고 등이 기하급수적으로 늘어나게 되어 재고비용 부담이 증가되고, 효율은 떨어지며, 공수도 많아지게 되어 불량과 낭비가 늘어나기 때문에 제조원가 상승의 원인이 된다. 또한 제조현장에서 낭비적 요소발견이 어려워지고, 불량발생 및 문제점의 발견도 어려워지게 되어 악순환의 늪에서 허우적거리게 된다.

리드타임이 길어지게 되면 관련 부서에서는 기업 전체의 손실은 개의치 않고 자기부문만의 편의주의 및 부문 이기주의가 만연하게 된다. 리드타임을 단축하라고 하면 형식적이고 표면적인 리드타임 단축방법으로 매 순간마다 임기응변식으로 대응하게 된다. 영업부문에서는 짧은 납기를 요구하는 고객을 놓치기가 아까워 실제 수요가 없는 제품을 예측하여 미리 생산지시를 함으로써 영업재공을 갖게 마련이고, 생산부문은 생산부문대로 예측생산을 하기 때문에 생산재공을 증가시키며, 버퍼재고의 증가, 표준재고의 증가, 공정재고의 증가, 창고에는 부품재고를 증가시키게 된다. 고객의 짧은 납기요구를 만족시키기 위한 수단으로 모든 부문에서 미리 재고를 확보하여 기회손실을 놓치지 않는 것이 기업에 이익이라고 생각하지만 사실은 치명적인 손실을 가져온다. 이런 방법은 고객입장에서 보면 단납기에 제품을 양도받았지만 제조자 입장에서 보면 단납기에 대응한 것도 아니고 리드타임을 단축시킨 것은 더구나 아니다. 발병원인은 치료하지 않고 일시적으로 통증을 가라앉히기 위해 모르핀 주사를 맞는 것과 같다. 이런 방법을 자주 쓰다 보면 문제의식 결여와 무엇이 문제인지 모르는 문제 불감증에 걸려 치유가 불가능하게 된다. 재고를 쌓아 놓고 판매해도 이익이 남는다면 고객의 돈을 훔치는 도둑이나 다름없다. 문제의 해결은 임시변통으로 해결하는 것이 아니라 발전과 진화하는 방향으로 개선을 해나가야 한다.

　자사에 맞는 리드타임을 단축시키는 방법을 찾아내야 한다. 전술한 공식에서 보듯이 리드타임을 단축하는 것은 가공(조립)시간, 정보의 정체시간, 물건의 정체시간들을 단축하는 것이 되기 때문에 제조 코스트를 낮출 수 있음은 물론이고 모든 관리 및 경영지표가 발전 지향적으로 개선이 되기 때문에 기업 내부에서 실질적인 이면(裏面)경쟁력을 향상시키게 된다. 리드타임을 단축시키면 무엇보다도 고객이 요구하는 짧은 납기를 만족시킬 수 있는 동시에 생산자원(4M) 낭비를 최소한으로 줄일 수가 있다. 리드타임을 단축하기 위해 선행되어야 할 일들은 재고를 감축하고, 생산성을 향상시키고, 납기관리를 철저하게 해야 하며, 공수저감 운동을 전개하고, 작업면적 및 창고면적을 축소해야 하고, 재공재고를 감축하기 위해 작업 스테이션수를 줄이고, 부품수를 저감키 위해 모듈화도 시행해야 하고, 고질적으로 반복되는 품질문제도 해결하고, 조정작업 및 리－워크 작업을 최소화해야 한다. 이에 따라 인원수도 줄여야 한다. 리드타임을 단축시키기 위해서 병행해야 할 일들은 과잉제조 때문에 발생시키는 낭비는 없는지, 축소지향적으로 관리해야 할 재고는 결품을 방지한다는 명분으로 다다익선 지향적으로 관리하고 있지는 않은지, 납기가 급하다고 해서

잔업, 특근 등 오버타임을 하여 생산한 제품이 출하창고 한 모퉁이에서 며칠씩을 대기하고 있지는 않는지, 작업자가 필요 없는 동작은 하고 있지는 않는지, 불량제품을 다량으로 생산하고 있지는 않는지, 가공하지 않아도 될 부분을 가공하고 있지는 않는지, 처음부터 정해진 위치에 놓지 않고 몇 번 반복해서 운반하고 있지는 않는지 등등 낭비적 요소를 발굴하고 제거할 수 있도록 해야 한다.

리드타임이 단축되면 기간적 효율이 올라가고 재고부담이 적어지게 되어 제조원가가 낮아진다. 제조공정에서 일어나는 모든 결과물이 리드타임이란 시간적 요소에 응축되어 나오기 때문에 기업의 경쟁력을 좌지우지하게 된다. 리드타임을 단축할 수 있는 능력은 모든 관리수준이 녹아 있는 엑기스다. 그래서 리드타임 단축은 기업경쟁력 향상의 지름길이다. 언제나 판매가 우선이기 때문에 리드타임이 길면 리드타임을 줄이기보다는 기회손실을 놓치지 않으려고 재고를 비축하게 되기 때문에 낭비제거가 불가하다. 제조현장에서 모든 개선의 목적은 리드타임의 단축과 원가절감에 두어야 한다고 말해도 크게 틀리지는 않을 것이다. 조금 과장되게 말하면 흐름생산을 해야 하는 것도, 플랫폼을 공용화시키는 것도, 부품을 모듈화하는 것도, 서브 앗쎄이화(Sub Ass'y)하는 것도 리드타임을 단축시키기 위한 하나의 방법일 뿐이다.

In My Arms: Arm's Length

전략적 공급계약 at Arm's Length

전통적인 공급사슬 전략에서 공급사슬 내의 기업들은 자사의 이익에만 치중하고 공급사슬 내 다른 기업들에 미치는 영향력을 고려하지 않고 의사결정을 한다. 구매자와 공급자 간의 관계는 리드타임(Lead Time), 가격, 수량할인 등을 구체적으로 정한 공급계약이라는 수단을 통해 이루어진다. 이 장에서는 공급계약을 통해 전통적인 공급사슬 전략이 전체 공급사슬의 성과를 최적화하는 전략으로 대체될 수 있을지에 관해 살펴볼 것이다. 구체적으로는 공급사슬 성과에 있어서 수량할인은 어떻게 이루어지는지, 가격 전략을 통해 구매자와 공급자 모두의 이익을 향상시킬 수 있는지 등에 관해서 살펴볼 것이다.

1 구매자-공급자 관계

(1) 구매자-공급자 관계의 의의

공급사슬에 참여하는 파트너인 구매자와 공급자별로 목표가 다른 경우 갈등이 발생하기 때문에 구매자−공급자 관계를 이해하기 위해서는 파트너

간 관계에서의 목표 및 동기에 관해 살펴볼 필요가 있다. 즉, 공급사슬에 참여하는 기업들이 공급사슬을 통하여 각자 기대하고 있는 바가 달성될 수 있다고 생각하면 파트너 간의 협력적 활동이 촉진되고 이는 전체 공급사슬의 성과를 향상시킬 것이다.

　구매자의 목표와 동기를 살펴보면, 전통적인 비용감소 전략은 효과적이지 못하고 표준화된 생산보다는 맞춤형 생산이 요구되고 있다. 또한 구매의사결정 기준으로 가격뿐만 아니라 품질과 신속성 같은 요소들이 중요시되고 있다. 구매자는 우선 비용절감, 협상 및 거래의 원활한 이행을 위한 공급자와의 장기적 관계 통합 및 거래의 일반화를 추구하며, 동시에 낮은 가격과 일회성 구매에 의한 전략적 유연성이라는 상반되는 효익을 추구한다. 첫 번째 거래방법은 장기적 관계에 의한 상호신뢰 및 몰입으로부터 비용을 감소시킬 수 있고, 두 번째 방법은 정보통신기술의 발달로 낮은 가격으로 구매할 수 있다. 또한 구매자는 공급자가 생산의 단순화, 제조 스케줄, 고객 서비스 등의 전반적인 분야에서 경쟁력을 갖고자 한다. 이에 따라 구매자는 시장에서의 경쟁력, 성장 잠재력 등을 고려하여 공급자를 선정한다.

　공급자의 목표와 동기를 살펴보면, 최근 구매자가 품질, 개별화, 수요에 대한 빠른 대응, 주문주기 변경 등을 요구함에 따라 공급자는 이에 맞출 수 있는 경영전략을 모색한다. 공급자는 비용절감, 대응시간 단축 등의 목적을 달성하기 위해서 정보의 수집, 분석, 저장에 관한 계획을 수립한다. 정보통신을 바탕으로 공급사슬의 파트너 간에 정보 공유를 촉진하는데, 이는 공급자가 구매자의 수요에 대응하기 위하여 자신이 보유한 자원을 통합시키고자 할 때 중요하다. 이러한 정보공유는 구매자와의 관계를 재구축하고, 구매자와 공급자 간의 파트너십을 성공적으로 지속시키는 데 유용하다.

　이러한 상반된 목표를 지닌 구매자와 공급자는 협력적 관계보다는 적대적 관계를 형성하기 쉽다. 이러한 구매자-공급자 관계는 경쟁우위의 핵심으로 간주되고 있으며 구매자-공급자 관계를 전략적으로 유지하고 발전시키는 것이 기업 경영에 있어서 전략적 이슈가 되고 있다.

　공급사슬관리는 공급사슬상의 다양한 관계 및 네트워크이므로, 구매자-

공급자 관계는 제품 및 정보가 흐르는 공급사슬 전체에서 존재한다. 공급사슬 관리의 구매자−공급자 관계는 원재료 공급자부터 고객에 이르기까지 전체 물류활동에서 양방향 관계로 맺어지기 때문에 관계의 폭이 넓다. 이와 동시에 독립적 시장교환 관계, 계약적 관계, 수직적 통합 등의 모든 조직 간 관계가 존재하므로 거래 기업들 간의 관계의 깊이도 다양하다.

공급사슬관리상에서 구매자−공급자 간에 양자적 관계(Dyadic Relationship) 에서의 관계 정도에 따라 협력 및 경쟁적 관계구조가 다르기 때문에 구매자− 공급자 관계는 공급사슬의 구조를 결정하는 주요 요인이다. 따라서 구매자− 공급자 관계 특성을 바탕으로 공급사슬의 성과를 향상시킬 수 있는 방법을 개 발하는 데 활용할 수 있다.

(2) 구매자-공급자 관계의 이론적 배경

1) 거래비용 이론(Transaction Cost Theory)

거래비용 이론은 조직 간의 거래 비용에 초점을 맞춘다. 이 접근 방법은 기업 간의 거래에 수반되는 비용인 생산비용, 거래비용, 운영비용, 매몰비용 등이 최소화되어야 한다고 주장한다. 이 이론은 구매자가 공급자와 거래를 할 때 소요되는 비용을 고려한다는 측면에서 구매자−공급자 관계에 영향을 미 쳤다. 복잡성하에서의 기업 간의 계약은 불완전할 수밖에 없고, 이러한 불완전 한 계약으로 인해 특정 거래관계를 위한 자산에 투자하는 기업은 이러한 자산 으로부터 얻는 부가적인 이익을 거래 상대방에게 빼앗길 위험이 있다. 이러한 경우에 있어서 기업의 이익을 보호하는 방법은 거래 상대방과 적극적으로 협 력하는 것이다.

2) 자원기반 이론(Resource-Based Theory)

자원기반 이론은 조직이 필요한 자원을 조직 내부에서 모두 조달하기보 다는 외부 환경에서 충당하므로, 조직은 그 조직에 필요한 자원을 공급하는 외부환경에 의존하게 된다는 이론이다. 따라서 기업과 기업의 관계도 특정한 기업이 그 기업에 필요한 자원을 공급하는 다른 기업에 얼마나 의존하느냐에 따라 달라진다. 이때 자원은 기업이 효과성과 효율성을 향상시키기 위하여 관리하는 모든 자산, 역량, 조직 프로세스 기업 특성, 정보, 지식 등을 의미한다. 기업 운영에 중요한 자원을 제공하는 다른 기업이 있을 때, 그 기업에 더욱 의존하게 되며 구매자-공급자 간의 거래 관계도 이러한 자원기반 이론 측면에서 분석할 수 있다.

3) 사회교환 이론(Social Exchange Theory)

사회교환 이론은 사람과 집단의 행동은 다른 상대방의 행동에 의해 지배를 받는다고 주장한다. 관계 교환은 구매자와 공급자의 관계를 기반으로 하여 구매자와 공급자 간의 공동 이익 추구라는 목표를 공유하고, 궁극적으로는 성과를 향상시키는 방향으로 설계된다. 즉, 사회교환 이론은 조직이 상호작용을 통해 발생하는 보상을 위해 다른 조직과 관계를 맺는다고 여긴다. 구매자-공급자 관계에서 공급자는 공급사슬의 정책에 따라 구매자에게 선금을 지급한다. 이후 공급자는 이에 합당한 보상을 기대하고 구매자는 지급받은 금액에 상응하는 행동을 할 의무를 부담하게 된다. 또한 구성원들 간의 교환에 대한 가치가 보상을 통해 더욱 커지면, 그 행위를 반복할 경향성도 커지게 된다. 그러므로 구매자-공급자 간의 교환이 관계 중심적이게 되면, 기업들은 이 관계가 지속적으로 상호의존적일 것이라고 기대하게 되고, 구매자-공급자 관계는 더욱 협력적인 방향으로 발전하게 된다.

4) 힘-종속 이론(Power Dependency Theory)

힘-종속 이론은 두 개의 조직이 있을 때, 특정한 조직이 다른 조직에게 행사할 수 있는 조직의 힘은 다른 조직이 특정 조직에 대해 갖고 있는 중요성에 비례하며, 또한 두 조직의 거래관계 없이 독자적으로 수행할 수 있는 조직능력의 정도에 반비례한다고 주장한다. 조직 간에 존재하는 이러한 힘과 종속관계에 관한 주장은 특정한 기업이 다른 기업에 행사할 수 있는 힘의 정도를 두 기업 간의 종속관계의 바탕으로 둔 것이다. 이는 공급사슬상에서 대표적인 두 조직 간의 관계인 구매자-공급자 관계에 관한 이론적 배경을 제공하였다.

(3) 공급사슬의 상충관계

원재료 공급자는 원재료를 조립하는 다음 단계에서 안정된 주문량을 갖추기를 기대한다. 또한 공급자는 여러 조립업체들에게 효율적으로 배달할 수 있도록 유연성을 갖추기를 원한다. 마지막으로 공급자는 규모의 경제와 범위의 경제를 달성하기 위해 수요가 증가하기를 선호한다. 한편, 제조업체는 높은 생산비용이 생산 시작 시점에 발생할 수 있는 품질문제를 유발하므로 생산 효율성을 통해 낮은 생산비용을 추구하고 높은 생산성을 성취하고자 한다. 다음 단계인 물류업체들은 수량할인의 이점을 얻고 재고수준을 최소화하며 재고를 신속하게 보충함으로써 수송비용을 최소화하는 것을 추구한다. 마지막으로 소매상은 고객만족을 위해 리드타임(Lead Time)을 줄이고 정확한 배송을 중요시한다. 소매상은 고객이 원하는 제품을 원하는 시기와 장소에서 받을 수 있도록 해야 한다.

공급사슬은 이와 같은 필연적으로 발생하는 상충관계(Trade-off)를 지닌다. 제조업체와 소매상 간에 목표가 상충되는 경우가 많이 발생하는데, 재고와 수송비용을 감소하려는 노력에도 불구하고 고객으로부터 높은 다양성과 낮은 비용에 대한 요구가 점차 증가하고 있다. 따라서 이와 같이 상충하는 목표를 달성하기 위한 공급사슬을 설계해야 한다.

첫째, 제조업체는 로트 크기(Lot Size)가 큰 것을 선호한다. 로트 크기가 커질수록 단위당 셋업(Setup) 비용이 감소하고 특정 제품에 대한 기술이 좋아지고 과정을 통제하기 쉬워진다. 그러나 수요는 대량의 로트 크기와 맞지 않는 경우가 많다. 초기 생산 준비시간 감소와 칸반(Kanban) 등은 재고를 감소시키고 시스템 반응성을 향상시키는 역할을 해왔다. 전통적으로 이러한 접근은 제조분야에서 주로 논의되었지만 공급사슬 측면에서도 많은 의미를 준다. 소매상과 유통업체는 고객의 요구를 충족시키기 위해 리드타임(Lead Time)을 축소하고 제품 다양성을 확대하고자 한다. 이는 특히, 제조업체가 고객의 요구에 대응할 정도로 정보가 유용하게 이용되는 경우에 잘 실현된다. 만약 유통업체와 소매상이 공장 상황과 제조업체의 재고에 관한 정보를 알 수 있으면, 그들은 고객에 대한 리드타임을 보다 정확하게 산출할 수 있다. 이를 통해 유통업체와 소매상은 생산 프로세스에서 발생 가능한 문제를 미리 예측하고, 공급사슬 전체적인 재고를 감소할 수 있다.

둘째, 재고와 수송비용 간에는 상충관계가 존재한다. 수송비용을 최소화하기 위해서는 최대한 많은 재고를 배송해야 되는데, 그렇게 되면 재고의 양이 많아진다. 이러한 상충관계를 완전히 없애는 것은 불가능하다. 그러나 발전된 생산시스템으로 제품을 지연 생산할 수 있다. 또한 유통 통제 시스템은 관리자가 창고에서 소매점까지 다른 종류의 제품을 혼합하여 적재할 수 있게 한다. 이는 수요예측 및 공급자의 배송 스케줄에 관한 정보를 필요로 한다. 대표적으로 크로스 도킹(Cross-docking)은 특정 지역에서 배송되는 한 트럭에 소매상이 많은 다른 제조업체들에게 혼합 적재할 수 있게 함으로써 이러한 상충관계를 통제하는 데 도움을 준다.

크로스 도킹에서 창고는 재고 저장 장소보다는 재고 조절 장소로서 활용된다. 크로스 도킹에서 제조업체로부터 제품이 창고에 도착하고 소매상에게 지원할 차량에 옮겨지고 가능한 빨리 소매상에서 배송된다. 크로스 도킹을 위해서는 몇 가지 전제조건이 이루어져야 한다. 물류센터, 소매상, 납품업체는 요구되는 시간 내에 모든 적하와 배송이 잘 이루어질 수 있도록 진보된 정보시스템을 구축해야 한다. 또한 크로스 도킹 시스템을 운영하기 위해서는 빠르고 대응적인 수송 시스템이 필요하다. 마지막으로 크로스 도킹은 한 번에 많은 차량이 크로스 도킹 시설에서 제품을 적하 및 배송하는 대형 유통 시스템에 적합하다. 이런 시스템에서 공급자로부터 창고까지 차량이 가득 찬 상태로 충분한 용량을 갖춰야 한다. 이 시스템은 많은 소매상을 포함하기 때문에 크로스 도킹 시설에 도착한 제품이 가득 찬 트럭 수송량을 유지한 채 즉시 배송될 수 있을 만큼 수요가 충분해야 한다.

셋째, 제품 다양성과 재고 간에 상충관계가 존재한다. 제품 다양성은 공급사슬관리의 복잡성을 증가시킨다. 작은 로트(Lot) 크기를 지니고 여러 종류의 제품을 만드는 제조업체는 생산비용이 증가하고 생산 효율성은 감소하게 된다. 소수의 제품을 생산하는 기업과 리드타임을 같게 유지하기 위해서는 소량의 제품은 부분 적재된 트럭으로 수송되어야 하고 다양한 제품을 보관해야 한다. 마지막으로 각 제품에 대한 정확한 수요예측이 어렵고 같은 고객을 상대로 경쟁하기 때문에 같은 서비스 수준을 확보하기 위해 높은 재고 수준을 유지해야 한다. 다양한 제품을 공급하는 기업은 수요와 공급을 효과적으로 일치시키는 방법을 찾는 것이다. 지연 차별화를 통해 이러한 제품 다양성에 효율적으로 대처할 수 있다. 지연 차별화가 적용되는 공급사슬에서는 유통센터에서 단일제품을 받고, 그 단계에서 고객의 요구에 따라 고객화된다. 이를 통해 리스크 풀링(Risk Pooling)이 적용된다. 제품이 창고로 운송됨으로써 모든 제품에 걸쳐서 고객의 수요를 집중화할 수 있는데, 이는 안전재고 수준을 낮추면서 불확실성을 감소시킴으로써 정확한 수요를 예측할 수 있게 한다.

리스크 풀링은 여러 지역의 수요를 통합했을 때 수요 변동성이 감소하는 것이다. 지역별로 서로 다른 수요를 합쳤을 때, 특정 고객으로부터의 높은 수요 발생을 낮은 수요의 다른 지역에서 상쇄할 수 있기 때문에 가능하다. 이러한 변동성의 감소는 안전재고의 수준을 낮춤으로써 평균 재고를 감소시킨다. 이때 안전재고는 분산 조직에서 중앙집중 조직으로 될 때 감소한다.

넷째, 비용과 고객서비스 간에 상충관계가 있다. 생산비용, 수송비용 등을 줄이는 것은 전형적으로 고객서비스에 대한 비용을 감소시키는 것이다. 고객서비스는 재고로부터 고객의 수요를 충족시키는 소매상의 능력을 의미한다. 또한 고객서비스는 고객의 수요에 빠르게 대응하는 소매상의 능력을 의미하기도 한다. 이러한 고객서비스를 향상시키기 위한 대표적인 방안은 창고에서 고객의 집까지 직접 배송하는 것이다. 예를 들면, 시어즈(Sears)는 창고에서 직접 파는 부피가 큰 가정용품의 대부분을 최종 고객에게 배송한다. 이는 소매점에서의 재고비용을 감소시키고 창고에서 리스크 풀링의 이점을 직접 얻을 수 있게 한다. 이러한 시스템에서 창고 재고에 관한 정보는 소매점에서 활용가능하고 주문 정보가 빠르게 공유되어야 한다. 이는 유용한 정보와 적절한 공급사슬 설계가 비용감소와 서비스 증가를 유도하는 시스템에 해당된다. 이러한 경우에 소매점이 많은 재고를 보유하는 것보다 중앙 집중화된 창고에서 재고를 보유하는 것이 비용이 적다. 이와 동시에 고객은 많은 제품들에서 선택할 수 있고 그들의 집까지 직접 배송이 되기 때문에 고객서비스가 향상된다. 그러므로 비용을 줄이면서 고객서비스 수준을 향상시키는 대표적인 방법으로 고객에게 고도의 개인화된 상품과 서비스를 적절한 가격과 양으로 전달하는 대량고객화(Mass Customization)이 있다.

대량고객화는 대량생산과 수공생산으로부터 발전했다. 대량생산 패러다임은 적은 다양성으로 많은 양의 생산을 하는 것인데, 이에 따라 기계론적 기업은 관리자가 작업의 측정과 자동화관리를 중요시했다. 기계론적 기업은 통제와 수요예측 활동 등이 엄격하게 이루어지고 효율성을 향상하고자 한다. 제품의 다양성 추구보다는 품질을 향상시키고 가격을 낮게 유지하려고 한다. 이는 상용품 생산에 중요하고 가격경쟁을 위주로 한다. 반면에 수공생산은 높은 기술과 직원의 유연성을 기반으로 한다. 수공생산은 유기적 기업에서 주로 나타나고 경험을 통해 훈련한다. 따라서 유기적 기업에서는 숙련공들에 의해 차별화된 제품을 생산할 수 있다. 이들 상품의 품질과 생산은 계량화하기 어렵고 제조비용이 높은 특성이 있다. 과거에는 고유의 상충관계를 지닌 두 가지 형태의 조직들 사이에서 의사결정을 해야 했다. 대량고객화는 이러한 상충관계가 필요 없고, 저비용에서 효과적이고 빠른 서비스 또는 다양하게 특화된 제품을 제공하고자 한다. 그러므로 대량고객화는 수공생산 시스템과 대량생산 시스템의 장점을 취하고, 상용품에는 적합하지 않지만 차별화된 제품에는 최적의 전략이다.

대량고객화를 성공적으로 수행하기 위해서는 기업은 서로 다른 모듈(Module) 간에 연계가 되어야 하고 몇 가지 특성들을 보유하고 있어야 한다. 이러한 특성들을 통해 다양한 고객들의 니즈(Needs)를 효과적으로 대응할 수 있다. 대표적인 특성들을 구체적으로 살펴보면, 즉시성을 지녀야 한다. 모듈과 프로세스는 빠르게 연계되어야 하고, 즉시성이 있어야 다양한 고객들의 수요에 빠르게 대응할 수 있다. 또한 모듈이 프로세스에 연계되는데 추가적인 비용 부담이 거의 없어야 한다. 이러한 특성을 지녀야 대량고객화가 저비용의 대안이 될 수 있다. 이 외에도 모듈 간의 연계나 개별 모듈은 고객들에게 보이지 않는 특성을 지녀야 한다. 하나의 기업에서 제공되는 서비스처럼 인식되어야 고객서비스의 수준이 향상될 수 있다. 마지막으로 모듈들을 네트워크화하거나 연계할 때 간접비용이 거의 들지 않아야 된다. 즉각적인 의사소통이 이루어져야 하며 환경의 영향을 받지 않아야 한다.

(4) 구매자-공급자 관계의 주요 이슈

1) 효과적인 수요예측

수요예측을 효과적으로 하기 위해서는 미래 수요에 관한 정보가 필요하다. 소매상의 수요예측을 살펴보면, 수요예측은 전형적으로 과거의 매출을 분석함으로써 이루어진다. 그러나 미래 수요는 기업의 신제품 출시, 홍보 등의 영향을 받는다. 이러한 이슈들 중에 일부는 소매상에 의해 통제되고 다른 일부는 제조업체, 유통업체, 도매상 등에 의해 통제된다. 이러한 정보를 소매상의 수요예측에 활용하면 더욱 정확해질 것이다. 제조업체와 유통업체의 수요예측도 이와 비슷하다. 제조업체나 유통업체는 소매상보다 제품에 관한 정보가 적다. 이러한 이유로 많은 공급사슬은 협력적 수요예측 시스템으로 변경하고 있다. 복잡한 정보 시스템이 반복적으로 되풀이되는 수요예측 과정에서 공급사슬에 참여하고 있는 참여자들이 일치된 수요예측을 할 수 있도록 협력하게 된다.

2) 정보공유와 인센티브

수요 정보의 집중화는 공급사슬의 상류에서 변동성을 효과적으로 줄일 수 있다. 따라서 공급사슬의 상류에서 다른 공급사슬 구성원으로부터 정확한 수요 정보를 제공받음으로써 이익을 얻을 수 있다. 대표적으로는 크게 두 가지 계약이 있다. 첫째, 능력 예약(Capacity Reservation) 계약으로 공급자가 OEM(Original Equipment Manufacturing) 업체에게 생산능력의 수준(주문량)에 따른 가격표를 제공하는 계약이다. OEM이 정확한 수요 정보를 제공하면, 생산 수준에 따른 단위당 가격을 낮출 수 있다. 둘째, 선구매(Advance Purchase) 계약으로 제조업체가 생산능력을 구비하거나 수요가 일어나기 전에 미리 주문량에 대한 가격을 설정한다.

3) 시스템 조정을 위한 정보

생산을 효율적으로 하기 위해서는 주문비용과 운영비용은 원재료 비용, 재고비용과 균형을 이뤄야 한다. 구매자와 공급자는 공급사슬 전체 시스템이 균형을 이루도록 한다. 공급사슬 전체가 단일 소유체제이면 한 시스템에서 비용증가가 발생하더라도 그 밖의 시스템에서 많은 비용감소를 유발하면 전체비용을 감소시키는 것이 가장 좋은 결정이다. 그러나 단일 소유체제는 현실적으로 불가능하기 때문에 구매자와 공급자 간의 조화가 필요하다. 시스템이 조화를 이루지 못할 때, 즉 구매자와 공급자가 Arm's Length 관계를 지녀서 공급사슬 내의 각 시설이 그 시설만을 위해 가장 적합하게 되어 있을 때는 부문 최적화가 달성된다. 이때는 공급사슬의 각 요소는 공급사슬 내의 다른 요소에 그 결정이 미치는 영향을 고려하지 않고 자체의 운영만을 최적화하게 된다. 이러한 것에 대한 대안이 전체 최적화이다. 이는 전체 시스템에 가장 적합한 상태를 찾는 것으로, 공급사슬의 다양한 요인들 간에 균형을 이루기 위해 정보를 유용하게 활용해야 한다. 특히, 비용 대비 효과의 측면으로 볼 때 생산현황과 비용, 수량할인, 재고비용, 재고수준 등에 관한 정보가 필수적이다.

Arm's Length 관계와 전략적 제휴

(1) Arm's Length 관계

구매자와 공급자 간의 대부분의 거래는 Arm's Length(견제적) 관계를 지닌다. Arm's Length 관계는 구매자와 공급자가 마치 팔(Arm) 한 개 정도만큼 적당한 거리를 둔 것을 의미한다. 즉, 구매자와 공급자가 지나치게 멀지 않고 가깝지도 않은 적절한 수준의 간격을 두고 견제하면서, 일정한 범위 안에서 관계를 유지하는 것이다. Arm's Length 관계는 구매자와 공급자의 상대방에 대한 기술적·경제적 의존도가 상대적으로 낮은 시장 거래적 관계에 해당된다.

일반적으로 구매자는 공급자와 신뢰를 구축하고 인센티브를 제공하는 등 밀접한 관계를 지녀야 한다. 많은 구매자들은 핵심 공급자들과 협력적 관계를 지니고자 공급자들과 전략적 제휴 및 공급사슬을 구축하였다. 최근에는 통신 기술의 발달로 구매자는 공급자와 정보를 활발하게 공유하고 교환한다. 그러나 구매자와 공급자 간의 협력적 관계는 구축하기 쉽지 않다. 구매자가 거래하는 공급자의 수를 줄이면 거래비용이 감소하는 장점이 있지만 가격 협상 시에는 불리해진다. 만일 단일 공급자에 대한 의존도를 높이게 되면, 공급자 문제로 인해 제품의 품질이 저하되거나 부득이하게 생산하지 못할 경우 대체 공급자가 없어서 위험이 증가하게 된다. 또한 공급자와 협력적 관계를 힘들게 구축했다고 하더라도 반드시 구매자의 성과로 이어지는 것은 아니다. 전략적 제휴를 통해 특정 공급자를 위해 위치적·물리적·인적 특유자산을 투자하게 되면 매몰비용이 될 우려 때문에 공급자의 비합리적인 요구나 행위를 받아들일 수밖에 없다.

한편, 구매자와 공급자가 거리를 두기 위하여 전략적 공급선 다변화를 실시할 수 있다. 구매자는 전략적 공급선 다변화를 통해 공급자에 관한 협상력을 지속적으로 유지하고 공급자와의 관계를 새롭게 한다. 구매자는 소수의 공급자들과 거래할 경우 안정적인 거래를 할 수는 있지만 핵심 공급자들에게 예속될 수 있으므로, 기존의 핵심 공급자들로부터 다수의 잠재적 공급자들로 과감하게 전환하거나 시범적으로 몇몇 공급자를 변경해볼 수 있다. 전략적 공급선을 다변화한 기업은 크게 두 가지 혜택을 얻게 된다. 첫째, 구매자가 다른 공급자와 거래할 수 있다는 가능성을 보여줌으로써 기존에 거래해오던 핵심 공급자들을 자극하여 적극적인 협력을 얻을 수 있다. 둘째, 구매자는 기존의 공급자들과 거래가 끊겨도 이미 준비된 새로운 공급자와 거래할 수 있기 때문에 충격을 줄일 수 있다.

전략적 공급선 다변화에 도움을 줄 만한 프레임워크(Framework)로 크게 부품 수요예측 정확성, 부품 공급 리스크, 부품 재무 영향도, 부품 클락 속도를 고려할 수 있다. 부품 수요예측 정확성은 최종 제품의 수요예측 정확성만큼 필요한 것이 아니라고 생각하기 쉽다. 예를 들면, 특정한 부품이 다양한 완제품에 사용되면 더 높은 수요예측 정확성을 지닐 수 있다. 따라서 공급전략 의사결정 시에는 총구매비용의 최소화, 리드타임 감소, 유연성 증대에 초점을 맞춰야 한다. 부품 수요예측 정확성이 높고 공급 리스크가 낮고 재무에의 영향도가 크고 기술변화 속도가 느리면 원가 중심의 공급 전략이 적합하다. 즉, 총구입비용을 최소화하는 것이 공급 전략의 주요 목적이 되어야 한다. 대조적으로 부품 수요예측 정확성이 낮고 재무에의 영향도가 작고 기술변화 속도가 빠르면 공급 전략은 리드타임 축소에 맞추는 것이 적합하다.

이와 같은 활동은 많은 경우에 가장 효과적이고 적합한 방법이지만, 공급자의 목표 및 전략이 구매자의 목표 및 전략에 적합하지 않을 수도 있다. 공급자의 원재료 및 부품이 구매자의 이익에 미치는 영향과 공급 리스크의 성격에 따라 전략적으로 활용해야 한다. 특히, 전략적으로 중요하고 공급 위험이 낮은 품목은 공급선 다변화를 통해 원가를 최소화할 필요가 있다.

구매자가 전략적 공급선 다변화를 실행할 수 있는 대표적인 방안으로는 전자구매를 이용하는 것이다. 구매자들은 전자상거래 시장을 통한 구매로부터 공급자들이 유사한 제품을 가지고 경쟁하도록 함으로써 구매 비용을 절감할 수 있다. 프리마켓(FreeMarkets) 또는 버티컬넷(VerticalNet)과 같은 기업들은 구매 전문가와 많은 공급자들을 경쟁시키는 기반 시스템을 지니고 있다. 특히, 전자상거래 시장을 이용하는 구매자들을 위해 구매자와 공급자 중간에서 서비스를 제공하고, 비용절감의 기회를 제공하며, 입찰에 많은 공급자들을 포함시킨다. 이 외에도 우수한 공급자들을 발굴하여 보증하며 지원하고, 입찰을 감독한다.

이러한 전자상거래 시장은 구매자의 필요에 따라 현물시장에 초점을 맞출 때 유용하고, 공급자들과 장기적인 유대 관계가 필요한 경우에는 별로 유용하지 않다. 장기적인 유대관계가 중요한 상황에서 온라인 입찰을 통하여 공급자를 선정하는 것은 매우 위험한 일이 될 수 있다. 또한 공급자들에 관한 정보가 정확하지 않고 신뢰성이 하락할 수 있다. 왜냐하면 일부 전자상거래 시장은 시장의 규모를 확대하고 구매자들을 확보하기 위해 비교적 소규모의 공급자들을 입찰에 참여시키기 때문이다. 그러므로 구매자들은 장기적인 유대관계가 필요한 제품 구매보다는 복수의 공급자들이 있고 경쟁이 치열한 영역에서 보다 저렴한 가격에 제품을 사고자 할 때 전자상거래를 이용한다. 또한 중요한 것은 이러한 시장에서는 공급자들이 마케팅 및 판매비용의 절감을 통해 기업 경쟁력을 향상시킬 수 있다는 것이다. 마지막으로 전자상거래는 공급자들의 생산능력과 재고를 유용하게 이용할 수 있게 된다.

전자상거래 시장은 크게 네 가지 유형을 지닌다. 첫째, 부가가치 독립 전자상거래 시장은 사업 영역으로 재고관리, 공급사슬 계획 등이 있다. 예를 들면, 인스틸 닷컴(Instill.com)은 식음료 서비스 분야에 초점을 맞추고 추가로 레스토랑, 제조업체 및 분배업체 등을 함께 연결하는 서비스를 제공했다. 이 기업은 고객들에게 구매에 관한 서비스와 예측, 공동연구, 보급에 관한 정보를 동시에 제공한다.

둘째, 비공개 전자상거래 시장은 IBM, Dell 등에 의해 설립되었다. 이 기업들은 공급자들에게 가격을 경쟁시키기 위해 전자상거래 시장을 설립한 것이 아니라, 자사의 공급자들에게 수요에 관한 정보와 생산자료 등을 공개함으로써, 공급사슬을 개선하기 위해서 전자상거래 시장을 형성했다. 외부 기업들은 비공개 전자상거래 시장을 여러 지역에 흩어져 있는 기업들의 개별 구매를 통합하기 위해 사용했다. 예를 들면, 모토로라(Motorola)는 입찰을 하거나 협상을 할 때, 공급자 협상 소프트웨어인 엠토리스 테크놀로지(Emptoris Technology)를 구축했다.

셋째, 컨소시엄 기반 전자상거래 시장은 동종 산업에 속한 여러 기업들이 함께 참여한다는 것을 제외하고는 공개 전자상거래 시장과 유사하다. 예를 들면, 자동차 산업의 코비신트(Covisint), 우주항공 산업의 엑소스타(Exostar), 정유 산업의 트레이드-레인저(Trade-Ranger) 등이 있다. 컨소시엄 전자상거래 시장의 목적은 유사한 기업들로 구성된 컨소시엄을 통해 구매력을 향상시키고 영향력을 행사하는 것뿐만 아니라 공급자들에게 표준화된 납품 시스템을 제공하여 공급자들이 원가를 감소하고 효율적인 운영을 촉진한다.

넷째, 컨텐츠 기반 전자상거래 시장에는 MRO(Maintenance, Repair, Operations) 제품에 대한 시장과 특수 산업 생산품에 대한 시장이 있다. 컨텐츠에 초점을 맞추는 전자상거래 시장은 많은 산업재 공급자들의 제품 카탈로그를 종합하여 운영한다. 사업을 확장하고 효율성을 높이기 위해 컨텐츠에 근거한 전자상거래 시장은 공급자들의 제품에 대한 비교가 용이하도록 한다. 예를 들면, 어스펙트 디밸로프먼트(Aspet Development)는 CAD 시스템과 전자부품 카탈로그를 제공한다.

결론적으로 Arm's Length 관계는 가격 위주의 구매, 다수의 공급자, 경쟁적 협상, 단기간의 계약 등을 특징으로 지니는데, 단기간 계약은 특정 사업의 니즈(Needs)를 충족시킬 수 있으나 장기간의 전략적 이점을 얻지 못한다. 또한 이 관계에서는 구매자가 공급자를 통제하고 소유하려 하며, 공급자의 기술과 환경, 규모의 경제효과에 대한 통제를 통해 전체 사슬의 효율을 감소시킨다.

대표적인 기업사례는 애플(Apple)이 있다. 애플은 원가절감 방식의 전통적인 공급사슬관리를 넘어 구매자와 공급자 간에 Arm's Length 관계를 형성하였다. 구매자와 공급자 간에 가깝지도 멀지도 않은 관계, 즉 계약에 따라 정확하게 받은 만큼 상대방에게 주는 것으로 계약 위반 시 파트너를 변경하는 시장거래적 관계를 지닌다. 반면에 삼성전자는 구매자와 공급자가 긴밀한 협조에 바탕을 둔 Hand-in-Glove 관계를 지닌다. 구매자가 공급자들의 재교육에 투자하고 제품 개발과 혁신에 공동 투자하는 등 신뢰에 기반한 관계를 지닌다. 이러한 애플과 삼성의 공급사슬관리는 상당히 대조되는 기업사례로서, 애플은 기업의 이익만을 위하여 거래관계가 형성되는 Arm's Length 관계이고, 삼성전자는 상호의 이익을 추구하는 전략적 제휴 관계에 해당한다.

이마트는 대형마트 간의 경쟁이 치열해지고 공급자의 가격 인상으로 인해 성장세가 둔화되자, 그 해결책으로 이마트에서 자체적으로 생산하는 제품의 비중을 증가시켰다. 이는 주요 공급자에 대한 가격 견제와 구매력을 위한 Arm's Length 관계를 형성한 것으로 볼 수 있다.

(2) 전략적 제휴

전략적 제휴는 기업 간의 위험과 보상을 공유하면서 다양한 형태로 발생하고, 목적 지향적이고 장기간의 파트너십을 지향한다. 많은 경우에 Arm's Length 관계를 지닌 거래보다 공동의 목표를 동시에 달성하고자 하기 때문에 보다 많은 자원을 지니고 많은 몰입을 유도한다. 이러한 전략적 제휴는 구매자와 공급자 간의 장기간의 이익을 얻기 위한 것이다. 즉, 신뢰성 있는 공급자가 전문적인 구매 담당자와 장기간 거래를 통해 형성한 유기적인 관계를 의미한다. 협력적 관계는 기업이 독립적으로 행동하는 것보다 협력하여 행동함으로써 더욱 큰 경영성과를 달성할 수 있다고 전제하며, 구매자와 공급자 간에 위험과 보상을 공유하고 상호신뢰를 바탕으로 계약 관계를 형성한다. 협력적 관계는 구매자에게는 품질향상, 비용감소 등 장기적 지원관계가 유지되며, 공급자에게는 연구개발의 효과성, 구매자와의 밀접한 관계를 통한 품질과 기술력 향상 등의 효과를 제공한다. 이와 같이 협력적 관계는 다양한 장점을 지니지만 위험요소도 공존한다. 구매자와 공급자 간에 운영활동의 통합을 통해 의존성이 증대될 수 있다. 또한 구매자가 공급자의 내부적 활동에 개입이 많아질 수 있다.

기업이 전략적 제휴를 하는 것이 적절한지를 결정하기 위해서는 전략적 제휴가 다음의 사항들을 향상시킬 수 있는지를 검토해봐야 한다.

1) 전략적 성장

구매자와 공급자가 서로간의 부족한 전문성을 강화하고 새로운 시장에의 진입장벽을 극복하고 새로운 기회를 얻을 수 있는 좋은 기회가 될 수 있다. 예를 들면, 상보적 관계의 제품 제조업체들은 파트너십을 통해 주요 소매상들의 요구를 파악하는 데 함께 대응할 수 있고, 이로 인해 수익이 향상될 수 있다.

2) 제품부가가치 향상

구매자와 공급자 간의 전략적 제휴는 기존 제품의 가치를 부가할 수 있다. 예를 들면, 출시를 빨리 해야 하는 경우에 기업의 지각된 가치를 제고하는 데 도움을 줄 수 있다. 또한 상보관계에 있는 기업 간의 전략적 제휴는 양사 제품에 부가가치를 제공한다.

3) 기술력 향상

기술을 공유하는 전략적 제휴는 양측의 기술을 향상시키는 데 도움을 준다. 파트너십을 맺은 구매자 또는 공급자 중에 한 쪽이 전문성을 지니면 양측이 새로운 기술을 도입하더라도 위험을 줄일 수 있다. 예를 들면, 공급자가 특정한 정보시스템을 필요로 하는 경우, 이 시스템을 이미 구축한 구매자와 파트너십을 맺으면 쉽게 기술력을 향상시킬 수 있다.

4) 운영 개선

적합한 기업 간의 제휴는 시스템 비용과 시간을 감소시킴으로써 운영관리를 개선한다. 전략적 제휴를 통해 기업이 보유한 자원과 설비를 더욱 효과적이고 효율적으로 사용할 수 있다. 예를 들면, 상보적인 제품을 가지고 있는 기업들은 창고와 트럭을 서로 교환하면서 효과적으로 사용할 수 있다.

한편, 구매자가 공급자에게 전달되는 수요의 변동성이 구매자 자체에서 발생하는 수요의 변동성보다 크게 나타난다. 점차 기업이 확보할 수 있는 마진은 줄어들고 고객만족은 더욱 중요해지고 있다. 구매자보다 공급자가 리드타임이나 생산능력에 대해 보다 많은 정보를 지니고 있기 때문에 구매자와 공급자 간에 존재하는 정보를 보다 극대화하기 위해서는 구매자와 공급자 간의 창조적인 협동이 이루어져야 한다.

신속반응(Quick Response) 전략에서 공급자는 구매자로부터 POS(Point of Sales) 자료를 받아서 이를 생산 및 재고 활동을 위한 정보로 활용한다. 이는 생산, 공급과 재고 활동이 실제 구매자의 판매 활동과 동기화되도록 한다. 이러한 전략 하에서 구매자는 POS 자료는 공급자가 수요예측이나 일정계획을 보다 개선하도록 한다. 대표적인 기업 사례로는 밀리컨 앤 컴퍼니(Milliken and Company)가 있다. 밀리컨 앤 컴퍼니는 몇몇 직물 공급자와 POS 자료를 통해 주문과 생산계획을 동기화 시켰다. 이를 통해 리드타임을 18주에서 3주로 단축할 수 있었다.

신속보충(Rapid Replenishment)은 계속적인 보충 전략에 있어서 POS 자료를 받고 이 자료를 이용하여 미리 준비된 배송방법을 이용하여 일정 수준의 재고를 유지한다. 따라서 상황에 따라 재고수준이 변하고 계절수요, 판촉, 변화된 고객수요 등에 기반하여 적정한 수준으로 재고를 관리한다.

공급자에 의한 재고관리 시스템(VMI: Vendor Managed Inventory)은 공급자가 각 제품 재고 수준을 고객과 동의한 수준에서 결정한다. VMI의 궁극적인 목적은 주문과 관련된 활동을 되도록 배제하는 것이다. 이러한 관계의 대표적인 기업사례는 월마트(Wal-Mart)와 피앤지(P&G)가 있다. VMI를 통하여 월마트는 재고회전율을 높이면서 피앤지는 정시 배송률을 높일 수 있었다. 이에 따라 케이마트(K-Mart) 등 다른 대형마트들도 VMI를 도입하면서 이 기법이 각광받게 되었다.

구매자와 공급자가 전략적 제휴를 체결하기 위해서는 진보된 정보시스템이 필요하다. 구매자의 정보를 공급자에게 전달하는 활동은 이들 사이에서의 정보전달 시간을 줄이고 실수를 없애는 데 도움을 준다. 생산 및 재고에 관해 계획하고 통제하는 활동은 정보시스템상에서 이루어져야 하고 정확해야 한다. 그리고 추가적인 정보를 이용하여 이점을 누릴 수 있도록 통합되어야 한다. 이를 위해서는 최고 경영자의 참여가 필수적이다. 이제까지 기밀사항이었던 각종 정보를 공급자, 고객 등과 공유해야 하며 비용할당에 관한 문제는 관리자가 결정해야 한다. 파트너십 형성을 통해 조직 내에서의 힘이 다른 그룹으로 옮겨갈 수 있기 때문에 최고 경영자의 참여는 중요하다.

전략적 제휴가 성공적으로 이루어지려면 서로 간에 신뢰 관계를 형성해야 한다. 예를 들면, VMI에서는 공급자가 전체 공급사슬을 관리할 수 있다는 것을 보여줘야 한다. 공급자는 자신의 재고뿐만 아니라 구매자의 재고도 관리해야 한다. 신속반응 물류시스템에서도 기밀정보가 공급자에게 제공되어야 한다. 이러한 정보를 이용하여 공급자가 구매자에게 서비스를 제공할 수 있다. 전략적인 파트너 관계를 형성하면 구매자의 재고가 감소되므로 공급자는 재고 감소를 통해 얻는 공간이 공급자의 경쟁사에게 이용되지 않도록 확인할 필요가 있다.

전략적 제휴의 이점은 파트너십의 형태에 따라 다양하게 나타난다. 신속 반응물류 유형에서 공급자는 보다 빨리 고객의 정보를 받아 리드타임을 줄일 수 있기 때문에 채찍효과의 유발요인 중의 하나인 지연을 줄이며 고객정보를 받아들여 관련된 지식을 축적한다. 반면에 VMI 유형에서는 구매자가 수요 정보를 제공하고 공급자가 의사결정을 내리기 때문에 주문량의 변동에 의해 통제 가능하다. 이러한 지식은 전반적인 시스템 비용을 줄이고 서비스 수준을 향상시키는 데 도움을 준다. 공급자는 수요예측을 더욱 정확하게 하고, 이를 통해 생산과 유통을 효과적으로 조정할 수 있다. 보다 구체적으로 살펴보면, 수요예측의 불확실성 제거는 안전 재고량을 감소시키고 저장 및 배송 비용을 감소시키며 서비스 수준을 향상시킨다.

이러한 이점 외에도 부가적인 효과를 기대할 수 있다. 전략적인 파트너십의 실행은 공급자와 구매자의 관계를 리엔지니어링 할 수 있는 기회를 제공한다. 예를 들면, 중복되는 주문 입력 과정을 없앨 수 있고, 수작업이 자동화되고, 머천다이징(Merchandising)이나 진열을 위한 디자인 등과 관련된 작업들이 시스템 전체 효율성 측면에서 고려될 수 있다.

대표적인 기업사례는 시몬스(Simmons)와 라이더(Ryder)의 전략적 제휴가 있다. 시몬스는 고객의 수요에 대응하기 위해서 2~5만 개의 매트리스를 생산 시설에 보관하였다. 그러나 라이더와 전략적 제휴를 맺은 후에는 시몬스의 공장 안에 라이더의 현장 물류 관리자를 두고, 주문이 도착하면 현장 관리자가 특정 소프트웨어를 사용하여 최적의 순서에 따른 경로로 고객에게 전달되도록 디자인하였다. 이러한 물류 계획으로 인해 주문량이 생산 공장으로 전달되고, 정확한 양과 순서에 따라 생산이 이루어지게 되었다. 시몬스와 라이더 간의 파트너십이 시몬스의 재고 보유 부담을 감소시켰다.

반면에 실패한 기업사례는 스파르탄 스토어(Spartan Store)가 있다. 이 기업은 식료품 체인 업체인데, VMI 프로그램을 실시한지 1년 만에 중단했다. 먼저, 구매자가 재주문 과정에 걸리는 시간이 줄어들지 않았다. 왜냐하면 구매자는 공급자의 재고관리와 배송을 신뢰하지 못해서 계속 모니터링해야 했기 때문이다. 또한 공급자의 수요예측에 대한 신뢰가 낮았고 제품판촉에 있어서 공급자는 실행할 능력이 없었다. 스파탄의 경영자는 VMI를 시행하고 난 뒤의 재고 수준이 전통적인 공급자 프로그램을 사용할 경우의 재고 수준보다 높다는 것을 파악한 후에 이 프로그램을 중단했다.

3 공급계약

(1) 공급계약의 유형

효과적인 공급계약은 기업의 이익 증대에 큰 영향을 미친다. 적절한 공급계약은 기업이 구매하는 제품의 종류와 리스크, 불확실성의 정도 등에 따라 다르다. 예를 들면, 자동차 업계에서는 자동차 전자 시스템에 적용되어야 하는 공급계약은 트랜스미션 시스템(Transmission System), 공구장비, 기계류에 적용되어야 하는 공급계약과 다르다. 리스크, 기술적 지식, 가용한 생산능력, 물류 관련 특이점 등에 따라 그 수준이 상이하다.

피터 클라직(Peter Kraljic)은 '구매는 공급관리가 되어야 한다(Purchasing Must Become Supply Management)'에서 기업의 공급전략은 두 가지 영역에 따라 이루어져야 한다고 주장했다. 첫째는 이익에 미치는 영향이고 둘째는 공급 리스크이다. 클라직이 제시한 이러한 프레임워크(Framework)에서 이익에 미치는 영향은 구매량, 총구매비용에서의 비중 등으로 평가될 수 있고, 공급 리스크는 가용성, 공급자의 수, 경쟁적 수요, 창고 리스크 등으로 평가될 수 있다. 이러한 두 가지 기준에 의한 평가구조인 클라직의 공급 매트릭스(Kraljic's Supply Matrix)은 〈표 7-1〉에 제시된 바와 같다.

이 매트릭스에서 전략적 아이템 범주는 구매자-공급자 관계에서 전략적 제휴에 해당하고, 레버리지 아이템 범주는 Arm's Length 관계에 해당된다. 매트릭스의 각 영역을 구체적으로 살펴보겠다.

표 7-1. 클라직의 공급 매트릭스

	낮음 ← 이익에 미치는 영향 → 높음	
높음 공급 리스크 **낮음**	병목 아이템 ➡ 공급 확보	전략적 아이템 ➡ 전략적 파트너십 형성
	비핵심 아이템 ➡ 단순화 및 자동화	레버리지 아이템 ➡ 구매력 활용 및 원가 최소화

Source: Kraljic, P.(1983), "Purchasing Must Become Supply Management." *Harvard Business Review*, 109-117.

첫째, 전략적 아이템 범주는 이익에 미치는 영향과 공급 리스크가 높은 영역이다. 엔진과 트랜스미션 시스템 등이 있다. 전략적 아이템 범주는 고객 체험에 가장 큰 영향을 미치고 가격은 시스템 원가의 많은 부분은 차지한다. 이 경우 단일 공급자인 경우가 많고, 공급계약은 장기적인 파트너십을 체결하는 것이 가장 바람직하다.

둘째, 레버리지 아이템 범주는 이익에 미치는 영향은 높지만 공급 리스크가 낮은 영역이다. 이 아이템들은 공급자가 많고 약간의 원가절감으로 이익이 개선되는 효과가 크다. 따라서 이 경우의 공급계약은 다수의 공급자들 사이에서 경쟁을 조장하여 원가를 감소시키는 것이 바람직하다.

셋째, 병목 아이템 범주는 이익에 미치는 영향은 낮지만 공급 리스크가 높은 영역이다. 이 범주에 해당하는 제품들은 병목 제품들로 분류되는데 원가에서 차지하는 비중은 적지만 공급 리스크가 큰 아이템들이다. 그러므로 레버리지 아이템과는 다르게 공급자들의 지위가 높다. 이러한 병목 아이템들은 구매자가 프리미엄(Premium) 비용을 지불하더라도 지속적인 공급을 유지하는 것이 중요하다. 구체적인 방법으로는 장기 계약이나 재고보유 등이 있다.

넷째, 비핵심 아이템 범주는 구매 프로세스를 가능한 자동화, 단순화시켜야 한다. 이 경우에 분산화된 구매 정책이 적합하다. 예를 들면, 권한을 위임받은 직원이 공식적인 요청 없이도 직접 발주를 할 수 있다.

위와 같은 클라직의 공급 매트릭스에서 네 가지 범주는 각각 다른 공급

전략을 필요로 한다. 장기계약은 병목 아이템들이 지속적인 공급을 하는 데 도움이 되는 반면에 비정기적으로 담당자가 승인한 온라인 카탈로그(Catalogue)를 공급받는 것은 비핵심 아이템에 적합할 것이다.

(2) 전략적 제품의 계약

구매자와 공급자의 관계는 충분한 공급량, 적절한 운송, 공급계약에서의 협의 등을 통해 이루어질 수 있다. 이러한 계약을 통해 구매자가 공급자로부터 원재료를 구매하고 부품을 OEM(Original Equipment Manufacturing)에게 구매하고, 소매상에게 제품을 구매한다.

공급사슬에서 구매자는 수요예측을 통해 어느 정도의 제품을 공급자에게 주문할지 결정하고 이익이 최대가 되는 최적량을 공급자에게 주문한다. 이에 따라 공급자는 구매자의 주문에 반응하고, 주문 후 생산(Make-to-Order) 공급사슬을 지니지만, 구매자는 수요예측을 바탕으로 고객의 수요를 파악하여 구매한다.

1) 반품(Buy-Back) 계약

반품 계약은 공급자가 구매자로부터 팔리지 않는 제품을 잔존가치보다 높은 가격으로 다시 구매하는 것에 동의하는 계약을 의미한다. 구매자는 반품 계약에서 제품이 팔리지 않는 위험을 감소시키고 주문수량을 증가시켜 재고부족 위험을 줄이고, 공급자는 위험을 보상할 수 있도록 계약을 맺는다.

2) 수익 공유(Revenue Sharing) 계약

구매자가 공급자의 제공가격을 낮출 수 있으면 구매자는 더 많은 수량을 주문할 수 있다. 그러나 공급자의 제공가격 하락은 생산자의 이익을 감소시킬 수 있으므로, 수익 공유 계약에서 이러한 내용을 다루게 된다. 수익 공유 계약에서 구매자는 공급자의 할인에 대한 대가로서 최종 고객에게 판매한 수익의 일부를 공급자와 공유한다.

3) 수량 유연(Quantity Flexibility) 계약

수량 유연 계약은 반품되는 수량이 계약에서 정한 수량을 넘기 전까지는 공급자가 책임지고, 그 이상의 반품에 대해서는 책임지지 않는다. 반품계약이 수량에 관계없이 반품되는 모든 품목에 대해 공급자가 책임진다는 점에서 수량 유연 계약과 차이를 지닌다.

이러한 다양한 공급계약은 공급사슬 전체의 이익을 최적화할 수 있도록 한다. 공급계약을 통해 구매자와 공급자가 위험과 잠재이익을 공유하고 기업이 전체 최적화를 달성하도록 돕는다. 공급사슬 전체의 이익을 향상시키기 위해 공급사슬 내에서 정보를 적절하게 공급하는 공급계약은 발생한 이익을 전체 참여자에게 할당할 수 있도록 작성되어야 한다. 특정한 파트너가 최적의 의사결정에서 벗어나는 결정을 할 경우, 이익을 얻을 수 없도록 설계되어야 하는 등 구매자와 공급자 모두가 전체 공급사슬의 최적해결을 달성하는 것에서 벗어나지 않도록 해야 한다.

그러나 구매자와 공급자는 공급계약을 실제로 적용하지 않는 경우가 많다. 반품계약은 구매자의 효과적인 역수송시스템을 필요로 한다. 일부 소매상은 반품계약을 적용하지만 다른 소매상은 적용하지 않는다. 반품계약을 하지 않으면 구매자는 반품계약을 적용하는 소매상과 거래할 것이다. 이와 같이 반품계약의 경우에는 소매상의 위험이 높아지기 때문에, 반품계약은 제품 간에 서로 영향을 미치지 않는 도서와 잡지 산업에 주로 적용된다. 수익 공유 계약은 전형적으로 구매자의 이익을 감소시킨다. 이는 공급자에게 수익의 일부를 제공해야 하기 때문이다. 따라서 구매자는 공급자에게 재고를 보관하고 경쟁 공급자와 유사한 제품은 수익 공유 계약을 하지 않는 경향이 있다.

(3) 재고생산과 주문생산 공급계약

앞서 살펴본 계약의 전제는 공급자가 주문생산방식(MTO: Make to Order) 공급사슬을 지닌다는 것이다. 이는 구매자가 모든 위험을 지니고 공급자는 위험이 없다는 것을 의미한다. 이제 재고생산방식(MTS: Make to Stock) 공급사슬에서의 적절한 계약을 살펴보자.

1) 환불(Pay-back) 계약

환불 계약은 생산되었지만 아직 판매되지 않은 제품에 관해 사전에 합의된 가격을 구매자가 지불할 것을 약속하는 것이다. 공급자는 사용되지 않은 생산능력의 위험이 감소되기 때문에 제품을 더 생산하게 한다. 반면에 구매자의 위험은 증가한다. 계약은 도매업자의 위험 증가에 보상하는 것 이상으로 생산량을 증가하도록 설계한다.

2) 비용 공유(Cost Sharing) 계약

공급자가 충분한 수량을 생산하지 않는 대표적인 이유는 생산비용이 많이 소요되기 때문이다. 만약 구매자가 공급자의 생산비용을 공유할 인센티브를 제공할 수 있으면 공급자는 더욱 많은 제품을 생산할 것이다. 생산을 위해 지불된 비용은 제품을 더 많이 팔 수 없으면 구매자의 이익이 감소할 것이다. 따라서 구매자와 공급자는 비용 공유 계약을 맺는데, 구매자인 유통업자는 도매가격을 할인하는 대신 제조업자의 생산비용을 공유한다.

(4) 비대칭 정보에 의한 계약

공급자가 제조업자에게 받은 예측량을 바탕으로 생산능력을 갖추면 구매자는 수요 예측량을 늘리는 경향이 있다. 다음에 제시되는 계약은 활발한 정보 공유를 가능하게 한다.

1) 생산능력 예약(Capacity Reservation) 계약

제조업자는 공급자에게 생산능력 수준을 예약하기 위해 비용을 지불한다. 공급자는 생산수량에 따른 예약 가격을 구매자에게 제시한다. 구매자와 공급자가 예약한 가격은 구매자의 수요 예측량을 증가하지 못하도록 한다. 구매자와 공급자는 예약한 수량을 정확하게 계산하여 생산수량을 결정한다.

2) 선구매(Advance Purchase) 계약

선구매 계약에서 공급자는 설비를 구축하기 전에 구매자에게 저렴한 가격에 주문하고, 실제 수요가 발생하면 보다 비싼 가격에 판매한다. 공급자에 의해 제시된 수량은 공급자가 실제 수요량을 예측하는 데 활용될 수 있다.

(5) 비전략적 제품의 계약

구매자는 공급자와 전략적 제휴를 통한 장기간의 계약에 초점을 맞춰왔지만, 최근에는 비전략적 제품의 경우에는 Arm's Length 관계를 통한 유연한 계약을 적용하고 있다. 구매자는 여러 공급자와 계약을 맺고, 시장 상황에 대한 유연성이 공급자와 장기간의 계약을 체결한 것보다 더 중요하다. 전자, 철강, 곡식류 등의 상용품은 많은 공급자로부터 구매가 가능하므로, 많은 공급자를 보유함으로써 구매자는 비용을 줄이면서 시장 상황에 유연하게 반응할 수 있다.

비전략적 제품인 상용품에 대한 효과적인 구매 전략은 비용을 줄이고 위험을 감소시키는 것이다. 발생 가능한 위험에는 불확실한 수요에 대한 재고 위험, 시장 가격 변동, 한정된 제품의 가용성에 의한 부족 등이 있다. 컴퓨터 제조업에서 메모리를 구매하는 것과 같이 상용품을 구매하는 경우, 공급과 고객의 수요 불확실성은 향후 더 나은 공급 상황을 기다릴 것인지, 단 한 번의 거래로 끝날 것인지에 대한 문제가 발생한다. 구매는 재고부족 또는 팔리지 않는 제품과 관련된 재고 위험이 존재한다.

1) 장기간(Long-term) 계약

포워드(Forward)라고 불리는 장기간 계약은 구매자와 공급자의 각종 위험을 감소시킨다. 장기간 계약은 향후 어떤 시점에서 운송될 공급량을 구체화시킨다. 구매자와 공급자는 구매자에게 운송될 가격과 수량에 동의한다. 이 경우 구매자는 불확실한 수요와 주문수량을 조정할 수 없기 때문에 재무적 위험을 부담한다.

2) 옵션(Option) 계약

옵션 계약은 어떤 수준까지 생산능력을 미리 확보하고 대체로 낮은 가격으로 구매하는 대신 대금을 미리 지불하는 계약이다. 초기에 지불하는 것을 예약가격 또는 프리미엄(Premium)이라고 한다. 만약 구매자가 옵션을 실행하지 않으면 초기에 지불하는 것은 공급자의 것이다. 구매자는 추가적인 비용을 지불해서 계약에서 동의한 옵션 수준까지 공급량을 구매할 수 있다. 추가적인 비용을 실행비용이라고 한다. 구매자가 제품을 구매하면서 지불하는 총비용은 장기적인 계약의 제품 가격보다 높다. 이러한 옵션 계약을 통해 구매자는 주문수량을 수요에 맞게 조절할 수 있다. 따라서 이러한 계약은 재고위험을 감소시키고 구매자에서 공급자로 위험을 이전한다. 왜냐하면 공급자가 고객 수요의 불확실성에 노출되기 때문이다. 이는 구매자가 모든 위험을 감수하는 장기계약과 대비된다.

3) 포트폴리오(Portfolio) 계약

공급계약에서 포트폴리오를 적용하는 경우, 구매자는 기대수익과 위험을 줄이기 위해 다중계약을 한다. 포트폴리오 계약은 가격과 유연성의 수준이 다르기 때문에 재고부족과 가격상승의 대비책을 구매자가 이용할 수 있다. 이러한 접근은 상용품에 의미가 있다. 왜냐하면 많은 공급자가 이용할 수 있고, 각각 다른 유형의 계약을 제공하기 때문이다. 그리고 구매자는 구매량을 조절하고 재고유지 비용을 줄이기 위한 여러 계약을 선택한다. 장기계약에서는 가격과 유연성이 혼합된 계약을 고려해야 하는데, 이러한 협의는 기본 협의이고, 옵션 계약기업에서 구매하는 능력은 옵션수준이라고 한다.

수요가 예상했던 것이나 기본 합의수준과 옵션수준을 더한 것 이상이 되면 충분한 안전성 확보가 어렵다. 기업들은 현물시장에서 추가적인 공급량을 이용해야 하는데, 이때 현물시장에서 제품을 구매하는 것이 가장 어렵다. 왜냐하면 부족으로 인해 가격이 너무 높아졌기 때문이다. 따라서 구매자는 가격위험, 부족위험, 재고위험 사이에 상쇄효과를 선택할 수 있다. 같은 옵션수준에서는 초기에 계약한 양이 많을수록 가격의 위험은 작지만 재고위험은 구매자가 감수해야 한다. 반면에, 계약한 양이 적을수록 현물시장의 이용 가능성 때문에 가격과 부족위험이 높아진다. 계약한 양이 같으면 옵션수준이 높을수록 위험은 공급자가 감수해야 한다.

Power of openness: open Innovation

기업의 생존과 번영을 위한 개방형 플랫폼 모델

1 플랫폼

플랫폼은 사전적으로 '역에서 기차를 타고 내리는 곳' 또는 '단상, 연단'을 의미한다. 오늘날 '플랫폼'이라는 단어는 각 분야에서 다양한 의미로 분화되어 사용된다. IT 산업에서는 각종 서비스의 기반이 되는 소프트웨어, 하드웨어 시스템을 뜻한다. 이 곳에서 플랫폼은 시스템의 표준을 제시하여, 기업 외부의 참여자가 다양한 프로그램의 개발과 개선 활동을 할 수 있는 장이 된다. 다양한 산업에서 사용되고 있지만, 플랫폼은 관련 전문가, 참여자가 모여 정의된 목적을 위해 활동하는 곳이라는 맥락을 함께한다. 플랫폼은 오픈 이노베이션의 한 방법으로, 오픈 이노베이션에 대해서는 이 장의 후반부에서 자세히 다룰 것이다.

각 분야의 전문가나, 참여자가 활동하는 플랫폼은 대부분 신제품의 개발 단계나 신기술 개발 단계에서 주로 이용된다. 플랫폼에서 아이디어를 공유하거나, 기술을 거래하는 활동으로 플랫폼은 미래를 이끄는 새로운 혁신 패러다임으로 부상하고 있다. 즉, '플랫폼'은 사람들에게 개발 환경을 제공하는 장을 의미한다. 이는 눈에 보이지 않지만, 주 기업이 공유한 표준과 시스템하에서 다양한 외부자들의 참여로 제품과 서비스의 개발이 이루어지는 생태계가 되기도 한다. 디자인 플랫폼이라면 다양한 디자이너들이 자신의 디자인을 제공하여 제품의 개발에 참여할 수 있는 환경을 조성한 장을 의미하고, 게임 플랫폼은 개발자들이 게임을 개발하는 생태계를 의미한다. 자연에서도 생태계의 질서가 잘 지켜지면 그 안에 동·식물들의 생활이 윤택하고 그 생태계는 지속적으로 번영할 수 있듯이, 개발 환경의 생태계인 플랫폼도 마찬가지이다. 플랫폼의 운영 시스템이 잘 뒷받침되어야, 그 안에서 이루어지는 신제품이나 신기술의 개발이 원활하게 이루어질 수 있다.

그렇다면 이전과 달리 요즘 플랫폼이 대두되는 데에는 어떤 이유가 있을까? 이전 시대의 기업 활동에는 정말 플랫폼이 없었을까?

예전에도 각 기업 내부에는 기업의 변화와 혁신을 위한 플랫폼과 같은 장치는 있었다.

2 개방형 vs. 폐쇄형

여기에서 주목해야 하는 것이 '개방형'이라는 플랫폼의 운영 형태이다. 이전에도 기업에는 혁신을 주도하는 기업 내부의 플랫폼이 있었다. 그것을 플랫폼이라고 특별하게 지칭하지 않았더라도 구성원들이 신제품과 신서비스를 개발을 위해 아이디어를 공유하고, 기술을 개발하는 장은 조성되어 있었다. 하지만 그것은 기업 내부에서 이루어지는 '폐쇄적' 플랫폼이라는 것이 과거와 현재 플랫폼의 큰 차이점이다.

과거에 기업의 혁신은 기업 내부의 역량으로 이루어져야 했다. 외부에서 선정한 벤치마킹 기업이나 기업 내부에서 자체적으로 설정한 목표를 달성하기 위한 혁신은 기업의 핵심 역량으로 비밀로 관리되어야 했다. 기업 내부의 역량으로 이루어지는 폐쇄적 형태의 혁신은 소비자, 경쟁자 등 다양한 외부 참여자를 배제한다. 기업은 혁신을 이루기 위해 내부적으로 노력하였고, 역량을 동원하였다. 따라서 혁신을 위해 노력하는 내부 인력에게 중요한 덕목은 높은 수준의 보유 기술력, 지식, 노하우, 창의력 등이었다. 이렇게 기업 내부에서 이루어지는 혁신에 대한 노력은 실패할 경우 그 실패 비용 전부가 기업에게 귀속되었다. 또한 성공한 결과물은 기업 내부에 기밀로 남아 새로운 제품과 서비스를 창출하는 데 사용되었다.

이러한 기존의 혁신 방식에 큰 변화의 바람이 불었다. 기업의 혁신이 '개방형'으로 이루어진다는 것이 처음 소개되었을 때 관련자들은 의아해하였다. 다른 기업과 차별화를 이루는 우리 기업만의 생존 요인은 철저히 비밀에 부쳐져야 한다는 것이 상식이었기 때문이다. 따라서 '개방형 혁신'이라는 표현은 상충하는 두 단어를 나열한 것이라고 여겨졌다. 하지만 개방형 혁신은 이제 다양한 산업 전반에 걸쳐 스마트한 혁신 방식이자 상식으로 자리잡았다. 무엇이 그것을 가능하게 한 것일까.

기업이나 사람에게나 의도된 '변화'에는 '불가피함'이 내포되어 있다. 즉, 기업의 혁신 방식이 폐쇄형인 것보다 개방형인 것이 기업의 생존과 번영에 유리하게 된 환경의 변화가 선행되었기 때문에 개방형 혁신으로 기업이 움직이게 된 것이다. 이것에 더해 개방형 혁신이 가능하게 된 환경의 변화도 함께 이루어진 것이다. 즉, 개방형 혁신을 탄생시킨 데에는 환경의 변화라는 거대한 배경 변화가 있었다는 것을 이해하여야 한다. 이와 함께 개방형 혁신을 이루어내기 위해 운영 시스템인 개방형 플랫폼이 탄생하게 된 것이다.

어떤 환경 변화가 개방형 혁신이 생존과 번영에 더 유리한 혁신으로 자리잡게 한 것일까? 변화의 핵심은 IT기술의 발달, 즉 인터넷 환경의 변화에 있다. 온라인 세상이 열렸다. 현대 사회는 오프라인 세상보다 보이지 않는 온라인 세상이 더 크다. 그곳에서 사람들의 인식을 변화시키고, 니즈를 변화시키는 다양한 활동이 쉴새 없이 일어난다. IT 기술의 발달로 소비자의 성향이 변화하였고, 니즈가 복잡해졌다. 컴퓨터와 인터넷의 발달은 기업이 직면한 시장을 변화시킨 것이다.

가장 큰 변화는 '변화의 속도가 빨라진 것'이다. 인터넷의 발달로 소비자들의 다양한 니즈가 빠른 속도로 변화하기 시작했다. 또한 소비자들은 기업이 빠른 속도로 니즈에 응대하기를 바랐다. 또한 산업의 경계가 모호해졌다. 예전에는 산업의 경계가 소비자 니즈를 규정하였다면, 인터넷 시대에는 소비자의 니즈가 산업의 경계를 규정하였다. 따라서 기존 사업의 테두리 안에서 해결하지 못하는 니즈도 발생했다. 변화의 속도가 더디거나, 소비자 니즈를 해결하지 못하는 기업은 도태되어 갔다. 이런 환경에서 기업 내부의 역량에 집중하는 폐쇄적 혁신은 한계에 부딪힐 수밖에 없었다. 기업의 혁신은 외부의 참신한 아이디어를 필요로 하였고, 타분야 전문가의 참여를 필요로 하였다. 기업의 혁신이 내부 지향적에서 외부 지향적으로 변화하기 시작한 것이다. 이렇게 개방형 혁신이라는 개념이 탄생하게 된 것이다.

그 뒤로 개방형 혁신은 정교화되기 시작하였다. 개방형 혁신의 시작은 '오픈 소스'였다. 즉, 혁신은 기업기관에서 이루어지며 혁신의 기초가 되는 참신한 아이디어와 전문가의 의견을 외부에서 받아들이는 것이다. 이것은 타기업, 타기관, 소비자, 전문가에서 기업으로의 단방향 정보 흐름을 기반으로 한다. 이것은 혁신이 이루어지는 부분, 즉 문제제기가 기업 내부에서 시작한다는 특징을 갖는다. 기업 내부에서 질문을 만들고, 그 질문에 대한 외부의 의견과 정보, 지식을 수집한다. 또한 외부에서 유입한 다양한 아이디어에 대해 기업은 내부적으로 가치평가를 하여 혁신 과정에 반영한다. 즉, 아이디어 수집 과정에서 소스를 개방하였지만 여전히 혁신 과정은 폐쇄적인 형태이다.

이는 현재 이루어지고 있는 개방형 혁신, 개방형 플랫폼과는 거리가 있다. 요즘 행해지는 개방형 플랫폼은 어떻게 다를까?

1991년 11월 핀란드 헬싱키 대학에 재학중이던 리누스 토르발스는 유닉스를 기반으로 개발한 운영체제(OS), 리눅스(Linux)를 공개하였다. 리눅스는 이전 운영체제와 달리 소스코드를 완전 무료로 공개하여 프로그램 개발자 개인이 운영체제의 문제 제기 및 해결, 업그레이드에 참여하였다. 이는 전세계 5백만 명이 넘는 프로그램 개발자 그룹을 형성하게 하였고, 운영체제의 독점이 아닌 다수를 위한 공개라는 원칙을 지키며 지속적으로 업그레이드가 이루어지고 있다.

리눅스가 운영되는 시스템은 개방형 플랫폼이라는 아이디어를 제공한다.

그동안 타운영체제인 MS, 애플의 ios는 기업 내부에서 개발되어 기업 내부에서 소프트웨어 업그레이드가 이루어지고 보급되었다. 각 운영체제의 소스코드는 당연히 비밀이었다. 소비자들의 VOC를 종합하거나, 기업 내부적인 목적을 달성하기 위한 업그레이드가 이루어졌다. 하지만 리눅스의 운영 시스템은 달랐다. 리눅스의 코드는 모두에게 공개되었다. 리눅스의 문제 해결, 업그레이드를 위한 문제제기는 리누스 토르발스가 아닌 전 세계에 살고 있는 프로그램 개발자들에 의해 자발적으로 이루어졌다. 외부의 문제제기와 해결, 혁신이 이루어지는 활동의 장인 플랫폼이 등장한 것이다. 이것이 플랫폼에서 이루어지는 요즘의 개방형 혁신이다.

현재의 개방형 혁신은 기업이 플랫폼을 연다. 전부는 아니지만 필요한 만큼의 정보와 기술의 오픈이 이루어진다. 플랫폼에서 소비자, 타기업, 타기관, 전문가들의 활동이 이루어진다. 혁신 플랫폼에서 교류되는 아이디어와 기술은 참여자들에 의해 객관적으로 가치 평가를 받는다.

현재의 개방형 혁신은 인터넷을 배제하고는 이루어질 수 없다. 인터넷상에서 정보와 아이디어의 교환이 이루어진다. 즉, 개방형 혁신의 필요성을 탄생시킨 것도 인터넷의 발전이고, 그것을 가능하게 한 것도 인터넷의 발전인 것이다.

스마트 폰에서 우리가 다운받는 어플리케이션은 안드로이드, 혹은 애플 직원들만 만들어 제공할 수 있는 것이 아니다. 다양한 참여자들이 있다. 만듦과 동시에 소비자가 되는 대중도 플랫폼에 참여한다. 이를 크라우드 소싱이라고 한다. 이러한 측면에서 아이이어와 기술, 지식이 플랫폼에 정보를 제공하는 사람이 곧 정보의 수혜자가 된다는 점에서 양방향 이동이라 할 수 있다. 또한 혁신 플랫폼을 제공한 기업도 다양한 참여자가 활동할 수 있는 플랫폼과 기업의 정보를 제공하고, 참여자에게서 정보와 기술, 지식을 제공받는다는 측면에서 양방향 이동이 이루어진다고 할 수 있다. 무엇보다 혁신의 시작하는 질문이 기업 내부뿐 아니라 외부에서도 이루어지는 것이 강점이다. 외부에서 제기되는 질문은 곧 소비자들의 니즈이기 때문에 기업이 소비자들의 니즈를 애써 파악하지 않아도 니즈를 드러내며 동시에 문제 해결까지 소비자가 스스로 이루기 때문이다. 기업이 할 일은 자유롭고 합리적인 플랫폼을 만들어 외부에 퍼져 있는 혁신 인력들이 마음껏 활동할 수 있는 멍석을 깔아주는 것이다.

플랫폼을 통한 혁신은 변화에 빠르게 대처할 수 있다는 장점을 갖는다. 변화를 만들어 내는 소비자, 전문가층이 니즈를 가시화하고, 동시에 그들이 혁신에 참여하는 것은 혁신의 효율성을 높이는 것이기도 하다. 혁신은 근본적으로 위험을 내포하고, 이는 실패에 대한 큰 비용을 치러야 하는 것을 의미한다. 기업 내부에서 가치 판단한 혁신이 실패하여 상용화되지 못하거나, 내부에서는 성공적이라고 판단한 결과물이 시장에서 빛을 발하지 못하는 경우도 허다하다. 모든 경우 실패의 후유증과 비용은 기업의 몫이 된다. 하지만 플랫폼을 통한 혁신의 경우는 이와 다르다. 플랫폼에서 진행되는 혁신은 과정 중에 객관적인 가치 판단이 이루어진다. 시장에서 소비자가 되는 이들이 혁신 과정에 참여하고, 니즈를 드러내면서 혁신에 대한 위험은 자연스럽게 감소한다. 또한 플랫폼에서 이루어지는 각각의 크고 작은 시도들은 플랫폼 자체의 승패를 좌지우지할 만큼 결정적이지 못하다. 다만 플랫폼 운영 시스템 실패에 따른 플랫폼 자체의 실패는 가능하다.

아이팟과 아이폰, 아이패드로 유명한 미국의 기업 애플은 플랫폼 기업의 대표주자다. 소비자들은 애플을 단순히 하드웨어를 판매하는 회사로 생각하지 않는다. 오히려 '애플'이라고 하면 아이튠즈를 떠올릴 만큼 애플은 하드웨어를 소비하는 다양한 양질의 소프트웨어 콘텐츠를 제공하는 기업으로 유명하다. 실제로 애플의 소프트웨어 파워가 하드웨어의 가치를 높이고 있다.

아이폰과 아이패드를 사용하기 위해 소비자들은 어플리케이션을 다운받는다. 유통, 판매되는 어플리케이션은 애플의 콘텐츠 플랫폼을 통해 소비자들에게 제공된다. 어플리케이션의 제작자, 제작사는 애플에 소속된 개발자들이 아니라 외부의 프로그램 개발자, 혹은 개발자 그룹, 개발사 등으로 다양하다. 이들이 소비자들의 니즈를 파악하여 어플리케이션을 개발하거나, 자신의 니즈를 충족시킬 어플리케이션을 직접 개발하여 유통시키기도 한다. 애플은 직접 콘텐츠를 개발하는 것 대신 플랫폼에 프로그램 코드 정보를 공유하고 양질의 어플리케이션이 유통될 수 있도록 콘텐츠를 평가하고 관리한다. 또한 소비자들이 어플리케이션을 쉽게 검색하고 사용하기 용이하도록 플랫폼의 구조, 사용법 등을 연구하고, 소비자들이 구매평을 공유할 수 있도록 시스템을 구축하는 등 플랫폼의 운영과 품질 관리에 중점을 둔다.

애플의 어플리케이션 스토어에서 어플리케이션 몇 종류가 플랫폼의 운명을 좌지우지할 수는 없다. 따라서 플랫폼에서 이루어지는 시도는 비교적 자유롭고 혁신적이다. 하지만 애플이 플랫폼 운영과 관리에서 실패한다면 이는 전체 어플리케이션에 영향을 미치게 된다.

구글의 안드로이드 역시 모바일 콘텐츠 플랫폼이다. 어플리케이션 개발자가 지정된 하나의 하드웨어에 최적화된 하나의 소프트웨어를 출시하면 되는 애플 플랫폼과 달리 다양한 하드웨어에 모두 사용가능한 어플리케이션을 제작하여야 유통이 가능한 구글의 안드로이드 플랫폼은 개발자들에게 상대적으로 인기가 적었다. 애플의 경우 플랫폼의 역사가 길어 누적된 콘텐츠와 애플 플랫폼을 선호하는 기존의 개발자들이 있기 때문에 안드로이드 플랫폼이 애플 플랫폼을 따라잡는 것은 거의 불가능할 것으로 여겨졌다. 하지만 안드로이드 플랫폼은 파격적인 운영 방식으로 비교적 단기간에 애플 플랫폼과 어깨를 견줄 수 있게 되었다. 구글은 외부 개발자에게 로얄티를 받지 않았다. 플랫폼에서 발생하는 수익의 일부만 개발자에게 돌아가는 것이 일반적인데, 구글은 로얄티 없이 계약하는 운영방식을 채택하였다. 안드로이드 모바일 콘텐츠 플랫폼은 점점 커져갔고, 안드로이드 운영체제를 사용하는 하드웨어의 발달과 시장에서의 인기는 안드로이드 플랫폼의 지속적 성장을 가능하게 하였다.

개방형 플랫폼을 통한 혁신은 오픈 이노베이션의 한 형태이다. 연구 개발의 전 과정을 한 기업이 모두 계획하고, 소유하고, 해결하는 폐쇄형 혁신은 정보량이 매일 기하급수적으로 늘어나는 IT시대에 적합하지 않다.

개방형 플랫폼 모델은 IT산업에서 시작하였다. 개방형 플랫폼을 이용한 혁신의 장점이 부각되면서 타산업으로 확대되어가고 있다.

대표적인 사례로 크라우드소싱 디자인 플랫폼이 있다. '더 스토리'는 국내의 크라우드소싱 패션 플랫폼으로, 대중들의 아이디어와 참여를 통해 새로운 패션 디자인을 만들어 내는 패션 플랫폼이다. 개인 디자이너, 혹은 패션에 관심이 많은 대중이 생산, 유통, 재고에 대한 부담 없이 디자인에 몰두할 수 있는 환경을 조성하고 디자인에 관심 있는 사람들끼리 소통할 수 있는 온라인 공간이 되고 있다.

타산업의 개방형 플랫폼 역시 동일 분야에 전문성을 가진 사람들이 모여 다양한 아이디어를 냄으로써 빠르게 변화하는 소비자 니즈를 충족시킬 수 있게 된다.

3 오픈 이노베이션

오픈 이노베이션(open innovation)은 미국 버클리대학교 헨리 체스브로 교수가 2003년에 제시한 개념이다. 이는 개방형 기술 혁신 전략으로, 크게 두 가지로 구분할 수 있다. 첫째, 안으로 열린 기술 혁신이다. '아웃사이드 인'이라고 불리는 이 혁신은 제품의 아이디어와 기술을 외부에서 도입하는 것을 의미한다. 둘째, 밖으로 열린 기술혁신이다. 이는 '인사이드 아웃'이라고도 불리며, 기업의 자체 기술을 스스로 사업화하지 않고 팔거나 분사하는 것을 의미한다. 라이센싱의 형태가 대표적이다. 이는 전통적인 개방형 기술혁신은 설명할 수 있지만, 현대의 진화한 개방형 혁신을 설명하는 데에는 한계가 있다. 현대의 개방형 혁신은 아웃소싱이나 기술 라이센스로 충분하게 설명되지 않는다. 오픈 이노베이션을 추구하며, 개방형 플랫폼을 운영하는 기업은 운영 목적에 따라 다양한 방식으로 플랫폼을 개설하고, 시스템을 만들어낼 수 있다.

오픈 이노베이션은 개방형 플랫폼과 유사어로 사용되기도 하지만 그 둘의 개념에는 차이가 있다. 오픈 이노베이션은 개방적으로 이루어지는 신기술, 신제품 개발 혁신을 포괄한다. 개방형 플랫폼은 오픈 이노베이션의 한 모델로, 다양한 형태와 운영 방식으로 진화하고 있다. 개방형 플랫폼의 진화와 함께 오픈 이노베이션의 방식도 진화하고 있다.

경영 환경이 복잡해지고, 소비자들의 니즈가 다양해지고, 변화의 속도가 빨라지면서 산업 경계가 모호해 지고 있다. 스마트폰의 경우, 예전에 핸드폰은 명확하게 제조업의 영역이었다. 하지만 지금의 핸드폰인 스마트 폰은 컴퓨터와 휴대폰 사이에서 그 경계가 모호해졌다. 핸드폰이 콘텐츠 소비로써의 컴퓨터의 기능을 수행하게 되면서 다양한 콘텐츠를 공급하는 소프트웨어 산업도 핸드폰 산업에 편입되었다. 이처럼 산업의 경계가 모호해지고, 하나의 제품에도 여러 산업이 융합되다 보니 기업의 입장에서는 경쟁자도, 협력자도 모호해지는 결과가 나타났다. 예전의 경쟁자가 지금의 협력자가 되기도 하고, 예전의 협력자가 지금은 경쟁자가 되기도 하였다. 이러한 경영 환경에서 기업은 신제품을 개발하고, 신사업을 창출하는 데 내부의 역량에 한계를 느끼게 되었다. 신제품, 신사업 개발을 시도할 때마다 융합 분야의 전문가를 모두 기업 내부로 유입하는 것은 기업 입장에서도 큰 부담으로 작용할 수밖에 없다. 외부 전문가, 기술자, 소비자들의 참여를 필수 요소로 느끼게 된 것이다.

외부 역량을 이용한 기술 개발 혁신의 시작은 조인트 벤처(joint venture)와 공동 연구(joint development)에서 찾을 수 있다. 이것은 모두 둘 혹은 그 이상의 기업이 서로 협력하여 신기술을 연구하고, 개발하는 것으로 지금도 계약의 형태로 진행되는 기술 제휴는 활발하게 이루어지고 있다. 조인트 벤처와 공동 연구도 오픈 이노베이션의 방식 중 하나다.

이와 달리 개방형 플랫폼은 불특정 다수의 참여를 통해 새로운 부가가치를 탄생시키는 오픈 이노베이션 방식이다.

오픈 이노베이션의 리더로 꼽히는 미국의 기업 P&G는 오픈 이노베이션 정책에 대해 다음과 같이 말한다.

"우리 회사 내부에는 8,600여 명의 과학자가 있지만, 외부에는 150만 명의 과학자가 있습니다. 왜 그들을 이용하지 않나요?"

이는 개방형 플랫폼을 이용한 오픈 이노베이션의 철학적 근간이 되는 말이다.

P&G 사례

P&G는 1837년 비누 제조업자인 제임스 갬블(James Gamble)과 양초 제조 업자인 윌리엄 프록터(William Procter)가 동일 지분 합작으로 시작한 기업으로, 미국 신시내티 지역에서 출발하였다. 신시내티 지역은 비누와 양초 제조의 원 료가 되는 동물의 부산물인 지방과 오일을 얻기 쉬운 입지적 장점이 있었고, 공통된 재료를 사용하는 것이 합작의 계기가 된 것이다. P&G가 미국 전역에 제품을 공급하는 소비재 기업으로 성장한 것은 설립 후 30여 년이 지난 1870 년대였다. 남북전쟁을 계기로 백만 달러 기업으로 성장할 수 있었다. 하지만 그 후 1859년 펜실베이니아에서 석유가 발견되면서 핵심 사업의 하나인 양초 제조업이 위기에 처하게 되었다. 살아 남기 위해 사업의 다른 축인 비누 사업 을 확대하였는데, 그때 출시한 상품이 지금도 유명한 아이보리 비누(Ivory)였 다. 아이보리 비누는 P&G의 전통적인 비누 제품과 차이가 있었다. 이는 최초 의 혁신적인 제품으로 평가받는데, 올리브유를 사용한 고급 비누와 비슷한 품 질을 내면서 비용이 저렴한 코코넛이나 팜 기름을 혼합하여 제조되었다. 또한 타 제품 비누보다 오랜 기간 고체 상태를 유지하여 오래 사용할 수 있다는 장 점이 있었다. 아이보리 비누의 성공으로 P&G는 양초 산업 위기를 극복하고 매출 규모 수백만 달러의 기업으로 성장하며, 미국 전역에 제품을 공급하는 대기업이 되었다.

P&G의 새로운 도약은 1940년대 합성세제 타이드(Tide)를 개발하면서 이 루어졌다. 타이드는 그동안 비누 제작에 머물러 있던 P&G가 화학 실험을 통 해 신기술을 개발하는 기업으로 변화하였음을 의미하는 것이기도 하였다. 타 이드의 성공은 연구 협력의 노력이 숨어 있다. 당시 P&G 연구원인 로버트 던 컨(Robert Duncan)이 새로운 제품 아이디어를 얻기 위해 독일의 I.G. Farben 연 구소를 방문하였다. 독일은 제1차 세계대전 당시 비누를 얻을 수 없었다. 그들 은 전통지식을 활용하여 소의 담즙을 이용하여 비누의 대용품으로 사용하였는

데, 소의 담즙은 직물 염색 과정에서 첨가물로도 사용이 가능한 것이었다. 독일의 과학자 I.G. Farben은 이로부터 유용 성분을 추출하고 합성하여 Igepon이라는 제품을 만들어 직물회사에 판매하고 있었다. 이것은 훌륭한 세제였으나 제조하기가 어려워 가정용 세제로 상용화되기에는 한계가 있었다. 이러한 상황을 알게 된 P&G의 과학자 던컨은 Igepan의 경쟁 제품을 판매하려고 하는 친구의 공장에서 해당 제품을 구매하여 미국의 P&G로 발송하였다. P&G 연구원들은 연구를 시작하여 가정용 세제를 만드는 작업에 착수하였다. 1931년 원재료를 공급하는 기업과 라이센싱 계약을 체결하고, 제조 과정에 있어 관련 특허를 보유한 기업과 라이센싱 계약을 체결함으로써 가정 세탁 부문에서 시장을 석권할 수 있었다.

P&G는 이후 적극적인 라이센싱 계약과 연구 개발을 진행하면서 소비재를 생산하는 기업 중 세계 최대 규모의 다국적 기업이 되었다. 타이드(세제), 팸퍼스(일회용 기저귀), 오랄비(칫솔), 질레트(면도기), 듀라셀(건전지), 프링글스(스낵) 등이 모두 P&G의 연구 결과 탄생한 제품이다. 전 세계 80개 이상의 국가에서 138,000명 이상의 직원이 근무하며, 71개국에서 8,500명의 연구원이 다양한 연구를 수행하고 있다. 그들은 전세계적으로 27,000개의 특허를 보유하고 있으며, 평균적으로 매일 8개의 새로운 특허를 출원하고 있다.

하지만 1990년대 후반 P&G는 성장의 하락세를 경험하였다. 이유는 변화하는 소비자들의 니즈에 만족하는 신제품을 생산하는 데 실패한 것이다. P&G는 20년 이상 타이드, 팸퍼스와 같은 대형 상품을 개발, 생산하지 못하였다. P&G와 같이 소비재를 생산하는 기업에게 이러한 사실은 매우 큰 위협으로 작용하였다.

P&G는 예전부터 이어오던 혁신의 방식에 질문을 던졌다. 다시 기업이 성장의 추진력을 얻기 위해서 기업의 혁신율이 획기적으로 향상되어야 한다고 생각했다. P&G의 최고 경영진은 기업 내부의 연구 개발비용 및 혁신을 위한 비용이 빠르게 증가하여 매출 성장률을 초과하고 있기 때문에 기업의 지속 가능한 성장을 방해한다는 것을 알아냈다. 하지만 그렇다고 해서 혁신을 포기하거나, 혁신을 위한 노력을 줄일 수는 없는 것이었다. 예전이나 지금이나 P&G

의 핵심은 혁신에 있었다. 이러한 위기에서 탈출하기 위해 P&G가 개발한 것이 유명한 C&D(connect & development)이다. 이는 개방형 혁신의 가장 대표적인 성공사례로 자주 인용된다.

　P&G는 성숙한 시장에서 활동하는 기업이다. 시장의 특성을 고려할 때, 매년 4~6% 성장을 기록하지 않으면 기업이 지속가능하기 어렵다고 판단한다. 이전에는 P&G 기업의 크기도 작았고, 세계 시장 역시 성장기에 있었으며, 비교적 경쟁도 덜 치열하였다. 이때는 글로벌 연구 조직을 구축하고, 세계 최고의 연구인력을 고용하여 기업 내부 혁신을 통해 신제품과 신사업을 창조하는 것이 가능했다. 그러한 연구 개발의 힘으로 P&G는 획기적인 성장을 달성하였다. 하지만 21세기에 들어 내부 발명(invent-it-ourselves)모델의 한계가 극명해졌다. 신기술이 폭발적으로 등장하였고, 소비자들의 요구도 복잡해지고 빨라졌다. 그 변화에 발맞추지 못해 P&G의 주가가 2000년 이후 절반으로 떨어지는 위기를 맞이하기도 하였다. 가장 큰 문제는 R&D의 생산성에 있었다.

　이 문제를 해결하기 위해 P&G는 회사의 내부 비즈니스를 상호 연계 시킴으로써 중요한 혁신을 이끌어낼 수 있음을 깨달았다. 내부 연구소와 연계된 외부 연구 인력들을 통해 창출한 작은 신제품들을 조사하였고, 외부와 연계하는 모델의 수익성이 매우 높을 뿐 아니라 혁신에 대한 위험 부담 역시 현저히 감소한다는 것을 알아냈다. 당시 P&G의 CEO 라프레이(Lafley)는 외부로부터의 혁신을 전체의 50%로 목표를 설정하였다. 이러한 연계 모델이 미래 성장의 핵심이라는 것을 공표한 것이다. 라프레리는 "신제품의 50%는 내부 연구소로부터(from) 나올 것이고 나머지 50%는 내부 연구소를 거쳐(through) 나올 것이다"고 발표하였다.

　이러한 혁신 방식은 매우 혁신직이었다. 외부 조사에 의하면 P&G연구자 1인에 대해 전 세계 비슷한 수준의 과학자 또는 엔지니어가 약 200명 있는 것으로 나타났다. 이는 P&G가 내부 연구 인력을 통해 잠재적으로 활용 가능한 과학자가 150만명이라는 것을 의미한다.

　P&G의 이러한 혁신 방식의 변화는 그에 따른 P&G 내부의 대대적인 운영 혁신을 필요로 하였다. P&G는 외부 혁신에 대해 저항적인 태도(NIH 증후군:

Not Invented Here Syndrome)를 없애고 외부 혁신에 대해 자부심을 갖는 의식 (proudly found elsewhere)을 심고자 하였다. 내부의 R&D 조직을 새롭게 정의하고, 인식하기 위해 기존의 생각을 허물어 내·외부간 경계를 허물기 시작하였다. 이러한 노력의 결과가 C&D의 성공을 가능하게 했다. 이들은 소비자들의 니즈에 대한 명확한 인식과 인지를 바탕으로 전 세계로부터 제품에 대한 참신하고 유망한 아이디어를 얻고, 저렴하지만 양질의 제품을 신속하게 출시하기 위해 노력했다. 연구 기술 개발에서 시작한 C&D는 제조, 마케팅, 구매 등의 기업 영역 전반에 확대되기 시작했다.

5 C&D

C&D(connect & development)는 P&G가 창안하고 확장시킨 오픈 이노베이션 모델이다. P&G의 정의에 따르면 C&D는 "외부에서 개발된 지적 재산권에 접근하고, 외부에서 개발된 자산과 노하우를 외부에서 사용하도록 하는 것"이다. P&G는 상표에서 포장, 마케팅, 엔지니어링까지, 그리고 서비스와 디자인에 이르는 모든 영역에서 C&D 아이디어를 적용하고 있다.

P&G가 활용하고 있는 C&D의 주요 수단들은 다음과 같다.

(1) 사업 아이디어 발굴(Where to play)

C&D가 효과적으로 작동하고 혁신 생산성을 높이기 위해서는 무엇을 찾고 있는가. 어디에서 어떤 사업을 수행할 것인가를 정확하게 파악하는 것이 선행되어야 한다. 목표를 신중하게 정의하지 않으면 P&G의 연구 개발은 새롭지만 무의미한 것으로 가득차게 될 것이고, 이는 기업의 비용 증가를 초래한다. P&G는 이미 어느 정도 성공이 입증된 아이디어와 추가적으로 조사하고

개발해야 할 것들, 즉 소규모로 시판되고 있는 제품이나, 초기 제품 모델과 기술, 소비자들의 관심이 최소한이라도 입증된 제품을 발굴하고, 그것에 아이디어를 더하여 발전시키는 시스템을 구축하였다. 이로써 외부의 아이디어가 명확히 무엇에 대한 것이어야 하는지를 규정해줄 수 있게 되었다.

P&G는 이미 잘 알려진 개인 위생 제품 및 세제 제품 외에 스낵, 음료, 처방약, 방향제, 화장품 등 300여 개의 브랜드를 보유하고 있다. 이를 넘어서 최근에는 생명공학, 이미징(imaging), 로보틱스 분야에의 진출을 위해 연구를 수행하고 있다.

P&G는 연구 개발의 목표(where to play)를 정의하기 위해 다음과 같은 조사를 수행한다.

1) 소비자의 니즈 top 10.

P&G는 1년에 한 번씩 진행되고 있는 각 사업 단위에 대해 변화한 소비자들의 니즈를 재조사하며, 그것을 반영하여 업그레이드할 수 있는 기업 내 사업 브랜드를 찾는다.

많은 연구자들이 기업의 이익이나 발전과 관련하여 상업성과는 별개로 개별적인 흥미나 관심을 기반으로 연구를 시작하는 경우가 있다. 하지만 P&G는 창의적인 아이디어를 지원하는 동시에 혁신의 생산성을 높이는 것에 늘 촉각을 곤두세웠다.

예를 들어, 세탁에 대해 소비자들의 중요한 니즈 중 하나가 냉수를 사용하여 효과적으로 세탁을 하는 것이 조사되었다고 할 때, P&G는 냉수에 효과적인 세탁세제를 개발하기에 앞서 판단을 한다. 이러한 니즈를 충족시키기 위해서는 낮은 온도에서도 잘 작동될 수 있는 화학적, 생물적 해결방안을 모색하여야 한다. P&G는 이에 대한 답을 가지고 있는 극지방 얼음에 있는 미생물의 효소 반응을 연구하는 실험실을 찾기만 하면 되는 것이다.

2) 인접분야

P&G는 현재 브랜드 기반을 활용하여 새로운 제품이나 컨셉을 발굴하기

위해 인접분야 조사를 수행한다. 아기 일회용 기저귀 브랜드 팸퍼스와 인접한 영역으로 물수건, 패드를 개발하고자 한다면, 이를 개발할 수 있는 혁신적인 제품과 관련 기술을 탐색한다. 이는 브랜드의 확장 전략으로 활용된다.

3) 기술게임위원회

P&G는 다양한 브랜드를 보유하지만, 이들 간에 시너지가 작용하여야 한다고 믿고 있다. 어떤 한 분야에서 이뤄낸 기술 변화가 다른 범주의 제품 및 브랜드에 어떻게 영향을 미칠 수 있을지 평가하는 기술게임 위원회를 운영하고 있다. 전사적인 차원에서 운영되는 위원회로, 브랜드 간 시너지 효과 및 기술 개발의 생산성을 높이는 데 중요한 역할을 한다. 또한 P&G의 핵심기술 중 강화해야 할 측면과 추가적으로 확보해야 할 기술, 또한 보유하고 있는 기술 중 라이센싱하거나 판매할 것이 있는지 평가한다. 또한 이들은 특정 분야의 기술 개발에 있어 반대하는 권리를 가진다.

P&G가 가지고 있는 C&D 성공 수단의 두 번째는 네트워킹이다.

(2) 네트워킹(how to network)

네트워크 자체는 경쟁력이 되지 못한다. 보다 중요한 것은 네트워크를 어떤 구조로 구축하고 어떻게 활용하는가이다. P&G는 소비자 니즈 리스트, 인접분야에 대한 지도 작성, 기술게임위원회 등 정의된 범주 내에서는 아이디어에 대한 어떠한 제한도 두지 않는다. 현재 P&G는 회사 내부의 비공개 네트워크인 기술 사업가 네트워크(technology entrepreneurs)와 공급자 네트워크(suppliers)를 운영하고 있으며, 타기업들도 이용 가능한 공개 네트워크인 NineSigma, InnoCentive, YourEncore, Yet2.com을 동시에 운영하고 있으며, 이러한 네트워크를 통해 대학, 연구기관뿐 아니라 대중들에게서도 아이디어를 얻고 있다. 또한 소매상, 경쟁자, 연구 개발 파트너, 무역 거래사, 벤처사, 개인 사업가들로부터도 다양한 아이디어를 수용하고 있다.

P&G가 가지고 있는 C&D 성공 수단의 세 번째는 실행방법에 있다.

(3) 실행방법

P&G는 전 세계 공개, 비공개 네트워크를 이용하여 얻은 제품 아이디어에 대해 내부적인 평가를 하는 엄격한 과정을 거친다. 이러한 평가는 P&G라는 기업의 정체성과 기업이 궁극적으로 무엇을 추구하는가로 귀결된다. 아이디어의 수집에는 한계를 두지 않지만, 상용화하는 데에는 철저하게 기업 이념이 반영된다. 기술 사업가들이 외부 연구소의 연구 인력을 만나고, 특허를 조사하고, 현장의 제품을 선별할 때에는 P&G가 추구하는 기준을 충족하는가에 대해 초기 단계의 평가가 이루어진다. 첫 번째 평가에 만족하는 제품이 발견되었다고 할 때, 기술 사업가는 해당 제품을 P&G의 온라인 "eureka catalog"에 제품 소개와 왜 P&G가 이 사업을 하여야 하며, 이것이 P&G의 사업 니즈에 어떻게 부합하는지에 대해 작성한다. 또한 관련 특허가 기업 내에서 어떻게 활용가능한지에 대해 작성하여 카탈로그에 작성한다. 제품에 대해 정밀한 사진이 포함되어 P&G 전 세계의 관련 고위 관리자와 R&D팀에게 배포되어 평가를 받게된다. 만약 해당 제품 아이디어가 지속적으로 유망하다고 인정받게 되면 소비자 패널에 의한 평가를 거치게 되고, 그 결과가 희망적이면 P&G의 제품 개발 포트폴리오로 편입하게 된다. 이후, P&G의 내·외부 사업개발 팀이 최초 제품 제조업자와 접촉하여 라이센싱이나 협력 등 사업 관계에 대한 협상을 진행한다. 실제로 진행되는 C&D 실행과정은 위의 설명보다 훨씬 복잡하고 엄격하다. 이러한 과정을 거치기 때문에 외부에서 발견된 100개의 제품 아이디어 중 1개 정도의 제품만이 실제로 시장에 출시된다.

이처럼 아이디어에는 아이디어를 현실적으로 실현할 수 있는 운영 계획 및 실행 방법이 중요하다. C&D라는 혁신 아이디어가 세상에 나와 성공할 수 있었던 것을 그것의 부가가치를 상승시킨 네트워크 운영 시스템, 평가 시스템에서 찾을 수 있다.

P&G가 가지고 있는 C&D 성공 수단의 네 번째는 기업문화의 혁신이다.

(4) 기업 문화의 혁신

기업 문화는 기업의 크고 작은 활동에 가장 근본으로 작용한다. C&D 프로그램을 지지하는 조직적인 움직임이 없었더라면 외부에서 얻은 아이디어만으로 P&G의 시도가 성공하기 어려웠을 것이다. P&G는 C&D의 성공을 위하여 과거의 중앙 집중적인 의사결정 체계, 내부지향적인 연구 개발에서 벗어나 내부의 많은 문화적 탈바꿈을 견뎌냈다. 시스템을 뒷받침하는 근본적인 기업 철학의 변화없이 C&D의 지속적인 진화와 성과는 없었을 것이다.

또한 C&D와 함께 보상 시스템도 바뀌었다. P&G의 보상 시스템은 다음 두 가지 목표를 추구하고 있다. 첫째는 최상의 아이디어를 얻기 위한 보상이고 둘째는 NIH에 대한 저항 심리를 없애는 보상이다. C&D 실행 초기에 내부 직원들은 C&D가 그들의 자리를 뺏을 거라고 예상하거나 P&G가 자체의 경쟁력을 상실한 것이라는 우려를 했다. 하지만 P&G의 보상 시스템과 C&D의 성공적 운영에 이러한 걱정은 점점 줄어들었다. 시간이 지난 후 직원들은 C&D의 성공이 P&G의 경쟁력이며, 곧 자신들의 경쟁력을 강화시키고 있음을 깨달았다.

P&G의 C&D 성공의 열쇠는 가장 먼저 기업 문화의 혁신에 있다. 내·외부 아이디어와 기술의 경계를 무너뜨리고 적극적으로 개방화에 앞장선 것이다. 그리고 내부의 반발을 최소화하기 위한 적절한 보상 시스템을 갖추었다. 또한 외부아이디어를 수집하는 데 합리적인 탐색 시스템을 갖추었고 실제로 제품으로 선정되어 시장에 나오기까지 엄격하고 까다로운 평가 과정을 거칠 수 있도록 하여 무분별한 아이디어로 기업의 정체성이 흐려지지 않도록 제품을 선정하고 개발하였다. 또한 기업 내부에서 브랜드 간 기술 시너지를 극대화하기 위한 위원회를 두어 전사적인 차원에서 연구 개발의 결과가 갖는 생산성을 높이는 데 주력하였다.

P&G의 오픈 이노베이션이 '성공이다, 실패다'라고 단정 짓기에는 이른감이 있지만, 우선 단기적으로 많은 성과를 거둔 것은 인정할 만하다. 일부는 C&D에 대해 P&G가 그동안 다방면에서 축적해 온 자원들이 현실적으로 구현되는 반짝 효과라고 평하기도 하고, 일부는 새로운 혁신 방법이라고 극찬을

하기도 한다. 이견이 있지만 P&G가 활동하는 소비재 시장은 이미 포화된 시장이고, 뛰어난 기술력을 필요로 하는 시장은 아니다. 이러한 성장시장에서는 C&D가 혁신의 생산성을 높이는 방법인 것은 확실해 보인다.

P&G의 활동에서 우리가 오픈 이노베이션에 대해 배울 점은 오픈 이노베이션은 단순히 혁신을 외부에 전가하는 행위가 아니라는 것이다. 오픈 이노베이션을 시도하는 기업은 변화한 방법에 맞는 새로운 역량이 요구된다. 네트워크를 구축하고, 합리적으로 운영하는 시스템을 갖추고, 넘쳐나는 정보와 아이디어에서 실제로 기업에게 이익이 되는 것을 찾아내는 평가 능력 및 내·외부의 협력을 극대화하는 보상 시스템 운영 능력이 필요하다.

6 성공적인 오픈 이노베이션

성공적인 오픈 이노베이션을 위해서는 정교한 장치가 필요하다. 예전 '레고 쿠소'에 모체를 둔 '레고 아이디어즈(Lego Ideas)'는 2014년 4월 30일에 본격 런칭되었다. 개인(보통 레고 이용자들이 많다)이 레고 창작품 아이디어를 '레고 아이디어즈' 사이트에 업로드하면 레고 이용자들이 일정 기간 동안 제품에 대한 지지(supporters)를 표시한다. 기간 내에 1만 지지를 받게 되면 제품은 레고 회사의 상품성을 포함한 깐깐한 심사를 받게 되고, 심사를 통과하면 실제 제품으로 만들어진다. 이렇게 탄생한 제품은 창작자와 일정 부분 수익을 공유하게 된다. 이는 레고 마니아들에게는 꿈의 사이트로 여겨지고 있으며, 레고사는 외부의 참신한 아이디어와 니즈를 받아들이는 것으로 서로 윈윈하는 오픈 이노베이션의 개방형 플랫폼 모델이다.

〈그림 8-1〉은 레고 아이디어즈 홈페이지의 첫 화면이다. 아이디어를 공유하고, 지지를 받으면 레고의 심사를 거쳐 실제 제품으로 만들어진다는 것을 소개하고 있다. 〈그림 8-2〉는 진행중인 제품의 서포트 현황과 남은 기간을

그림 8-1. 레고 아이디어즈의 홈페이지 첫 화면

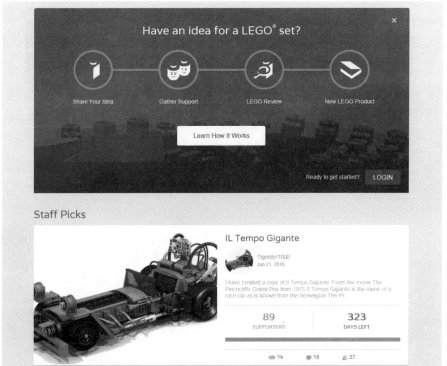

출처: https://ideas.lego.com/

표시하고 있다. 남은 기간 내 1만 서포트를 획득하면 레고의 리뷰를 받을 수 있는 요건을 갖추게 된다. 기업 레고 안에 고용된 레고 디자이너는 120여 명이지만, 자발적 디자이너는 12만 명이 된다. 많은 자발적 디자이너들이 활동하는 레고 아이디어즈는 소비자의 니즈 조사, 제품 디자인, 시장 평가까지 소비자들에게 맡기고 있는 셈이다. 이것을 가능하게 하는 운영 시스템, 그리고 참여를 유도하는 보상 시스템은 레고의 오픈 이노베이션을 성공적으로 하는 열쇠이다.

또한 레고 아이디어즈는 오픈 이노베이션을 실행하는 개방형 플랫폼의 역할을 수행한다. 레고 아이디어즈라는 플랫폼에 레고 이용자, 디자이너가 모여 활동한다. 플랫폼을 효과적으로 이용하고, 이를 통해 기업의 혁신 생산성을

그림 8-2. 진행중인 제품의 서포트 현황과 남은 기간

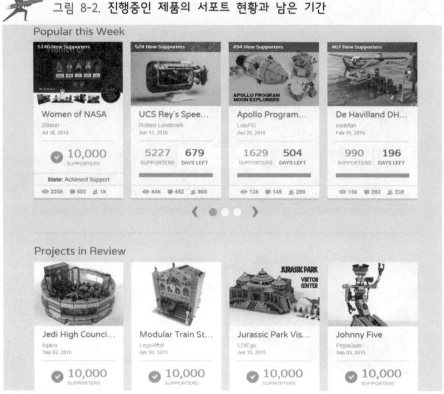

출처: https://ideas.lego.com/

높이는 것은 오픈 이노베이션을 지향점으로 삼은 기업이 갖춰야 할 내부 역량
이라 할 수 있다.

성공적인 오픈 이노베이션을 위해서는 장기적인 시각을 가져야 한다. 오
픈 이노베이션의 성공 사례로 꼽히던 퀴키(Quirky)는 이제 이노베이션의 실패
사례로 꼽힌다. 2009년에 설립되어 100만 명 이상의 회원을 보유한 퀴키는 확
장된 프로슈머라는 컨셉을 탄생시키며 크게 성장하였다. 퀴키의 비즈니스 모
델은 아이디어만 좋으면 제품으로 만들어 전 세계를 대상으로 판매해 주겠다
는 것으로, 기발한 아이디어만 있으면 개발, 제조, 판매되는 전 과정에 소요되
는 비용을 크라우드 펀딩으로 해결하는 모델로 큰 인기를 끌었다. 다관절 멀
티탭이 대표적인 성공작품으로, 시장에서 성공을 거둔 이 제품이 개인의 기발

한 아이디어에서 시작되었다는 의미에 많은 사람들이 환호했으며, 쿼키는 '꿈의 공장'이라는 별명을 갖게 되었다. 하지만 2015년 9월 꿈의 공장 쿼키가 파산 신청을 했다. 쿼키의 실패작 중 대표적인 것이 스카트 달걀 트레이이다. 냉장고 안에 깊숙이 보관중인 달걀이 몇 개가 남아 있는지 알려주는 달걀 트레이에 대한 아이디어가 쿼키에 올라왔고, 이것이 세상에 꼭 필요한 제품이라 믿어 제품을 생산하였으나, 이 제품을 200달러의 돈을 주고 구매하고자 하는 실 소비자들은 거의 없었다.

쿼키의 비즈니스 모델은 여전히 유효하고, 장점이 있다. 하지만 이런 비즈니스 모델이 다시 실패의 전철을 밟지 않으려면 현금 흐름의 문제로 파산하였다는 분석 이면에 숨은 근본 원인를 알아야 한다. 쿼키의 파산은 방만한 경영, 즉 아이디어를 시장화하는 데 있어 덜 엄격했다는 것이다. 이는 곧 플랫폼 운영의 실패를 의미한다. 소비재 시장은 경기의 영향을 크게 받고, 변화가 빠르다. 기발하다고 해서 제품화하고, 이것이 시장의 관심을 받을 것이라는 안일한 판단은 무리한 경영을 야기한다. 제품으로 만들기 전에 다양한 소비자층에게 시험을 거치는 시스템을 안일하게 사용하였다. 또한 소비자들은 스스로 모순된 행동과 사고를 하는 경우가 많다. 이미지상으로는 구매를 약속하면서도 실제로 금액을 지불하고 제품을 구매할 경우에는 다른 선택을 하게 되는 경우가 많다. 따라서 소비자들의 의견을 수용하면서 동시에 경영진의 통찰력이 제품 개발에 반영되어야 하는 것이다. 레고 아이디어즈가 레고 이용자들의 반응을 존중하지만, 최소한의 기준으로 여기고 레고 회사의 심사를 엄격하게 적용하는 것은 이러한 위험을 인지한 것이다.

오픈 이노베이션은 기술 혁신, 제품 혁신을 외부에 오픈하는 것이다. 하지만 그와 동시에 내부의 엄격한 통제력이 동반되어야 성공적인 오픈 이노베이션을 이끌 수 있다. 이러한 통제력은 기업이 영위하는 산업에 대한 깊이 있는 이해와 통찰력에서 나온다.

7 오픈 이노베이션과 SCM

　기업이 제품 제조에서 소비자에 도달하기까지 과정을 공급사슬이라고 부른다. 공급과정에 참여하는 협력업체가 다양해지고 그 사이에 관계 관리가 필요해짐에 따라 이전 공급사슬을 공급 네트워크라고 확장된 개념으로 부르기도 한다.

　오픈 이노베이션은 제품 개발, 기술 개발 단계의 공급사슬이라고 할 수 있다. 새로운 아이디어를 받아들이고, 기술 제휴를 하는 모든 과정이 기존 공급사슬에서 일어나는 활동과 맥락을 같이 한다. 또한 공급사슬의 관계 관리와 같이 오픈 이노베이션을 위해서는 합리적인 보수 시스템을 갖추는 것 등의 관계 관리가 필요하다. 오픈 이노베이션에는 공급사슬보다 공급 네트워크라는 표현이 더 적합해 보인다. 다수의 정보와 아이디어가 모이고, 협력기업, 경쟁기업과 제휴하는 것이 소수의 기업과 이루어지는 것이 아니기 때문이다. 오픈 이노베이션의 공급자를 아이디어와 기술을 제공하는 대중, 전문가, 벤처기업 등이라고 정의할 때, 공급자 네트워크의 중심은 플랫폼이 된다. 플랫폼을 운영하는 시스템에 따라 혁신의 생산성과 효율성도 결정된다. 플랫폼의 운영도 공급사슬 관리의 연장선상에 있다.

8 오픈 네트워크(open network)

　오픈 이노베이션의 개념하에 추진되어 설립된 오픈 네트워크(open network)가 있다. 이는 상업화된 개방형 플랫폼으로, 한 기업이 독점적으로 관리하고 소유하는 플랫폼이 아니라 문제를 해결하기 위한 신기술을 필요로 하는 수요자와 그 기술을 보유한 공급자를 연결해주는 역할을 한다.

오픈 네트워크는 외부 협력 확대를 위한 중요한 채널로 자리매김 하고 있다. 2006년 12월 NineSigma를 시작으로 하여 2007년 11월에는 InnoCentive와 2008년 1월에는 YourEncore가 등장하였다. 국내 기업으로 LG화학은 처음으로 YourEncore와 계약을 체결하여 활발히 협력을 진행 중이다. LG화학은 오픈이노베이션을 추진하는 기업으로, 주된 전략은 글로벌 선두 기업으로의 진출을 위한 연구 개발 역량 확충과 R&D 성과 가속화, 그리고 연구 개발시 문제점 해결 방안에 있어 필요 기술을 보유한 기관을 오픈 네트워크를 통해 찾는 것이다. 오픈 네트워크를 활용하는 경우에는 적지 않은 비용과 3~6개월의 시간이 소요되기 때문에 내부적으로 해결방안을 모색한 뒤 어려울 경우 외부 오픈 네트워크를 활용하는 순차적인 방법을 사용하고 있다. 비용과 시간이라는 제약 조건이 있지만 내부적으로 해결이 어려운 문제에 봉착하였을 때, 오픈 네트워크는 해결의 돌파구를 마련할 수 있다는 장점이 있다. 외부 파트너를 발굴하는 과정도 오픈 네트워크를 활용하는 방법과 직접 발굴하는 것이 가능하다. 하지만 직접 발굴할 경우 탐색 비용이 발생한다. 따라서 기업은 각각의 경우 발생하는 비용과 기대 효과를 철저하게 계산하여 추진하여야 한다.

대표적인 오픈 네트워크로는 앞에서 언급한 것과 같이 NineSigma, Inno-Centive, YourEncore가 있다. 각각의 특징과 성격이 달라 활용방식에는 약간의 차이가 있다. 가장 먼저 등장한 NineSigma는 해결 방안을 가지고 있는 관련 업체를 탐색하는 데 유용하다. 이는 P&G가 개발한 것으로 기술적 문제를 발견하고 이를 즉각 해결할 수 있는 기업을 탐색하는 데 사용한다. InnoCentive는 세계적인 제약기업인 Eli Lilly가 지원하여 설립되었다. InnoCentive는 약 140,000명의 회원이 있다. 이들은 해결 방안을 제안할 수 있는 전문가 집단이며, 이들은 기술적 문제를 가진 기업에게 해결 방안을 제공한다. 마지막으로 YourEncore는 NineSigma와 같이 P&G의 지원으로 설립된 것으로, 4,000여 명의 은퇴 과학자를 컨설턴트로 보유하고, 기술 문제를 가진 기업과 은퇴 과학자를 연결시켜주어 컨설팅이 이루어지도록 하고 있다. 이 세 가지 오픈 네트워크는 모두 기술해결 플랫폼으로, 기술적 문제를 가지고 내부적 해결의 한계에 봉착한 기업과 해결의 열쇠를 가지고 있는 전문가나 업체를 연결해 주는 역할을 한다. 이들 기관을 이용할 경우 비용과 소요 시간을 고려해야 한다. 기업은 기술적 문제에 대한 해결책을 탐색하는 비용과 기관을 이용하는 경우의 비용과 소요 시간을 고려하여 합리적인 결정을 해야 한다.

9 구글의 오픈 이노베이션

오픈 이노베이션을 수행하여 기업의 혁신을 주도하며, 동시에 타산업에도 부가가치를 창출하는 기업으로 구글이 있다. 구글은 진행중인 다방면의 사업 분야에서 오픈 이노베이션을 미래 전략으로 채택하고 협업을 추구하고 있다. 구글은 인터넷 서비스 산업이 갖는 특징 때문에 빠르게 오픈 이노베이션 전략을 채택하였다. 인터넷 사업은 변화의 속도와 폭이 크고, 개별 기업이 소비자 니즈에 부합하는 완벽한 서비스를 만들어 내는 것이 불가능하다. 따라서 인터넷 기업은 베타 버전 형식의 제품을 출시해 사용자의 피드백을 바탕으로 지속적인 프로그램 개선을 하게 된다. 이 과정에서 구글은 개방형 혁신을 수행하고 있으며, 현재는 구글 내부보다 사용자로부터의 혁신에 비중이 더 커지는 단계에 이르렀다.

구글은 크라우드 소싱(crowd sourcing)을 활용하고 있다. 크라우드 소싱이란 한가지 문제를 해결하기 위해 전문가, 프리랜서, 자원 봉사자에 이르기까지 대중의 아이디어와 기술, 제안을 모두 활용하는 것이다. 구글은 전 세계 1억 3천만 명 이상의 구글 사용자들이 모두 구글의 혁신에 참여할 수 있다고 생각하고 오픈이노베이션을 추진하고 있다. 크라우드 소싱의 대표적인 사례가 구글 연구실(Labs.google.com)이다. 구글 연구실은 아이디어 단계에 있는 서비스, 실험 서비스, 데모 서비스를 사용자가 직접 사용해 보고, 그 결과를 구글 개발자에게 피드백할 수 있는 기능을 제공한다.

구글 연구실을 통해 상용화된 서비스는 구글 지도(Google Maps), 논문을 검색하는 구글 스칼라(Google Scholar), 구글 비디오(Google Video) 등이 있다.

구글 지도 서비스는 구글을 사용하는 개인뿐 아니라 다른 기업에게도 인터페이스를 공개한다. 미국의 부동산 사이트 하우징맵스 닷컴(HousingMaps.com)은 구글이 제공하는 지도 서비스와 부동산 정보 사이트를 결합하여 이용자들에게 제공하였다. 구글은 개방형 인터페이스를 통해 그들의 서비스를 이용하여 다른 업체들이 새로운 서비스를 만들 수 있도록 함으로써 새로운 파급 효과를 창출하고 있다.

구글이 추진하는 오픈 이노베이션의 대표로 안드로이드라는 모바일 운영 체제가 있다. 안드로이드가 완전 개방형 확장 플랫폼이라는 것은 휴대폰 제조사 및 응용 소프트웨어 개발자에게 소스 코드가 모두 공개되어 자유로운 개발 환경을 제공한다는 것이다. 또한 라이센스료 등을 부과하지 않는다. 이러한 개방형 전략을 통해 안드로이드는 단기간에 신속하고 적은 비용으로 많은 콘텐츠를 보유할 수 있었다.

또한 구글은 내부적으로 보유하지 않은 기술을 기업 인수를 통해 확장하는 전략을 수행하고 있다. 구글은 회사의 핵심 전략인 검색 엔진 외에 온라인 결제, 소셜 네트워크 등 여러 벤처에 투자해 왔으며, 구글이 개발하지 않은 다양한 기술을 가진 기업들을 인수하여 왔다. 구글 어스는 키홀(Keyhole)사에서 유료 서비스로 제공되었으나 2004년 구글이 인수한 후 무료로 이용자들에게 제공되고 있다.

오픈 이노베이션은 변화의 속도가 빠르고 폭이 큰 경영 환경에 따른 기술 혁신 문제를 모두 해결해 줄 수 있는 마이더스의 손이 아니다. 오픈 이노베이션과 개방형 플랫폼의 운영은 기존 연구 개발 방식의 한계를 해결해 주는 하나의 방법이며, 지금도 오픈 이노베이션의 방식과 플랫폼의 형태는 계속 진화하고 있다.

오픈 이노베이션을 성공적으로 이끌기 위해서 기업은 우선 기업의 어떤 부분을 오픈할 것인가에 대해 고민하고 규정하여야 한다. 기업이 내부적 역량으로 해결할 수 없는 부분, 혹은 외부의 참여가 결정적 도움으로 작용할 수 있는 부분을 선별하여 오픈하여야 한다. 오픈한 부분에 대해서는 외부 전문가들의 자발적 참여를 유도할 수 있을 만큼 매력적인 운영 시스템을 고안하여야 한다. 또한 어디까지 오픈할 것인가에 대해서도 고민해야 한다. 앞서 설명한 P&G와 레고의 사례와 같이 궁극적으로 신제품이나 신사업의 결정권은 기업 내부에 있다. 그 혜택과 실패로부터 가장 가까이 있는 것이 기업이기 때문이다. 외부에게 맡기는 부분, 외부의 의견을 받아들이는 부분을 명확히 정의하고, 기업의 철학과 이념에 맞추어 최종적인 심사와 선택은 기업의 몫으로 남겨 두어야 한다. 이러한 전반적인 활동이 플랫폼 운영의 영역이며, 기업이 개방형 플랫폼이라는 제품 개발 단계의 공급사슬 네트워크를 관리하는 능력이 곧 플랫폼의 성패를 결정한다 해도 과언이 아니다.

기업에게 필요한 것은 단지 새로운 것이 아니다. 새롭고 유용한 것이다. 또한 새로운 것을 만들기 위해 지나친 비용이 사용된다면, 그 또한 바람직하지 않다. 따라서 기업은 오픈 이노베이션을 성공적으로 이끌기 위해서는 단지 내부 역량을 외부화하는 것이 아니라, 오픈 이노베이션을 위한 새로운 내부 역량이 필요하다는 것을 인지하고, 발전시켜야 한다.

오픈 이노베이션의 방식, 플랫폼의 운영 방식에는 규정된 매뉴얼이 없다. 기업이 마주한 시장, 기업의 철학과 특성에 맞춰 추구하고자 하는 이노베이션의 목적에 따라 새롭게 창조하고 개선할 수 있는 가능성은 열려 있다. 오픈 이노베이션의 목적이 혁신의 생산성을 높이는 데 있다는 것을 기억한다면, 얼마든지 창의적인 플랫폼을 탄생시킬 수 있다.

Enough is Not Enough Quality Management

CHAPTER

9

품질을 잡아 고객의 만족도를 극대화하라

1 품질의 정의

　　소비자가 제품을 구매하거나 사용할 때 가장 신경을 쓰는 부분은 그 제품의 품질(Quality)이다. 기업이 기술적인 불확실성과 시장의 불확실성에 대처해 나가는데도 품질은 가장 중요한 요소 중 하나이다. 품질이란 용어는 라틴어로 'of what'을 뜻하는 'qualitas'에서 유래하였다. 국어사전에서는 품질을 '물품의 성질과 바탕'으로 정의한다. 그러나 품질은 속성이 다양하고, 품질에 대한 소비자의 고객의 욕구는 수시로 변하기 때문에 품질을 한 문장으로 정의하기는 어렵다. 또 품질의 의미는 제품이나 서비스의 유형에 따라 달라진다. 그래서 Shewhart(1931)는 품질을 정의하는 것은 상당히 어렵다고 했으며, Garvin(1984) 또한 품질은 단순하게 정의될 수 없으며, 눈으로 확인한 다음에야 인식할 수 있다고 하였다.

　　소비자의 입장에서 볼 때 품질은 제품의 "가치"(Value)를 의미하기도 하고 "사용에 대한 적합성"(fitness for use)을 의미하기도 한다. 이렇듯 과거에는 품질이 단순히 "사용에 대한 적합성" 또는 "제품의 특성"으로 정의되었으나, 1951년 "Armand V. Feigenbaum이 Total Quality Control"이라는 저서를 통해 종합적 품질관리의 개념을 주창한 이후, 품질은 "소비자 기대의 적응도"라는 개념으로 확대되었다. 현재는 품질의 개념이 더욱 확대되어 제품이나 서비스가 지니는 고유의 성질, 특성, 개성 등의 우수함의 정도, 기준과의 일치성의 정도, 소비자 및 사회의 현재적, 잠재적 요구조건에 대한 충족으로 확장된다. 일반적으로 품질의 의미는 제품이나 서비스를 어느 관점에서 보느냐에 따라 달라질 수 있다.

① 소비자의 입장: 소비자에게 가장 높은 품질의 제품이란 소비자 자신의 요구를 가장 잘 만족시켜주는 제품을 말한다. 즉, 품질은 소비자가 지불하고자 하는 가격으로 제품이나 서비스가 의도하는 목적을 얼마나 잘 서비스하는가의 가치이다.

② 생산자의 입장: 품질은 "요구조건에의 일치"로 정의할 수 있다. 생산자의 입장에서 볼 때 중요한 고려사항은 적절한 비용으로 적합한 품질을 달성하는 것이다. 제품의 생산 비용은 중요한 요소이다. 즉, 소비자가 기꺼이 지불하고자 하는 가격으로 생산할 수 있어야 한다. 그러나 설계 규격에 맞게 제품을 생산하더라도 그 제품이 소비자의 욕구를 충족시키느냐 하는 것은 각 소비자가 판단하게 된다.

앞에서 살펴본 바와 같이 품질은 대표적으로 소비자 측면과 생산자 측면에서 인식하여 정의한다. 즉, 소비자 입장의 품질 정의인 "사용 적합성"과 생산자 입장의 품질정의인 "요구조건의 일치성"을 기본 개념으로 하고 있다.

(1) 제품품질과 서비스품질

품질은 고객에게 제공되는 재화의 성격에 따라 제품품질(product quality)과 서비스품질(service quality)로 나뉜다. Harvard대학의 교수인 Garvin(1986)은 그의 저서 "What Does Product Quality Really Mean?"에서 제품품질(product quality)의 개념을 다음과 같은 여덟 가지의 요소로 분류하고 있다.

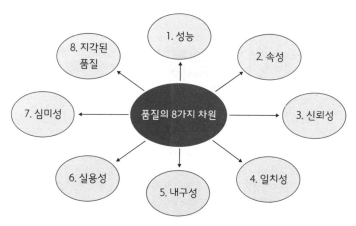

1. Performance(성능) = 제품이 의도한 기본적 기능이나 특성을 수행하는가?
2. Features(속성) = 제품은 많은 속성을 가지고 있는가?
3. Reliability(신뢰성) = 제품이 얼마나 자주 고장나는가?
4. Conformance to Standard(표준의 일치성) = 제품은 설계대로 만들어졌는가?
5. Durability(내구성) = 제품의 수명이 언제까지인가?
6. Serviceability(실용성) = 제품이 고장났을 경우 수리는 쉬운가?
7. Aesthetices(심미성) = 제품은 어떤 모습인가?
8. Perceived Quality(지각된 품질) = 제품의 인지도는 어느 정도인가?

　　제품은 유형이고 종업원들과의 상호작용이 제품의 한 부분이 아니기 때문에 Garvin의 요소는 인적 요인은 포함하지 않고 주로 제품의 특정 특성에 집중하고 있다. 반면 서비스품질(service quality)의 개념과 측정은 제품품질과는 다르다. 유형인 제품과 달리 서비스는 무형이고 고객과의 직접적인 접촉을 유발한다. 서비스품질은 서비스를 제공하는 과정 중에서 평가된다. 제품품질의 측정은 비교적 객관적이지만 서비스품질은 서비스를 받는 고객에 따라 주관적이다. 따라서 서비스품질의 차원은 제품품질과는 많은 부분에서 다르다고 할 수 있다. Parasuraman, Zeithaml & Berry(1985,1988)는 고객이 서비스품질을 판단하는 데 사용하는 중요한 요소로 다음 다섯 가지를 들고 있다.

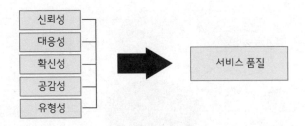

1. Reliability(신뢰성) = 약속된 서비스를 정확하게 제공할 수 있는가?
2. Responsiveness(대응성) = 기다림 없이 빠른 서비스를 제공할 수 있는가?
3. Assurance(확신성) = 종업원들의 서비스에 대한 지식, 예절, 신용과 신뢰를 보장할 수 있는가?
4. Empathy(공감성) = 종업원들은 고객을 이해하고 고객이 원하는 것을 제공할 수 있는가?
5. Tangibles(유형성) = 서비스를 제공하는 주위환경이 깨끗하고 정돈되어 있는가?

(2) 품질관리의 역사

품질의 역사는 고대까지 거슬러 갈 수 있지만, 실질적으로는 산업혁명 이후부터 체계적으로 관리되어 왔다고 볼 수 있다. Feigenbaum(1988)은 품질의 발전과정을 ① 작업자에 의한 품질관리 시대, ② 직장에 의한 품질관리 시대, ③ 검사에 의한 품질관리 시대, ④ 통계적 품질관리 시대, ⑤ 종합적 품질관리 시대, 그리고 ⑥ 종합적 품질경영 시대 등 여섯 가지로 구분하였다.

1) 작업자 품질관리 시대(operator quality control)

최초의 품질관리는 생산을 담당하고 있는 작업자가 자신의 결과물에 대한 품질까지도 담당하였다. 1800년대 말까지 제품을 제조하는 책임은 작업자가 지고 있었다. 그렇듯 한 명의 작업자가 그가 만드는 소량의 제품에 대한 품질을 전적으로 책임지므로 '작업자 품질관리'의 시대라 할 수 있다.

2) 직장 품질관리 시대(foremen quality control)

영국의 산업혁명기간에 노동의 분업과 전문화라는 개념이 도입된 결과 한 제품을 생산하는 데 관련된 작업자의 수가 늘어나게 되었다. 근대적 공장의 설립으로 동일한 과업을 수행하는 여러 작업자를 하나의 그룹으로 구성하여 이들을 통제하고 이들의 작업에 대한 품질을 책임지는 직장(조장, 반장)의 새로운 제도가 필요하게 되었다. 또한 대량생산으로 인한 공식적인 검사가 필요하게 되었다. 20세기 초기의 이러한 품질관리를 '직장 품질관리', 또는 '작업반장 품질관리'라 한다.

3) 검사자 품질관리 시대(inspection quality control)

생산량이 증가하며 작업반장이 품질검사 및 작업감독을 동시에 하기에는 벅찬 일이 되었다. 제1차 세계대전 중 제조시스템이 복잡하게 되고 컨베이어 시스템의 도입 등으로 작업이 더욱 전문화되어 감에 따라 하나의 작업반장이 거느리는 작업자의 수가 증가하게 되었고, 이에 따라 제품이 제조된 후 검사를 담당할 전문가가 필요하게 되어 전문적인 검사자에 의한 품질관리가 이루어지게 되었다. 이것은 조직 내에 검사부라는 새로운 부서를 만드는 계기가 되었고, 모든 검사는 검사부에 의해 이루어지게 되었다. 또한, 검사에 관한 보고는 검사부의 책임자가 공장장에게 직접 보고하였다.

4) 통계적 품질관리 시대(SQC: statistical quality control)

천문학, 물리학, 생물학, 사회과학 등에 사용되어 오던 통계학이 1920년대에 들어와서 품질관리에도 효과적으로 응용되기 시작하였다. 제품과 공정기술의 발전과 더불어 생산량이 더욱 증대되는 상황에서 모든 생산품에 대한 품질검사를 실행한다는 것은 거의 불가능 하게 되었다. 검사는 검사일 뿐이지, 제품의 품질을 향상시킬 수 없었다. 즉, 품질은 검사에 의해서 달성되는 것이 아니고, 프로세스의 개선에 의해서 달성된다는 것이다. 그리하여 샘플링이론에 의한 통계적 품질관리(statistical quality control)가 발생하게 되었다.

1924년 벨 전화연구소(Bell Telephone Laboratories)에 근무하던 Shewhart는 품질관리문제의 공정관리도를 개발하여 제조과정에서 발생하는 품질의 변동이 우연한 원인에 의한 것인지, 이상 원인에 의한 것인지를 밝히고 이들의 변동을 관리하였다. 이후 1920년대 말에는 같은 회사의 Dodge와 Romig가 전수검사를 대체하는 샘플링 검사법(acceptance sampling)을 개발하였다. 통계적 품

質관리는 불량의 변동을 제거하여 품질을 향상시키고 대량생산체제하에서 품질을 효과적으로 관리할 수 있게 하였다. 그 이후 품질관리의 개념이 확대되면서 추정과 검정, 상관분석, 분산분석, 실험계획법, 반응표면분석, 신뢰성 등의 기법들이 통계적 품질관리의 기법으로 이용되고 있다.

제2차 세계대전이 발발한 이후에 군수 무기의 품질은 인간의 생사를 결정하는 요소였기 때문에 품질관리가 더욱 중요해졌다. 산업계에서는 통계적 품질관리 기법을 적극적으로 응용하였고 이러한 기법들이 제품의 품질을 향상시키는 중요한 기법이라는 것이 확인되었다.

5) 종합적 품질관리(TQC: total quality control) 시대

1951년 GE(General Electric)의 품질관리 책임자였던 Feigenbaum은 그의 저서 'Total Quality Control'을 통해 설계로부터 판매에 이르기까지 기업의 모든 분야에 품질관리를 적용하는 개념을 제창하였다. 종합적(total)이란 품질이 어떤 한 부서에만 국한된 것이 아니라, 기업의 모든 부서와 직원들에게까지 확대되는 것을 의미한다. 그는 TQC를 다음처럼 정의하였다. "TQC란 기업 내에 있는 다양한 그룹들이 품질을 개발하고, 유지하고, 개선하는 활동을 통합하는 효과적인 시스템이다. 그래서 마케팅, 엔지니어링, 생산, 그리고 서비스 부서들이 협력하여 고객만족을 가장 경제적으로 달성하도록 하는 시스템이다." 그의 주장과 같이 이후 품질은 전 조직에 영향을 미치는 개념으로 확대되었다.

Feigenbaum은 일반적으로 제품이 8단계의 사이클을 거쳐 소비자의 손에 들어간다고 하였다. 이 8단계의 사이클은 마케팅, 설계 엔지니어링, 구매, 제조 엔지니어링, 감독과 생산, 검사와 기능 테스트, 반출, 판매와 서비스이다. 또한 제품과 서비스의 품질은 아홉 가지 요소의 영향을 받는데, 이 아홉 가지 요소가 Feigenbaum의 9M이다: market(고객), money(자본), management(경영), men(인력자원), motivation(동기부여), materials(자재), machine and mechanization(자동화), modern information methods(현대정보기술), 그리고 mounting product requirement(청결)이다.

품질관리기능에 조직의 모든 구성원을 포함시키고자 한 다른 개념은 이 당시 확산되기 시작한 무결점(zero defects)운동이다. 무결점운동은 1962년 미국의 Martin-Marietta사의 Orlando 사업부에서 미사일의 신뢰도향상과 원가절감을 목적으로 전개된 품질향상 기법이다. 무결점운동은 인간은 완전함을 바라는 욕구를 가졌다는 전제 아래 작업자로부터 품질에 대한 완전성을 추구하는 개념이다. 결점은 반드시 어떤 원인에 의해서 발생되기 때문에 이러한 원인을 조직적이고 체계적으로 제거하는 이른바 ECR(Error Cause Removal)이 무결점 운동의 요체이다. 즉, 결점의 원인을 파악하고 그 원인을 제거하는 것이다.

6) 종합적 품질경영(TQM: total quality management) 시대

1970년대 말까지 품질은 경쟁우위를 확보하는 데 꼭 필요한 것이라고 생각하기보다는 이를 소홀이 하면 불량으로 인한 손실이나 기업 이미지를 해칠 수 있는 것이라고 생각할 정도였다. 그러나 전 세계적으로 경쟁이 심해지면서 품질관리가 기업의 경쟁력을 강화시키고 경쟁우위를 제공하는 기초임을 인식함으로써 품질관리에의 접근법이 바뀌게 되었다. 이때부터 관리자들은 품질의 전략적 중요성을 인식하기 시작하였다. 최근의 품질관리시대를 전략적 품질경영(strategic quality management) 시대라고 부르게 되었다.

미국 기업의 최고경영층이 품질을 전략적 무기로 인식하게 된 계기는 불량제품에 대해 수백만 달러에 이르는 제조물책임 소송이 빈번히 발생하여 낮은 품질이 기업의 전체적 수익성의 감소를 가져온다는 사실을 체험하게 되었고, 결함 있는 제품에 대한 회수(product recall)를 강조하는 미국 정부로부터의 압력이 가중된 데 따른 것이다. 또한 그 당시 특히 품질을 무기로 미국 시장을 잠식해 가고 있던 일본 제품의 출현도 그 원인을 제공하였다.

TQM은 고객의 욕구를 충족시켜 줄 수 있는 품질의 제품을 경제적으로 생산하고 서비스할 수 있도록, 조직의 모든 부서가 협력체계를 이루어 통계적 기법은 물론 제반 기법 및 활동을 통하여, 품질의 개발 및 개선의 과정을 수행하는 체계를 말한다. TQM은 일본 기업들의 전사적 품질관리(CWQC: Company Wide Quality Control)와 유사한 개념으로 고객만족을 위하여 전사적으로 품질향상 활동을 실행하고 관리하는 전략이라고 정의할 수 있다.

7) 6시그마(6 sigma) 시대

TQM에 있어서 핵심은 고객중심의 고객만족이지만 6시그마에 있어서는 품질은 고객만족을 넘어 고객과 기업의 가치부여(value entitlement)를 동시에 실현함으로써 기업의 수익성을 증진하려는 노력이다. 이는 1988년부터 미국의 Motorola 회사에서 불량률을 획기적으로 줄이려는 품질혁신 프로그램의 일환으로 6시그마 계획을 성공적으로 실천하면서 GE, IBM, SONY, TI 등 많은 기업에서 도입하게 되었다. 6시그마 프로그램은 경영의 전반적인 프로세스를 혁신하고 불량률을 3.4PPM(parts per millions)까지 낮춤으로써 비용과 시간을 절감하고 고객만족을 증진시켜 기업의 수익성을 높이고 경쟁력을 강화시키는 전략이다.

2 TQM(Total Quality Management)이란?

1970년대 일본의 경제부흥으로 불붙기 시작한 무역전쟁은 국제시장의 질서를 완전히 바꿔 놓았다. 새로운 강자로 일본과 유럽이 부상하고, 미국이 쇠퇴하기 시작하였다. 미국의 경영자들은 미국 제품의 경쟁력이 저하되는 것을 인식하고, 그 원인을 밝히고자 하였다. 일본을 집중적으로 연구한 결과 미국 기업의 근본적인 원인은 품질에 있다는 것을 알게 되었다. 사실 품질만 좋지 않은 것이 아니라, 비용과 신제품개발에 있어서도 미국이 열세인 사실을 인식하였다. 미국은 경쟁력을 강화하기 위해서는 제품과 서비스의 품질을 향상시키지 않으면 안 된다고 결론을 내렸다. 1980년대 초 미국 기업의 경쟁력을 강화하기 위하여 품질운동을 선포하였다. 그래서 나온 방법이 TQM(total quality management)이다.

TQM은 1960년대 이후 크게 발전한 종합적 품질관리(TQC)에서 발전한 개념이다. TQC에서는 통계학적 방법을 주로 이용하였다면, TQM은 통계학적인 것은 물론 조직적이며 관리론적인 방법론에 많은 비중을 두고 있다. 즉, TQM은 경영과 기술 차원에서 실천되던 고객지향 품질관리 활동을 품질관리 책임자뿐만 아니라 마케팅, 엔지니어링, 생산, 노사관계 등 기업의 모든 분야에 확대하여, 생산부문의 품질관리만으로는 기업이 성공할 수 없고 기업의 조직 및 구성원 모두가 품질관리의 실천자가 되어야 한다는 것을 전제로 한다. 이는 단순히 지엽적인 제도나 기법에만 매달려서는 품질경영의 진정한 효과를 얻기 힘들고 품질위주의 기업문화를 경영관리의 모든 부분에 정착시켜야만 치열한 국제시장에서 살아남을 수 있다는 것을 강조하고 있다. 일반적으로 합의된 TQM에 대한 정의는 없지만 여러 학자들은 다음과 같이 TQM을 정의하였다.

▪ Cohen & Brand의 정의

Cohen & Brand(1993)은 "TQM이란 업무의 모든 국면에서 고객의 요구를 충족시키고도 남도록 조직의 역량을 개발하고 유지하는 것이다"라고 했다. 여기서 종합적이라는 말은 조직의 모든 기능과 계측과 속하는 모든 종업원이 품질을 추구해야 함을 의미하고 품질이란 조직의 모든 측면에서의 우수성을 의미하며, 경영이란 품질경영과정을 통한 품질결과의 추구를 의미한다.

▪ Ciampa, Main의 정의

Ciampa(1992)는 "TQM은 기업의 전략, 계획 그리고 모든 활동을 이끌어 가는 기본적인 하나의 통합된 원리"라고 정의하였다. 여기에서 통합된 원리란 단순히 고객에 대한 철저한 봉사를 의미한다. Main(1994)은 "TQM 이란 기업이나 조직에서 수행하는 모든 과업의 품질을 지속적으로 향상시키기 위하여 조직적으로 논리적인 방법으로 기업이나 조직을 운영하는 방법"이라고 정의하였다. 피터 드러커(Peter F. Drucher)는 경영의 탁월성을 "무결점경영"이라 명명했는데 TQM을 경영철학으로 삼고 있는 기업에서는 TQM과 무결점 경영은 동일한 것으로 간주하고 있다.

▪ Juran, Crosby의 정의

Juran(1994)은 "TQM이란 단순히 품질변동의 원인을 파악하고 개선하는 것이 아니라, 고객 욕구를 만족시키는 것"이라고 하였다. Crosby(1995)는 TQM을

"결함에 방에 모든 역량을 집중시키고, 고객과 공급업자 그리고 직원들을 만족시키는 것"이라고 하였으며, 또 전 직원의 참여를 전제로 하기 때문에 현장 근로자를 중심으로 하는 과거의 품질관리와는 다르다고 하였다.

■ 미국 GAO(General Accounting Office)와 국방부의 정의

GAO는 TQM을 "경영예술의 비교적 새로운 방법으로서, 전통적으로 수행해 온 경영방식을 재구축하여 제품의 품질과 고객 만족을 향상시키는 방법"이라고 정의하였다. 그리고 TQM은 고객 중심의 품질과 경영자의 강력한 리더십을 필요로 하고, 지속적인 개선과 자료에 입각한 행동, 그리고 직원의 참여를 중요시한다고 하였다.

그리고 미국 국방부는 "TQM은 조직을 지속적으로 개선하는 시스템을 구축하는 철학의 원리이다. 동시에 고객을 만족시키고, 자원을 효율적으로 이용하고, 모든 업무를 개선하기 위하여 계량적인 방법과 인력자원을 응용하고, 또 지속적인 개선을 달성하기 위해 기본적인 경영기법과 기존의 경영개선 방법, 그리고 기술적인 방법들을 통합하여 운영하는 것이다"라고 정의하고 있다.

이 밖에도 기업들도 TQM을 다음과 같이 다양하게 정의하고 있다. 미국의 국가품질상인 맬콤볼드리지상(MBNQA: Malcolm Baldrige National Quality Award)을 수상한 미국의 Westinghouse는 "TQM이란 올바른 일을 처음에 실행함으로써 고객의 욕구를 만족시키는 기능의 리더십"이라고 정의하였다. 미국의 Xerox사 역시 1979년에 TQM을 추진한 이후 10년 후인 1989년에 맬콤볼드리지상을 수상하였다. Xerox는 "TQM이란 경쟁력 있는 비용으로 고객의 만족을 극대화시키고 지속적인 개선을 달성하기 위해 기업 전체를 움직이는 전략으로 조직된 원리와 기법들의 집합체"라고 하였다.

한 연구에 의하면 미국의 기업조직의 경우 76%가 품질을 주요 목표로 인식하고 있으며, FORTUNE지가 선정한 1000대 기업 중 80%가 TQM을 운용하고 있는 것으로 나타났다. 이러한 점을 고려해볼 때 TQM이 생산성 향상과 고객만족이라는 목표를 이루게 하여 조직의 성공을 보장하는 관리모형이라는 인식이 널리 퍼져 있다. 이렇듯 TQM은 품질향상을 위한 기업들의 철학이다.

TQM은 단순히 품질을 향상시키는 기법이 아니라 기업의 전체적인 경쟁력을 강화시키는 철학이다.

TQM의 철학적 기반

- 품질은 고객에 의해 정의된다.
- 고객의 욕구에 의해 재화나 용역의 특성이 정의되어야 한다.
- 고객만족을 창출하는 재화와 용역을 생산하는 데 있어서의 과정을 중시하여 인간 위주의 경영 시스템을 지향한다.
- TQM은 새로운 조직을 창출하는 기업의 근본적인 철학이며, 전략의 가장 핵심적인 원리로써 작용하여야 한다.
- TQM은 품질만 향상시키는 기법이 아니고, 기업의 경쟁력을 강화시키는 철학이다.
- TQM은 기업이 살아남기 위해 모든 계층의 사람들이 반드시 이해하고 실천해야 할 철학이다.
- TQM은 기업의 문화를 변화시키고, 조직을 지속적으로 변화시키는 개념이다.

---

(1) TQM의 구성요소

앞서 품질관리의 역사에서 간략하게 소개된 바와 같이, TQM은 대량생산체제의 산업현장에서 제품의 결함을 줄이고자 하는 품질에 대한관심이 초창기인 1920년대에 품질관리(quality control)로 시작하여, 품질향상(quality improvement), 품질보장(quality assurance)으로 발전하고, 1980년대에 이르러 TQM의 개념으로 확대되어 하나의 기법으로 자리 잡았다. 조직에서 전체 구성원의 품질관리 참여의 중요성을 주장한 Deming, Crosby, Juran, Feigenbaum 등의 학자들이 공통적으로 제기한 TQM의 구성 요소는 다음과 같다.

첫째, 품질(Quality) – 품질은 조직의 중심적인 목표로서 인식되어야 한다.
둘째, 고객(Customers) – 고객을 품질에 대해 정의를 내리는 사람으로서 인식해야 한다. 전문가나 관리자가 품질에 대해 정의를 내리는 것은 아니다.
셋째, 고객만족(Customer Satisfaction) – 고객만족은 조직의 운영방향을 좌우한다. 조직의 장기전략 및 발전계획은 고객만족을 극대화하는 방향에서 설정되어야 한다.

넷째, 변이(Variation) – 조직과정에서의 불규칙적 변이의 원인 및 내용을 파악해야 하며 이는 감소시켜야 한다. 이러한 불규칙적 변이에는 산출물의 결함 혹은 서비스의 결함 등이 해당된다. 이에 대한 계량적 수치파악을 통해 결함 발생율을 감소시켜야 하는 것이다.

다섯째, 변화(Change) – 조직 내의 변화는 지속적이어야 하며 팀워크에 의해 추진되어야 한다. 최고관리자에 의한 갑작스러운 변화나 힘의 논리에 의한 변화 보다는 자생적 변화를 유도하고, 이러한 변화가 끊임없이 시도되어야 한다.

여섯째, 최고관리층의 관심(Top Management Commitment) – 최고관리층은 조직 내에 품질문화를 고양시키고, 직원을 격려하며, 품질경영에 대한 장기전망을 가져야 한다.

TQM에 대한 합의된 정의가 없듯, TQM의 구성요소 또한 많은 학자들이 다르게 정리하였다. 아래의 표는 다양한 학자들과 품질관리상의 심사기준에서 정의한 TQM의 주요 구성요소들을 보여주고 있다.

학 자	TQM 구성요소
Aly. Mautubby & Elshennawy(1990)	(1) 지속적 개선 (2) 다양한 기능적 팀웍 형성 (3) 가변성의 감소 (4) 교육훈련 (5) 공급자의 통합
Simon(1990)	(1) 지속적 공정개선 (2) 종업원 참여 (3) 수정 아닌 예방 (4) 공급자-고객관계 (5) 고객만족 (6) 문제 해결 위한 팀구성 (7) 도구사용 (8) 성과측정 (9) TQM 인식
Burati. Mattews & Kalidindi(1992)	(1) 경영자의 관심 및 리더십 (2) 종업원의 교육훈련 (3) 팀워크의 구성 (4) 통계적 방법 (5) 품질비용 (6) 공급자의 참여 (7) 고객서비스
Tenner, Detoro(1992)	(1) 최고경영자의 리더십 (2) 종업원의 교육훈련 (3) 타부서 및 외부자문 기관의 지원조직 (4) 포상 및 인식 (5) 종업원간의 커뮤니케이션 (6) 성과측정
Deming 등 4명의 저서내용(1993)	(1) 품질 (2) 고객 (3) 고객만족 (4) 변동 (5) 변화 (6) 최고경영자의 관심
Malcolm Baldrige상의 기준(1999)	(1) 리더십 (2) 정보 및 분석 (3) 전략적 품질계획 (4) 인적자원 개발과 이용 (5) 품질의 공정관리 (6) 품질 및 작업결과 (7) 고객만족

학 자	TQM 구성요소
IQRS 심사항목 (2001)	(1) 리더십과 전략 (2) 직원참여와 의사소통 (3) 품질시스템 문서화와 문서관리 (4) 인적자원 (5) 재무관리와 사업결과 (6) 영업/판매 (7) 설계와 개발 (8) 구매와 협력업체관리 (9) 운영관리 (10) 검사 및 시험 (11) 시정 및 예방조치 (12) 지속적인 개선 (13) 품질감사 (14) 이해관계자 만족과 관련경영

(2) TQM의 성공요건

TQM은 기업들이 제품이나 서비스의 생산에 적용하는 단순한 기술적인 방법이 아니라 기업의 가치관과 조직문화를 변화시켜야 가능한 것이다. 따라서 TQM을 도입하는 조직에서 철저한 계획과 인내와 끈기를 가지고 장기적으로 실천하여야만 성공할 수 있다. 도중에 완성되어 끝나는 일시적인 프로그램이 아니라 지속적으로 추구하여야 하는 철학인 것이다. 그만큼 TQM을 기업에서 성공적으로 도입하기란 쉽지 않다. 많은 기업들이 TQM을 도입해서 초기에 단기적인 성과를 거두기도 했지만 곧 원칙이 무너지고 사라지는 경험을 하였다.

Garvin(1988)은 TQM이 성공하기 위해서는 우선 기업의 목표와 품질전략이 일치하여야 한다고 하였다. 기업의 근본적인 방향과 품질정책이 일치하지 않는 경우, 품질 프로그램은 품질에 대한 기술만을 제시할 뿐이지, 조직원들의 호응을 얻는 데 실패해 궁극적으로 실패한다고 지적하였다. 실제로 TQM을 도입해서 실패한 기업들이 상당히 많다. 1,000명의 임원들을 조사한 Gallup 조사(1989)에 의하면, TQM을 도입한 기업 중에서 단지 26%만, 그리고 1991년에 비슷한 샘플을 조사한 Arther D. Little사는 36%만이 상당한 성과를 거두었다고 하였다. Lokie(1991)에 의하면, 프로그램으로 시작한 TQM이 12개월 동안 유지할 확률은 1/3밖에 되지 않는다고 하였다. 이렇게 실패율이 높은 가장 대표적인 이유는 TQM을 종합적이 아닌 부분적으로 실행하는 기업들이 많았기 때문이다. Fuchs(1983)는 전략적인 계획과 경쟁우위능력 결여, 그리고 구습의 문화 등이 TQM에 실패한 기업이 지니는 특징이라고 지적하고 있다. Barry(1994)는 품질상을 받기 위한 품질개선은 목적을 달성하면 대개 시들해져 잘 되지 않는다고 하였고 Peters(1987)는 대부분의 품질 프로그램은 열정이 없는 시스템을 운영하거나 또는 시스템이 결여된 열정만을 가지고 있기 때문에 실패한다고 하였다. Masters(1996)와 Tamimi(1998)는 TQM을 도입할 때 기업들이 부딪히는 장애물들을 다음과 같이 정리하였다.

① 품질에 대한 전사적인 정의 결여
② 변화를 위한 공식적인 전략계획 결여
③ 고객중심 결여
④ 조직 간 원활하지 않은 커뮤니케이션
⑤ 종업원의 실제 권한 이양 부재
⑥ 종업원에 대한 임원의 신뢰 결여
⑦ 품질프로그램의 단기처방 인식
⑧ 단기 재무성과에 대한 집착
⑨ 동기부여 결여
⑩ 성급한 추진
⑪ 정치적 문제
⑫ 리더십 결여

Kelada(1996)는 TQM이 성공하기 위한 다섯 가지 조건을 변화할 수 있는 능력을 지닌 최고 경영자, 품질과 TQM에 대한 분명한 정의, TQM 도입방법을 아는 것, TQM을 달성할 수 있는 방법을 아는 것, 그리고 TQM을 유지하는 방법을 아는 것으로 설명하였다. Feigenbaum(1993)도 TQM의 성공을 위한 열 가지 기본적인 지침을 다음처럼 설명하였다.

① 품질은 전사적인 활동이다.
② 품질은 고객이 말한다.
③ 품질과 비용은 적이 아니라 동지이다.
④ 품질을 향상시키기 위해서는 개인적인 열정과 광적인 팀워크 모두가 필요하다.

⑤ 품질은 관리하는 것이다.

⑥ 품질과 혁신은 상호 보완적이다.

⑦ 품질은 보편적인 윤리이다.

⑧ 품질은 지속적으로 개선하는 것이다.

⑨ 품질은 비용을 절감하고, 생산성을 가장 향상시키는 지름길이다.

⑩ 품질은 고객과 공급업자를 연계하는 토털 시스템으로 운영되어야 한다.

Crosby(1984)는 TQM이 성공하기 위한 조건으로 다음 세 가지를 제시하였다.

① 근로자로 하여금 성공토록 한다. 이를 위해서는 무엇보다 근로자를 존중하고, 근로자가 성공할 수 있는 기회를 마련해줘야 한다. 구체적으로 객관적인 업무 평가, 지속적인 교육, 업무의 명확한 정의, 포상제도 등이 전제되어야 하며, 조직원이 자신의 역할에 대해 긍지를 가질 수 있도록 대우해줘야 한다.

② 공급자로 하여금 성공토록 한다. 이를 위해서는 공급업자에게 회사방침을 분명히 알려줘야 한다. 즉, 업무 방식과 지향하는 목표가 우리와 조화를 이룰 수 있는 공급자를 선정하여 쌍방에게 유익한 장기적인 관계를 맺어 나간다.

③ 고객으로 하여금 성공토록 한다. 고객이 원하는 것이 무엇인지를 정확히 파악한 다음 그것을 제공한다.

3 설계를 통한 품질 향상

기업은 제품을 설계 단계부터 품질을 고려하여야 한다. 생산기술이 아무리 좋아도 설계가 잘못되면 제품의 품질은 좋아지지 않는다. 그러므로 품질을 근본적으로 향상시키기 위해서는 제품의 설계가 완벽해야 한다. Deming(1986)도 품질은 설계단계부터 제품에 적용해야 한다고 역설하였고, Taguchi(1978)나 Harry(2000) 같은 학자들은 품질 문제의 80%가 제품의 설계가 잘못되었기 때문이라고 지적하였다. 또 United Technologies의 최고경영자인 David와 Raytheon의 최고경영자인 Drewes도 설계단계부터 품질에 중점을 두어 검사원을 단 한 명도 없게 하여야 한다고 하였다.

제품의 설계는 보통 제품 생산 총비용 중 가장 적은 부분을 차지하지만, 문제가 발생했을 때 총비용에 미치는 부정적인 영향은 가장 크다. 그래서 품질코스트를 감소하기 위해서는 제품설계의 중요성이 항상 강조된다. Buckle (1992)은 제조품의 비용 중 약 80%는 제품을 설계할 때 결정되며, 생산이 시작된 다음에 품질을 제품에 적용하는 것은 너무 늦다고 하였다. 즉, 일단 실행에 옮겨진 계획을 나중에 바꾸는 것은 어려우므로 설계에서부터 품질의 중요성을 인식해 모든 낭비를 미리 제거하고 개선을 하여야 한다고 하였다. 이렇게 프로세스 단계를 많이 거친 후에 발견된 불량품은 비용을 훨씬 증가시키므로 불량과 관련된 비용은 감소하기 위해서는 초기부터 예방하는 것이 최선이다. 그래서 제품설계부터 관련된 사람들을 설계과정에 참여시켜 후에 발생할지도 모를 문제점들을 미리 방지하여야 한다.

4 품질기능전개(QFD: Quality Function Deployment)

QFD는 품질기능전개이다. 즉, 기능과 전개를 합성하였다. 품질전개는 고객의 요구(customer requirement)를 엔지니어의 언어인 제품의 기술적 요구(engineering requirement)로 전환시키는 것이다. 품질기능은 조직에서 고객의 사용품질을 만족시키는 조직의 중요한 기능이다. QFD는 제품과 서비스의 품질을 통해 고객만족도를 향상시킬 목적으로 만들어졌다. 고객이 직접적으로 표현하거나 숨겨져 있는 요구사항을 찾아내고, 그것을 프로세스와 실행방안으로 변형시키고 조직을 통해 실현하는 것이 주요 내용이다. Gover(1996)는 이를 고객의 요구사항을 파악하고 그 요구사항을 우선 순위화하며, 경쟁 기업과 비교함으로써 경쟁적 우위를 확보하기 위한 최적의 방법을 도출해 나가는 것이라고 정의하였다.

품질기능전개(Quality Function Deployment)는 1966년 일본의 아카오 요지에 의해 처음으로 제안되었고, 1972년 일본 고베에 있는 미쓰비시 조선소에서 제품개발을 위해 처음으로 시작되었다. Bicknell과 Bicknell(1995)은 QFD를 "고객의 요구사항을 객관적이고 계량화된 방식을 사용하여 측정가능하고 명확히 규명할 수 있는 제품과 프로세스 요인으로 변환시켜주는 시스템적 접근방식"이라고 정의하였다. 이러한 연유로 QFD는 고객의 관점에서만이 아닌 조직의 프로세스 관점에서도 접근하는 기능적인 복합성을 가지고 있다. Toyota는 QFD를 이용하여 신차 출시가격을 60% 이상 줄이고 제품 출시 기간도 33% 앞당겼다. QFD는 더욱 확대되어 일본의 가전산업, 의류산업, 건출설비 그리고 반도체산업 등에서 사용되어 많은 효과를 보았다. 또 QFD는 일본뿐만 아니라 미국으로까지 전파되어 미국의 많은 기업에서도 큰 효과를 보았다. QFD를 도입하여 효과를 본 미국의 대표적인 제품으로는 Hewlett-Packard의 Laser Jet 프린터, Ford의 Taurus등을 들 수 있다. 결론적으로 QFD의 전체적인 목적은 신제품의 기획 및 설계단계에서부터 고객의 욕구를 반영함과 동시에 개발기간을 단축하는 것이며, 이런 목적을 달성하기 위하여 신상품 개발의 초기단계부터 마케팅 부서, 기술 부서 및 생산 부서의 서로 밀접한 협력이 필요로 한다.

(1) QFD 적용 목적

- 고객요구의 명확한 판단 및 설계목표의 명확화
- CE개발처제의 추구
- Cost Down 제품설계
- 신제품 QA개발체제의 구축
- 표준화 설계 및 현장 관리점의 명확화

(2) 품질의 집

QFD가 추구하는 목적을 달성하기 위하여 개발된 기법이 품질의 집, HOQ (the House of Quality)이다. HOQ는 부서와 부서간의 계획과 의사소통을 원활히 하는 수단을 제공하는 방법으로 일종의 개념적인 지도이다. HOQ는 QFD 활용의 핵심적 수단으로 관련 부서간의 커뮤니케이션을 촉진시켜 제품 설계시 효과적이고 체계적인 논의가 가능하게 한다.

(3) HOQ를 구성하는 6개의 요소

그림 9-1. 품질의 집 HOQ

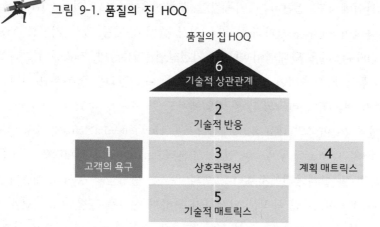

출처: Lou Cohen, Quality Function Deployment: How to Make QFD Work for You, Addison-Wesley Publishing Company, 1995.

HOQ는 6개의 요소들에 의해 작성되고 개발된다. 이 여섯 개의 구성요소는 위의 그림에서 보여지듯 고객욕구, 계획 매트릭스, 기술적 반응, 상호관련성, 기술적 상관관계, 그리고 기술적 매트릭스이다.

1) 고객욕구

QFD의 시작은 고객의 욕구 파악이다. 이는 기업이 고객의 욕구를 파악하

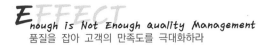

지 못하면 고객만족을 실현할 수 없기 때문이다. 일반적으로 고객의 욕구 파악은 고객과의 직접적인 개별면담 혹은 포커스그룹(focus group) 인터뷰, 시장 조사, A/S 자료 및 반품정보, TFT 활동 보고서 등을 통해 비계량적으로 파악된다. 고객의 요구를 규명하는 것은 품질의 집에서 가장 중요하고 어려운 부분인데, 이는 고객이 정말로 원하는 것이 무엇인지를 객관적으로 표현하기가 쉽지 않기 때문이다. 고객의 요구사항은 1차, 2차, 3차 항목으로 분류할 수 있는데, 1차 항목은 가장 기본적인 요구를 나타내고 2차, 3차 항목으로 가면서 더욱 구체적으로 세분화된다. 예를 들면 휴대폰이라는 제품의 1차 요구항목은 기능과 외관으로 분류할 수 있고 이는 다시 기능성, 사용성 그리고 모양 등 2차 항목으로 나뉠 수 있다. 3차 항목에서는 구체적으로 통화연결이 잘 된다, 가볍다, 혹은 디자인이 새롭다 등 구체적이 항목에 대한 고객의 반응을 측정하게 된다.

1차	2차	3차
기능	기능성	통화연결이 잘 된다.
		배터리가 오래가야 한다.
	사용성	가볍다.
		조작법이 간단해야 한다.
		그립감이 좋다.
외관	모양	디자인이 새롭다.

2) 기술적 반응

기술적 반응은 조직의 내적이며 기술적인 언어로서, 고객의 욕구(고객의 언어)를 품질특성(조직의 기술적 언어)으로 번역하는 단계이다. 이 과정을 통해 추상적인 고객의 요구를 기술적인 언어로 변환해 요구 품질을 평가하고 계획할 수 있는 품질요소를 추출한다. 이것을 검토하기 위해서는 고객의 욕구를 만족시킬 수 있는 기업의 프로세스 능력을 검토하여야 한다.

조작성				전기적 성능			
조작편의성		휴대성		TRS특성		IS특성	
버튼수	가능구현 동작수	형상	중량	소비전류	전기적 온도특성	동작 전압 범위	주파수

3) 상호관련성

상호관련성은 각각의 기술적 반응이 소비자의 욕구에 끼치는 영향력을 측정하여 평가한다. 이러한 영향력은 보통 기호에 의해 표시되며, 이 기호는 다시 영향력의 정도를 나타내는 숫자로도 표시된다. QFD에서 사용하는 기호는 다음과 같다.

의미	기호
절대적으로 관련있음	⊙
관련있음	○
관련이 있으나 약함	△
관련이 없음	BLANK

4) 계획 매트릭스

계획 매트릭스(planning matrix)에는 기업이 현재 제공하는 제품 및 서비스에 관하여 파악된 고객 욕구의 상대적 중요성과 만족도를 표시한다. 즉, 고객의 욕구가 상대적으로 얼마나 중요하고, 자기 조직이 고객의 욕구를 경쟁자들에 비해 얼마나 잘 충족시키고 있는지를 기술한다. 이와 같이 계획 매트릭스는 전략적인 마케팅 정보와 계획 의사결정을 다루는 QFD의 중요한 요소이다. 계획 매트릭스는 다음 여덟 개의 항목으로 구성되어 있다.

① 고객 욕구의 절대적 또는 상대적 중요성
② 고객 욕구에 대해 고객이 느끼는 실제 만족도
③ 경쟁자와 비교한 자사 제품의 경쟁력
④ 고객 만족도의 목표수준

⑤ 목표에 대한 개선 진척도

⑥ 판매능력

⑦ 순수가중치

⑧ 표준화된 순수가중치

순수가중치는 ①과 ⑤ 그리고 ⑥의 곱에 의해 계산된다. 표준화된 순수가중치는 각 고객욕구의 순수가중치를 순수가중치의 전체의 합으로 나눈 값이다. 그래서 표준화된 순수가중치의 전체 합은 반드시 1이 되어야 한다.

5) 기술적 매트릭스

기술적 매트릭스는 4가지 항목: ① 기술적 반응의 우선순위, ② 벤치마킹, ③ 자사의 현재위치, ④ 목표를 포함한다. 기술적 매트릭스는 경쟁사와 자사를 비교하고 경쟁사와 경쟁하기 위해 어떻게 하여야 할 것인가를 보여준다. 이 과정은 기존에 가지고 있던 데이터를 참고하거나, 경쟁사 제품을 직접 테스트해서 비교한다.

6) 기술적 상관관계

기술적 상관관계에서는 어떤 부서와 부서가 서로 협의하여야 하는가를 시각적으로 보여준다. 이는 HOQ의 제일 위쪽에 있기 때문에 HOQ의 지붕이라고 불린다. 기술적 상관관계는 양의 상관관계, 음의 상관관계, 그리고 무상 상관관계가 존재할 수 있다. QFD에서는 각각의 기술적 반응간의 기술적 상관관계를 표시하는데 다음의 5개 범주를 사용한다.

의미	기호
양의 상관관계 매우 강함	▲
양의 상관관계 보통	△
상관관계가 없음	BLANK
음의 상관관계 보통	▽
음의 상관관계 매우 강함	▼

(4) QFD의 효과

QFD는 고객의 욕구를 더 잘 이해하고 제조부문이 조기에 관여하게 되며 설계과정에서 문제의 예방에 중점을 두기 때문에 설계 변경의 횟수를 줄일 수 있게 해준다. 또 QFD는 생산준비비용(start-up and preproduction cost)을 절감시킨다. 실제 Toyota는 QFD를 사용한 후 61%의 생산준비비용 감소를 초래하였다. QFD를 이용하여 새로운 제품을 도입하는 데 소요되는 기간을 1/3 내지 1/2만큼 단축시킬 수 있다. QFD는 설계, 제조, 마케팅 등 모든 부서가 함께 작업하므로 다른 부서의 업무에 대한 이해를 증진시키고 부서 사이의 협조와 팀워크를 증진시킨다. QFD의 가장 큰 장점은 고객만족을 최대화시킬 수 있는 것이다. 상상하지 못한 고객의 희망을 규명하고 이들을 만족시킴으로써 제품 혁신이 이루어지게 된다.

5 6시그마

품질이 우수한 일본 제품이 미국 제품을 압도하기 시작한 1980년대 이후 미국은 정부차원에서 뿐만 아니라 기업들 사이에서도 품질향상을 위해 노력하기 시작했다. 이러한 시대적 배경에서 시작된 개념이 6시그마(six sigma)이다. 미국의 반도체회사인 Motorola가 1988년부터 1992년까지 5년 동안 불량률을 획기적으로 줄이는 6시그마 품질향상 전략을 수립하고 이를 성공적으로 실천한 바가 있다. 그 이후 6시그마 프로그램은 미국과 유럽, 그리고 일본뿐만 아니라 한국에서도 선풍적인 관심을 끌고 있다.

1988년에는 미국의 반도체 회사인 TI(Texas Instruments)가, 1993년에는 산업설비 회사인 스웨덴의 ABB(Asea Brown Boveri)가, 그리고 1994년에는 미국의 화학 업체인 AlliedSignal이 6시그마를 도입하였다. 또 1995년에는 GE(General

Electric), Kodak, 그리고 Johnson & Johnson, 1997년에는 일본의 Sony와 핀란드의 Nokia, 그리고 1998년 Ford가 1999년에 일본의 Toshiba가 6시그마를 도입하였다. 대만에서도 2001년 Inventec이 6시그마를 도입하였고 국내에서는 1996년 삼성 SDI가 처음 6시그마를 도입하였다. 이 기업들 외에도 ALSTOM, AT&T, Black&Decker, Bombardier, Caterpillar, Dow Chemical, DuPont, Eli Lilly, IBM, Lockheed Martin, Merrill Lynch, Raytheon, Seagate, Sears, Siemens, Toshiba, TRW, Untied Technologies, 3M 등이 6시그마를 시행하였다. 국내에서도 삼성뿐만이 아니라 중소기업청, LG, 현대자동차, 한국타이어 등 많은 기업에서 적극 도입하고 있다.

시그마는 원래 고대 알파벳 24개 글자 중 18번째 이름으로 문자로 쓸 때에는 "σ"로 표기한다. 시그마는 통계학에서 표준편차를 의미하며, 산포를 표시하는 여러 측정치 중 하나이다. 시그마는 특정 품질특성의 정규분포에서 평균을 중심으로 흩어진 정도를 측정한다. 6시그마는 규격한계와 목표치의 폭이 6 표준편차라는 것을 의미한다. 6시그마는 두 가지의 의미를 가지고 있다. 첫째는 통계적 의미로써 부품 1백만 개당 불량품 3.4개(3.4PPM)까지 낮추겠다는 계획이고, 둘째는 불량률을 낮춤으로써 비용을 절감하고 시간을 절약하고 고객 만족을 증진시키고자 하는 프로그램이다. 이와 같이 6시그마는 품질향상을 위한 기법으로부터 나아가 기업의 수익성을 높이고 경쟁력을 강화시키려는 전략이라고 할 수 있다.

(1) 6시그마의 시작

1981년 Motorola의 회장이었던 Galvin은 5년에 걸쳐 10배의 품질 개선을 달성하라고 명령을 내렸고, 이에 따라 Motorola의 임원들은 회장의 명령을 달성하기 위해 모든 아이디어를 짜내기 시작했다. 그 때 Motorola의 Communications 부서에 있는 수석 엔지니어이며 과학자인 Smith가 현장에서 수집한 제품의 A/S 데이터를 이용하여 생산 중에 발생하는 제품의 수리횟수와 그 제품의 수명과의 관계를 연구하고 있었다. 4년 후인 1985년 Smith는 생산 도중에 수리를 많이 한 제품일수록 소비자에게 판매된 후에도 더욱더 많은 문제들을 발생시킨다는 사실을 발견하였다. 즉, 생산 중에 아무런 문제가 없었던 제품들이 소비자가 사용하는 동안에도 거의 문제가 발생하지 않는다는 것이다. 다시 말하면, 처음부터 잘 조립된 제품이 고객이 사용할 때 고장이 거의 발생하지 않는다는 것이다. 이렇게 Smith는 처음으로 데이터를 이용해 결점 없이 만들어진 제품이 수명기간 동안 고장이 훨씬 덜 발생한다는 것을 실증적으로 증명하였다.

　　Smith의 이러한 발견은 궁극적으로 제품의 최종검사가 시스템의 실패율을 잘 측정하지 못한다는 것을 의미한다. 그래서 Smith는 단순히 제품이 아닌 전체 프로세스의 신뢰성이 중요하다고 하였다. 결과적으로 Motorola는 품질을 향상시키기 위해서는 사후가 아닌 사전에 미리 예측하고 개선하는 방법이 중요하다는 사실을 깨닫게 되었다. 이것이 바로 6시그마의 근본적 원리인 고품질과 저비용의 관계이다. 6시그마에 대한 Motorola의 개념은 불량품이 수율, 신뢰성, 사이클타임, 재고, 그리고 생산계획 등에 영향을 끼친다는 사실에 기인한다. 일반적으로 불량품은 표준규격의 범위를 벗어남으로써 발생한다. 표준규격은 USL(Upper Specification Limit), T(Target), 그리고 LSL(Lower Specification Limit)의 세 가지 요소로 구성되어 있다. 그래서 품질 특성치가 이 범위를 벗어나게 되면 불량으로 판정된다.

　　1992년 Motorola의 목표는 6시그마였다. 6시그마는 통계적으로 99.99966%의 양질의 품질을 의미한다. 6시그마 수준에서 생산되는 제품은 정의상 백만 번 기회 중 결점수가 0.002이다. 그러므로 6시그마는 0.002ppm을 의미한다. 이는 10억 개의 제품 중 오직 2개의 불량품만 생산하는 프로세스가 6시그마를 달성할 수 있다는 의미이다. 정전으로 예를 들면, 1시그마는 정전이 한 달에 228.5시간, 2시그마는 한 달에 32.8시간, 3시그마는 1.94시간, 4시그마는 2.72분, 5시그마는 1.48초, 6시그마는 0.005초, 그리고 7시그마는 0.00001초이다. 그러므로 6시그마 수준은 무결점을 의미한다고 볼 수 있다.

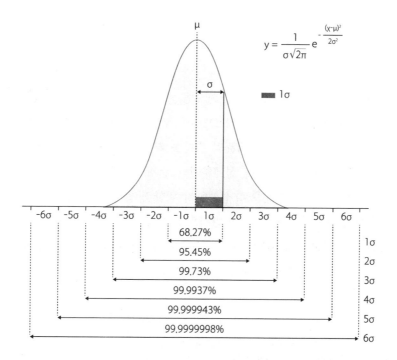

6시그마에서는 프로세스의 능력을 표시하기 위하여 C_p라는 공정능력지수를 사용한다. C_p는 설계표준의 간격을 확률분포의 간격으로 나눈 값이다. USL과 LSL이 결정된 좌우대칭의 프로세스에 있어서 공정능력지수 C_p는 다음과 같다.

$$C_p = \frac{USL - LSL}{6\sigma}$$

시그마 수준	C_p	ppm
3	1	2,700
4	1.33	63
5	1.67	0.57
6	2	0.002

(2) 6시그마 방법론

기업이 6시그마의 목표를 달성하는 것은 그리 쉽지 않다. 그래서 6시그마는 6시그마의 성과를 달성하기 위한 방법론을 기업에게 제공하고 있다. 6시그마 프로젝트 수행 방법론은 DMAIC와 DMADOV의 두 가지 유형이 있다. DMAIC는 현재 존재하는 프로세스나 제품의 결함을 획기적으로 개선하기 위한 방법론인 반면, DMADOV는 신제품을 설계하거나 현재 존재하지 않는 새로운 프로세스를 처음부터 6시그마 수준으로 설계하기 위한 방법론이다. 이 중에서 6시그마 프로젝트를 수행하기 위해 가장 일반적으로 사용하는 방법론이 DMAIC 방법론이다. DMAIC방법론은 문제정의(Define), 측정(Measure), 분석(Analyze), 개선(Improve), 관리(Control), 이 5 단계를 통해 6시그마 프로세스를 추진한다.

구 분	추진 단계	추진 내용
1단계	D(Define)	• 고객의 정의 • CTQ의 선정 • 프로젝트의 선정
2단계	M(Measure)	• CTQ(Y)에 대한 기준 설정 • 측정시스템에 대한 유효성 검정(Gage R&R) • 프로세스의 해석 및 개선의 목표 설정
3단계	A(Analyze)	• 변동원인의 나열 • 중요 원인(Vital Few)의 파악
4단계	I(Improve)	• 개선 계획의 수립 및 실행 • 최적조건의 설정
5단계	C(Control)	• 측정시스템의 확인 • 중요 원인의 관리능력 확인 • 프로세스 관리체계의 확립 • 효과파악

(3) 센터링 에러

6시그마는 백만 번의 기회당 0.002개의 결함을 나타낸다고 하였다. 그런데 일반적으로 받아들여지는 6시그마 품질수준은 3.4ppm이다. 그 이유는 센

터링 에러(centering error) 때문이다. 모든 프로세스는 초기에는 아주 안정된 상태에서 출발한다. 그러나 시간이 흘러갈수록 공구의 마모, 자재의 변환, 또는 기계의 준비시간 등으로 프로세스의 폭이 점차로 증가해 프로세스 중앙값이 서서히 이동하게 된다. 이렇게 처음에는 안정된 프로세스라 하더라도 시간이 지나면 센터링 에러 때문에 불량이 발생할 가능성이 점차로 높아지고 비용이 증가하게 된다. 보통 프로세스의 평균 센터링 에러를 약 1.5시그마로 본다 (Harry, 1988). 그러나 프로세스의 센터링 에러는 생산량, 자료 수집 기간 등 다양한 조건들에 의하여 결정된다. 그렇기 때문에 센터링 에러는 기업의 특성에 따라 정하는 것이 바람직하지만, 지금은 거의 모든 기업들이 기업의 특성에 관계없이 1.5시그마 센터링 에러를 당연시하고 있다.

(4) 6시그마의 목표

6시그마의 목표는 협의와 광의로 생각할 수 있다. 먼저 협의로 보았을 때 6시그마의 목표는 프로세스의 편차를 감소하는 것이다. 편차는 기업의 모든 활동에 항상 존재하며, 불량률을 증가시켜 고객의 만족도와 기업의 수익성을 감소시킨다. 그래서 Blakeslee(1999)는 6시그마의 목표를 "편차를 감소하여 제품과 서비스를 지속적으로 고객의 욕구 안에 두는 것"이라고 하였다. Yilmaz 와 Chatterjee(2000)도 6시그마의 목표는 결함이 발생하기 전에 품질 문제의 원인을 제거하는 것이라고 하였다.

그러나 광의로 보았을 때 6시그마의 목표는 6시그마 품질 수준을 달성하는 것이 아니고, 수익성을 향상하는 것이다. 그리고 품질과 능률의 향상은 6시그마의 부산물이다. 그래서 Harry와 Schroeder(2000)는 6시그마 혁신전략을 품질향상 프로그램이 아닌 경영 프로그램이라고 하였다.

과거의 품질 프로그램들은 대체로 기업의 품질을 향상시키는 데에는 효과적이었지만 수익성을 높이는 데에는 그리 효과적이지 못했다. 과거의 품질기법들은 비용보다는 소비자의 욕구를 충족시키는 데 중점을 두었다. 그래서 많은 기업들이 내부 프로세스를 개선하지도 않고 엄청난 비용을 들여 고품질의 제품과 서비스를 생산하였다. 그러나 수익성이 떨어져 경쟁력에 별 변화가 없었다. 하지만 6시그마는 품질향상과 동시에 시스템의 효율성을 향상시켜 수익성과 시장점유율을 증가시킨다. 즉, 6시그마는 기존의 품질 프로그램들과는 달리 단지 품질 자체를 위해 품질을 추구하지 않고, 고객과 기업의 가치를 동시에 증가시키며 품질을 향상한다. Pearson(2001)은 6시그마를 "기업의 성과를 전반적으로 향상하기 위하여 통계와 비통계적 기법을 가장 효과적으로 응용한 기법"이라고 하였다. 또한 6시그마는 수익을 신속하게 향상시킨다. 그래서 장기적인 목표가 아닌, 1년 이내의 단기적인 목표를 달성하는 데 중점을 둔다.

6시그마를 활용하는 프로젝트들은 단지 지속적 개선이라는 모호한 개념이 아닌, 고객의 피드백과 달성 가능한 원가절감의 효과를 제공하기 때문에 그 효과가 실로 크다. 6시그마는 고객에게 가장 큰 영향을 미치고, 궁극적으로 수익성에 가장 많이 영향을 주는 개선을 중요시한다. 즉, 6시그마는 비즈니스에 가장 영향을 많이 끼치는 개선에 중점을 가장 많이 둔다. 그렇기 때문에 많은 기업들이 6시그마를 도입해 큰 성과를 이루었다. GE에서는 6시그마를 도입한 후 영업이익을 약 100억 달러 향상시켰다. DuPont은 6시그마를 도입하고 2년이 지난 후 10억 달러, 그리고 4년 후에는 24억 달러의 수익을 향상하였다. Harry와 Schroeder(2000)는 시그마가 4.8 내지 5시그마까지 한 시그마씩 증가할 때마다 수익이 매년 20%씩 증가한다고 하였다.

(5) 6시그마의 도입

6시그마를 도입하기 위해서는 전사적으로 도입하는 것이 필요하다. 그리고 품실관리부서가 6시그마 프로그램을 주관하는 것은 바람직하지 못하다. 왜냐하면 6시그마는 품질 전략이 아니고 전사적인 경영혁신 전략이기 때문이다. 그러므로 6시그마의 도입은 기업의 전략을 총괄하는 기획부서에서 하는 것이 바람직하다. 그래야만 6시그마가 전사적으로 홍보되고 전파될 수 있다. 일반적으로 제조업체에 있어서 제조나 연구개발에 비해 사무부문에 있어서 6시그마는 호응도가 비교적 낮다. 그러므로 6시그마가 제조기법이라는 인식을 심어

주는 것은 바람직하지 않다.

　Snee와 Hoerl(2003)도 6시그마를 부분적이 아닌 전사적으로 도입하는 것이 바람직하다고 하였다. 부분적인 도입은 기업의 한 부서 또는 한 조직단위 차원에서 6시그마를 도입하고 이를 다른 부서로 적용해 나가는 것이 바람직하다. 장기적으로 볼 때 6시그마를 전사적으로 도입하여야 기대하는 효과를 달성할 수 있다. 그래서 부분적으로 도입하는 것은 반드시 후에 전사적 도입을 전제로 하여야 한다고 한다. 제조업체에서 6시그마를 부분적으로 도입하는 경우, 가장 먼저 제조부문에서 6시그마를 적용하는 것이 바람직하다. 이것은 다른 부문에 비해 제조부문에 측정시스템이 잘 설정되어 있기 때문이다. 제조부문은 개선을 하기도 쉽고, 또 성과도 비교적 쉽게 산출하고 측정할 수 있다. 그리고 여기에서 획득한 지식과 성과를 마케팅, 인력자원, 연구개발, 물류, 회계, 구매 등 기업의 다른 부서에도 적용하여야 한다.

(6) 6시그마의 성공요소

　6시그마 운동은 경영혁신운동이다. 기본적으로는 품질관리 운동이지만 차원이 기존의 품질운동과 다르다. 대상이 제품이 아니라 제품 설계에서 출하까지의 모든 경영활동 과정이다. 6시그마의 이러한 속성은 성공을 위한 여러 가지 조건을 요구하고 있다.

5대 성공 요소	내 용
1. 최고경영자의 리더십	• 6시그마에 대한 신념 • 강력한 통솔력
2. 데이터에 의한 관리	• 정확한 데이터 수집 • 데이터를 효과적으로 적용
3. 직원들에 대한 교육/훈련	• 전 직원들을 대상으로 한 교육 • 전문기관에 위탁 또는 전문가 초청
4. 시스템 구축	• 6시그마운동/경영활동의 하나로 정착 • 모든 직원들을 대상으로 함
5. 직원들의 이해와 충분한 준비	• 현재의 품질수준과 목표를 명확히 함 • 6개월 이상 준비기간 필요

우선 최고경영자의 강력한 리더십이 필요하다. 6시그마 운동으로 괄목할 만한 성과를 거두고 있는 GE는 Welch라는 "카리스마" 있는 경영자를 보유하고 있다. 그는 6시그마 운동을 펴면서 교육을 승진 승급과 연계시키며 전사원의 참여를 유도하고 있다. 또한 그는 6시그마는 상향식 프로그램이 아니고 최고경영자가 직접 수행하는 프로그램임을 강조하였다. 그래서 최고경영자는 6시그마에 대한 권한과 책임을 다른 사람에게 위임해서는 안 된다. 실제로 Quest Diagnostics의 CEO인 Freeman는 스스로 훈련을 받고 직접 프로젝트를 수행하였다. Gitlow, Levine & Popovich(2006)도 6시그마 성공의 가장 중요한 요소로 CEO의 강력한 리더십을 들었다.

두 번째 요건은 정확한 데이터에 근거한 관리이다. 현상을 객관적이고 정확하게 파악해야 이해집단으로부터 거부당하지 않으면서 정확한 진단을 내릴 수 있기 때문이다. 이를 위해 6시그마 운동을 시작하기 전에 각종 데이터를 완벽하게 수집하고 관리할 수 있도록 조직을 정비해야 한다. 특히, 우리 기업들은 데이터가 적고 보유하고 있는 데이터도 정확하지 않은 경우가 많아 데이터 관리에 관심을 가져야 한다고 전문가들은 지적한다.

세 번째 성공 요소는 직원들에 대한 교육과 훈련이다. 교육과 훈련은 어떤 캠페인이든지 필요하지만 6시그마 운동에서 특히, 강조되고 있다. 6시그마가 일종의 의식개혁 운동이라는 점에서 그렇다. 모토로라와 GE는 6시그마 운동을 성공시키기 위해 전 사원을 대상으로 교육을 시켰다. 또 6시그마 운동을 주도할 블랙벨트를 수천 명을 양성했다. 교육과 훈련은 현장 직원들의 거부감을 없애기 위해서도 필요하다.

네 번째 요소는 6시그마 운동이 일상적인 경영활동으로 전개될 수 있도록 시스템을 구축하는 것이다. 6시그마 운동이 매일 아침에 하는 부서회의나 식사 시간과 같은 일상 생활의 하나라는 인식을 가져야 정착될 수 있다는 것이다. 또 부품을 조달하는 회사의 경우 협력업체들도 이 운동에 참여시켜야 한다. 모토로라는 부품업체들이 너무 많아 6시그마를 달성하는 데 어려움을 겪었다. 이에 따라 이 회사는 협력업체수를 10분의 1 수준으로 줄이기까지도 했다.

마지막으로 운동에 들어가기 전 직원들에게 왜 6시그마 운동을 해야 하는가를 이해시켜야 한다. 회사의 품질 수준이 현재 몇 시그마인지를 사내에 알려 직원들이 도전의식을 갖도록 해야 한다. 또한 6시그마 성과에 대해 어떤 보상을 받을 수 있는지 확실하게 인지시켜 줘야 한다. 전문가들은 6시그마 운동을 시작하기 전에 6개월 이상의 준비기간을 가질 필요가 있다고 지적하고 있다.

높은 품질의 수준을 확보하고 유지할 수 있는 혁신적이고 과학적인 기준을 제공하여 고객을 만족시키고 기업경영의 탁월성을 이루고자 하는 6시그마 운동의 궁극적인 목표는 품질개선 운동에 전 사원이 참여하는 것은 물론 사무 부분을 포함한 기업의 모든 프로세스의 질을 높이고 업무 비용을 획기적으로 절감하여 국제경쟁력을 향상시킴으로써 세계최고의 기업이 되는 것이다.

Financial Supply Chain Management

금융 SCM의 이해와 이슈

최근 금융 기법을 공급사슬에 적용하여 효율성을 향상시키기 위한 노력이 계속되고 있다. 유럽에서는 기업의 파이낸싱을 돕기 위한 공급사슬금융(Supply Chain Finance)에 대한 연구가 활발히 전개되고 있으며, 글로벌 공급사슬에 대한 리스크 관리에도 관심이 증가하고 있다. 특히, 최근에는 핀테크(FinTech) 산업이 성장하면서 금융 기법을 도입하여 기업의 지불 및 대출 지원 시스템을 향상시키기 위한 IT솔루션을 제공하는 기업들이 빠르게 증가하고 있다.

이에 금융 기법과 기존 공급사슬의 결합을 강조하는 금융공급사슬관리 (Financial Supply Chain Management, 이하 금융 SCM)가 태동하였다. 금융SCM이란 기존의 공급사슬관리를 보완·강화시킬 수 있는 다양한 금융 기능들을 결합시킨 확장된 개념의 공급사슬관리를 의미한다. 일부 연구에서는 금융공급사슬관리를 제3세대 SCM이라 칭하기도 한다(1세대 SCM: 물리적 공급사슬관리, 2세대 SCM: 정보공급사슬관리). 금융SCM은 공급사슬 구성 요소별 필요한 금융 기법과 이러한 금융 기법이 제대로 작동하기 위한 기존 공급사슬 객체들의 역할을 포함하고 있다.

금융SCM과 관련하여 한 가지 기억하여야 할 것은 금융SCM이 기존SCM 이론을 반박하는 것이 아닌 상호 보완하고 있다는 점이다. 금융SCM에서 다루어지는 다양한 이론들은 기존 공급사슬과의 조화 속에서 적용되어야 하며, 성공적으로 적용될 경우 기업의 효율성을 향상시키고 경영 성과를 증대시킬 것으로 기대된다.

금융SCM 출현·성장 배경

최근 금융SCM이 대두된 배경에는 다음과 같이 세 가지 이유가 있다.

(1) SCM 패러다임 변화

공급사슬관리 패러다임은 Physical SCM에서 Information SCM으로, 다시 Informational SCM에서 Financial SCM으로 변화하기 시작하였다. 아래 그림은 유명 컨설팅 기관인 액센추어(Accenture)에서 제시한 공급사슬관리의 단계별 변화이다. 2000년대 이후, 현금의 흐름이 강조되고 금융 기법과 기존 공급사슬의 결합을 중시한 금융공급사슬이 태동하기 시작하였다.

그림 10-1. SCM 전략의 변화

Finance Phase	2000-Onwards	Define optimal financial structures(profits, tax offsets, trade free zones, etc.) and align physical assets.
Information Phase	1980/90s	Implement advanced planning systems to optimize planning, decision making and collaboration
Physics Phase	Pre-1980	Optimize physical nodes type, location and internal operations to minimize production costs and inefficiencies.

(2) 기업 활동의 글로벌화

기업 활동이 점차 글로벌화되어 가고 있다. 이제 더 이상 공급사슬관리는 하나의 국가에서 이루어지는 활동이 아니다. 기업들은 원자재 수입, 해외 공장에서의 제조, 해외 소비자로의 판매 등 글로벌 공급사슬 활동을 점차 늘려나가고 있다. 다양한 국가에서 이루어지는 공급사슬 활동은 환율 변화 및 타국에서의 은행 이자율 변화라는 금융 관련 요인(혹은 리스크)에 노출되어 있다. 글로벌 공급사슬을 구축한 기업들은 필연적으로 금융 분야에 대한 이해도를 증가시키고, 관련 리스크를 감소시키기 위한 공급사슬전략을 필요로 하게 될 것이다.

그림 10-2. 글로벌공급사슬구축예시

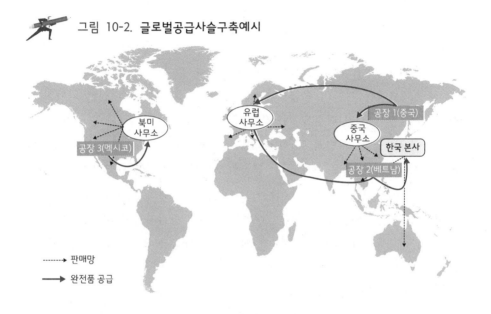

(3) 디지털 혁신(Digital Transformation)

IT기술(혹은 핀테크 기술)의 발전으로 인해 기업들은 펀딩·파이낸싱에 대한 다양한 접근이 가능해졌다. 또한 기업 재무정보에 대한 접근성 증가로 기업 투자에 대한 관심 역시 증가하였다. 뿐만 아니라 디지털 혁신은 금융공급사슬 구축을 위한 방대한 정보 처리를 가능하게 하였다.

2 금융SCM이란?

사실 금융SCM이란 아직도 진화를 거듭하고 있는 개념이다. 때문에 한 문장으로 금융SCM이 무엇인가를 정의하기란 결코 쉽지 않다. 현재까지 진행된 다양한 금융SCM 관련 연구들과 금융SCM의 개념을 적용하고 있는 기업의 사례를 종합하여 내린 금융SCM의 정의는 다음과 같다.

금융SCM이란 기존의 공급사슬관리를 보완·강화시킬 수 있는 다양한 금융 기능들을 결합시킨 확장된 개념의 공급사슬관리를 의미한다. 공급사슬 구성요소별 필요한 금융 기법과 이러한 금융 기법이 제대로 작동하기 위한 기존 공급사슬 객체들의 역할을 포함한다. 금융SCM에서는 기업의 재무 및 회계 담당부서, 거래금융기관을 포함한 공급사슬 객체들간의 재화 및 현금의 이동이 주요 이슈로 다루어진다. 금융SCM의 주목적은 전체 공급사슬의 비용을 최소화하고, 운전자본(Working Capital) 혹은 현금(Cash)의 흐름을 최적화하는 것이다.

그림 10-3. 금융SCM 흐름도

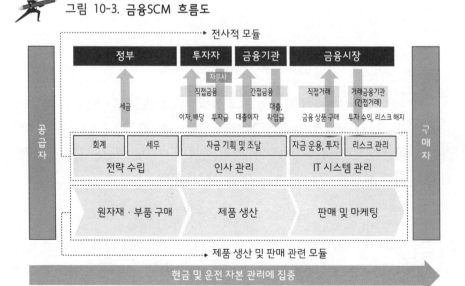

〈그림 10−3〉은 이같이 다양한 금융 업무들을 한눈에 보여주는 '금융SCM 흐름도'이다. 기존 공급사슬의 흐름을 구매＞생산＞판매로 단순화시킨 후, 기존 금융·재무팀의 역할 및 새롭게 요구되는 금융 분야 업무를 같은 그림에 표현하였다. 전통적인 공급사슬의 흐름에 대한 문헌은 쉽게 찾아볼 수 있기 때문에, 여기에서는 단순화된 물리적 공급사슬과 금융 업무의 결합에 초점을 맞추었다. 기존 공급사슬이 단순하게 표현되었다고 해서 전통적인 공급사슬관리의 역할이 과소평가되어서는 안 된다. 금융 공급사슬관리는 기존 공급사슬관리를 반박하는 것이 아닌 상호 보완하는 것이기 때문이다. 금융 공급사슬관리에서 다루어지는 원칙들은 기존 공급사슬과의 조화 속에서 적용되어야 한다. 전통적인 공급사슬관리에서 중시되는 원칙들도 함께 적용하되, 금융 업무가 확장되고 현금 흐름이 강조됨에 따라 요구되는 변화를 같이 수용해야 한다.

금융SCM에 대한 관심은 비교적 최근에 시작된 것처럼 보인다. 대부분의 금융SCM에 대한 연구보고서 및 기사가 2010년 이후에 작성되었다. 2013년 세계적인 컨설팅 회사 딜로이트(Deloitte)에 의해 발표된 보고서는 금융SCM이 기업들로 하여금 현금흐름(Cash Flow)을 최적화하고, 기업의 가치사슬(Value Chain) 전체에 대한 자금조달활동(Financing)의 효율성을 증가시킬 것이라고 언급하였다. 이 보고서는 자금이 적시에 조달되지 않는다면 위기를 겪을 수 있는데, 특히, 중소기업들의 경우 더욱 큰 어려움을 겪을 수 있다고 말하고 있다. 또한, 아직 대부분의 기업들이 금융SCM이라는 새로운 컨셉에 익숙하지 않고 전문성을 가지고 있지 않기 때문에, 노력여부에 따라 금융SCM은 미래의 큰 기회가 될 수 있을 것이라고 전망하고 있다. 사실 이 보고서의 주된내용은 자금조달의 원천인 은행과 자금조달의 대상인 기업들과의 관계유지에 대한 것이지만, 금융SCM의 중요성을 언급하고 이에 대한 관심을 불러일으켰다는 점에서 의의를 찾을 수 있다.

사실 이보다 먼저 또 다른 유명컨설팅 회사인 액센츄어(Accenture)의 금융 운영 및 리스크(Operations Finance and Risk) 부서 매니저인 카를로스 알바렝가(Carlos Alvarenga)에 의해 금융SCM의 중요성이 제기되었다. 그는 연구보고서에서 새로운 형태의 공급사슬 프레임워크를 제시하였다. 실질적인 제품의 흐름에만 초점을 맞추던 기존공급사슬과 달리, 전사적인 레벨에서 재무성과와 주주들의 이득 및 리스크까지 고려한 새로운 형태의 공급사슬을 제시하였다. 카를로스는 새로운 형태의 공급사슬은 생산운영관리와 금융, 양쪽분야에서 전문성을 가진 새로운 팀의 구성을 통해서만 달성될 수 있다고 주장하였다. 구체적으로 새로운 팀의 역할은 다양한 생산운영관리 사례에 대한 연구, 리스크 관리 및 금융최적화(Financial Optimization) 적용 등이 될 것이라고 전망하였다.

2013년 인더스트리위크(Industry Week)라는 비즈니스 매거진에서 실린기사도 무척이나 흥미롭다. 금융공급사슬의 운영(Managing the Financial Supply Chain)이라는 기사에서 저자는 기업들이 물리적(Physical supply chain, 1세대 공급사슬을 의미함) 공급사슬의 구축에는 힘을 쏟으면서도 더 큰역량을 집중해야 할 금융공급사슬의 구축에는 많은 노력을 기울이지 않는다고 지적하였다. 인더스트리위크는 기업의 규모가 커짐에 따라 기업운영에 필요한 비용도 빠르게 증가할 것이고, 자본(Capital)과 자금흐름(Cash flow)에 대한 현명한 관리는 기존의 공급사슬의 주요 이슈였던 공급자와의 관계를 잘 구축하는 일만큼이나 중요하게 될 것이라고 주장하였다. 이 기사에서의 금융SCM은 지불이나 구매 등 현금흐름을 야기하는 모든 형태의 기업들간의 거래 및 이를 위한 상호간의 관계구축 등을 포함한다.

(1) 금융SCM 주요 이슈

10가지 금융SCM의 주요 이슈들을 'SHARP PRICE'라는 이름 아래 정리해 보았다. SHARP PRICE에서 각각의 알파벳은 금융 SCM의 성공적인 구축을 위한 하나하나의 주요 이슈를 의미한다. S는 금융SCM의 인프라 스트럭쳐 구성을 위한 시스템(System) 구축을 의미한다. H는 다양한 리스크에 대처하기 위한 효율적인 헤지(Hedge) 전략 수립을 의미한다. A와 R은 기업들이 금융 관련 서비스를 제공받기 위해 필요한 신뢰감 있는 금융 파트너(혹은 에이전시, Agency) 선정과 제조 기업들에게 새롭게 각광받는 뉴파이낸싱 모델인 역팩토링(Reverse Factoring)에 대한 이해와 효과적인 사용을 의미한다. 2개의 P는 공급사슬금융을 용이하게 하기 위한 IT 플랫폼(Platfrom) 구축과 효과적인 공급자 및 구매자 (Provider & Purchaser) 선정을 의미한다. R은 금융 공급사슬 내 다양한 파트너와 의 상호 건설적인 관계(Relatinoship) 구축을 의미하고, I와 C는 운전자본 관리를 위한 재고(Inventory) 관리 및 현금(Cash) 흐름 관리를 의미한다. 마지막에 위치한 E는 금융-SCM의 성과 측정을 위한 평가(Evaluation) 체계 구축 및 수행을 의미한다.

그림 10-4. **금융공급사슬 주요 세부 이슈**

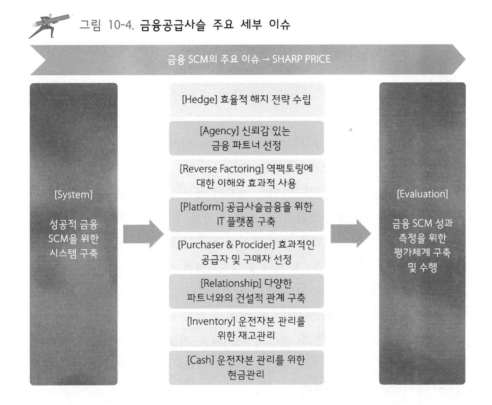

'SHARP PRICE'를 번역하기란 쉽지 않다. 아마도 '분명한 가격' 정도가 되지 않을까 싶다. 기업의 거래에서 분명하고 정확한 가격을 주고받는 것이 가장 기초적인 거래의 시작점이다. 금융SCM의 성공적인 도입을 위해서는 이처럼 거래의 기초를 잘 지키는 것, 즉 금융SCM의 주요 이슈들을 성공적으로 다루는 것이 가장 중요한 시작점임을 분명하게 인식해야 한다.

1) SHARP PRICE S - System(시스템 구축)

첫 번째 이슈는 시스템이다. 최근 기업의 시스템에 대한 중요성이 점점 커지고 있다. 좋은 시스템은 기업의 효율성을 증가시키고, 사람의 실수 등에서 비롯되는 결함 및 오차발생 빈도를 감소시킨다. 따라서 금융SCM의 실행에 있어서도 금융SCM의 운영을 위한 적절한 시스템을 갖추는 것이 필수적이다.

시스템이란 다양한 요소를 포함하고 있기 때문에 성공적인 시스템의 구축을 위해서는 많은 노력과 시간이 소요된다. 금융SCM 시스템의 성공적인 구축을 위해서는 인적인프라, 조직구조, IT 인프라스트럭쳐의 세 가지 요소가 모두 성공적으로 구축되어야 한다.

인적 인프라란 새로운 시스템(금융SCM)에 대한 충분한 이해와 숙련도를 가진 인력을 의미한다. 어찌보면 인적 인프라는 금융SCM 시스템의 구성요소 중 가장 많은 시간과 노력을 투자해야 할 대상이다. 인적 인프라는 내부육성과 외부영입을 통해서 구축할 수 있다. 내부육성에는 많은 시간이 소요되고 외부영입에는 많은 비용이 소요된다. 기업은 자사의 예산과 시스템구축 스케줄을 잘 고려하여 내부육성과 외부영입의 두 가지 방안을 잘 조화시켜야 한다.

금융SCM을 받아들이고자 하는 기업에게는 전담조직을 구성할 것이 요구된다. 전담조직의 역할은 금융SCM의 도입초기에는 사용자들이 금융SCM에 대해 이해할 수 있도록 도와주고 기업 전체적으로 금융SCM 문화가 뿌리내리도록 도와주는 것이다. 금융SCM의 사용이 어느 정도 완숙기에 이르면 전담조직의 역할은 금융SCM 솔루션과 관련지식을 시의 적절하게 업데이트하고 이를 전파하는 것으로 바뀌게 된다. 전담조직이 구성되어야만 인적 인프라도 최상의 능력을 발휘하리라 생각된다.

금융SCM의 효과를 극대화하기 위해서는 금융SCM 사용을 뒷받침할 수 있는 IT 솔루션을 도입하는 것이 필수적이다. 기업들이 기존에 사용하고 있는 ERP나 SCM 솔루션으로는 금융SCM에서 다루어지는 다양한 금융관련 이슈들을 적절히 처리할 수 없다. 기업들은 다양한 금융관련 업무를 지원하기 위해 출시된 금융SCM 솔루션들을 살펴보고 자사에 적합한 제품을 선택하는 것이 필요하다. 금융SCM의 역사가 그리 오래되지 않기 때문에, 아직 금융SCM을 위한 IT솔루션이 많이 개발된 것은 아니다. 금융SCM 구축을 위한 IT솔루션에 관심이 있는 독자라면 SAP에서 개발한 Financial Supply Chain Management (FSCM) 솔루션을 살펴보기를 권장한다.

그림 10-5. **금융SCM 시스템구성요소**

2) SHARP PRICE H - Hedge(헤지 전략 수립)

'헤지'란 금융업에서 시작된 말이지만, 이제는 모든 기업들에게 무척 중요한 개념이 되었다. 기업들은 미래에 어떤 일이 발생할지 예측하기 어렵기 때문에, 미래에 발생할지 모르는 손실이나 위험 등을 분산하기 위한 방안을 마련해 둔다. 이러한 방안들을 일반적으로 헤지 전략이라 부른다. 효율적인 헤지 전략을 마련해둔 기업일수록 갑자기 닥친 위기 상황을 슬기롭게 극복할 확률이 커질 것이다.

효율적인 헤지 전략을 구축하기 위해서는 먼저 어떤 리스크가 존재하는지를 분석해야 한다. 기업이 잠재적으로 어떤 리스크를 가지고 있는지를 파악해야만 이를 헤지하기 위한 전략을 세울 수 있다. 기업들은 리스크 분류 프레임워크를 사용하여 자사의 리스크 요인들을 규명할 수 있다. 다양한 리스크 분류 프레임워크가 이미 많은 연구 문헌들에 의해 제시되었으며, 기업들은 이중 하나를 선택하여 자사의 리스크를 체계적으로 규명해야 한다. 규명된 리스크에 대해서는 지속적인 모니터링을 실시하여 그 수준을 정기적으로 체크할 필요가 있으며, 기업의 존망에 영향을 미치는 리스크 항목에 대해서는 헤지 전략의 수립이 요구된다.

표 10-1. 리스크 프레임워크 예시

전략 리스크 (Business Strategic Risk)	• 개념: 시장 환경의 변화 및 이에 따른 전략적 의사결정에서 발생하는 리스크 • 발생 원인: 경영을 둘러싼 제반 환경의 변화, 비즈니스 의사결정 • 특성: 외부적, 큰임팩트, 기회 공존
규제 리스크 (Legal & Regulatory Risk)	• 개념: 정부 규제의 변화 및 이에 따른 규제 대응 활동에서 발생하는 리스크 • 발생 원인: 규제/법의 변동, 법률적 의무불이행 • 특성: 외부적(국가기관), 임의적
운영 리스크 (Operational Risk)	• 개념: 부적절한 회사 운영이나 업무 처리로 인하여 발생하는 리스크 • 발생 원인: 경영 통제의 부적절, 사람의 실수/부정, IT 시스템오류 • 특성: 내부적, 반복적
재해 리스크 (Natural/Hazard Risk)	• 개념: 자연 재해, 화재, 테러 등 예상하기 어려운 재해로 인하여 발생하는 리스크 • 발생 원인: 자연 재해, 사고, 테러, 해킹, 회사의 각종 행사 • 특성: 외부적, 예측불가능성
재무 리스크 (Financial Risk)	• 개념: 회사의 재무 관리제 영역에 관련하여 발생하는 리스크 • 발생 원인: 유동성부족, 시장 가격/가치의 변동 • 특성: 내·외부적인 성격 공존, 정량적 손익에 직접 영향

금융SCM 구축에 관심있는 기업이라면 운영 리스크, 평판 리스크, 환율 리스크, 전염 리스크, 규제 리스크의 5대 리스크를 고려해야 한다. 운영 리스크란 불충분한 생산 능력 및 불충분한 정보에 기인한 운영 계획 수립, 시스템 및 프로세스의 운영 실패에서 비롯된 손실을 의미하며, 품질 관리 기법의 도입, 제품 차별화 시점의 지연 등을 이용하여 헤지할 수 있다. 평판 리스크란 기업의 평판, 특히 신용 상태가 좋지 않아 대출을 받거나 채권을 발행하는 데 있어 불이익을 받는 것을 의미한다. 기업은 재무제표 등의 회계자료를 투명하게 관리하고 대출을 적시에 상환함으로써 신용도를 상승시킬 필요가 있다. 환율 리스크란 해외 통화로 제품을 거래함에 따라 발생할지 모르는 위험을 의미한다. 환율 변화에 따라 추가적으로 손실이 발생할 수 있다. 일반적으로 환율 리스크는 선물 등의 적절한 금융 상품을 이용하여 헤지할 수 있다. 전염 리스크란 어느 한 쪽의 위기가 빠르게 다른 쪽으로 전파되어 기업 활동이 위축되는 것을 의미한다. 한 국가의 위기가 다른 국가에 전염되기도 하고, 한 부서의

위기가 전사적으로 전파되기도 한다. 전염 리스크는 기업이 평소 전사적 리스크 관리 체계를 수립하여 예상치 못했던 위기 상황에 대해서 빠르게 초동대처를 실시함으로써 최소화할 수 있다. 규제 리스크는 정부에 의해 부여된 각종 규제로 인해 발생하게 된다. 특히, 최근에는 자국 산업 및 기업을 보호하려는 각국 정부의 노력으로 인해 타국에서 비즈니스를 영위하려는 기업들은 규제 리스크에 크게 노출되고 있다. 나라별로 상이한 전문적 규제를 이해하고 이에 대한 대응 방안을 수립하기란 무척 어렵기 때문에, 전문적 대응을 위한 컴플라이언스 팀을 구성하는 것도 고려해볼 만하다.

 그림 10-6. **금융SCM 주요리스크**

금융SCM 주요 리스크	운영 리스크(Operational Risk)
	평판 리스크(Reputational Risk)
	환율 리스크(Exchange Rate Risk)
	전염 리스크(Infection Control Risk)
	규제 리스크(Regulatory Risk)

3) SHARP PRICE A - Agency(에이전시 선택)

여기서의 에이전시란 기업들에게 전문적인 금융 서비스와 자문을 제공하는 금융 기관들을 의미한다. 일반적으로 금융 기관과의 업무는 개별 프로젝트 단위로(혹은 개별 계약 단위로) 진행된다. 첫 번째 프로젝트 수행 결과가 만족스럽다면 두 번째 유사 프로젝트를 진행할 때에는 첫 번째 업무를 같이 진행한 금융 기관에게 우선권을 줄 확률이 높다. 금융 기관과의 업무는 직접적으로 큰 액수의 돈이 오가기 때문에 기업들은 더욱더 신중하게 선택하게 되고, 선택에 있어 자사의 경험에 큰 가중치를 부여하게 된다.

따라서 기업 입장에서는 처음부터 지속적으로 거래를 할 수 있는 금융 기관을 선택하는 것이 무척 중요하다. 이를 위해서는 최상의 금융 서비스 파트너 선택을 위한 선택 기준을 평소에 잘 마련해 놓아야 한다. 최상의 금융 서비스 파트너 선택을 위한 기준은 기업마다 다를 수 있지만, 어떤 기업이든지간에 금융 거래 파트너의 재무 건전성을 파악하는 것은 필수적이다.

거래 파트너의 재무 건전성을 파악하기 위해서는 상대방의 신용등급, 채무지표, 수익률 등을 점검해야 한다. 신용등급은 외부평가기간에 의해 작성된 자료들을 참고할 수 있다. 채무지표는 BIS 자기자본비율이나 총자산, 총자본, 총자산수익률(ROA), 무수익여신비율 등을 참고하여 판단할 수 있다. 수익률은 최근 거래 파트너가 어떤 수익률을 달성해 왔고, 변화 추이는 어떤지를 참고하여 파악할 수 있다.

4) SHARP PRICE R - Reverse Factoring
(역팩토링에 대한 이해와 효과적 사용)

역팩토링은 공급자가 구매자로부터 받은 외상매출채권을 제3자에게 제공하고 대금에 대한 선지급을 받는 것을 의미한다. 팩토링과 역팩토링 서비스는 서비스를 시작하는 주체가 누군가에 의해 구분된다. 일반적으로 팩토링 서비스에서는 외상매출채권을 보유한 공급기업이 이에 대한 판매를 시도하지만, 역팩토링 서비스에서는 제3의 기업이 신용도가 좋은 구매자와 거래한 공급기업의 리스트를 구성하여 필요할 때마다 외상매출채권을 사들이게 된다.

〈그림 10-7〉은 맥킨지에서 발간한 'Supply-chain finance: The emergence of a new competitiv landscape'에 제시된 역팩토링 진행 프로세스이다. 먼저 공급기업은 대금 청구서를 구매기업으로 송부한다. 구매기업은 요청된 대금 청구서를 검토하고 이를 승인한다. 승인된 정보는 구매 기업과 역팩토링 주관 기관으로 발송된다. 공급 기업은 승인된 청구서를 확인하고 플랫폼을 통해 선지급을 요청한다. 플랫폼과 연동된금융 기관 혹은 투자자들은 선지급 세부 내용(지급 시기+할인률)을 살펴보고 선지급 여부를 결정한다. 선지급이 결정되었다면 약속된 시기에, 약속된 할인률에 따라 대금을 공급 기업에게 지불한다. 청구서에 명시된 원래 만기일에는 구매 기업으로부터의 지급이 이루어진다.

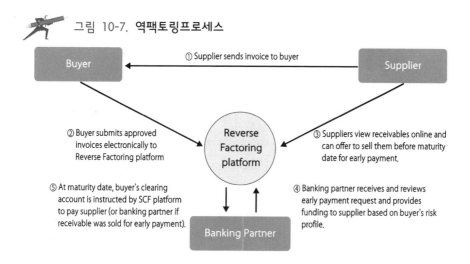

그림 10-7. **역팩토링프로세스**

역팩토링 서비스를 이용하는 가장 큰 목적은 당장 현금을 확보하여 기업의 운전자본 및 현금 유동성을 증가시키는 것이다. 이와 같은 목적을 위해 역팩토링 외에도 동적할인, 팩토링, 청구서 할인 등 다양한 공급사슬금융(Supply Chain Finance) 기법이 사용될 수 있다. 기업은 이러한 기법들의 효용성을 잘 깨닫고 이를 자사에 효율적으로 사용하기 위한 방안을 강구할 필요가 있다.

5) SHARP PRICE P - Platform(플랫폼 구축)

앞에서 언급한 공급사슬금융(역팩토링) 서비스를 효과적으로 사용하기 위해서는 공급사슬금융(역팩토링) 프로세스에 참여하는 모든 주체들에 의해 공유되는 하나의 IT솔루션이 필요하다. 물론 이러한 프로세스들은 하나의 공유 IT 플랫폼을 사용하지 않더라도 충분히 진행될 수 있다. 하지만 동일한 기술 플랫폼을 사용한다면 구매 기업들은 필요할 때마다 전자 주문서를 발주할 수 있고, 공급 기업들은 발생 외상채권에 대한 선지급을 손쉽게 신청할 수 있다. 역팩토링 서비스의 진행 및 관리는 더욱 용이해질 것이며, 프로세스에서 발생할 수 있는 실수·사고도 줄어들 것이다. 따라서 공급사슬금융 서비스 이용에 관심있는 기업들에게 IT플랫폼의 구축은 서비스의 적극적인 활용을 위한 필수조건이나 다름없다.

공급사슬금융에 대한 IT플랫폼에 대한 개발은 핀테크 기업들에 의해 활발히 이루어지고 있다. 사실 국내 핀테크 업체들의 관심은 미미한 수준이지만 북미 혹은 유럽에서는 이 분야에 대한 핀테크 업체들의 관심이 날로 증가하고 있다. 유력 금융 저널인 글로벌 파이낸스(Global Finance)는 매년 우수한 서비스를 제공하는 공급사슬금융 IT솔루션 업체를 선정하여 발표하고 있으며, 핀테크 관련 시장조사기관들도 유력 공급사슬금융 솔루션 벤더들을 정기적으로 발표하고 있다. 대표적인 벤더 중 하나인 프리미엄 테크놀로지(PREMIUM TECHNOLOGY)에서 출시한 핀쉐어(FinShare)라는 이름의 공급사슬금융 토탈 솔루션은 〈그림 10-8〉과 같이 구성되어 있다. 이 솔루션에서는 역팩토링, 팩토링 서비스 외에도 미수금 파이낸싱, 자산담보대출 등의 기업의 유동성 증가를 위한 다양한 금융 서비스를 제공하고 있다.

그림 10-8. **핀쉐어 공급사슬금융 솔루션**

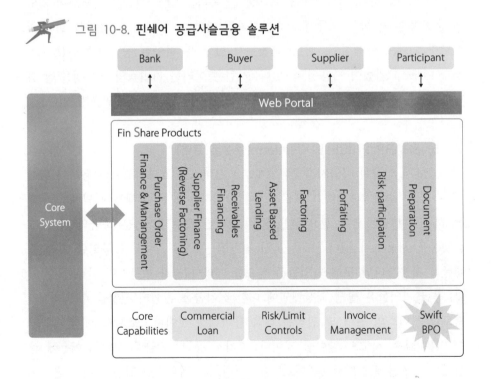

6) SHARP PRICE P - Provider & Purchaser(공급자 및 구매자 선정)

공급자 및 구매자 선정은 전통적인 공급사슬관리에서 오랜시간 연구되어 온 주제이다. 기업들은 올바른 공급자와 구매자를 선정하기 위해 많은 노력을 기울인다. 특히, 전략적인 부품을 납품받아야 하는 기업이거나, 자사의 완제품 대부분이 몇몇 구매자에 의해 중점적으로 구매되는 기업이라면 올바른 구매자 및 공급자 선정을 위한 기준 마련은 필수적이다.

전통적으로 공급자 선정에 있어서는 공급자 제품 품질, 기술 수준, 가격, 생산 능력, 납기 준수 능력, 향후 비전, 서비스 수준 등이 중요 기준이었다. 물론 이러한 기준들은 공급 기업이 제공하는 제품의 유형에 따라 다르게 적용되었다. 아주 높은 수준의 기술이 필요한 부품을 제공하는 공급자를 선택할 때에는 기술 수준, 향후 비전 등이 좀 더 중요한 기준으로 사용되었다. 반대로 쉽게 타사의 제품으로 대체가 가능한 부품을 제공하는 공급자를 선택할 때에는 원가, 서비스 수준, 납기 준수 능력 등이 좀 더 중요한 기준으로 고려되었다.

일반적으로 구매자를 선택하는 일은 구매자 그룹을 나누는 것에서부터 시작한다. 구매자 그룹을 세분화한 후, 어떤 그룹의 구매자 그룹이 자사와 최적의 거래를 할 수 있을지를 판단해야 한다. 구매자 그룹을 선택한 이후에는 구매 후보 기업들의 미래 성장성, 향후 비전, 우리 기업에 대한 의존 정도 등을 고려하여 장기적으로 우리 기업에 가장 큰 가치를 가져다줄 수 있는 구매 기업을 선택해야 한다.

금융SCM에서는 이러한 전통적인 공급자·구매자 선택 기준에 더하여 공급자와 구매자의 재무 데이터를 추가적으로 고려할 것을 주문한다. 거래를 고려중인 공급자, 구매자의 재무제표에 나타난 다양한 재무 비율을 분석하여 현 재무 건전성을 파악해야 한다. 또한, 거래 기업의 수익 성장률, 투자 정도 등을 고려하여 미래의 재무 건전성을 파악해야 한다. 외부신용평가기관에 의해 제공되는 신용 등급을 참고하는 것도 재무 건전성을 파악하는 좋은 방법이 된다. 일반적으로 상위 신용 등급에 속한 기업들은 하위 신용 등급에 속한 기업들보다 부도 확률이 적고, 재무적으로 탄탄할 가능성이 높다.

7) SHARP PRICE R - Relationship(파트너와의 건설적 관계 구축)

금융SCM을 적절히 수행하기 위해서는 다양한 파트너들이 필요하다. 기본적으로 공급사슬의 생산과 판매를 진행하기 위한 공급자 및 구매자와의 협업이 필요하고, 공급사슬의 다양한 금융 practice를 수행하기 위한 금융 기관과의 협업이 필요하다. 만약 기업이 주식 시장에 상장되어 있어 직접적으로 IR(Investment Relations) 활동을 전개하는 경우에는 기관투자자나 일반투자자 또한 금융SCM에 있어서의 주요 파트너가 될 것이다.

최적의 금융 기관 파트너 및 공급자·구매자 선정을 위한 기준 마련은 이미 앞에서 논의되었다. 여기서 논의하고자 하는 바는 이러한 기준에 의해 선택된 최적의 파트너와의 관계를 어떻게 잘 유지할 것인가 하는 것이다. 전통적으로 공급사슬관리에서는 중요 파트너와의 장기적, 전략적 파트너십을 체결할 것을 주문한다. 장기적 파트너십을 체결하여 거래를 반복함으로써 중요 정보도 공유하고 할인도 받는 등 다양한 이점을 누릴 수 있다.

금융SCM에서 요구되는 파트너십 관계도 무척 유사하다. 금융공급사슬에서 필요한 주요 파트너들을 올바른 기준에 의해 선택한 이후에는 이들과의 관계를 전략적으로 유지해나가는 것이 필요하다. 먼저 파트너들이 제공하는 제품과 서비스의 속성, 예를 들어, 타사에 의해 쉽게 대체가 가능한가? 이러한 서비스를 제공받기 위해 우리 기업에서 투자한 비용은 얼마인가? 다른 기업으로 거래 상대를 교체함으로써 발생하는 비용과 위험 요인은 무엇인가? 등을 고려하여 전략적 장기 파트너십을 구축할 파트너들을 추려내야 한다. 추려낸 파트너들과는 전략적 파트너십을 체결하기 위해 노력해야 한다. 한 가지 기억해야 할 것은 파트너십을 맺기 위해 우리가 다른 기업들을 신중히 평가하듯이 다른 기업들도 우리를 신중하게 평가한나는 것이다. 전략적 파트너십을 체결하기로 한 기업이 있다면, 그 기업이 우리에 대해 강한 매력을 느낄 수 있도록 어필하는 것 또한 필요할 것이다.

8) SHARP PRICE I - Inventory Management(재고관리)

재고관리 또한 전통적인 공급사슬관리에서 오랜시간 연구되어 온 주제이

다. 하지만 금융SCM에서는 재고관리를 좀 다른 관점에서 분석한다. 전통적인 공급사슬관리에서 재고관리의 이슈는 주로 적정재고수준을 어떻게 산정할 것인지에 집중되어 있다. 이에 비해 금융SCM에서의 재고관리는 운전자본관리의 주요 practice 중 하나로 받아들여지게 된다.

일반적으로 운전자본관리는 유동자산과 유동부채의 차이로 인식된다. 적절한 운전자본을 보유한다는 것은 기업이 즉시 현금화할 수 있는 자산을 보유하여 단기 부채에 대한 대응이 가능하고, 미래 성장을 위한 적시 투자를 감행할 수 있다는 것을 의미한다. 재고자산은 유동자산의 하나이기 때문에 재고자산의 보유 수준은 운전자본의 수준을 결정짓는 주요 요인이 된다.

이러한 관점에서 보면 재고자산의 증가는 운전자본의 수준을 증가시켜 기업에 이득을 가져다 준다. 뿐만 아니라 재고자산의 증가는 혹시 발생할지 모르는 재고의 완전 소진으로 인한 판매 기회의 상실 발생 빈도를 떨어뜨려 기업에 이득을 가져다 준다. 특히, 신제품에 대해서는 어떤 세부디자인, 어떤 색상의 제품이 고객들에게 인기있을지 예측하기 어렵기 때문에, 모든 가능한 종류의 제품에 대해 일정량의 재고를 보유하는 것이 중요할 것이다.

하지만 무조건적인 재고의 증가는 재고유지비용을 증가시킬 것이다. 기업은 재고자산을 관리하는 데 많은 비용이 들기 때문에 현금을 확보하는 데 어려움을 가질지 모르고, 이는 곧 파이낸싱 비용의 증가, 유동부채의 증가로 귀결될 것이다. 때문에 무조건적인 재고자산의 증가는 운전자본이라는 측면에서도 결코 도움이 되는 것은 아니다.

결국 기업은 재고수준의 증가에 따른 긍정적 측면 – 유동자산의 증가와 부정적 측면 – 재고유지비용의 증가 혹은 유동부채의 증가를 모두 고려하여 적정 재고수준을 유지할 수밖에 없다. 적정 재고수준을 유지하기 위해서는 경영 상황에 적합한 적정 재고량을 산정하고 정기적인 재고 모니터링을 통해 이를 관리하는 노력이 뒤따라야 한다.

9) SHARP PRICE C – Cash Management(현금 흐름 관리)

현금 유동성을 확보하는 것은 기업의 생존을 위해 필수적이다. 2008년 금융위기로 인해 많은 금융 기업들이 위기를 겪었고, 이로 인해 대출 등을 통한 자금 조달에 어려움을 겪었다. 뿐만 아니라, 많은 자산가들과 금융 기관이 투자에 인색하게 되어 금융 시장에 돈이 유통되지 않았기 때문에, 기업들이 유동성 위기를 겪게 되었다. 이후에는 많은 전문가들에 의해 현금 유동성 확보의 중요성이 강조되었고, 기업들도 경각심을 갖고 기업내 현금 흐름을 추적하고 있다.

케빈 카이저 인시아드 대학원 교수는 2013년 하버드 비즈니스 리뷰에 기재한 '현금? 회사 안에 숨어 있다(Need Cash? Look inside Your Company)'라는 기사에서 현금을 확보하기 위한 6가지 충고를 제시하였다.

첫 번째 충고는 기업들은 손익 계산서에만 기반하여 기업의 재무 상태를 평가하지 말아야 한다는 것이다. 손익 계산서에 나타난 기업의 순이익은 기업의 현금 수준을 대변하는 것이 아니기 때문이다. 두 번째 충고는 영업 직원들을 매출 실적에만 근거하여 평가해서는 안 된다는 것이다. 첫 번째 충고와 마찬가지로 직원들의 매출 실적이 높다고 하여 반드시 그 금액이 즉시 현금으로 들어오는 것은 아니기 때문이다. 세 번째 충고는 생산 과정에서 품질만을 강조하지 말라는 것이다. 지나치게 품질만을 강조한 나머지 생산리드타임이 길어지고, 보다 많은 재고들이 생산 과정, 즉 공장에 묶이게 될 수 있다. 네 번째 충고는 외상매출금과 외상매입금을 직접적으로 연결짓지 말라는 것이다. 일부 경영진들은 외상매출금으로 외상매입금을 충당하여 유동성을 확보할 수 있다고 생각한다. 하지만 언제든지 부도 등의 예측하지 못했던 사태가 발생할 수 있다. 뿐만 아니라 기업 협상력에 따라 대금 납입을 지연시킬 수도 있다. 다섯 번째 충고는 유동비율과 당좌비율에만 신경을 쓰지 말라는 것이다. 두 비율은 유동자산(당좌비율은 재고자산을 고려하지 않음)을 유동부채로 나눈 값이다. 두 비율 모두 외상매출을 포함하고 있기 때문에 기업의 현금수준을 정확히 나타내주는 지표로 사용하기에는 무리가 있다. 마지막으로 자사의 현금 수준을 동종업계의 타 경쟁업체와만 비교하는 것이다. 사실 동종업계의 경쟁업체와만 비교한다면 2008년 금융위기와 같이 전혀 예상하지 못한 일이 발생할 때 업계의 모든 기업들이 어려움을 겪을 수 있다. 경영자들은 타업종의 우량 기업과들과도 주요 현금 지표들을 비교해보고 개선을 위한 노력을 기울여야 한다.

10) SHARP PRICE E - Evaluation(평가 체계 구축 및 수행)

금융SCM이 성공적으로 구축되었다면 이의 효용성 및 활용 수준을 지속적으로 평가하는 것이 중요하다. 평가 결과에 따라 활용도를 높이기 위한 시스템을 추가적으로 보완하거나 아니면 사용자들의 이해 수준을 향상시키기 위한 노력이 뒤따라야 한다.

어려운 점은 금융SCM의 효용성 및 활용 수준을 평가하기 위한 올바른 평가 체계를 구축하는 데 있다. 이를 위해서는 먼저 금융SCM의 정성적·정량적인 특성을 고려하여 구체적인 수준을 나타내줄 수 있는 평가 지표의 개발이 필수적이다. 이후에는 평가가 수행되는 시점의 기업 경영 환경, 기업 목표 등을 고려하여 각 평가 지표에 상이한 가중치를 부여한다. 금융SCM 전담 조직은 각각의 지표에 대한 객관적인 평가를 수행하여 항목별 점수를 산출해낸다. 최종적으로 가중치와 각 지표에 대한 평가 점수를 곱하여 기업의 금융SCM 효용성 및 활용 수준을 가늠하는 최종 종합 점수를 산출해낸다.

지속적인 평가 활동을 수행하고 평가 지표를 시의적절하게 업데이트하는 것도 중요하지만, 최초평가 지표를 올바르게 설정하는 것 역시 무척 중요하다. 기업의 금융SCM 담당 인력들은 자사에서 수행되는 공급사슬 내 금융활동들을 면밀히 분석하여 활동별 평가 기준을 구체적으로 마련해야 한다. 정성적인 평가 기준 수립도 중요하지만 정량적인 평가 기준을 같이 포함시켜 좀 더 객관적인 평가가 가능하도록 해야 한다.

(2) 금융SCM 적용 사례

모토로라(Motorola)는 한때 휴대폰 시장에서 레이저(RAZR), 스타텍(STAR TAC) 등의 메카 히트작을 연달아 성공시켜 글로벌 2위 업체로까지 성장하였지만, 스마트폰으로의 변화에 적절히 대응치 못해 쇠락하게 되었다. 2011년 모토로라는 휴대폰을 담당하는 '모토로라 모빌리티' 사업부와 바코드 스캐너, 공공안전업무용 무전기 등을 담당하는 '모토로라 솔루션스' 사업부로 분리되어 구글(Google)에 인수되었다. 구글에 인수된 이후에도 특별한 반등을 보이지 못하다가, 결국 2014년 중국 IT업체인 레노버(Lenovo)에 의해 재인수되었다. 한때 노키아에 이어 세계 2위 규모의 휴대폰 제조업체로 명성을 떨쳤던 모토로라의 브랜드는 더 이상 사용되지 않으며, 레노버에서는 레노버 모토(Lenovo Moto)라는 신규브랜드로 제품을 출시하고 있다.

이처럼 모토로라는 시대의 변화에 잘 대응하지 못해 쇠락하였지만, 상당히 이른 시점부터 금융공급사슬의 채택을 위해 노력했던 회사였다. 모토로라는 일찍부터 기업이 노출되어 있는 금융관련 리스크에 대해서 깨닫고 있었다. 협상력이 강한 해외 소비자들은 제품값에 대한 결제를 해외통화로 진행하였다. 일반적으로 계약을 체결하고 실제로 결제가 이루어질 때까지 환율 변동이 심하였기 때문에, 제품 공급자는 환율 리스크에 노출되어 있었다. 때로는 구매자들이 약속한 날짜에 대금을 지불하지 않으며 문제가 되기도 하였다. 구매자들의 결제 시스템에 문제가 발생하거나, 구매자가 거래하는 은행 프로세스에 지연이 발생하는 경우, 사전에 약속한 날짜에 판매 대금을 지불받지 못하는 경우가 발생하였다. 기업은 만일의 사태에 대비하여 현금보유량을 늘려야만 했고, 이로 인해 자본조달비용은 증가할 수밖에 없었다.

먼저 모토로라는 집중화된 넷팅(Centralized Netting)시스템을 구축하기 시작하였다. 수많은 거래 상대와 모토로라의 거래 주체들간의 모든 거래를 넷팅시스템에 등록하였다. 해외통화를 사용하는 모든 자금의 흐름을 하나로 통합하여 환관리 상황을 한눈에 살펴보고, 순차액만을 지불함으로써 환위험에 대한 노출을 최소화하기 위함이었다. 모토로라는 처음에는 'bespoke'이라는 자체개발 넷팅시스템을 사용하다가, 더 빠르고 효율적인 시스템에 대한 필요성으로 인해 2005년부터 ABN AMRO bank에 의해 제공된 넷팅솔루션을 사용하였다. 넷팅시스템으로 인한 효과는 지속적으로 증가하였다. 1993년 60%에 불과하던 해외통화 거래의 넷팅 비율은 2009년 85%수준으로 증가하였다. 2009년 넷팅시스템에 의해 처리된 금액은 200억 달러에 달하여, 넷팅 후 환리스크에 노출된 금액은 30억 달러 정도에 불과하였다.

넷팅뿐만 아니라 모토로라는 기업 내 모든 금융 관련 기능들을 한곳에 모으기 위해 노력했다. 모토로라의 집중화된 재무(Centralized Treasury) 부서는 공급사슬 내 발생하는 모든 결제 정보와 구매자 및 투자자로부터 발생하는 모든 펀딩 정보를 종합하여 처리하였다. 모든 거래 정보가 한곳에서 처리됨에 따라 단순 거래정보 처리 실수의 발생 빈도가 줄어들기 시작했다. 모토로라는 식스 시그마 등의 품질관리 선진 기법을 적용하여 관련 손실을 최소화하기 위해 노력했다.

오라클(Oracle)의 전사적자원관리(Enterprise Resource Planning, 이하 ERP) 시스템을 도입하면서 모토로라의 금융공급사슬은 더욱 발전하였다. ERP의 도입으로 인해 모토로라는 신뢰성 높은 제조 및 생산 관련 데이터를 각 부서에 제공할 수 있게 되었다. 2005년 모토로라는 모든 결제 관련 시스템을 중국으로 이전시켜 결제 관련 시스템과 생산관리 시스템을 같은 장소에 위치시킨다. 결제·지불 등 금융공급사슬에서 사용되는 모든 정보는 기본적으로 생산을 비롯한 공급사슬 활동에서 비롯되기 때문에, 두 시스템을 근접하게 위치시킴으로써 정보처리 효율성을 더욱 향상시킬 수 있었다.

이처럼 모토로라는 효율적인 공급사슬운영을 통해 환율 리스크 감소, 거래처리수 감소, 운영 리스크 감소, 집중화된 시스템으로 인한 행정처리 비용 감소 등 많은 이득을 보게 되었다. 자사의 성공에 힘입어 모토로라는 금융공급사슬에 대한 비전을 다른 공급자·구매자 및 거래금융기관에 공유하여 전체 공급사슬을 아우르는 금융공급사슬을 구축하기 위해 노력하였다. 금융공급사슬 스코프(Scope)의 확대는 모든 공급사슬 참여 객체의 정보 공유와 파트너십 강화를 요구하였다. 이 같은 노력을 바탕으로 모토로라는 구글에 인수되기 전까지 공급사슬 내 모든 이해당사자를 아우르는 모범적인 금융공급사슬을 운영하던 기업이었다.

그림 10-9. 모토로라의 금융공급사슬

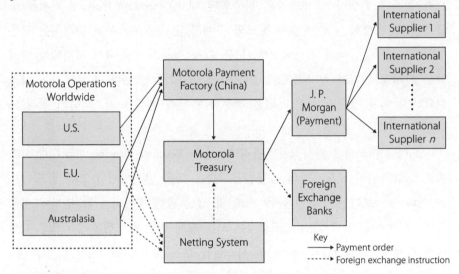

출처: The Rise of SCM Quants, arlos Alvarenga, Accenture.
'물리적재화 → 정보 → 금융'SCM의 패러다임이 바뀐다.', 김수욱 & 정성욱, DBR(Dong-A Gusiness Review).
Financial Supply Chain Mangement, Hans Honig 외 3인, Deloitte.
The Rise of SCM Quants, Carlos Alvarenga, Accenture.
Managing the Financial Supply Chain, Dave Blanchard, Industry Week.
기업의 리스크관리지원을 위한 정책방안 연구 보고서, 한국표준협회 보고서.
Supply-chain finance: The emergence of a new competitive landscape 수정 반영, Ganaka Herath, McKinsey.
프리미엄 테크놀로지(Premium Technology) 공식 웹사이트.
Motorola's global financial supply chain strategy, Ian D. Blackman 외 2인, Supply Chain Management: An International Journal, Vol 18 Iss 2 pp. 132-147.

For the Rich: Royal Marketing

부자를 위한 로얄 마케팅

얼마 전 뉴욕 타임즈가 발표한 기사에 따르면 미국에서 부자를 위한 특화된 서비스가 활발해지면서 부(富)에 따른 계층화가 심해지고 있다고 한다. 기사는 미국에서 부의 편중이 심해지는 현상을 이용해 기업들이 부자에게 차별화된 서비스를 제공하는 사례를 공항, 여객선, 놀이공원 등에서 쉽게 찾아볼 수 있게 됐다고 전했다.

기사 내용에 따르면 노르웨이언 크루즈 라인이 운영하는 '노르웨이언 이스케이프'에는 부자를 위한 특별 공간이 있다. 4천 200명의 승객 중 275명은 이른바 '안식처'(Haven)에 여행 내내 머문다. '배 안의 배'로 불리는 안식처에는 일반 승객의 출입이 금지되며 별도 수영장과 식당 등이 있다. 안식처 승객은 골드 키를 가지고 있어 공연을 볼 때도 가장 좋은 자리에서 즐길 수 있으며, 항구에 돌아왔을 때도 다른 승객보다 먼저 내린다. 1주일 여행 일정으로 부부가 안식처를 이용할 경우 비용은 1만 달러(약 1천 143만원)로, 일반 요금(3천 달러)의 세 배가 넘는다.

놀이공원인 디즈니월드는 지난달부터 일반 승객의 방문이 끝난 이후에는 특별 손님만을 위해 운영된다. 일반 개장 시간의 혼잡을 피해 여유를 즐기려는 고객이 비싼 요금을 내고 이용한다. 그리고 로스앤젤레스 국제공항에서는 1천 800달러(약 2백만원)를 내면 줄을 서지 않고 출국 수속을 밟을 수 있다. 뉴욕타임즈는 부자를 위한 특별서비스가 활발해지는 이유를 일부에게 부가 집중되는 현상에서 찾았다. UC버클리 경제학과 교수인 에마누엘 새스에 따르면 미국의 상위 1%는 나라 전체 부의 42%를 차지하고 있다고 하는데 이는 20년 전에 30%였던 것보다 12%포인트나 높아진 수치이다. 또 상위 0.1%가 차지하는 부의 비중은 22%나 돼 20년과 비교하면 거의 2배나 된다. 보스턴컨설팅그룹의 조사에서도 상위 계층의 부가 하위 계층보다 빠르게 증가하는 것으로 나타났다. 100만 달러 이상(약 12억)의 금융자산을 가진 가구(2014년 700만 가구)의 자산은 2010~2014년 사이에 연평균 7.2% 늘어났다. 이는 100만 달러 이하인 가구의 자산증가율보다 8배나 높은 것이다. 이러한 현상은 한국에서도 그대로 나타나고 있다.

한국에서 부자들을 바라보는 눈은 극과 극을 오간다. 드라마 속에서는 재벌가 출신 주인공이 등장하고, 기사에서도 연예인, 재벌과 같은 대중에게 드러나지 않는 부자들의 가정사가 화제가 된다. 대중들은 시기와 부러움, 환멸과 동경, 무관심과 호기심 등의 모습으로 이들을 대한다. 그러나 기사에 자주 등장하는 부자의 모습은 일부에 지나지 않는다. 부자만을 위한 마케팅을 하는 전문가들의 언급에 따르면 "자수성가형 부자든, 전문직에 종사하는 부자든, 상속 받은 부자든, 고객들을 상대하다 보면 그들에겐 부자가 될 이유와 자격이 충분히 있다고 느껴진다. 부동산, 주식에 대한 지식이 해박하고 자기 분야에선 누구에게도 지지 않을 정도로 최선을 다하며, 절약 습관이 몸에 뱄지만 불우 이웃을 위해서는 거액을 기부할 줄 아는 사람이 그렇지 않은 사람보다 훨씬 많다"고 말한다. 다시 말하자면, 미디어에 자주 등장하는 '갑질 하는 부자'가 아닌 부자들이 훨씬 많다는 것이다.

한국의 부자는 어떤 특징을 가지는지, 어떤 소비패턴을 가지는지 살펴보고, 이들을 위한 마케팅 전략을 이론과 사례를 바탕으로 알아보고자 한다.

1 자산규모로 보는 한국 부자

KB금융지주사에서 발표한 연례보고서인 '한국의 부자보고서'에 따르면 지난해 말 현재 금융자산 10억원 이상을 보유하고 있는 부자들은 18만 2,000 여 명으로 추산됐다. 부자 선정을 위한 기준으로는 세계적으로 흔히 통용되는 기준인 '100만 달러 이상 투자자산을 보유한 개인'을 적용했다. 쉽게 말해 한국에 백만장자(Millionare)의 숫자가 18만 2,000여 명 정도 된다는 얘기다. 16만 7,000여 명이었던 전년보다 8.7% 늘어난 수치지만 2008년 이후 연평균 부자 증가율 13.7%에는 못 미쳤다. 한국의 부자는 금융위기의 영향으로 2007년 8만 5,000여 명에서 2008년 8만 4,000여 명으로 감소한 것을 제외하면 해마다 큰 폭의 증가율을 기록해 왔다. 연구소는 이번 증가율이 예년보다 낮은 이유로 경기침체와 증시 침체, 저금리 지속 등을 지목했다. 전반적인 자산 증가율이 낮아 부자 칭호를 얻을 수 있는 후보군의 자산도 많이 늘지 못했다는 의미다. 한국 부자들의 금융자산 총액은 2008년 179조원에서 지난해 말 현재 406조원 으로 급증세를 이어나가고 있다. 연구소는 "전체 한국인 중 자산 규모 상위 0.35%가 한국 가계 총 금융자산의 14% 이상을 쥐고 있는 셈"이라고 말했다. 406조원을 기준으로 할 때 18만 2,000여 명의 1인당 평균 금융자산액은 22억 3,000만원이다. 연구소는 이 중 400명을 대상으로 설문조사를 진행해 좀 더 세밀한 데이터를 확보했다. 한국 부자들의 연평균 소득은 2억 9,000만원으로 전체 가구 평균 연소득 4,676만원의 6배가 넘었다. 특히 눈에 띄는 부분은 소득 중에서 근로소득 소득 비중이 59%에 그치고 있다는 대목이다. 임대·이자· 배당소득 등 기타소득이 1억 3,000만원으로 전체 소득의 40% 이상이었다. 그 에 비해 일반인은 근로소득이 전체 소득의 89%를 넘는다.

부자들은 자산 구성에서도 일반인과 뚜렷한 차이를 보인다. '부동산 집중' 현상이 훨씬 낮았다. 부자들은 전체 자산에서 부동산 자산의 비중이 52%, 금융자산 비중이 43%였다. 일반인의 경우 각각 67%와 26%다. 부자들의 부동산

자산 비중은 2012년 59%에서 지속적으로 낮아지고 있다. 반면 금융자산 비중은 같은 해 35%에서 점점 높아지고 있는 추세다. 1인당 평균 금융자산액이 22억 3,000만원이고, 전체 재산에서 금융자산이 차지하는 비중이 43%라는 점을 감안하면 한국 부자의 총 재산액은 평균 51억여 원이 된다는 계산이 나온다. 정리하자면, 평균 재산 51억원, 금융자산 22억 3,000만원, 연 소득 2억 9,000만원, 비근로소득 연 1억 3,000만원, 퇴직 후 적정 생활비 연 8,300만원이다. 이것이 금융자산 10억원 이상인 한국의 백만장자 재산과 소득 평균치다.

2 라이프스타일과 소비패턴으로 보는 한국 부자

언젠가부터 VIP가 아니라 'VVIP(VeryVery Important Person) 마케팅'이라는 말이 유행하고 있다. 업계에서도 상위 1%의 초우량고객인 VVIP를 위한 특별한 상품을 내놓는 데 노력하고 있다.

이해하기 쉽게 위해 백화점이나 프라이빗 뱅킹(PB)의 VVIP 고객을 기준으로 한국의 부자를 정리해보고자 한다. 백화점의 경우 VVIP 고객의 연령대는 40대와 50대 초반이 많은 편이고 재벌그룹 회장 부인, 기업인, 연예인, 유명 스포츠 스타, 의사·변호사 등 전문직 종사자와 그 배우자가 대부분을 차지한다. 남성과 여성의 비율은 백화점마다 약간 다르지만 보통 3대7 정도다. 은행이나 증권, 카드사 등 금융사들 역시 백화점과 비슷하지만 소득 기준보다 부동산 부자, 토지보상금을 받은 사람 등 보유 자산을 기준으로 VVIP 고객 예우를 해주고 있다.

VVIP들은 일반적으로 다음과 같은 성향을 갖고 있다. 첫째, 아침형 인간에다 근검절약 정신이 몸에 배어 있으며 숫자와 원가 개념이 철저하다. 수표 발행 시나 환전 시 수수료가 부과되면 1,000~2,000원 정도의 수수료를 깎아달라고 강하게 요구한다. 백화점의 캐쉬백 프로그램 같은 것에 전혀 신경 쓰지 않을 것이라 생각한다면 오산이다. 일반인들보다 더 챙기고 자신에게 손해다 싶으면 어김없이 항의한다. 가족 외식도 호텔 레스토랑이 아니라 허름한 맛집에서 하는 등 절약이 몸에 밴 사람이 많다. 둘째, 자신과 가족의 건강을 최우선시 한다. 이 때문에 식사도 절제하는 이들이 많고 채식주의자도 많은 편이다. 담배 또한 피지 않고 독한 술과 과음도 삼가는 편이다. 철저한 자기 관리가 몸에 밴 사람들이라 할 수 있다. 셋째, 끊임없이 연구한다. VVIP들은 정말 빈틈이 없고, 모르는 것을 알려고 끊임없이 찾아다니는 사람들이다. 넷째, 그들만의 커뮤니티를 통해 교류하고 결혼도 비슷한 가문끼리 한다. 은행이나 백화점, 명품업체들은 그래서 VVIP만을 위해 종합자산관리, 상속 및 증여 전략, 절세 전략 같은 강좌를 비롯해 갤러리 투어, 와인 선상 파티, 뮤지컬 공연, 심지어 커플 매칭 이벤트 등 독특하고 새로운 주제의 교양 행사를 따로 마련하기도 한다. 다섯째, 문화와 예술에 대한 관심이 많고 소양이 뛰어난 편이며 자선, 봉사활동 등 사회에 기여한다. 일반적으로 알려진 바와 다르게 VVIP 중에는 이런 사람이 꽤 많다. 여섯째, 자부심이 대단하다. 부모로부터 상속받은 VVIP는 예외일 수 있겠지만 자수성가한 VVIP들은 자신의 분야에서 성공한 사람들이다. 이런 성공 경험은 그들로 하여금 강한 자부심을 갖게 한다.

VVIP들의 소비 및 투자 성향도 몇 가지로 정리해볼 수 있다. 우선 VVIP들은 공통적으로 희소성이 있는 제품이나 브랜드를 선호한다. 그리고 가격보다 자신의 가치를 충족시키는 브랜드를 선호한다. VVIP라고 해서 무조건 비싼 제품이나 브랜드만 구입하는 것은 아니다. 수천만원짜리 모피 코트를 주저 없이 사기도 하지만 가치가 없다고 생각되는 물건에는 단돈 몇 천원도 쓰지 않는다. 트렌드나 유행에 따라 브랜드를 자주 바꾸는 것이 아니라 자신이 가치가 있다고 인정하는, 즉 본인 스타일에 맞는 브랜드를 선택하는 경향이 매우 높다. 자신의 가치를 충족시켜주는 브랜드라면 어마어마한 고가라도 개의치 않고 지갑을 연다. 그런가 하면 짝퉁이 많은 브랜드를 아주 싫어하는 편이다.

VVIP들은 특별한 대우를 받기를 원한다. 그래서 기업들은 VVIP만을 위해 특별한 공간과 특별한 서비스를 제공하려고 노력하는 것이다. 세금에 민감한 것도 특징이다. VVIP들이 가장 무서워하는 것 중 하나가 세금이다. 그렇기 때문에 무언가에 투자할 경우 세금을 먼저 고려한다. 상속세, 증여세에 대해서도 매우 민감하게 반응한다. 소비성향이나 패턴이 드러나는 것을 꺼리는 등 VVIP 들은 자신의 프라이버시가 존중되기를 원한다. 운전기사나 가사도우미들에게 도 자신이 뭘 샀는지 숨기려 한다. 그래서 백화점에 기사 없이 자가운전으로 오거나 리무진 서비스를 요청하기도 한다. 수백만원짜리 옷을 산 뒤 명품 로 고가 새겨진 쇼핑백을 버리고 까만 비닐봉지에 담아 가는 고객도 있다. 전담 직원과 대면을 통한 1대1 상담을 선호한다는 것도 특징이다. VVIP들은 대부 분 50대 이상이 많다. 그렇기 때문에 인터넷이나 디지털식 커뮤니케이션보다 는 얼굴을 맞대는 아날로그식 커뮤니케이션을 선호한다. 이런 방식이 자신의 프라이버시가 더 존중된다고 믿기도 한다. VVIP 고객들은 일반 고객에 비해 훨씬 까다로운 편이다. 금융권 PB들에 따르면 속된 말로 성질이 더럽다거나 요구하는 게 너무 많다거나 자기가 제일 잘난 줄 아는 사람이 많다고 한다. VVIP 마케터들이 지켜야 할 불문율 중 하나가 '어떤 경우라도 고객보다 더 많 이 아는 체해서는 절대 안 된다'는 것이다.

부자를 인정하는 사회적 분위기, 또 VVIP들이 추구하는 라이프스타일을 하나의 문화적 경향으로 받아들이며 마케팅의 타깃으로 삼은 것은 불과 10여 년 전이다. 우리나라도 예외는 아니어서 이들을 타깃 고객으로 하는 고급화 전략이 모든 업계에 걸쳐 진행되고 있다.

전체 고객 중 1~5%를 차지하는 특정인을 대상으로 하는 이 마케팅은 럭 셔리 브랜드와 프라이빗 뱅킹을 중심으로 시작됐지만 지금은 백화점, 금융권 은 물론 건설업계, 자동차업계, 골프업계, 신용카드업계 등으로 빠르게 확산되 고 있다. 이제는 일상생활에서도 VVIP라는 말을 꽤 자주 듣는다. 전자제품을 비롯해 아파트, 주유소, 심지어 산후조리원도 차별적인 고급화 전략으로 VVIP 들을 공략하고 있다. 소비 유연성이 높고 경기를 타지 않는 소비가 뚜렷한 계 층이지만 정작 이들에게 접근하기는 쉽지 않을 뿐더러 기존 마케팅으로는 감 당하기 어려운 면이 많다. 왜냐하면 기존 마케팅은 근본적으로 VVIP들의 속성 과는 커다란 차이가 있기 때문이다. VVIP 마케팅에서는 소량 생산, 가치 경쟁, 유통을 제한한다.

3 부자 마케팅을 위한 핵심 요소

VVIP들을 고객으로 삼으려는 브랜드들은 과연 그들에게 어떻게 다가가고 있으며 그것이 성공할 수 있는 요인을 살펴보고자 한다. 2000년 이후 짧은 기간이지만 VVIP시장을 공략하기 위해 많은 마케터들의 연구와 활동이 있었고, 그에 따른 성공과 실패 사례가 있었다.

VVIP들을 대상으로 하는 마케팅 활동 중 대표적인 사례를 보면, 백화점의 경우 VIP 특별룸 운영, 전용 쇼핑도우미제도, 유명 골프선수와의 라운딩 기회 제공, 고객 방문을 통한 맞춤옷 서비스, 고객 개개인이 원하는 색조 화장품 개발, 최상류층 전용 카드 출시 등을 들 수 있다. 특별 상품과 서비스를 개발하고 행사를 진행하는 단편적인 마케팅 활동으로 보이기 쉬우나 그 이면에는 VVIP들의 라이프스타일에 대한 깊이 있는 분석과 커뮤니케이션 관리, 사회적인 가치 측정 등 좀 더 복잡한 활동이 연계돼 있다.

전체 고객의 1~5%를 차지하는 이 시장의 규모는 어찌 보면 미미하다고 할 수 있다. 그러니 VVIP들을 상대로 마케팅을 하려면 먼저 규모의 경제 개념을 버려야 한다. 같은 비용으로 최대를 만족시키는 것이 아니라 소수를 최대한 만족시키기 위한 방법을 찾아야 하므로 사고의 전환이 필요하다. 또 한 단계 앞서 필요를 창출해야 한다. 이 시장은 어떻게 보면 이성적이고 합리적인 판단보다는 감성적이고 심리적인 결정에 따라 움직이기 때문에 자동화된 시스템보다 인적 요소가 더 중요한 비중을 차지하는 특징도 있다. VVIP들은 소비하면서 격을 따지고 상품과 부가적인 서비스를 넘어 오감이 어우러지는 총체적인 체험을 원한다. 그러다 보니 생산 과정, 소비 과정마저도 상품의 일부가 돼버렸다.

샴페인이 여기에 가장 알맞은 예가 될 것이다. 샴페인은 포도를 재배하는 나무의 수령, 포도밭의 토양, 기후 등을 바탕으로 자라난 포도를 손으로 수확하고 리들링(와인을 샴페인으로 만들기 위해 2차 발효를 시키는 과정)하는 등 생산 과정에 대해 충분히 설명함으로써 그 가치를 인정받는다. 한편 샴페인을 마시는 의식, 즉 병의 레이블을 고객에게 보이고 멋진 '퐁' 소리와 함께 마개를 따며 테이블의 호스트에게 테이스팅을 하도록 권한 후 다른 고객들의 잔을 채우는 의식을 거행한다. 샴페인은 그냥 마시는 술이 아니라 이렇게 복잡한 의식을 거치는 소비를 하면서 사람들은 가치를 느낀다. 이런 이유 때문에 요즘에는 따기 힘든 코르크 마개 대신 스크류 마개, 깨지기 쉬운 병 대신 팩 포장을 할 수 있을지라도 그런 기술을 대중적인 와인에만 사용할 뿐이다. 부자들이 원하는 상품은 생산과 소비의 과정에서 그 가치를 충분히 만끽할 수 있도록 충분히 배려된 경우가 많다는 것을 알 수 있다.

자동차의 생산과 소비의 과정에서도 부자들은 부가적 가치를 추구한다. 이런 이유로 럭셔리 브랜드들은 오랜 역사와 장인정신을 얘기해 생산에 대한 가치를 높이고 소비할 때의 심리적 가치를 높여주기 위해 한정품을 내고 유명인을 내세워 마케팅을 하는 것이다. 어느 나라의 왕 혹은 여왕이 타는 특정 브랜드의 자동차를 구입할 수 있다는 프리미엄이 바로 일례다. 즉, VVIP는 상품의 기본적인 기능에 앞서 이러한 부가적인 가치에 대해 더 많이 인정한다. VVIP 마케팅에서 무엇보다 먼저 짚어야 할 것은 뚜렷한 가치의 제공이다. 제품의 기본적인 기능에 대한 사용 가치는 기본이고 샴페인에서 보듯 제품이 생산되는 과정과 그들이 제품을 소비하는 과정에서도 그 가치를 충분히 느낄 수 있도록 해야 한다.

생산과 소비의 가치 외에 또 중요한 가치가 있다면 사회적 가치와 심리적 가치다. 대부분 VVIP는 사회적으로 인정받는 지위에 있다. 그 지위에 합당한, 즉 일반 사람들과의 거리감을 나타내 줄 수 있고 본인 스스로 인정할 수 있는 사회적 가치가 있어야 한다. 이런 이유로 많은 VVIP 마케팅이 초청에 의해서만 회원등록을 할 수 있거나 회비(가격)를 높게 책정해 진입 장벽을 높이고 매장을 늘리지 않아(유통의 제한) 일부러 구입하는 데 어려움이 따르게 하고 때때로 한정품을 발매한다. 또 그들만의 행사를 진행한 후 기사화해 행사에 초청된 사람들에게 심리적 가치를 선사하기도 한다.

여기서 중요한 것은 이런 마케팅활동이 VVIP들에게는 심리적인 가치를

느끼게 해야 하고 동시에 일반인들에게 선망의 대상이 되도록 해야 한다는 것
이다. 그러기 위해서는 일반 대중도 알 수 있게 여러 채널을 통해 열린 커뮤니
케이션을 한다. 이것이 VVIP를 대상으로 하는 마케팅 커뮤니케이션의 양면적
모습이다. 얼마만큼 오픈하고 얼마만큼 가릴지, 그 날카로운 균형을 유지하지
못한다면(예를 들어 너무나 대중적이라고 VVIP들이 느끼면) VVIP들은 어느새 떠나 있을
것이다.

　　구매생활에서 경제적 가치에 중점을 두지만 구매한 상품으로 인해 개인
이 누릴 수 있는 사회적 가치, 그리고 심리적 가치가 더 크다면 그것을 마다할
VVIP가 있을까. 예를 들어 시계를 사용하면서 느끼는 심리적 가치(아, 나는 역시
엘리트니까 이걸 사용할 수 있어), 그리고 사회적 가치(저 사람이 사용하는 시계를 보니 엘
리트 계층이군)는 그가 지불한 경제적인 가치보다 커야 한다. VVIP들이 특정 브
랜드를 선호하는 이유도 여기에 있다. 한눈에 봐도 알 수 있는 브랜드의 자동
차, 구두, 핸드백, 보석, 시계, 양복의 멋진 실루엣, 즉 브랜드의 대표적인 아이
콘과 이미지를 갖추어야 하는 것이다. 생산에 대한 가치, 소비하면서 느낄 수
있는 가치, 또 한눈에 알아볼 수 있는 브랜드 로고와 디자인 요소가 주는 사회
적·심리적 가치가 VVIP 마케팅의 기본 요소라 할 수 있다.

　　착각하지 말아야 할 것은 가격이다. 가격을 높이는 것은 경제적 가치가
높아지는 것이며, 높은 가격과 함께 동반되는 부가가치(소비 가치, 사회적 가치)가
없다면 VVIP들에게 뚜렷한 가치 인식을 시키기 어려울 것이다. VVIP들은 우리
가 생각할 수 있는 모든 고급 브랜드의 타깃 고객군이다. 고급 아파트 단지 우
편함을 상상해 보라. 백화점 잡지, 은행 PB 잡지, 럭셔리 회원지 등 한 가구에
서 받는 무료 월간지만 해도 5개는 훌쩍 넘는다. 자동차, 보석, 자녀 유학, 재
테크, 호텔 피트니스 클럽 등 수많은 정보를 담은 잡지들 중에 그들이 관심 있
게 열어볼 잡지는 무엇일까? 물론 고객의 라이프스타일과 관심사가 가장 주된
결정적 요소지만, 모든 잡지가 기본적으로 나름대로 가치 있는 정보를 담고 내
용에 충실하다고 가정하더라도 시간상 그 모든 잡지를 볼 수는 없다. 그렇다면
아마도 가장 읽기 편해 보이는 잡지를 고를 가능성이 높다. 여기에 바로 정성
과 디테일이라는 VVIP 마케팅의 핵심이 숨어 있다. 봉투는 우편 배송되는 동

안 오염되지 않았는지, 쉽게 열리는지, 내 이름이 정확히 입력되어 있는지 등의 이러한 디테일에 들인 정성에 따라 브랜드 이미지가 형성되는 것이다.

사람이면 누구나 자신에게 진정성과 정성을 다하는 사람에게 관심을 보인다. 특히 VVIP들은 그들을 경제적 가치의 대상으로 보는 경우가 많기 때문에 폐쇄적이며 까다롭고 자기중심적이라는 특징이 있다. 순간적인 친절보다 장기적으로 신뢰를 쌓아서 성공한 사례가 많은 것은 이런 까닭에서다. VVIP들을 고객으로 만들기 위해서는 오랜 시간에 걸쳐 그들로 하여금 브랜드에서 많은 혜택을 받았다는 느낌이 들도록 해야 한다.

VVIP에게 자동차를 판매한다고 가정해 보자. 자동차가 줄 수 있는 기술적 기능, 안정성, 편안함은 기본으로 제공해야 하는 직접적인 혜택이다. 이런 혜택에 대해 고객은 이미 가격이라는 형태로 보상하기 때문에 자동차 브랜드에서 혜택을 받았다는 생각을 하지 못한다. 고객에게 한 약속을 이행하는 브랜드 입장에서는 이 약속을 지켜야 하는 의무, 즉 빚이 있다. 이 빚을 갚기 위해 브랜드들은 고객에게 제품 이외의 다른 혜택을 주려는 노력을 많이 한다. 내 브랜드를 찾아줘 감사한 마음을 표현하려는 노력은 선물이 될 수도 있고, 할인 혜택이 될 수도 있고, 쿠폰을 발행해 다른 곳에서도 사용할 수 있도록 하기도 한다. 그러나 한 발 더 앞서 생각해 보자. 물질적인 혜택은 곧 또 다른 약속이 되어 사람들은 그런 선물과 할인 혜택을 당연시하게 된다. 자부심이 강하고 사회적으로 인정받기를 원하는 VVIP의 특성을 고려해볼 때 다음에는 자신들을 위한 특별한 무엇을 더욱 바라게 된다.

특별한 무엇을 바라는 이러한 고객에게 물질만으로 보상이 될 것이라는 생각을 버려야 한다. 대신 비물질적인 것, 인간적인 것, 맞춤 서비스, 감동을 주는 작고 세세한 일에 관심을 쏟는 것이 바로 부자 마케팅에서 중요한 요소인 것이다.

일례로 VIP를 위한 대리운전기사의 서비스의 경우, 먼 거리를 합리적인 가격으로 이동하는 것보다 그 이상의 무언가를 기대하게 된다. 고객이 모임이 늦게 끝나면서 다른 직원들과 함께 대리기사를 요청했을 때, 대리기사가 말끔한 복장으로 직원들의 차를 길가에 한 줄로 대기시켜 놓고 있고, 미리 연락받은 목적지를 내비게이션에 입력해 놓은 채 고객을 기다리고 있었다고 하자. 이때 고객은 '어디 가시겠습니까?'라는 질문에 답을 하지 않아도 되고, 고객은 개인 기사를 부른 것과 같은 편안함을 느끼면서 감동을 느끼는 것이다. 이처럼 VVIP에게는 물질적인 혜택보다 정성스런 마음으로 다가가야 한다. 좀 더 쉽게 말하자면, 한 명의 고객만 생각하는 마음이 전달될 때 고객 자신이 브랜드에 많은 빚을 지고 있다고 생각할 때 진정한 고객이 될 수 있다.

미용실에서 지겨운 샴푸 시간을 특별한 두피 마사지의 시간으로 바꾸어 놓은 헤어 스타일리스트, 왼손잡이 고객을 위해 찻잔의 손잡이를 돌려놓은 웨이트리스와 같은 디테일과 정성이 VVIP를 감동시킬 수 있다. 이러한 것들만이 경쟁사와 뚜렷한 차별을 만들 수 있고 경쟁자가 절대로 뒤쫓아 오지 못하게 할 수 있는 핵심이다. 고객과의 관계 가치를 한 단계 더 발전시킨 것이 1대1 맞춤서비스라고 할 수 있다. 이것은 희소가치로 전환된다. 아무나 가질 수 없는 것, 흔하지 않은 것, 나만을 위해 만들어진 귀한 것이라는 가치는 한정품 생산, 컨시어지 서비스, 맞춤서비스를 통해 VVIP들에게 전달된다.

마지막으로 주목할 가치는 브랜드 가치다. VVIP를 타깃 고객으로 한다면 항상 고객 위주로 모든 것을 계획하고 실행해야 하지만 때로는 고객을 이끌고 나가야 할 때도 있다. 고객이 좋아하는 것만 찾아 자료를 분석하고 라이프스타일을 이해하고 그에 적절한 제안과 정보를 줘야 하지만 브랜드의 가치를 높이기 위해 사회공헌, 문화행사, 세계적인 이슈가 되는 행사에 참여해 브랜드의 이미지를 관리하고 가치를 높여야 한다.

4 베블런 효과와 부자 마케팅

'명품'은 오랜 기간에 걸쳐 사용되며 상품 가치와 브랜드를 인정받는 고급품을 일컫는다. 주로 상당히 높은 가격대를 형성하는데, 패션 아이템부터 음식에 이르기까지 다양하다. 명품은 유명하고 오래된 미술 작품을 뜻하는 '명작'으로 해석되기도 한다. 따라서 명장이 만드는 소규모 수공예품을 의미하기도 했다. 해외의 전통적인 명품은 장인에 의해 한정적으로 제작되는 고급 물품을 의미했다. 왕실에 납품하는 그릇, 보석, 시계, 가죽 제품은 한정적으로 제작되기 때문에, 소비자보다는 공급자가 가격을 결정짓고 소비자는 이에 따라야 한다. 제품 수가 너무 제한적이어서 명품 시장은 경제학의 논리로 설명하기 어려운 영역이다. 그러나 현대 사회에서의 명품은 오랜 전통을 가진 브랜드의 제품, 명품 브랜드에서 대량 생산하는 제품을 의미한다. 명품 시장을 설명할 수 있는 이론으로 '베블런 현상'을 들 수 있다. 베블런 현상이 등장하게 된 배경은 아일랜드와 영국의 과거 역사를 통해 보다 쉽게 이해할 수 있다.

아일랜드는 영국의 오랜 식민지였다. 두 나라 사이의 갈등과 투쟁의 역사 역시 그만큼 길고도 깊다. 그런데 아일랜드 사람들이 영국에 대해 느끼는 적개심을 식민지 국민으로서의 그것으로만 치부하기에는 그 원한의 뿌리가 너무 깊다. 아일랜드 국민이 영국에 대해 가지고 있는 적개심의 근원에는 1847년에 발생한 '아일랜드 대기근'이 있다. 당시 아일랜드 사람들의 주식이던 감자 흉년으로 800만 명의 인구 중에서 200만 명이 굶어죽고 200만 명이 외국으로 탈출한 사건이다. 감자 흉년도 있었지만 기근이 더 심각했던 이유는 당시 아일랜드에 대해 식민통치를 하고 있던 영국이 감자 이외의 모든 곡물을 본국으로 빼돌렸기 때문이다. 아일랜드 사람들이 도움을 요청했지만 영국 정부는 군대를 동원해 아일랜드에서 생산한 밀을 강제로 본국으로 송출하는 만행을 저질렀다. 영국인 지주들은 소작료를 내지 못하는 아일랜드인들을 내쫓았고, 수많은 농민들이 굶어 죽어갔다. 제국주의의 지배와 착취가 얼마나 잔인할 수 있는지를 보여준 19세기 최악의 사건 중 하나이다.

이와 같은 아일랜드 사람들의 고통과는 별도로 아일랜드 대기근은 경제학에서 자주 거론되는 소재이기도 하다. 감자는 당시 아일랜드인들의 주식이었는데, 흉작으로 인해 감자 가격이 상승했다. 전통적인 경제학의 논리에 따르면 가격이 상승하면 그에 대한 수요가 감소한다. 다시 말해, 감자가격이 오르면 사람들은 감자 대신에 다른 식량으로 대체하려 할 것이고 감자 수요가 줄어드는 것이 정상이다. 그런데 아일랜드에서는 거꾸로 감자소비가 증가하는 현상이 나타났다. 가난한 아일랜드인들이 주식인 감자가격이 상승하자 보다 비싼 고기의 소비를 줄이고 감자소비를 늘린 것이다.

이처럼 한 재화의 가격이 상승하면 오히려 그 재화의 수요가 증가하고, 가격이 하락하면 수요가 감소하는 현상을 일컬어 '기펜의 역설(Giffen's Paradox)'이라고 한다. 영국의 경제학자 로버트 기펜이 소비행위를 분석하는 과정에서 이러한 '비정상적인' 현상을 발견했기 때문에 그의 이름을 따서 붙인 것이다. 이런 현상은 경제가 어려울 때 종종 나타나곤 한다. 대표적인 것 중 하나가 '라면'이다. 지난 금융위기 당시 국민들의 소득이 감소했는데 고환율로 인해 밀가루 가격이 폭등하면서 라면 값도 크게 올랐다. 그러나 라면은 오히려 판매량이 증가하는 기펜 현상이 나타난 것이다. 수요공급 곡선으로 설명하자면, 정상적인 상태라면 수요곡선은 '우하향(가격이 오르면 수요가 줄고, 가격이 내리면 수요가 는다)'하지만 기펜재(기펜의 역설 현상을 보여 가격을 내릴수록 오히려 수요가 적어지는 재화)의 경우에는 이와 반대로 그려진다.

반대로 가격이 내려가는데도 소비량이 줄어드는 경우도 있다. 부자들의 소비품이다. 서민들은 엄두도 못 낼 고가의 재화를 소비하는 부자들의 심리에는 타인과의 구별, 즉 우월주의가 깔려 있다. 그들은 품질이나 디자인보다 일반 사람들이 사용하는가 안 하는가, 다시 말해 자신의 우월성을 차별적으로 보증해주는 비싼 제품만 구입한다. 이들은 가격이 하락하면 그 물건은 사지 않는다. 이처럼 명품을 찾는 부자들의 심리를 분석한 것 중에 '베블런 효과(veblen effect)'라는 것이 있다. 베블런 효과는 미국의 사회학자이자 〈유한계급론〉의 저자인 소스타인 베블런에게서 유래한 말이다. 그는 이 책에서 "가격이 오르는데도 제품의 수요가 줄어들지 않는 현상"을 언급하며, "상층계급의 두드러진 소비는 사회적 지위를 과시하기 위하여 자각 없이 행해진다"고 비판했으며 이를 '과시적 소비'라 불렀다. 그들에게 상품은 '사회적으로 복합적인 이미지와 상징'이다. 또한 단순히 과시적 소비에 그치지 않고 관습과 제도 등을 통해 지속적으로 차별적인 내용을 재생산한다. 자신들만의 각종 예절과 규범을 만들고 취미나 행동양식도 '차별화되고 독점화된' 방식으로 만들어낸다. 자본은 이들의 욕구에 부응해 새로운 마케팅 전략을 만들어냈다. 통칭하여 '프레스티지(Prestige) 마케팅'이라고 부르는데, 말 그대로 '위신과 명망'을 지키기 위한 부자들의 '고급스럽고' '특별한' 소비 심리를 충족시키는 데 초점을 맞추고 있다. 즉 다시 말하면, 베블런 현상은 상류층 소비자들에 의해 이루어지는 소비 행태로, 가격이 오르는 데도 수요가 줄어들지 않고, 오히려 증가하는 현상을 말한다. 예를 들어 값비싼 귀금속류나 고가의 가전제품, 고급 자동차 등은 경제상황이 악화되어도 수요가 줄어들지 않는 경향이 있다. 이는 꼭 필요해서 구입하는 경우도 있지만, 단지 자신의 부를 과시하거나 허영심을 채우기 위해 구입하는 사람들이 많기 때문이다. 또한 과시욕이나 허영심을 채우기 위해 고가의 물품을 구입하는 사람들의 경우, 값이 오르면 오를수록 수요가 증가하고, 값이 떨어지면 누구나 손쉽게 구입할 수 있다는 이유로 구매를 하지 않는 경향이 있다. 무조건 남의 소비 성향을 좇아한다는 뜻에서 소비편승효과라고도 한다.

베블런의 저서에 따르면, 한 골동품 가게에 오랫동안 팔리지 않은 상품이 있었는데, 어느 날 직원이 실수로 가격표에 0을 하나 더 붙였더니 하루도 되지 않아 팔렸다는 일화가 있다. 최근의 예를 들면 보다 이해가 쉬울 것이다. 서울 강남의 한 고급 백화점에서 세련된 유럽풍의 여성용 핸드백에 15만 원의 가격표를 붙여 전시했지만 그다지 많이 팔리지 않았다. 이에 백화점 측은 판매가 미진한 원인을 분석했는데, 사람들이 가격표를 보고 "이 제품은 그다지 인기 있는, 혹은 아주 좋은 제품은 아닐 것이다"라고 지레 짐작했다는 것을 알아냈다. 그래서 다시 종전의 판매가격표에 '0'을 하나 더 넣어 150만 원에 내놓았더니 이번에는 날개 돋친 듯 팔려 나갔다고 한다.

비록 베블런은 이러한 현상이 나타나는 이유를 돈이 많은 것이 곧 성공이라고 여기는 '황금만능주의'로 들었으며, 이를 부정적으로 언급한다. 한 마디로 신분 제도가 없어진 이래 내가 남들보다 우월하다는 것을 알리기 힘들기 때문에 일부는 소비 활동을 통해 혹은 소비한 상품 자체로 자신의 우월성을 알리고 과시욕을 해소한다는 의미이다. 그러나 소비와 자본이 중요시되는 현대 사회에서 베블런 효과를 비판의 대상으로만 보기는 어렵다.

명품업체는 '과시'를 목적으로 하는 구매자의 성향을 감안해서 일부러 높은 가격을 유지하는 고가 전략을 고수한다. 그러나 소비자가 비싼 물건을 선택하는 이유는 단순히 '과시'만을 위한 것은 아니다. 공산품 생산이 발달하면서 값싼 물건은 품질이 좋지 않은 경우가 많기 때문이다. 따라서 소비자 입장에서는 돈을 더 지불하더라도 더 나은 서비스와 제품을 선택한다. 기업 역시 더 비싼 가격을 책정하면 이윤 창출이 원활해지므로, 좋은 품질의 서비스와 재화를 위해 내부적으로 개발할 수 있는 여유가 생긴다.

제품의 차별화가 가능하다면, 명품 수준의 제품을 개발하고 양질의 서비스를 제공하여 높은 가격을 책정하는 것이 이상적이다. 수요자는 우수한 품질의 제품을 구입할 수 있어서 좋고, 공급자는 고급 브랜드 이미지와 이윤의 극대화를 이룰 수 있기 때문에 좋은 명품 시장 전략이 된다.

5 파레토의 법칙과 슈퍼 파레토의 등장

0대 20법칙으로도 불리는 '파레토 법칙'은 이탈리아 경제학자 빌프레도 파레토가 소득의 불균형을 이야기하는 법칙으로 19세기 영국의 부와 소득 유형을 연구하다가 '이탈리아 소득의 상위 20%에 해당하는 사람이 전체 소득의 80%를 차지하고 있다'는 사실을 발견하며 나온 이론이다. 소득 문제에서 더 나아가 정치, 경제, 경영, 사회, 문화적으로 파레토 법칙이 입증되면서 모든 사회적인 원인의 '황금비율'이 되었다. 파레토의 일화에서 파레토 법칙의 원리를 발견할 수 있는데, 파레토는 개미를 관찰하는 중 전체 개미의 20%만 실질적인 일을 하고 나머지 80%는 빈둥댄다는 사실을 발견하게 된다. 그래서 '20%의 개미만 추출하면 일을 열심히 하겠지'라고 생각하고 20%의 개미를 따로 관찰했는데 이 무리 안에서도 20%만 일을 하고 나머지 80%는 일을 하지 않았다. 이런 개미 사회의 현상은 20명의 엘리트가 80명의 평범한 사람을 먹여 살린다고 해석할 수도 있고, '한 사람의 천재가 10만명을 먹여 살린다'는 삼성그룹 이건희 회장의 발언을 증명할 수도 있다. 파레토의 법칙을 일상생활에 적용한 예는 다음과 같다.

1. 즐겨 입는 옷의 80%는 옷걸이에 걸려있는 옷의 20%이다.
2. 20%의 운전자가 전체 교통위반의 80% 정도이다.
3. 성과의 80%는 근무시간 중 가장 집중한 20% 시간에 나오는 것이다.
4. 수신되는 이메일의 20%만 필요하고 나머지 80%는 스팸메일이다.
5. 통화한 사람 중 20%와의 통화시간이 총 통화시간의 80%를 차지한다.
6. 20%의 범죄자가 80%의 범죄를 저지른다.
7. 두뇌의 20%가 문제의 80%를 푼다.
8. 운동선수 중 20%가 전체 상금 80%를 차지한다.

파레토 법칙을 마케팅 측면에서 살펴보자면 80대 20법칙으로 소수의 20%의 사람이 매출의 80%를 차지한다는 뜻이다. 제품의 입장에서 보더라도 20%의 고가 제품이 매출의 80%를 차지하고 있다고 할 수 있다. 실제로 백화점 매출의 대부분이 1층에 위치한 명품, 화장품 매장에서 발생하고 있으며, 이는 파레토 법칙을 잘 보여준 예이다.

이러한 이유로 전체 매출의 80%를 차지하는 소수의 VIP를 위한 VIP 마케팅, 프리미엄 마케팅을 전개하고 있다. 즉, 소수계층을 위한 특화된 서비스와 마케팅을 제공하면서 더 많은 VIP들을 끌어오고 기존고객을 유지하기 위한 전략을 실시하고 있다. 그렇기 때문에 마케팅 담당자는 80%라는 다수의 고객보다 소수의 20% 고객이 찾는 20%의 제품에 초점을 맞춰 마케팅 전략을 수립하게 된다.

파레토 법칙하면 빠질 수 없는 현상이 '롱테일 법칙'이 있다. 롱테일 현상은 파레토 법칙을 그래프에 나타냈을 때 꼬리처럼 긴 부분을 형성하는 80%를 일컫는다. 파레토 법칙에 의한 그래프에서는 발생 확률 혹은 발생량이 상대적으로 적은 부분이 무시되는 경향이 있었다. 그러나 인터넷과 새로운 물류 기술의 발달로 인해 이 부분이 경제적으로 의미를 갖게 되었는데, 이를 롱테일이라고 한다. 2004년 크리스 앤더슨이 처음으로 소개했고 베스트셀러가 되었다. 예를 들면 교보문고와 같은 대형 서점에 앞에 진열된 책은 머리에 속한다. 그리고 우선순위에서 밀려 진열대에서 밀린 비인기 서적은 꼬리다. 최근 인터넷의 발달과 경제 수준의 증가로 소비자 성향이 변화하고 있다. VIP를 대상으로 하는 프리미엄 가격 전략은 새로운 시장을 형성하는 데 큰 영향을 미친다. 그러나 새롭게 등장하는 '긴 꼬리'의 고객들 역시 기업이 놓칠 수 없는 매력적인 수요자라는 점을 기억해야 할 것이다.

다시 본론으로 돌아와서 파레토 법칙을 이용한 마케팅의 특징을 알아보도록 한다. 요즘 사회적으로 부자에 대한 관심이 날이 갈수록 높아져 가고 있다. 특히 그들의 소비 패턴은 많은 산업부문에 선행, 파급효과로 진화되어 다양한 영향을 미친다. 요즘 경제·사회 현상을 설명할 때 '전체 결과의 80%가 전체 원인의 20%에서 발생한다'는 파레토 법칙이 종종 인용되고 있다.

이를 VIP 마케팅에 적용해 보면 오늘날 부자들의 자산 척도가 지속적으로 상승하고 있어, 고객층 상위 20%가 전체 수익의 80%를 차지한다는 이론이다. 더 나아가 요즈음에는 '슈퍼 파레토 법칙'이라 하여 5대 95의 법칙, 즉 상위 5%가 전체 95%의 수익과 맞먹는 형태를 보이고 있다. 이러한 부를 갖고 있는 쪽의 극단적 지배 현상은 금융업 분야에서 일하는 사람에게 아주 중요한 영업 포인트가 될 수 있다. 전 사회적으로 이러한 현상을 타깃으로 한 마케팅 전략이 많이 활용되고 있음을 우리는 눈여겨 보아야 할 것이다.

예를 들어 이슈가 되었던 대한민국의 0.05%만이 발급받을 수 있는 H사의 "The Black Card"는 연회비가 200만 원으로 세계적인 디자이너 카림 라시드(Karim Rashid)가 디자인한 9,999장 한정의 신용카드이다. 이 카드는 가입 인원이 한정되어 있어 대한민국의 '1만 명 이내 진짜 최고'만이 가입할 수 있다. 최소 가입기준만 봐도 보통 사람은 근접 자체가 불가능하다. 이 카드사 측은 가입 허가 회원을 연매출액 최소 1,000억 원 기업체 최고 경영자CEO 및 부사장, 단과대학장, 장관급 공무원, 종합병원 원장, 법무법인의 파트너급 변호사, 초특급 연예인 이상 등으로 한정했다.

　　단순히 자산규모가 큰 부자들이 대상이 아니라, 사회적 명예와 지위를 지닌 선별된 1만 명만이 이 카드를 소유할 수 있다. 이 카드는 출시 초기만 해도 연회비 무료의 혜택을 강조하던 타 카드와 비교하여 비용대비 효과가 낮다며 카드의 마케팅 성공 여부는 큰 기대를 모으지 못했다. 그러나 카드 출시 후 가입의사를 보인 회원들은 대한민국 0.05%이기를 자처하며 200만원의 연회비를 지불하면서 이 카드의 회원이 되었고 최상의 대우를 받고 있다. 또한 현재에도 회원이 되지 못한 사람들의 가입 문의가 꾸준히 빗발치고 있다고 한다. 다른 신용카드사들도 이제는 저마다 이 카드를 벤치마킹한 VVIP 전용 카드 경쟁에 뛰어들었던 선례가 있다.

　　소득별로 나누는 단순한 마케팅 방식에서 벗어나 고객들의 취향이나 직업군에 따라 특별 관리해 주는 VVIP 마케팅 경쟁이 치열해지고 있는 것이다. 그래서 각 백화점 VIP를 위한 카드를 비롯하여 각 은행, 보험, 증권, 회사, 재화나 용역을 판매하는 곳에서는 VIP 마케팅을 뛰어넘은 VVIP 서비스가 나날이 발전하고 있는 것이다. 일반적으로 경기 침체나 경제 불황의 영향을 받지 않거나 훨씬 덜 받기 때문에 그만큼 상위 고소득층을 위한 시장은 마케팅 포인트에서 상당히 중요한 부분을 차지한다. 이 마케팅 포인트의 주요 고객인 VVIP들이 '슈퍼 파레토 법칙'을 창출하고 있는 것이다. 금융 컨설턴트 면에서도 이런 슈퍼 VIP고객에 타깃을 맞추어 한걸음씩 실력을 쌓아가는 방법만이 최정상에 설 수 있게 함은 자명한 사실이다.

　　이처럼 VIP 마케팅에 성공하기 위해서는 고객의 문화코드와 요구(Needs)를 완벽히 파악한 전문적이고 정확한 지식이 필요하며, 고객 한 분 한 분을 위한 긍정적이고 적극적인 태도와 품격 있는 행동을 통해 고객에게 정중한 서비스를 제공하는 것이 핵심이다. 시장의 무게중심이 고급 소비로 쏠리는 지금, 상위 1% 소비자들을 위한 스마트한 마케팅 전략이 절실하다. 10억원 이상을 투자할 수 있는 VVIP 고객들은 맞춤형 자산컨설팅을 위해 고액 수수료도 기꺼이 지불하기 때문이다. 재산을 부모로부터 물려받아 큰 부자가 되는 사람도 아직 상당하지만, VVIP 고객층 중 성공적인 자산관리로 부를 유지한 사람들이 대다수이기 때문에 그것을 위한 대가를 지불하는 데 인색하지 않다. 이제는 철저한 투자 계획이나 자산 계획 없이 부를 창출하고 유지할 수 있는 시기는 지났다고 볼 수 있다. 앞으로는 자신의 자산 규모와 상황에 맞는 맞춤형 관리를 받아 부자가 될 수 있는 시간을 앞당겨야 하기에 특히 금융마케팅을 하는 사람들에게 이러한 VVIP시장은 금융 컨설턴트로서 롱런할 수 있는 기반을 다질 수 있는 기회를 제공한다. 또한, 이들을 지속적으로 정성을 다하여 관리함으로써 장기 고객을 맞을 수 있으며 고소득을 창출하는 지름길이 되어 주기도 한다. 즉 VVIP시장에 어떻게 접근하느냐에 따라 승패 여부가 달려 있다고 해도 과언이 아니다. 그 본격적으로 부자 시장에 진입하기에 앞서 이를 명확히 살펴보아야 할 필요가 있다.

VVIP들은 숫자상으론 적지만, 거래규모가 크고, 가격에 민감하지 않아서 이익 창출에 미치는 영향력이 지대하다. VIP마케팅의 장점은 첫째, 경기에 구애받지 않는 부자들을 대상으로 한 마케팅으로 불경기에 가장 적합한 마케팅이며, 특히 VIP마케팅은 불경기에 더 효과적이다. 둘째, 거래 규모에서 차이가 나기 때문에 일반마케팅의 3~4배 더 효과적이다. 셋째, VIP고객은 한번 고객이 되면 수년 혹은 10년 이상 관계를 지속하기 때문에 단골고객과 지속적 관계유지가 가능하다. 넷째, VIP 고객의 니즈에 맞추기 위해 항상 새롭고 신기하고 독특한 서비스를 제공하다 보면 기업의 전반적 서비스수준이 향상되어, 기업의 서비스제공수준 향상 및 품격을 높이는 데 긍정적 영향을 미친다. 그에 비해, VIP 마케팅 시 한 사람만을 위한 서비스를 제공해야 하기에 주의해야 할 점도 있다. 첫째, 고객과 1대1 관계를 구축해야 하며, 시장 확대를 도모해야 한다. 둘째, 계약서에부터 사후관리까지 끊임없는 관심과 지속적인 유대관계를 유지하며 고객에게 협조해야 한다. 셋째, 고객과의 상담을 통해 개개인의 성향을 파악하고 고객에 맞출 수 있는 차별성이 필요하다. 넷째, 상품에 대한 고객의 평가를 신속히 전달받아 이를 제품에 반영하는 등 제품 개발에 참여시킬 수 있는 유동적 구조여야 한다. 다섯째, 고객의 프라이버시를 침해하지 않고 보호함으로써 이익을 창출해야 한다. 이처럼 파레토의 법칙을 활용한 부자 마케팅은 주의해야 할 사항이 많지만, 그에 걸맞는 이윤을 보장한다는 점에서 기업들에게 매력적인 마케팅 기법으로 볼 수 있다.

CHAPTER II

6 프리미엄 시장 공략

드라마에 재벌 2세로 등장하는 유명 연예인이 들고 나오는 제품은 우수하게 느껴진다. 소비자들은 쉽게 구매할 수 없는 재화를 소유함으로써 경제력과 능력을 증명할 수 있다고 느끼고, 여러 기업들은 비싼 가격과 높은 서비스를 통해 이윤을 창출한다. 은행 이자율이 떨어지고 세계 경제가 어렵다고 하는데도 소매 기업은 여전히 새로운 마케팅을 통해 끊임없이 소비를 이끌어낸다.

일반 시장이 수요와 공급에 따라 가격이 이루어지고 판매되는 곳이라면, 프리미엄 시장은 일반 시장을 세분화하여 고가품 전략으로 새로운 수요와 공급을 창출함으로써 많은 판매량과 이윤을 만들어내는 곳이다. 예를 들어 가정마다 냉장고가 보급되어 있으므로 냉장고 시장은 포화 상태다. 이런 시점에 기존의 냉장고보다 편의성과 내구성을 높인 비싼 냉장고를 개발하여 공급하면, 고급 냉장고에 대한 수요자가 기존의 냉장고 시장과 다른 새로운 시장을 형성하게 된다. 이러한 시장을 프리미엄 시장이라고 한다.

프리미엄 시장은 명품 시장과 다르다. 프리미엄 시장은 소비자를 중심으로 대중적인 일반 고객층을 확보하는 동시에 새로운 프리미엄 제품군을 통해 고급화된 시장도 확보한다. 따라서 대형 유통 기업이 가격을 중요시하는 일반 소비자보다 가격에 영향을 적게 받고 개인이 선호하는 대로 소비하는 고객층을 위해 제품군을 달리하여 전략을 설정하는 것을 프리미엄 시장 전략이라고 한다. 이와 달리, 명품 시장은 일반 고객을 고려하지 않고 특정 고객만을 위해 제품을 생산하고 거래하는 시장을 의미한다. 영국 왕실에 제품을 납품하는 '에르메스'의 패션 브랜드는 여성 핸드백이 최저 1천만 원에서 시작한다. 생산되는 제품 수량 역시 1년에 100여 개 이하로 일반 소비자에게는 기회가 돌아가지 않는다. 이처럼 소비자 중심이 아닌 제작사 입장을 고수하고, 그에 맞는 가격을 책정하는 것이 명품 가격 전략이다.

시장이 포화되고 세계적 경기침체의 영향으로 소비가 줄어들면서 경제적으로 순환되지 않고 있다. 이러한 시기에 의도적으로 소비를 창출하는 프리미엄 시장 전략은 경기 회복을 위한 초석이 될 수 있다. 고가 정책을 통해 부유층의 소비 심리를 자극하는 귀족 마케팅, VIP 마케팅으로 소비와 금전거래를 활발하게 하면 사회적으로 경제적 윤활유가 된다.

프리미엄 시장 전략은 서비스를 제공하는 기업의 입장에서는 새로운 제품을 개발하고 브랜드 포지셔닝과 마케팅 등에 많은 비용을 감수해야 한다는 문제점이 있다. 반면에 이점도 많다. 고정 고객을 확보하면 안정적인 매출을 예측할 수 있으므로 마케팅 비용을 절감할 수 있으며, 이런 고객들은 경기의 영향을 덜 받는다. 또한 일반 소비자와 달리 가격에 따른 구매력의 차이가 적기 때문에 가격 탄력성이 적다. 이렇다 보니 대부분 프리미엄 가격대의 제품은 가격 대비 마진율이 상당히 높다.

또한 부가적인 소비를 창출하는 원인이 되기도 한다. 프리미엄 고객의 소비가 유행을 선도하면 일반 소비자들의 구매에 지대한 영향을 미치기 때문이다. 즉, 슈퍼 리치가 어떤 서비스나 제품을 사용하면 VIP 고객뿐만 아니라 일반 고객까지도 이를 따르는 경향이 있다는 말이다. 그래서 장기적으로는 이윤 창출에 가장 효과적인 수단이 되기도 한다. 백화점에서 최고급 고객을 배려하면, 고객의 상당수는 그 수준의 서비스를 받기 위해 더욱더 소비하게 된다. 또한 트렌드를 이끈다는 이미지는 기업의 이미지를 고급화시키는 효과도 있다.

특히 대형 유통업체들의 브랜드 확장 전략은 신중할 수밖에 없다. 대형 제조, 유통업체가 프리미엄 전략을 펼치기에는 상당한 리스크가 존재하기 때문이다. 넓은 소비층 고객을 소유한 대기업의 경우 프리미엄 마케팅에 거부감을 가질 수 있는 다수의 고객을 고려하며 전략을 수립해야 한다. 특히 계층 간 위화감을 조성하고 사회의 평등을 해칠 수 있다는 생각을 가진 기업 외적인 환경에서는 프리미엄 마케팅이 과소비를 조장한다고 비난할 수 있다. 그러나 국내 여러 기업이 프리미엄 브랜드 전략을 활용하는 것을 보면, 기업의 이미지를 제고시키며 매출과 이익을 증대시키는 것이 확실한 듯 보인다. 따라서 프리미엄 전략의 접근 방법에 대한 연구가 업종별, 산업별, 고객별로 이루어져야 할 것이다.

7 고품격 브랜드로 리포지셔닝(repositioning)

다수의 고객층 확보를 위해서는 낮은 가격 전략이 일반적으로 사용되고 있다. 그러나 어느 정도 브랜드 점유율을 확보한 후에는 고급화 전략이 필요하다. 자동차, 전자제품 등의 산업과 상관없는 다수의 기업이 프리미엄 소비층을 공략하기 위한 브랜드 리포지셔닝 전략을 펼치고 있다. 가장 일반적인 사례로 자동차 브랜드 도요타에서 출시한 프리미엄 브랜드 렉서스를 들 수 있다. 도요타는 중저가 자동차인 코롤라와 캠리를 내놓아 실용적인 브랜드로 성공을 거둔 후 고급차 시장에 진입했다.

도요타가 미국의 고급차 시장에 진입하는 데에는 두 가지 전략이 있었다. 첫째는 고급 세단 시장의 경쟁사인 캐딜락, 벤츠, BMW와 정면으로 승부하는 방법이었고, 두 번째는 상대적으로 경쟁이 적은 SUV 시장에 진출한 후 세단 시장에 진출하는 방법이었다. 그러나 도요타는 중저가 브랜드라는 이미지가 강했기 때문에, 기존 이미지를 탈피하기 위해서는 새로운 브랜드를 론칭해야 했지만 엄청난 규모의 마케팅 비용이 들었다. 도요타는 기존 브랜드를 탈피하기 위해 렉서스만을 위한 새로운 유통망을 확보하여 마케팅을 실시했고, 고급 브랜드로 확고한 지위를 차지할 수 있게 되었다. 현재는 전 세계적으로 벤츠, BMW와 유사한 수준의 브랜드로 인정받는다.

가전제품 시장도 프리미엄 브랜드의 성과를 나타내고 있다. 미국 가전업체인 GE도 디자이너, 전문가, 부유층, 고소득층을 공략하기 위해 GE 모노그램, GE 프로파일이라는 별도의 브랜드를 출시했다. 국내 가전 역시 이러한 흐름을 이어가고 있다. LG전자는 기존 텔레비전 등 모든 가전제품에서 완전히 차별화되는 LG 시그니처를 선보였다. 새로운 프리미엄 브랜드를 지렛대로 삼아 기존 제품의 매출까지 끌어올리기 위한 것으로 보인다. 전 세계적으로 가전 브랜드 선호도 1위를 유지하고 있는 LG전자는 우리나라뿐만 아니라 북미, 유럽 시장을 공략할 계획으로 올레드 TV, 세탁기, 냉장고, 공기청정기 등에 시그니처를 적용한다.

시그니처 제품의 경우 기능에 충실하다. 예를 들어 LG 시그니처 올레드 TV는 화면 이외의 부수적 요소를 배제하여 기능적 충실함과 단순한 디자인을 강조했으며, 세탁기의 경우 상단에 드럼세탁기, 하단에 통돌이 세탁기가 있는 트윈워시 제품을 기반으로 내구성과 디자인을 강화하여 소비자의 편의성을 극대화했다. 기존 제품에 비해 기능과 편의성을 극대화하여 고객에게 최고 수준의 서비스를 제공하는 제품을 초프리미엄 가격대에 내놓아 안목이 높은 소비자층을 공략하는 것을 목표로 삼는다.

이외에도 대중적인 인기를 갖춘 브랜드가 고소득층을 겨냥한 고급 브랜드를 출시하는 사례는 흔하다. 현대자동차는 고급 브랜드인 제네시스를 출시하여 기업 임원 또는 고소득층만을 위한 라인을 론칭했으며, 독일 자동차 브랜드인 폭스바겐은 고급 자동차 브랜드로 아우디를 보유하고 있다. 주방 및 싱크대 생산업체인 한샘은 키친바흐라는 프리미엄 라인을 보유하고 있다.

8 백화점 위한 프리미엄 마케팅

백화점은 모든 계층의 소비자에게 열린 공간으로, 계절 또는 명절별로 가격 할인 및 세일 행사를 실시하는 등 최대한 많은 소비자를 끌어들이기 위해 노력을 기울이고 있다. 그러나 백화점에서도 프리미엄 마케팅을 실시한다.

백화점은 소수의 VVIP 고객을 대상으로 최고의 서비스를 제공한다. 국내 백화점의 경우 구매액 상위 2%의 고객에게는 별도로 마련된 고급 라운지에서 커피를 제공하거나, 퍼스널 쇼퍼(personal shopper) 서비스를 통해 맞춤형 쇼핑을 제안하고, 소수를 위한 패션쇼뿐만 아니라 호텔과 견주어 손색이 없는 갤러리 공간을 마련하여 세계적인 작가의 전시회를 제한적으로 제공하기도 한다.

또한 우수 고객의 소비를 장려하기 위해 매월 명품 잡지를 경쟁적으로 발간한다. 일반 홍보물보다 기사와 광고를 고급화하여 VIP 고객에 한정해 우편으로 발송한다. 신세계백화점은 〈퍼스트 레이디(FIRST LADY)〉, 롯데백화점은 〈애비뉴얼(AVENUEL)〉을, 갤러리아백화점은 〈더 갤러리아(THE GALLERIA)〉, 현대백화점은 〈스타일 H〉를 발간한다.

이러한 프리미엄 전략은 빛을 발하는 것으로 보인다. 지난해 백화점도 불황을 겪을 것으로 예측되었지만, 귀족 고객은 오히려 증가했다고 한다. 신세계백화점은 전체 고객 중 상위 1%에 해당하는 슈퍼 VIP 고객이 최근 8.8% 증가했고, 갤러리아백화점은 연간 구매 3,500만원 이상인 상위 고객층이 11% 증가한 것으로 나타났다.

VIP 마케팅에서 고객을 확보하기 위해서는 서비스, 상품분석, 시장의 흐름을 파악하는 것이 기본이라고 할 수 있다. 특히 발로 뛰는 적극적이 자세가 필요하다. VIP의 영업 프로세스는 'FINGER'로 요약할 수 있다. 고객발굴(Find customer) ─ 접촉(Interface) ─ 니즈파악(Needs & Problem) ─ 솔루션제시(Good solution) ─ 가치제공(Earning value) ─ 고객관리(Relation)으로 이뤄진다. 고객 발굴시 고려해야 할 자세로, 5회 이상 만난다고 생각해야 하며, 목숨을 걸고 고객을 찾아라, 고객의 흔적을 분석하라, 고객을 연구하고, 고객의 정보를 가지고 방문하라, 고객에 따라 변신해야 한다, 질문으로 고객을 파악하고, 질문을 기획해야한다 등이 있다.

최근 들어 백화점의 프리미엄 마케팅은 단순히 상품을 판매하기 위한 고급 쇼핑서비스뿐만 아니라 고객의 백화점 이용을 다각화하기 위한 새로운 서비스를 개발하고 있다. 메이드마케팅 등을 통해 VIP를 넘어 VVIP 마케팅에까지 집중하고 있다. VIP고객을 위한 명품관은 엄마와 아이를 위한 데이케어 서비스, VIP도서관, 와이바 등 새로운 라이프 스타일을 제안하고 제공하고 있다. 백화점을 상품구입을 위한 공간이 아니라, 문화공간으로 인식할 수 있도록 고급 문화 서비스를 제공하는 것이다. 또한 백화점과 호텔 공동 VIP 마케팅을 벌이기도 한다. 이는 백화점과 호텔은 고객층이 겹치는 경우가 많기 때문이다. 신세계 백화점과 제휴하고 있는 JW메리어트 호텔의 경우 VIP여생고객을 위해 50만원 대의 스파패키지를 20%할인, 고객초청파티에 출시를 앞둔 고급 화장품을 증정하는 등 공동 VIP마케팅을 실시하고 있다. 이는 VVIP고객들이 제품 구매뿐만 아니라 여유, 사회적 가치 등을 누리는 것을 선호하는 특성에 초점을 맞춘 서비스로, 이러한 서비스는 유통업체, 병원 등에서도 도입을 시작하고 있는 것으로 보인다.

9 패스트 패션과 명품의 콜라보레이션

부자들이 꼭 비싼 제품만을 선호하는 것은 아니다. 큰 부를 축적한 만큼 이들은 근검절약을 하는 것으로도 알려져 있다. 합리적인 가격으로 부자들이 추구하는 가치를 추구하는 제품의 폭이 넓어진다면 VIP들은 언제든 이를 소비할 의향이 있는 것이다. 프리미엄 마케팅의 응용으로 볼 수 있는 패스트 패션과 명품브랜드의 콜라보레이션 사례를 살펴보면, 합리적인 프리미엄 마케팅이 무엇인지 알 수 있다.

스웨덴 SPA 브랜드인 H&M은 명품 패션디자이너와의 콜라보레이션으로 유명하다. 2004년은 칼 라거펠트를 시작으로 스텔라 맥카트니, 빅터 앤 롤프, 꼼데가르송, 지미추, 소니아 라키엘, 랑방, 베르사체, 마르니, 이자벨 마랑, 알렉산더 왕 등 매해마다 유명 디자이너와 콜라보레이션을 해왔다. 그뿐 아니라 스타일 아이콘 콜라보레이션으로 마돈나, 카일리 미노그, 데이비드 베컴, 비욘세 등 세계적인 스타들을 모티브로 하는 제품군 역시 발표했다.

이러한 콜라보레이션 제품은 평소 H&M의 제품에 비해 2~3배 비싸지만, 명품 브랜드를 구입하는 것보다는 훨씬 저렴하다. 따라서 희소가치가 있는 한정판 명품 브랜드 제품을 싸게 살 수 있기 때문에 소비자 입장에서는 좋은 기회인 셈이다. 그리고 의류 브랜드로서도 더 많은 소비자에게 브랜드가 노출되어 잠재적 소비자를 창출할 수 있으며, 저렴한 가격으로 전 세계 매장에서 대량 판매로 이윤을 창출할 수 있다.

물론 H&M의 콜라보레이션 제품이 처음부터 성과를 보인 것은 아니다. 2004년부터 시작했지만 실제로 매출 성과를 보인 것은 2010년 랑방의 디자이너 알버 엘바즈와의 콜라보레이션 작업이었다. 처음으로 전년 대비 8% 이상의 매출 성장률을 기록한 것이다. 이때 소비자가 선호한 제품은 디자이너의 파티드레스와 화려한 액세서리 제품이었다. 2010년 이후 H&M의 브랜드 콜라보레이션이 지속적으로 성장하면서 다른 SPA 경쟁사에서도 한정판을 강조하는 콜라보레이션 전략을 시도하기 시작했다. 영국의 대표 하이스트릿 브랜드 탑샵에서도 슈퍼모델 출신인 케이트 모스와 콜라보레이션했고, 갭에서도 패션 잡지 〈GQ〉와 함께 새로운 남성복 라인을 기획했다.

H&M의 콜라보레이션 전략은 기업의 가치를 향상시키는 데도 큰 영향을 미쳤다. 2008년 140억 달러였던 그룹 가치는 2013년 182억 달러(20조원)까지 성장했으며, 이는 SPA브랜드 1위 기업인 유니클로의 24조원 다음이다.

H&M의 디자이너 콜라보레이션은 장기적으로 균형 잡힌 가격 정책을 유지하는 지속 가능한 전략이 될 수 있다. 콜라보레이션을 통한 하이엔드급 제품은 일반 가격보다 높은 가격을 책정하여 이윤을 증가시킨다. 이는 다른 부분의 마진을 보완하는 대안이 되었다. 게다가 이미지 개선에도 긍정적인 영향을 미쳤다. 평소 경쟁 브랜드인 자라에 비해 품질이 떨어진다는 인식이 있었는데, 콜라보레이션 라인 제품을 통해 이미지 개선의 효과가 컸다.

이러한 콜라보레이션은 디자이너 브랜드에도 변화의 시작점이 되었다. 대중보다는 개별 고객을 위해 주로 제품을 생산하던 디자이너들에게는 새로운 도전이었고, 이후로 비슷한 시기에 명품 브랜드의 세컨드 브랜드가 등장했다. 클로에는 세컨드 브랜드로 시 바이 클로에(See by Chloe)를, 마크 제이콥스는 마크 바이 마크 제이콥스(Marc by Marc Jacob)를, 프라다는 미우미우(MiuMiu) 등의 세컨드 브랜드를 통해 새로운 소비층을 타깃으로 하는 시장을 공략했다. 그러나 H&M과 같은 패스트 패션 수준으로 가격을 내릴 수 없다는 한계가 있다.

Every Penny Counts: Handling the Cost

CHAPTER

12

아는 만큼 보이는 원가 절감

　　누구나 한번쯤 물건을 구매할 때 "이 물건이 얼마에요?"라는 질문을 해 본 경험이 있을 것이다. 이 질문에는 정말 가격이 얼마인지 궁금해서 묻는 의 도가 있을 수 있고 가격을 확인하고 생각했던 것보다 가격이 비싸서 가격을 낮추기 위한 의도가 있을 수 있다. 이처럼 소비자의 입장에서 우리는 살면서 제품이나 서비스에 대한 가격을 항상 생각하면서 살아간다. 반대로 만일 우리 가 기업에 들어가거나 운영하면서 제품을 생산하거나 서비스를 제공할 때에도 마찬가지로 가격에 대해 고민하지 않을 수 없다. 이처럼 가격(원가)은 우리 삶 에서 떼어놓을 수 없이 밀접한 관계가 있으며 실제로 기업에서는 원가로 인해 기업의 흥망성쇠(興亡盛衰)를 결정하기도 한다.

　　미국의 영(M.S.Young)은 효과적으로 원가절감을 추진하기 위하여 아래의 6가지 원칙을 성실히 준수해야 한다고 하였다.

　　첫째, 원가절감 계획의 필요성을 명확히 하여야 한다. 원가가 품질 등에 비하여 비싸다고 막연하게 생각하는 것만으로는 불충분하며 원가절감 계획의 필요성을 명확히 하여야 한다.

　　둘째, 원가절감의 분위기를 만들어야 한다. 모든 회사에서 절감할 수 있 는 불필요한 원가가 존재할 것이므로 현장 감독자가 먼저 원가의식을 투철히 갖지 않으면 근로자에게 원가절감을 권유할 수 없을 것이다.

　　셋째, 원가절감 목표를 정확히 설정하여야 한다. 작업 현장에서 실천해야 할 구체적인 원가절감목표를 설정하는 것이다. 이때 가급적 금액 및 퍼센트 (%)로 표시할 경우 이해를 더 높일 수 있게 된다.

넷째, 원가절감 시간표를 작성하여야 한다. 원가절감 목표를 달성하기 위해서는 구체적인 시간표를 설정하여야 하는데 이때 월별 및 분기별 배분, 절차의 변경, 근로자의 원가교육, 실제 목표 달성에 유용한 여러 가지 행위의 단계를 일정별로 설정하여 원가절감 진도의 점검 요소로 삼아야 한다.

다섯째, 원가절감의 성과를 평가하여야 한다. 원가절감 계획을 세우고 실시했으면 그 성과가 계획대로 되었는지의 여부를 평가하고 계획과 일치되지 않았을 경우에는 그 원인을 찾아내어 다음의 계획에 도움이 될 수 있도록 해야 한다.

여섯째, 원가절감은 계속 진행되어야 한다. 많은 기업에서는 원가절감 활동을 몇 개월 혹은 몇 주간 시행해 보다가 곧 유명무실해지는 경우가 많다. 그렇게 되는 이유로는 원가절감의 유효성을 잘 모르거나 진행에 있어서 애로가 있기 때문일 것이다. 이와 같은 것을 방지하기 위해서는 원가절감의 효과를 문서화하여 작업현장의 전체 근로자에게 배포하고 게시하는 것이 바람직하다.

이번 장에서는 구체적으로 이처럼 중요한 원가란 무엇을 의미하는지, 이러한 원가를 절감 할 수 있는 방안은 무엇이 있는지, 원가절감 사례 등을 알아보겠다.

기업의 경영환경은 갈수록 불확실성이 커지고 있어 기업에서 원가관리에도 마찬가지로 불확실성이 커지고 있는 실정이다. 세계 경제가 이전과는 달리 인터넷으로 모두 연결되어 있어 실제로는 국경이 있지만 상품을 구매하고 판매하는 차원에서는 국경이 없는 상태라고 볼 수 있다. 국내에서 최고 기업이라 할지라도 세계 시장에서 뒤떨어지는 가격경쟁력을 갖추고 있다면 더 이상 성장하는 것이 어려워진 것이다. 또한 소비자들의 선호가 점점 다양화되고 빠르게 변화하고 있다. 이에 따라 기업은 빠르게 신제품을 출시하여 소비자의 니즈를 충족시켜야 한다. 이처럼 복잡한 경영환경 속에서 기업은 어떻게 헤쳐 나가야 할까?

우선 기업의 목적은 이윤을 극대화시키는 것이다. 이윤을 극대화시키기 위해서는 본질적으로 크게 세 가지 방법이 있다. 첫째는 상품이나 서비스를 기존보다 많이 제공하여 이윤을 극대화시키는 것이다. 예를 들어, 1,000원짜리 아이스크림 1개를 판매하면 총비용을 빼고 200원의 이윤이 창출된다고 가정했을 때 10개를 판매하면 2,000원(200원 × 10개)의 이윤이 남고 100개를 판매했을 때는 20,000원(200원 × 100개)의 이윤이 남는 것과 같은 원리이다. 이와 같이 이윤을 창출하는 방법은 이번 chapter에서 알아보고자 하는 바가 아니라 마케팅 영역에서 다루어야 할 과제이다. 즉, 혁신적인 마케팅을 통해 고객으로 하여금 상품이나 서비스를 더 많이 구매하도록 유도하는 것이다.

둘째는 같은 양의 제품이나 서비스를 제공하더라도 제품이나 서비스의 가격을 높이는 것이다. 예를 들어 앞의 예와 마찬가지로 1,000원짜리 아이스크림을 판매하면 200원의 이윤이 남는다고 가정했을 때 아이스크림 가격을 1,200원으로 올리면 이윤이 400원이 될 것이다. 요즘 같은 사회에서 독점적으로 독보적인 제품을 선보이지 않는 이상 이 방법은 거의 불가능하다고 봐야 한다. 소비자는 점점 똑똑해지고 있으며 요즘은 스마트폰으로 한번만 검색해 본다면 전 세계에서 판매하는 제품의 가격을 한눈에 살펴볼 수 있는 세상이므로 만일 제품이나 서비스의 가격을 위와 같이 마음대로 조정한다면 그 기업은 큰 위기를 맞이하게 될 것이다.

그리고 마지막으로 셋째, 제품이나 서비스의 원가를 절감시켜서 이윤을 극대화시키는 것이다. 이 경우에는 기존에 1,000원짜리 아이스크림을 생산할 때 총 비용이 800원이 들어가는 것을 원가절감을 통해 700원 또는 600원으로 낮춰서 이윤을 늘리는 방법이다. 즉, 아이스크림을 만드는 원료를 기존보다 저렴한 가격에 들여오거나 기존에 5명이던 아이스크림 생산 근로자가 너무 많아 3명으로 줄이는 방법 등 다양한 방법을 통해 총비용을 줄여서 이윤을 늘리는 방안이다.

그렇다면 이와 같이 기업의 원가를 절감시켜서 이윤을 창출하는 것이 얼마나 중요할까? 다음의 간단한 사례로 원가절감이 기업에 얼마나 큰 영향을 미칠 수 있는지 알아보겠다. 아래의 표는 A라는 제조기업의 매출액, 원가, 영업이익을 2년간 조사하여 원가절감이 없이 매출액이 10% 증가한 경우와 매출액 증가 없이 원가절감을 2% 달성한 경우를 비교한 것이다.

 표 12-1. 매출액 증가 vs 원가절감 예시

	2015년 매출액	매출액 10% 증가	원가절감 3% 달성
매출액	1,000억	1,100억	1,000억
원가 (매출액의 97%)	970억	1,067억	940억
이익	30억	34억	60억

    A라는 기업의 2015년 매출액을 편의상 1,000억원으로 가정하고 원가는 매출액의 97%라고 가정하면 2015년도의 원가는 1,000억원의 97%인 970억원이 된다. 이익은 매출액에서 원가를 빼준 값이므로 1,000억원에서 970억원을 빼주면 30억원임을 알 수 있다. 첫째로 매출액이 10% 증가했을 때를 살펴보면 매출액은 1,100억원이 되고 원가는 매출액의 97%이므로 1,067억원이다 (1,100억원 × 0.97). 이익은 마찬가지로 매출액 1,100억원에서 원가 1,067억원을 빼준 34억원임을 알 수 있다.

    두 번째로 매출액은 그대로이나 원가만 3% 절감한 경우를 살펴보면 총원가는 940억원이 된다 (기존 원가인 970억원 × 0.97). 이익은 매출액 1,000억원에서 3% 절감시킨 원가인 940억원을 빼주면 60억원이 되는 것을 알 수 있다. 단지 원가를 3%만 절감시켰을 뿐인데 이익은 2015년도 2배가 되었고, 매출액이 10% 증가한 경우보다 오히려 26억원의 이익이 더 창출되었음을 알 수 있다.

    이처럼 요즘 같은 초경쟁 시대에서의 기업이 살아남기 위해서는 무엇보다 원가를 절감시켜 이익창출로 기업이 생존해야 한다. 따라서 이번 chapter에서는 수많은 경쟁이 존재하는 위기 속에서 택할 수 있는 방법인 원가절감에 대해 알아보고자 한다.

원가란?

일반적으로 생각하면 원가를 절감한다는 것이 간단하게 '아끼는 것'이라고 생각하기 쉽지만 원가절감도 하나의 전략으로 볼 수 있다. 어떤 전략으로 원가를 절감하느냐에 따라 그 성과가 가시적으로 나타날 수도 있고 오히려 역효과를 가지고 올 수도 있기 때문이다. 원가를 절감하기 위해서는 우선 원가가 무엇인지부터 알아야 한다. 원가란 어떤 목적으로 소비된 경제 가치를 화폐액 (돈)으로 표시한 것을 의미한다. 원가는 재료비, 노무비, 경비 세 가지로 구성되고 있으며 이것은 다시 각 제품에 부과할 수 있는 직접비와 여러 제품의 생산에 대해 공통으로 쓰이는 간접비로 나눌 수 있다. 앞서 설명한 개념은 원가에 대한 정의이고 원가의 구조를 정확히 파악하기 위해서는 우선 고정비와 변동비의 개념을 알고 이익이 어떻게 창출되는지 그 구조부터 파악하는 것이 우선이다.

고정비란 일정한 기간 동안 하는 일의 변동에 관계없이 항상 일정액으로 발생하는 원가로서, 고정자산의 감가상각비, 인건비, 고정투자비 (보험료, 지대, 제세공과 등)가 이에 속한다. 즉, 기업에서 어떤 생산을 하든지 고정적으로 꼭 들어가는 비용을 의미하는 것이다. 예를 들어 기업에서 컴퓨터를 생산한다면 컴퓨터를 생산하기 위해서 공장을 임대하고 있다면 컴퓨터를 1대 생산하든 1,000대 생산하든 건물에 대한 임대료를 지급해야 한다. 또한 컴퓨터를 생산하지 않더라도 직원의 급료는 지급해야 하기 때문에 고정적으로 비용을 지불하게 된다. 쉽게 말해, 생산에 관계없이 고정적으로 지출되는 비용을 고정비라고 할 수 있다. 변동비는 고정비와는 다른 개념으로 제품의 생산량에 따라 증가하는 비용을 의미하고 구매비, 재고비 등이 있다. 예를 들어, 컴퓨터 1대를 생산하는 것보다 1,000대를 생산할 때 부품의 비용이 더 들어가게 될 것이고 이와 같이 생산량에 따라 증가하거나 감소하는 비용을 변동비라고 한다.

고정비와 변동비가 무엇인지 간략하게 파악이 되었으면 기업에서 어느 시점에서 이익이 발생하는지 살펴볼 수 있다.

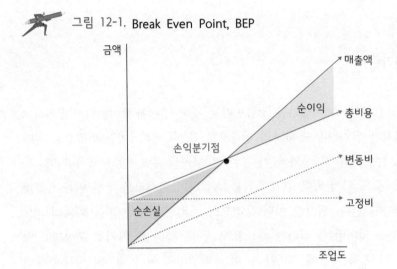

그림 12-1. **Break Even Point, BEP**

그림을 살펴보면 고정비, 변동비, 총비용, 매출액, 순이익, 순손실, 손익분기점 등 다양한 용어들이 설명되어 있는데 용어의 정의는 다음과 같다.

- **총비용** 일반적으로 회계학에서는 실제로 화폐를 지불한 명시적 비용만을 총비용이라 부르는 데 반해, 경제학에서는 여기에 기업가 자신이 가지는 생산요소에 대한 응분의 보수인 묵시적 비용을 합하여 총비용으로 다룬다. 총비용은 생산수준과 관계없이 발생하는 총고정비용과 생산량이 변동함에 따라 변동하는 총가변비용의 합이다.
- **매출액** 기업의 주요 영업활동 또는 경상적 활동으로부터 얻는 수익으로서 상품 등의 판매 또는 용역의 제공으로 실현된 금액을 말한다. 주요 영업활동이 아닌 것으로부터 얻는 수익은 영업외수익으로 비경상적 활동으로부터 얻은 수익은 특별이익으로 계상되며, 손익계산서상의 매출액은 총매출액에서 매출에누리와 매출환입을 차감한 순매출액을 표시한다.
- **순이익** 이익(income) 또는 이윤(profit)의 개념을 기간손익의 계산을 위한 이익측정의 관점에서 산출한 것으로 회계학상의 순이익은 재산법과

손익법에 의하여 산출된다. 재산법은 회계학상의 이익을 순자산의 증가액으로 보는 방법으로 '기말자본 − 기초자본 = 순손익 또는 기말자본 − 기초자본 − 증가액 + 감자액 = 순손익'으로 계산된다.

■ 손익분기점　한 기간의 매출액이 당해기간의 총비용과 일치하는 점이다.

위와 같이 용어의 정의를 살펴보면 매우 복잡하게 느껴지나 이 책은 전문서적으로서 용어를 설명하고 해석하는 것이 아니라 전반적인 개념을 쉽게 설명하고 이해시키기 위한 책이므로 앞의 내용은 잠시 접어두고 간단히 설명하겠다. 앞서 설명된 고정비와 변동비의 개념을 이해했다면 위의 그림에서 점선으로 표시된 고정비와 변동비를 이해할 수 있을 것이다. 고정비는 생산량(조업도)에 따라 변하지 않고 고정적인 비용이기 때문에 일정한 금액으로 고정되어 있음을 알 수 있다. 이와는 다르게 변동비는 생산량이 증가하면 함께 증가하는 비용이기 때문에 화살표가 우상향으로 상승하는 모양이 되어 있음을 알 수 있다. 총비용은 고정비와 변동비를 합친 것이므로 그림에서 보이듯 점선으로 표시된 고정비와 변동비를 합친 것이다. 매출액은 아래의 그림으로 한눈에 살펴볼 수 있다.

 그림 12-2. **매출액과 총비용**

이익	변동비	고정비

총비용

매출액

앞서 고정비와 변동비를 합친 비용을 총비용이라고 하였고, 총비용에 이익이 더해지면 매출액이 되는 것이다.

매출액까지 파악되었으면 순이익과 순손실도 쉽게 이해할 수 있다. 순이익은 매출액이 총비용보다 클 때 발생하는 것으로 말 그대로 전체 매출액(이익+변동비+고정비)에서 총비용을 빼주면 된다. 이는 우리가 앞에서 설명한 이익으로 이해하면 된다. 순손실은 반대로 매출액보다 총비용이 클 때 발생하는 것으로 총비용에서 매출액을 빼준 금액만큼 순손실이 되는 것이다.

마지막으로 손익분기점을 살펴보면 매출액과 총비용이 일치하는 지점을 의미한다. 즉 손익분기점은 순이익과 순손실의 기준점으로서 '손익분기점을 넘지 못했다'라는 의미는 손실이 발생했다는 의미가 되고 '손익분기점을 넘었다'라는 의미는 이익이 발생했다는 의미로 받아들일 수 있다. 물론 경영활동을 함에 있어서 이처럼 단순하게 모든 활동들을 설명할 수는 없지만 이것을 기준으로 기업을 운영하므로 꼭 알아야 할 개념이다.

다시 원가절감으로 돌아가면 앞에서 설명한 고정비와 변동비의 예시 외에도 세부적으로 더 많은 항목들이 있는데 이 중에서는 실제로 절감할 수 있는 부분과 절감할 수 없는 부분이 있다. 여기에서 절감할 수 있는 부분을 절감하는 것을 바로 원가절감이라고 할 수 있다.

2 원가절감방안

(1) 변동비절감

1) 구매비용 절감

■ AT Kearney 구매전략 방법론

AT Kearney는 구매에 대한 전략을 네 가지로 나누어서 설명하였다. 구매가 진행되기 위해서는 구매하려는 자(구매자)와 물건을 공급하는 자(공급자)가 있어야 하고 그 둘 사이에서 누가 더 큰 영향력을 발휘하는지에 따라 네 가지 경우로 각각에 대해 설명하였다.

❶ 구매자의 power가 약하고 공급자의 power는 강한 경우

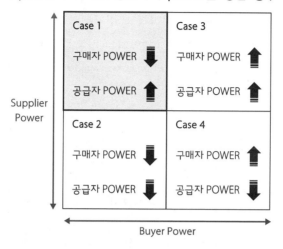

구매자의 power는 약하고 공급자의 power가 강한 경우가 있다. 예를 들면 공급할 수 있는 물량은 한정되어 있는데 구매하고자 하는 구매자가 많은 경우 구매자는 공급자보다 영향력이 낮아지게 되고 구매자의 대안이 없게 된다. 이런 경우에는 대안으로는 첫째, 수요의 본질을 변화시키는 것이다. 공급자가 기술적으로 전문성을 가지고 있거나 독점적인 지위에 있는 시장에서는 구매자의 영향력이 약할 수밖에 없고 이를 이용해 공급자가 구매자와 장기적인 파트너십을 구축하게 된다면 오히려 구매자의 영향력을 더 약해질 수도 있다. 기술적인 전문성이 따르게 되면 결국 구매자는 공급자에 대해 의존도가 더욱 높아질 수 있기 때문이다. 이런 경우에는 전문적인 기술력에 휘둘리지 않기 위해서 독자적으로 기술력을 획득하거나 기업의 가치를 증대시켜서 공급자에게 하여금 매력적으로 보여 공급을 받을 수 있도록 해야 한다. 이와 같이 공급자의 power가 강한 경우 대부분은 구매자의 위치에 있는 기업이 이를 대부분 관망했기 때문에 벌어지는 경우가 대다수였다. 둘째로 리스크 관리를 통해 구매 역량을 확보하는 것이다. 만일 공급되는 상품의 가격이 상승하거나 물품이 부족한 상황이 발생하더라도 적기에 필요한 상품을 원하는 수량만큼 공급받기 위해 계약 체결 시 명확하게 계약 사항을 검토해야 한다. 또한 공급

자와의 관계를 항상 돈독히 유지하고 관리해야 한다. 셋째로 다른 구매 과정이나 제품 공정을 벤치마킹하여 데이터를 수집해서 연구 개발이나 생산 공정에 도입하는 것이다. 유사한 제품을 개발하는 상품을 찾아 디자인을 비교해서 원가를 절감할 수 있는 요소를 찾거나 복잡한 제품 생산 과정을 간단하게 줄이는 방법을 찾아야 한다.

❷ 구매자와 공급자의 power가 모두 약한 경우

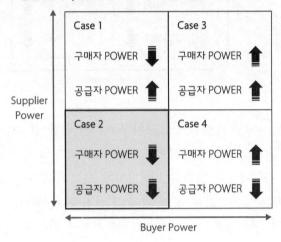

구매자와 공급자의 power가 모두 약한 경우가 있다. 이 경우에는 어떤 상품에 대해 유사한 제품을 판매하는 곳이 많고, 이를 구매하려는 구매자들도 많은 경우이다. 기업에서 다양한 구매 부서가 있을 때에는 어느 부서가 어떤 공급자로부터 어떤 물품을 구매하는지에 대해 명확히 정리하고 전체적으로 수요에 대한 관리를 해야 한다. 수요 관리는 기존의 계약 사항을 검토해서 필요한 제품은 제품 활용도를 높이고 필요하지 않은 지출은 최대한 줄여서 구매원가를 줄여야 한다. 또한 이 경우에는 통합구매를 통해 원가를 절감시킬 수 있다. 구매자와 공급자가 모두 많기 때문에 동일한 제품을 구매하려는 기업들끼리 공급자를 정해서 공동으로 구매함으로써 가격 경쟁력을 갖추는 것이다. 예를 들어 하나의 기업에서 어떠한 제품을 구매하는 것보다 여러 기업에서 기존에 구매했던 것보다 훨씬 큰 수량을 구매한다고 하면 구매자로써 더 큰 경쟁력을 갖출 수 있는 것이다. 혹은 많은 제품에 들어가는 구매품을 하나의 회사에서 구매하여 구매 수량을 확보해서 이전보다 저렴한 가격으로 협상해 구매계약을 체결하는 방법도 고려할 수 있다.

❸ 구매자와 공급자의 power가 모두 강한 경우

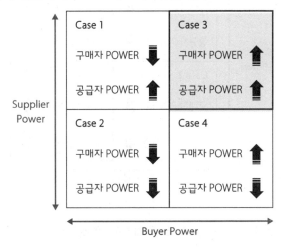

구매자와 공급자의 power가 모두 강한 경우가 있다. 이 경우에는 구매자는 구매할 수 있는 공급처가 많고 공급자는 물량을 공급할 수 있는 구매자가 많은 경우이다. 이처럼 구매자와 공급자의 power가 둘 다 강한 상황이라면 구매자와 공급자는 서로 전략적인 계약(제휴)을 통해 모두 win-win할 수 있는 방향으로 나아가야 한다. 구매자의 입장에서는 여러 공급자와 전략적인 제휴를 통해 투명한 구매 계획을 세우고 더 나아가 구매자와 공급자가 함께 원가절감에 대한 아이디어 회의를 통해 서로에게 이익을 가져다 주는 방안도 고려할 수 있다. 이러한 경우 가장 핵심적으로 고려할 사항은 구매자와 공급자가 서로 함께 성장할 수 있도록 파트너십을 강하게 맺어 서로에게 이윤을 가져다주는 것이다. 예를 들어 구매자가 공급자의 사업 성과에 큰 영향을 줄 만큼 구매한다면 구매자가 공급자와 비용 지불 외에 다양한 방법으로 이윤을 나눌 수 있고, 구매자가 공급자로부터 특정한 역량을 필요로 하는 경우 영구적으로 계약함으로써 장기 계약 성과를 거둘 수 있는 것이다.

❹ 구매자의 power는 강하고 공급자의 power는 약한 경우

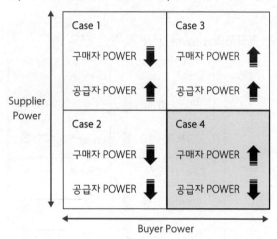

공급자는 많아서 물량은 많고 구매자는 한정되어 있어 구매자의 영향력이 더 큰 경우이다. 이 경우는 기업에서 공급자들간에 경쟁을 유도해 구매 가격을 협상할 수 있다. 네 가지 경우 중에 구매자에게 가장 유리한 경우로서 구매자는 공급자 간에 가격 경쟁을 유발하고 입찰까지 진행할 수 있다. 입찰을 고려한 경우에는 오로지 가격만을 고려할 것이 아니라 공급 시기, 공급 물량, 공급 방법 등 다양한 조건도 함께 검토하여 원가를 절감해야 한다. 이를 위해 전체 비용을 제조 비용, 운송 비용, 운용 비용 등으로 분류하여 검토할 수 있다. 만일 구매자가 국내에서만 공급자를 찾고 있었다면 해외 시장pool도 함께 고려해봐야 한다. 앞에서 설명한 바와 같이 기업 환경에서 국경이 가지는 의미가 점차 퇴색되고 전 세계적으로 경쟁을 하고 있기 때문에 국내 시장에만 집중할 것이 아니라 해외 시장에도 눈을 돌려 더 경쟁력 있는 구매를 해야 할 것이다.

2) 재고비용 절감

도요타 기업의 7대 낭비를 살펴보면 다음과 같다.

① 과잉생산의 낭비
② 운반의 낭비
③ 재고의 낭비
④ 가공 그 자체의 낭비
⑤ 대기의 낭비
⑥ 동작의 낭비
⑦ 불량, 수정의 낭비

이와 같은 7가지 낭비 중에 재고의 낭비도 포함된다. 여기에서 말하는 재고란 원재료, 부품, 조립품 등이 정체되어 있는 상태로서 창고에 그대로 쌓여 있는 것뿐만이 아니라 공정과정 중에 있는 물품까지 포함하는 것이다. 도요타에서는 이처럼 재고를 7대 낭비로 규정하고 재고는 모든 악의 근원이며 기업의 기술과 관리수준을 나타내주며 제품의 부가가치 발생에 아무런 관계가 없음을 명시하여 재고 관리에 크게 힘썼다.

누구나 한번쯤은 재고라는 말을 들어봤을 것이다. 기업은 재고를 너무 많이 가지고 있어서도 안 되고 재고가 너무 없어서도 안 된다. 재고를 너무 많이 가지고 있으면 재고를 관리하는 데 많은 비용이 들어가 총원가가 높아지는 결과를 초래하고 재고가 너무 없으면 재고가 품절되어 생산을 하지 못하는 경우가 생기기 때문이다. 이를 방지하기 위해서 항상 보유해야 하는 재고를 안전재고라 하며 안전재고는 품절로 인해 기회손실을 없애고 재고비용은 최소한으로 할 수 있도록 가지고 있어야 한다. 재고관리에 대해서는 앞의 5장에서 다루었기 때문에 여기에서는 재고에 대해 상세하게 분석하는 것이 아니라 원가 절감에 초점을 맞춰서 간단하게 짚고 넘어가겠다.

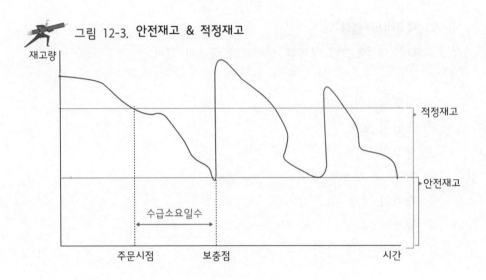

그림 12-3. 안전재고 & 적정재고

안전재고는 완충재고(buffer stock)라고도 하는데 일반적으로 조달 기간 중에 예상되는 최대 수요에서 평균 수요를 뺀 것을 안전재고량으로 결정한다. 위의 그림에서 보이듯이 적정재고량은 하루 평균 사용량과 수급소요일수를 곱한 양에 안전재고량을 더한 크기로 결정된다. 이와 같은 공식으로 결정된 안전재고량과 적정재고량을 초과하는 재고는 기업에 추가되지 않아도 되는 추가적인 재고비용을 유발시키는 것이다. 요즘은 대부분의 기업에서 ERP 시스템을 활용하여 재고를 추적 및 관리하고 전체적인 프로세스를 관리하고 있다. 하지만 확실하게 짚고 넘어가야 할 것은 과연 기업에서 그 시스템을 올바르게 사용하고 있는가에 대한 문제이다. 과연 비싼 비용을 들여서 시스템을 구축해놨으면서 그것을 명확히 이해하고 사용하고 있는지 꼭 짚고 넘어가야 한다. 특히 재고관리에 있어서 기존에 사용하던 대로만 사용해서 제대로 재고가 파악되지 않고 주기적으로 업데이트가 되지 않아 악성재고가 생기거나 재고부족으로 기업에 큰 손실을 미치기도 하는 경우가 많다. 따라서 기업에 시스템이 도입되어 있다면 전체적인 공급망이 어떻게 이루어지는지 파악하고 각 부분에서 재고를 최소화시키고 전체적으로 재고량을 관리하여 원가절감을 해야 한다.

3) 기타 비용

위에서 언급한 비용 외에도 비용의 종류는 매우 다양하고 많지만 그 중에서 가장 쉽게 알 수 있는 전기세에 대해 우리나라 대기업들은 어떤 방법으로 절감하기 위해 노력했는지 그 산업별로 실제 사례를 살펴보겠다.

 표 12-2. 항공, 해운 산업

구분	내용
항공	• 최대허용 유류비용(Risk Tolerance) 설정 및 헤지를 통한 리스크 관리 • 항공유 자체 저장시설인 율도비축기지 운영 • 차세대 고효율 항공기 도입 • 비행계획, 성능, 중량, 운항 분야별 연료절감 방안 시행 • 교체 공항 및 단축 항로 선정을 통한 최적 경제항로 이용 • 국내선의 탑재 중량과 기상 데이터를 반영한 최적고도 이용 • 장거리 항공기 장착 엔진의 성능 향상 개조 • 주기적인 엔진 내부 오염물질 제거로 연료 효율성 최대 0.5% 향상 • 항공기에 탑재되는 무게(용수 등) 경감, 최적운항속도 및 운항조건 유지
해운	• 연료 절감을 위한 선박의 경제속도 준수 • GPS를 활용한 운항시스템 구축으로 실시간 선박 위치 확인 및 입출항 시간조정 속도 유지 노력 • 선박엔진 및 윤활유 계통의 노후화 부품을 에너지 절약형으로 교체 • 전 세계 항구 중 유류비가 가장 저렴한 지역에서 연료 구입
택배	• 구간/셔틀 차량 통합 • 차량(5톤, 8톤)을 통합하여 11톤 이상 탑차 또는 컨테이너 차량으로 변경 • 배송차량 시동 끄기 생활화 • 터미널 작업 중 사용하지 않는 장비 끄기 • 작업간 휴식 또는 작업이 이루어 지지 않는 경우 작업 장비 정지

이 외에도 S전자의 경우,

■ 에너지 담당자 회의를 통해 사업부별 활동사항 등을 점검

■ 노후 설비 교체를 통한 절약(투자)

■ 공조기 설비 가동시간 축소

■ 사업부 점심시간 조명 off 운동

표 12-3. **철강, 석유화학 산업**

구분	내용
철강	• 제철 공정에서 발생하는 부생가스 및 열을 발전연료로 재활용 • 발전과 수전 조절을 통한 LNG발전소의 경제적 운영 • 에너지 절약형 철강제품 개발 • 가볍고 내구성이 뛰어난 자동차강판 개발 및 공급을 통한 자동차의 연비 향상 • 전동 모터의 전력 손실을 크게 줄일 수 있는 고급 전기강판 및 하이브리드 자동차용 모터 철심 소재 등 개발
석유화학	• 에너지 저소비형 사업구조 전환을 위한 생산성 향상 및 공정개선 노력 강화 • 버려지는 냉각탑 폐열까지 회수하여 재사용 • 생산공정 중 흡수식 냉동기를 고효율의 터보냉동설비로 교체 • 노후 전해설비를 고효율 친환경 설비로 교체(한화석화) • 실시간 에너지 관리 시스템 구현을 통한 연료, 스팀, 전기 등에 대한 공정별 에너지 원단위 관리(SK) • 공동구매를 통한 운임 절감 • 공단(울산)내 입주업체간 협력을 통해 인근 회사의 폐열을 이용해 생산된 스팀을 석유화학사가 저가로 활용 • Specialty 제품(영업이익률 10% 이상의 고수익 제품) 및 고부가 신사업 매출비중 확대 • 신촉매/신공정 개발을 통한 납사 대체원료 개발

- Plug 코드 뽑기 홍보
- 여름철 에어컨 필터 청소, 야간에 사용 안 하는 자판기 설비 관리
- 대중교통 이용 권장
- 건물별, 사무실별 에너지 지킴이 운영

등을 시행하였다.

(2) 고정비절감

앞서 설명한 고정비 내용을 떠올리면 인건비, 고정 투자비 등 다양한 고정비 항목들이 있었음을 알 수 있다. 이 중에서 크게 인건비와 투자비와 관련해 어떻게 원가절감을 할 수 있는지 알아보겠다.

1) 인건비 절감

많은 기업들이 비용절감을 위해 가장 먼저 시행하는 부분이 바로 인건비를 절감하는 것이다. 쉽게 예를 들면 해고를 통해 3명이 해야 할 일을 2명이 하도록 해서 해고당한 1명에 대한 연봉을 절약하는 것이다. 물론 불가피하게 인원을 감축해야 하거나 생산 방식의 변화 등에 따라 어쩔 수 없이 인원을 줄여야 하는 경우도 있다. 여기에서는 불가피한 상황을 제외한 다른 상황을 설명하는 것이다. 대규모 인력감축은 기업에게 생산성 하락, 고객 서비스에 대한 질 저하 등 다양한 부작용을 가져다 줄 수 있다. 오히려 기업들은 불황기에 최대한으로 직원들의 고용안정을 보장하고 기업과 직원 간에 쌓였던 신뢰가 훼손되지 않도록 노력해야 한다. 무조건 인력을 감축시키는 방법 외에도 순환 근무제, 인원 재배치, 근무시간 조정 등 다양한 방법을 통해 비용을 절감할 수 있는 방법들이 있다. 오히려 인재들이 대규모로 이탈하게 된다면 다시 인원을 보충해야 될 시기에 더 큰 비용을 지불하게 될 수도 있다.

그렇다면 인원감축을 하지 않고 인력을 효율적으로 운영할 수 있는 방법은 무엇이 있을까? 다양한 사례와 방법 등이 있지만 이 책에서는 도요타의 미에루카 전략에 대해 소개하고자 한다. 미에루카란 가시화, 사물이나 현상을 영상이나 그래프, 표 등으로 보기 쉽게 나타내는 것이라는 사전적 의미이다. 특히 기업 활동에서 업무의 현황이나 실적 등을 영상이나 그래프, 도표, 수치화하여 누구라도 알 수 있도록 하는 것을 의미한다. 어느 기업에서나 현장에서는 현장에서 발생하는 문제나 해결책 또는 고객의 요구 등이 눈에 보이지 않는다고 얘기하고 중간관리자는 임원들이나 현장 직원들의 의견이 보이지 않는다고 얘기하고 임원들은 현장이나 중간관리자의 의견이 보이지 않는다고 언급한다. 이러한 문제점을 해결하면서 효율적인 인력관리를 할 수 있는 것이 바로 미에루카 전략이다. 미에루카 전략은 기업의 어느 한 부분에서만 시행되는 것이 아니라 사무실, 현장에서 모두 적용되는 것이다. 개인이 어떤 업무를 하고 있으며 어떠한 문제점이 발생하는지 혹은 그 문제점을 다른 부서에서 해결해 줄 수 있는 것이라면 어떻게 해결해 줄 수 있는지 명확하게 표시하여 서로 정보를 공유하고 이에 따라 인력을 재배치하거나 보다 효율적으로 인력을 활용할 수 있도록 하는 것이다. 기업에서 직원들이 본인의 업무에 대해 계획과 실천 방향, 문제점 등을 공개하면 그와 관련된 업무를 함께 진행하는 인원들이 그에 맞춰 유기적으로 도와서 업무 효율성이 크게 향상될 수 있다.

또한 임직원 교육을 통한 혁신을 일으킬 수도 있다. 무조건적인 구조조정으로 직원과 기업 간의 불안감을 조성하고 신뢰를 일으키는 것보다 부족한 직원에 대한 교육으로 인재 이탈을 방지하고 기업에서 쓰일 수 있는 인재로 육성하는 방법이 있다. 그 대표적인 사례로 맥도날드의 햄버거 대학이 있다. 맥도날드 햄버거 대학은 1961년 설립되었고 시카고 교외의 작은 매장 지하에서 시작되었다. 맥도날드의 햄버거 대학은 첨단 교육시설에 여러 명의 교수진과 강의실로 강당, 도서관까지 갖추고 있다. 매년 수천명의 임직원들이 교육과정을 이수하고 다른 대학들과 마찬가지로 전략, 품질관리, 대인관계, 인사 등 다양한 커리큘럼으로 구성되어 있다. 맥도날드는 실적이 악화됨에 따라 구조조정 압박에 시달렸지만 인원을 감축하기보다는 햄버거 대학에 투자를 확대해 인재를 육성함으로써 재기에 성공한 사례도 있다.

2) 투자비 절감

기업이 투자를 결정할 때는 투자를 통해 얻을 수 있는 이익과 투자비를 꼼꼼하게 비교해봐야 한다. 또한 투자를 하는 것이 올바른 방향인지 아웃소싱을 통해 투자비보다 더 큰 효용을 얻을 수 있는지도 파악해야 한다.

아웃소싱(outsourcing)이란 기업이 제품을 생산하거나 유통, 신제품 개발, 문제해결, 인사 등 다양한 분야에 걸쳐 기업 자체에서 하는 것이 아니라 외부에서 처리하도록 제3자에게 맡기는 것을 의미한다. 즉, 하나의 기업에서 모든 일을 전부 처리하기란 매우 어렵고 복잡한 일이기 때문에 제3자와 업무를 분담하는 것을 의미한다. 앞서 설명한 바와 같이 기업에서 직접 투자를 통해 신제품을 개발하거나 생산 방식의 변화, 인사관리 등을 시행할 수도 있지만 이를 아웃소싱을 통해 보다 효과적으로 원가를 절감할 수도 있다. 그 대표적인 사례로는 글로벌 회사인 나이키가 있다.

나이키는 전 세계적으로 백개 이상의 국가에서 수십억 달러의 매출을 올리는 세계 최대 규모의 스포츠 회사이다. 나이키는 원가절감에 대한 중요성을 일찍이 파악하고 아웃소싱 전략을 통해 원가절감을 이루고 있다. 나이키의 공동 설립자인 필 나이트와 빌 바우어는 미국의 운동화 시장이 퓨마나 아디다스와 같은 당시 동일 기업들에 의해 독점적으로 지배되고 있다는 것을 알았고 일본 기업들이 값싸고 질 좋은 제품으로 독일 기업들보다 우수한 성과를 내고 있는 것을 깨닫게 되었다. 이에 따라 미국의 값비싼 노동력을 활용하지 않고 값싼 노동력을 찾아 아시아 시장에 눈길을 돌렸다. 미국의 스포츠 사업이 제대로 자리잡기 위해서는 아시아의 값싼 노동력을 바탕으로 질 좋은 제품을 만드는 방법밖에 없다는 생각으로 아디다스, 퓨마에 대응하기 시작했다. 당시 아디다그와 퓨마는 대부분 노동력이 비싼 유럽에서 생산되고 있었다. 현재 나이키는 아웃소싱 전략을 통해 중국, 대만, 인도네시아 등 여러 아시아 국가에서 제품을 생산하고 서로 유기적으로 연결되는 생산 네트워크를 구축하고 있다. 이렇게 다양한 국가에서 생산을 하면 문제점이 발생할 수 있는데 바로 품질 문제와 납기에 대한 통제가 어렵다는 것이다. 나이키는 이러한 문제를 해결하기 위해 국외 거주자 프로그램이라는 제도를 도입했다. 이 프로그램의 취지는 전 세계적으로 널리 퍼져있는 생산 공장에 나이키 본사의 직원을 직접 파견하여 장기간 거주하게 함으로써 품질과 납기 문제에 대응하도록 하는 것이다. 이들은 현지의 생산 파트너들과 좋은 파트너십을 맺고 품질 문제뿐만이 아니라 본사와 생산기지 사이에서 대화 창구로서의 역할을 담당하고 있다. 이러한 전략을 통해 나이키는 전 세계 곳곳에서 제품이 생산되지만 그 품질은 크게 다르지 않은 제품을 생산할 수 있는 것이다. 또 다른 문제점으로는 나이키 제품의 핵심 기술이 유출될 수 있는 것이다. 생산 기지가 전 세계에 퍼져 있으므로 핵심 기술을 빼돌려 새로운 기업을 탄생시킨다면 이 또한 나이키의 경쟁 상대가 될 수도 있기 때문이다. 이에 대한 대응책으로 나이키는 핵심 기술을 철저하게 보호하기 위해 제한된 생산 공장 시설에서만 생산하도록 하였다. 이 외에도 많은 전략으로 나이키는 성장을 이루었지만 기본적으로 아웃소싱을 통해 값싼 노동력으로 원가절감을 이루어낸 것이다.

얼핏 생각하면 아웃소싱과 비슷한 개념으로 보일 수 있지만 그와는 또 다른 오픈 이노베이션이라는 전략이 있다. 오픈 이노베이션이란 연구, 개발, 상업화 등에 이르는 기술혁신의 모든 과정에서 대학, 타 기업, 연구소 등 외부의 기술이나 아이디어를 활용하여 혁신에 들어가는 비용은 줄이고(투자 비용을 줄이고) 효율성을 최대한으로 높여 성공 가능성을 높이는 기업 혁신 방법론이다. 아웃소싱은 나이키 사례에서 보았듯이 기업이 가지고 있는 기술이나 아이디어를 가지고 외부에서 생산해주는 것을 하는 반면 오픈 이노베이션은 기업이 외부로부터 기술을 전수받는 다른 개념인 것이다. 과거에는 연구에 대한 투자를 할 때 기업 내부의 R&D 역량만 높이고 투자에 대한 결과물은 철저하게 폐쇄적으로 다루었지만 오픈 이노베이션은 그와 반대로 기업과 외부 사이에서 기술을 자유롭게 교류하면서 폐쇄적이지 않고 개방적으로(양방향으로) 활용하는 것이다. 과거에 사용했던 방식으로는 더 이상 기업들이 지속하기 힘들었던 이유 중 하나는 점점 연구개발 비용이 커지지만 그 성공 확률은 계속 하락하고 정보통신 기술의 발달로 인해 기업과 기업간 또는 기업과 외부 기관이나 개인 간의 연결로 더 큰 가치를 창출할 수 있는 기회가 많아졌기 때문이다. 오픈 이노베이션에는 내향형 오픈 이노베이션과 외향형 오픈 이노베이션이 있다. 이를 표로 정리하면 아래와 같다.

　　Open Innovation은 단순하게 기업들이 연구소나 학교 또는 기업끼리 정보를 공유하고 공동으로 기술개발을 한다고 볼 수도 있지만 위와 같이 세부적으로 어떤 전략을 사용하고 어떤 산업인지에 따라 접근할 수 있는 방법이 다양하다. 이러한 다양한 오픈 이노베이션을 통해 원가를 절감하고 기업의 가치를 높인 대표적인 기업으로는 Google, P&G 등이 있다. Google은 특히 미래 전략으로 채택하고 있는 것이 바로 오픈 이노베이션이다. 특정 문제를 해결하기 위해 구글 내부에서도 연구에 대한 투자를 하지만 외부 전문가, 프리랜서, 자원봉사자 등 불특정 다수의 아이디어와 제안을 받아 이를 활용하여 1억명이 넘는 구글 사용자들이 새로운 서비스의 제품화 가능성에 대한 평가를 위한 그룹을 생성하였다. 실제로 구글은 개방형 서비스 인터페이스인 구글 지도(Google Map) 서비스, 개방형 소스 코드 기술인 구글 기어스(Google Gears), 개방형 모바일 플랫폼인 오픈 핸드셋 얼라인언스(Open handset alliance) 등 서비스에

표 12-4. 내향형 Open Innovation & 외향형 Open Innovation

유형		내용	비고
내향형 Open Innovation	기술구매	금전적 계약으로 외부의 기술을 구매하는 것	특허권 라이센싱이 대표적인 사례
	합작벤처설립	타사와 공동으로 벤처기업을 설립하고 특정 기술의 사업화를 추진하는 것	합작벤처는 제품개발이 완료되면 매각이나 인수를 통해 소멸되기도 함
	벤처투자	신기술 확보를 위해 벤처기업에 지분을 투자하는 것	다른 벤처캐피털과 협력하거나 직접 벤처캐피털을 설립하기도 함
	공동연구	외부기관과 공동으로 연구하여 기술개발 프로젝트를 추진하는 것	보통 지적재산권 공유를 수반함
	연구개발	특정 기술의 확보나 시험평가를 위해 외부기관에 연구용역을 의뢰하는 것	지적재산권에 대한 공유는 없으며 대표적인 사례로는 신약 개발 등이 있음
	기업인수	신기술 도입이나 혁신을 위해 기술을 보유한 기업(주로 벤처기업)을 인수하는 개방 형태	시스코, 화이자 등이 이 방식을 자주 사용하는 대표적 기업임
	집단지성 활용	다수 전문가들의 자발적 참여를 통해 하나의 기술에 대한 지속적 개선 추구	기술의 사적 소유권을 불인정. 오픈 소스S/W가 대표적
	사용자혁신	사용자에게 개발툴을 제공하거나 사용자의 피드백을 받아서 신제품을 개발하는 것	의료기기, 게임, 완구 등이 대표적인 사례임
외향형 Open Innovation	기술판매	자사의 기술을 판매하여 타사의 비즈니스 모델을 통해 사업화를 모색하고, 로열티 수입을 통해 수익 창출을 극대화하는 것	기업 내에 사장된 휴면특허를 파는 경우도 있지만, 처음부터 기술판매를 목적으로 기술개발을 하는 경우도 있음
	스핀오프	자사의 현재 비즈니스 모델로는 사업화가 어려운 기술에 대해 벤처기업을 설립하여 새로운 비즈니스 모델로 사업화를 추진하는 것	미활용 기술의 사업화, 사업다각화 모색, 신성장 동력 사업 창출 등이 목적임

서도 오픈 이노베이션 전략을 충실히 수행하고 있다.

세계적으로 유명한 P&G도 Connect and Develop(C&D)를 도입해 활용하여 성공적인 오픈 이노베이션 모델을 만들었다. C&D는 P&G에서 창안한 오픈 이노베이션 모델로서 이를 '외부에서 개발된 지적재산권에 접근하고 내부에서 개발된 자산과 노하우를 외부에서 사용하도록 하는 것'이라고 정의하였다. P&G가 활용하고 있는 C&D의 주요 수단으로는 첫째, 10대 소비자 니즈 조사, 인접 분야들에 대한 조사, 기술게임위원회의 운영을 통한 사업 아이디어 발굴 등이 대표적이다. 둘째, 회사 내부의 비공개 네트워크뿐 아니라 모두가 이용 가능한 공개네트워크를 동시에 운영함으로써 대학과 연구기관뿐만 아니라 개인들로부터 아이디어를 얻고 있으며, 공개 네트워크로는 NineSigma, InnoCentive, YourEncore, Yet2.com 등이 대표적이다. 셋째, 전 세계 네트워크를 이용하여 얻은 제품과 아이디어들에 대해 내부적인 평가를 통해 선별하는 작업을 수행하며, 특정 제품 아이디어가 인정을 받게 되면 내부의 외부사업개발팀이 참여하여 협상을 진행하며 P&G가 보유한 지적재산권을 제3자에게 라이센싱하는 것이다.

이처럼 기업들은 투자비를 절감하기 위해 다양한 방법을 도입하고 있다. 경영환경이 점점 복잡해지고 기업간 혹은 기업과 외부간에 서로 복잡하게 연결되어 있기 때문에 혼자만은 성공하기가 점점 어려워지고 있다. 따라서 기업들은 아웃소싱, 오픈 이노베이션 전략 등을 활용해서 원가절감을 위해 노력하고 있는 것이다.

(3) 혁신 기술을 활용한 원가절감 방안[사례]

고정비와 변동비를 감소시키는 것 외에도 혁신적인 기술과 아이디어로 원가를 절감시킬 수 있는 방법이 있다.

■ 사례 1. 모듈화

미국, 유럽, 일본 국내시장까지 자동차 시장은 신규 수요가 늘어나기보다는 점차 포화되고 있는 추세이다. 이처럼 생산은 점차 많아지고 수요는 줄어드는 상황에서 자동차 업체들은 가격인하에 대한 압력을 받고 원가절감에 대한 압력이 점차 커지게 되었다. 따라서 원가절감을 위해 다양한 방법을 활용하였는데 그 중 하나가 바로 모듈화라는 개념이다.

모듈화는 제조기업에서 뿐만이 아니라 프로그램에서도 쓰이는 넓은 의미를 가지고 있지만 이번 장에서는 제조기업에서 쓰이는 모듈화, 즉, 복수의 부품을 결합한 부품 덩어리의 의미로 해석하겠다. 자동차 산업을 예로 들면 완성차 업체가 여러 가지의 부품을 부위별로 나누어 부품 업체에 개발과 생산을 아웃소싱시켜 부품 덩어리(모듈)를 조립시켜 자동차를 완성시키는 것이다. 유럽에서는 이미 1980년대 후반부터 모듈화를 진행하기 시작했으며 1990년대부터 본격적으로 발전하게 되었고 우리나라에서는 1990년대 후반부터 모듈화 개념을 도입해서 활용하고 있다.

과거에는 자동차를 생산하기 위해 각각의 부품을 만들어 하나하나 조립하는 과정을 거쳐 완성된 자동차가 생산되었는데 모듈화 기술을 활용하면 각각의 부품을 일일이 조립할 필요없이 각 모듈을 조립해서 완성된 자동차를 생산하는 것이다. 그만큼 완성차를 만들기 위해 모든 부품을 조립할 필요가 없고 때에 따라서는 다른 차종이지만 유사한 모듈을 활용하여 그 활용도가 점차 높아지고 있는 추세이다. 모듈화를 통해 완성차 업체에서는 라인에서 조립하던 부품의 수가 대폭적으로 감소하여 효율성이 높아져 생산성이 향상되고 기존에 조립하던 부품수가 많아서 인건비가 많이 소요되었으나 부품이 조립되어 오기 때문에 인건비를 아낄 수 있다. 또한 부품의 수가 줄어들게 되면서 재고 관리 비용과 부품 운송 비용 등이 줄어들게 되고 생산 공정이 간소화되어 불량률이 줄어들고 품질향상의 효과까지 얻을 수 있다.

■ 사례2. 3D 프린팅

3D 프린팅 기술은 최근 가장 주목받고 있는 기술 중의 하나이다. 3D 프린터는 3D 설계 도면에 따라 3차원의 물체를 만들어 내는 기계이다. 초기에는 기술적 한계와 가공의 편의를 위해 주로 플라스틱 재료를 주 원료로 사용했지만 현재는 종이, 고무, 금속, 식재료, 콘크리트 등 재료의 범위가 점차 다양해지고 있는 추세이다.

특히 기업들은 3D 프린팅 기술에 크게 주목하고 있는데 3D 프린터를 활용하면 시간과 비용을 크게 감소시킬 수 있기 때문이다.

그림 12-4. Wohlers Associates

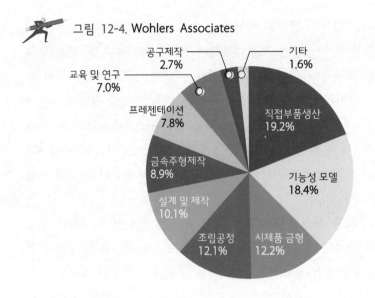

위의 그림은 3D 프린팅 용도에 관한 조사이다. 3D 프린터는 주로 직접 부품을 생산하거나 기능성 모델을 제작, 시제품 금형, 조립 공정 등에 사용되고 있다. 3D 프린터를 활용하면 특히 다품종 소량생산을 하는 제품 제작에 용이하다. 부품의 종류가 다양하고 부품 사용 기간이 긴 경우에는 하나의 부품을 제작하기 위해 대규모 생산 설비를 전부 갖추는 것이 비효율적이다. 하지만 3D 프린팅 기술을 활용하면 대규모 생산 설비를 구축하지 않고도 원하는 제품을 생산할 수 있다. 또한 최종적으로 제품이 출시되고 난 후에 하자나 불량이 발견되면 제작 처음 단계에서부터 수정이 불가피하여 그 시간과 비용이 매우 많이 들어가게 되는데 3D 프린터의 경우 입력되는 설계 도면만 바꿔주면 되므로 품질도 향상되고 결국 원가절감의 효과를 얻을 수 있다. 특히 복잡한 기계(자동차, 항공 5)의 부품은 더욱 정밀하게 제작되어야 품질 문제가 발생하지 않기 때문에 여러 가지 요소가 복잡하게 얽혀 있는 부품의 경우 시간과 비용이 많이 소요된다. 이러한 문제점을 보완할 수 있는 3D 프린터는 3D CAD로 디자인 결과를 실제로 볼 수 있고 더욱 정밀한 설계가 가능하기 때문에 실제 자동차 산업, 항공 산업 등에 실제로 많이 사용되고 있는 추세이다.

(4) VE(Value Engineering, 가치 공학)를 통한 원가절감

VE(Value Engineering) 기법은 가치공학이라고도 하는데 이는 얻고자 하는 기능을 최소한의 자원(비용)을 이용하여 제품의 가치와 관련되는 여러 요인들을 비교함으로써 제품의 가치를 높이는 방법을 의미한다. 이는 제품의 기능은 일정하게 유지하되 제품의 기능을 유지할 수 있는 비용을 감소시켜 원가를 절감하는 방식이다. VE는 처음 미국의 제너럴 일렉트릭사의 Miles가 원가절감을 위한 수법으로 개발하였다. Miles의 정의에 따르면 VE는 '제품, 공정 및 서비스에 공헌하지 않는 원가요소들을 구별하고 이를 제거하는 것'이다. Miles는 현장에 석면을 공급하는 데 문제가 발생한 것을 알게 되었고 왜 석면이 쓰여야 하는가에 대한 의구심을 가지기 시작했다. 조사해보니 기존의 관행대로 석면을 사용하는 것이었고 이러한 문제점을 파악한 Miles는 석면 대신 이를 대체할 수 있는 다른 원료를 더 싼 값에 구매하였다. 즉 어디에 어떤 쓰임새로 쓸 것인지를 알아보고 현장에 합당한 물품을 구입하게 된 것이다. 미국에서는 이를 GE에서 뿐만이 아니라 민간부문과 개별 정부기관 차원에서 자체 VE프로그램을 개발하여 시행하고 있다. 1990년대 미국 정부의 재정 적자를 타개하기 위한 방안으로 VE 도입을 제도화시키고 미국 전체 공공분야로 VE가 수행되기도 하였다. 실제로 1990년대 미국의 연방도로국에서 VE기법을 활용하여 대규모 도로사업을 실시하여 8억 달러 이상의 예산절감 효과를 얻은 것으로 평가되고 있다.

VE는 기본적으로 다음과 같은 공식에 의해 성립된다.

$$V(\text{Value: 가치}) = F(\text{Function: 기능}) / C(\text{Cost: 비용})$$

이 공식을 살펴보면 VE(Value Engineering, 가치 공학)는 고객의 만족(가치)을 창출하기 위해 최소한의 비용으로 기능을 극대화시키는 것이다. 따라서 F와 C에 따라서 V(Value)가 결정되는데 V의 값이 클수록 필요한 기능을 효과적으로 달성할 수 있는 것이다.

$$V(Value: 가치) = F(Function: 기능) / C(Cost: 비용)$$

의 공식을 바탕으로 V(Value)의 가치를 높이는 방법을 5가지로 정리할 수 있다.

① F는 일정하지만 C가 감소하는 경우

② F가 증가하고 C는 감소하는 경우

③ F가 증가하고 C는 일정한 경우

④ F가 C보다 큰 비율로 증가하는 경우

⑤ C가 F보다 큰 비율로 감소하는 경우

이것을 표로 정리하면 다음과 같다.

표 12-5. V=F/C 5가지case

수식 ＼ Case	①	②	③	④	⑤
Value = Function / Cost	→ ↘	↗ ↘	↗ →	↗ ↗	→ ↘

①~⑤의 다섯 가지 경우 중에서 V(Value)를 높이기 위해서는 ②번이 가장 바람직한 경우인 것을 알 수 있을 것이다. 즉 비용은 감소시키면서 기능이 더 우수한 제품을 사용하는 것이 바람직한 경우인 것이다. 예를 들어, 방음벽을 설치하는 데 기존에 사용했던 벽판보다 가격은 저렴하고 방음은 더욱 잘 되는 벽판을 구매해서 사용하는 것이다.

우리나라에서는 LG, 삼성전자 등의 가전제품 업계에서 최초로 VE를 도입하였으며 VE의 성과가 나타나자 여러 대기업들로 확산되었다. 해외의 기업들 뿐만이 아니라 우리나라의 많은 기업들도 VE라는 명칭을 사용하지는 않지만 VE 기법과 유사한 방식으로 원가절감을 위해 노력하고 있다.

Can You See What's Next? :
Technology in SCM (& Distribution)

CHAPTER

13

기술, 공급망 관리의 혁명을 부르다

1

도입: 기술과 SCM의 발달

과거에도 새로운 기술의 등장은 공급망 관리를 혁신하는 핵심 원동력으로 작동해 왔다. 과거 정보통신 기술의 도입으로 인해 공급사슬의 통합이 시작되었으며, 원재료부터 최종 고객에 이르기까지 모든 공급사슬 프로세스의 흐름을 데이터를 중심으로 파악하는 것이 가능해졌다. 이러한 변화는 글로벌 공급망의 확장을 이끌었으며 SCM을 기업경영의 일선으로 대두시켰다. 즉 오늘날 공급망을 효과적으로 관리하기 위해서는 정보의 흐름을 관리하고 기술을 활용하여 공급망 내 구성원들을 동기화시키는 것이 필요불가결하다고 말할 수 있다.

실제로 처음으로 공급망이라는 표현이 등장했을 때에는 이는 이론적인 개념으로, 실제 경영 일선에서는 다소 막연한 형태였던 것이 사실이다. 이는 과거에는 모든 재화나 서비스의 교환과 거래, 배송 등이 종이 문서 작업으로 이루어졌기에 공급망이라는 것이 중요하고 SCM의 필요성이 있다는 것은 인지하였으나 이를 실천하는 것이 거의 불가능하였기 때문이다. 그러나 오늘날 많은 기업들은 원재료 및 부품의 구매부터 계약 체결, 제조 공정, 나아가 배송에 이르기까지 모든 공급망 활동을 수작업 대신 전자화된 정보를 이용하여 시행하고 있다.

   이렇듯 컴퓨터와 정보통신 기술의 발달은 공급망의 효율적 관리를 방해
하던 시간과 공간의 제약을 극복할 수 있도록 도와주었다. 하지만 오늘날의
신기술들은 SCM을 그 어느 때보다도 더욱 격렬하고 빠른 속도로 변화시키고
있다. 과거 컴퓨터의 등장과 정보통신 기술의 발달로 인해 SCM이 한 단계 도
약할 수 있었다면, 3D 프린팅, 사물인터넷, 증강현실 기술 등 지금 새롭게 개
발되고 있는 신기술들은 가히 SCM의 혁명을 이끌 것이라고 말할 수 있다. 그
리고 이러한 변화의 흐름을 주도하는 기업만이 초경쟁 시대의 선도 기업으로
앞서 나갈 수 있을 것이다.

   초경쟁시대에서의 SCM은 과거와는 완전히 다른 형태가 될 것이다. 기업
과 기업이 경쟁하는 시대는 끝나고, 공급사슬과 공급사슬이 경쟁하는 일종의
네트워크 경쟁이 앞으로의 공급망 경영의 핵심이 될 것이다. 즉 각자의 공급
망 네트워크들은 신기술을 활용하여 공급망 전체의 생산성을 높이고 글로벌
시장에서 새로운 기회를 모색할 것이다. 그리고 이러한 치열한 공급망 수준의
경쟁은 제조업뿐만 아니라 식료품산업, 패션산업, 의료산업, 나아가 서비스업
에까지 기존의 경계를 초월하여 확장될 것이다. 앞으로 찾아올 무궁무진한
SCM의 가능성을 지금부터 함께 탐색해 보자.

3D 프린팅과 SCM

   3D 프린팅 기술이란 3차원 모델링이나 스캐닝으로 얻은 디지털 데이터로
부터 얇은 막의 소재를 쌓아올려 3차원 형상을 구현하는 가공 기술을 말한다.
3D 프린팅 기술은 1980년대 최초로 그 아이디어가 고안된 이후, 한동안 구현되
지 못하다가 최근 급격하게 성장하고 있다. 물론 3D 프린팅 기술은 개발 초기
부터 현재까지 주로 시제품 제작용도에 사용처가 한정되어 온 것은 사실이다.

특히 3D 프린팅은 컴퓨터를 통해 간단히 디자인 변경이 가능하며, 일반적인 절삭 가공 방식에 비해 상대적으로 복잡한 구조물의 제작이 가능하다는 측면에서 널리 활용되고 있다. 최근에는 3D 프린팅 기술들이 소재 측면에서의 활용도가 금속, 플라스틱, 세라믹 전반에 걸쳐 넓어지고 공정 측면에서의 정밀도와 가공 속도가 향상되면서 과거와 달리 단순히 시제품만 제작하는 수준을 넘어서 실제 제조업 현장에서 다양하게 적용되고 있다.

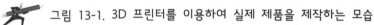

그림 13-1. 3D 프린터를 이용하여 실제 제품을 제작하는 모습

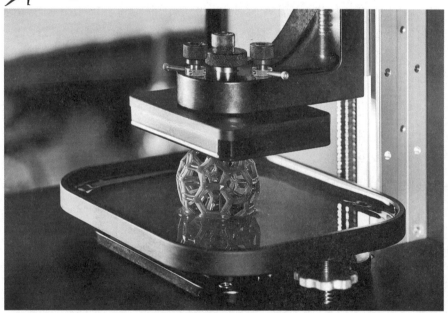

이미 해외에서는 포드, 페라리, 람보르기니, BMW 등 자동차 산업의 선도 기업들이 고부가가치 특수차량 개발 프로세스에 3D 프린팅 기술을 적용하여 생산주기 및 개발과정을 단축했다는 사례도 보고되고 있다. 실제로 람보르기니는 3D 프린팅을 통해 차량 시제품을 제작함으로써 기존의 시제품 제작 및 테스트 방식 대비 90%에 가깝게 비용과 시간 절감을 이루어 내었다고 발표하였다. 이외에도 의료기구와 같은 맞춤형 특수제작이 필요한 소량생산이나, 소

343

량 맞춤형 생산이 필요한 항공우주 산업에서도 3D 프린팅 기술의 잠재력이 높이 평가받고 있는 상황이다.

실제로 다양한 산업용 소재 개발과 소재별 후처리 기술이 확보되면 산업적 활용도는 점차 높아지겠지만, 아직까지는 재료 선택의 한계, 낮은 수준의 경제성 및 생산성 등의 단점으로 인해 대중화가 되지는 못한 상태이다. 그러나 이미 미국의 버락 오바마 대통령은 2013년 연두교서에서 3D 프린팅 기술의 혁명적 잠재력과 함께 미국을 구심점으로 한 '3차 산업혁명'을 언급하기도 하였으며, 유럽, 일본, 중국 등 미국 이외에도 각 선진국들이 앞다투어 국가적인 차원에서 3D 프린팅 산업의 발전을 위한 정책을 수립하고 있는 상황이다. 이미 중국은 과학기술부의 국가 발전계획 및 과학기술 발전 기조에 3D 프린팅을 포함시켰으며, 유럽연합은 제조업 재활성화를 목표로 3D 프린팅을 역성하기 위해 다양한 자금 투자 및 정책을 수립 중에 있다. 일본 또한 마찬가지로 다양한 3D 프린터 개발 과제를 민관 협동으로 추진하는 등 발빠르게 3D 프린팅 트렌드에 대응하고 있다.

이전까지의 제조 기술이 재료를 기계가공 등을 통해 자르거나 깎는 방식으로 제품을 생산하는 절삭가공(Subtractive Manufacturing) 형식이었다면, 3D 프린팅에서는 이와 반대로 재료를 적층하는 적층가공(Additive Manufacturing) 형식을 취한다. 이러한 3D 프린팅의 장점으로는 ① 시제품의 제작 비용 및 시간 절감 ② 다품종 소량 생산·손쉬운 맞춤형 제작 ③ 복잡한 형상 제작 및 재료비 절감에 기여 ④ 제작 시 제조 공정 간소화 및 이에 따른 인건비, 조립 비용 절감 등이 꼽히고 있다.

이러한 3D 프린팅 기술은 미래 SCM 변화에 중추적인 역할을 할 것으로 기대한다. 많은 공급망 분야의 전문가들이 앞으로 3년에서 5년 이내에 3D 프린팅이 상용화될 것으로 전망하고 있있다. 물론 아직까지는 3D 프린딩 기술이 초기 단계로 사용가능한 원재료도 제한적이고 제작 속도도 느리기 때문에 기존의 제조 방식을 대체하기에는 부족한 것이 사실이다. 그럼에도 불구하고 3D 프린터가 가진 여러 가지 장점들로 인해 장기적인 관점에서는 3D 프린팅이 기존의 제조 및 물류 전반에 영향을 줄 것이라는 것은 자명하다.

현재 3D 프린터는 자동차산업, 항공산업, 의료산업 등의 영역에서 점차 그 활용 범위를 넓혀 가고 있으며 실제로 많은 해외 유수의 기업들이 3D 프린팅 기술을 적용하기 위하여 미래지향적인 전략을 수립 중이다. 예를 들어, CAD 콘텐츠가 온라인으로 전송되고 제품 생산이 3D 프린터를 보유한 현지에서 직접 이뤄지면, 기존 제품 공급망을 간소화하거나 한계점을 해소할 수 있다. 재고를 최소화한 생산관리가 가능해지고 제품 유통에 발생하는 비용도 절감할 수 있다. 재해사고 현장이나 우주, 극지처럼 제품 조달이 어려운 곳에서 현지 생산·활용도 가능해질 전망이다.

이렇게 3D 프린팅은 공급망 관리에 대한 관점을 혁신적으로 뒤바꿀 것이다. 기본적으로 3D 프린터의 도입으로 인해 '대량 생산'이라는 과거의 패러다임이 '맞춤형 생산'으로 바뀌면서 리드타임의 감소와 함께 재고 수준이 혁신적으로 줄어들 것이며 자연히 보관비용 또한 크게 줄어들 것이다. 특히 3D 프린터를 활용하여 급하게 필요한 부품을 빠르게, 즉시 생산하여 공급할 수 있다는 것은 굉장히 큰 장점이다. 물론 아직까지 3D 프린팅의 기술 수준이 기존 제조 및 물류 부문을 대체할 정도에 이르지 못하여 산업 전반에 영향을 주고 있지는 않지만, 기업 경영자들 및 SCM 관리자들은 3D 프린터가 가져올 장기적인 산업 변화에 촉각을 곤두세울 필요가 있다.

또한 3D 프린팅 기술은 현재 다양한 소비자 기호에 대응하고 맞춤형 제작, 나아가 1인 제작의 요구를 충족시켜 줄 신산업 분야를 개척하고 있다. 이미 몇몇 웹사이트를 통해 3D 프린팅을 위한 제품 설계 데이터가 온라인으로 자유롭게 공유되거나 상업적 거래를 통해 부가가치를 창출하고 있으며, 고객의 요구 사항에 따라 3D 프린팅으로 요청한 제품을 설계, 생산, 유통하는 원스톱 서비스가 새롭게 각광받고 있다.

최근 미국의 거대 물류업체 UPS와 유럽 최대의 소프트웨어 업체 중 하나인 독일 SAP가 3D 프린터를 이용한 협업 프로젝트를 시작하였다. 양사는 3D 프린터로 생산위탁에서 배송까지 한 번에 해결할 수 있는 새로운 제조 솔루션을 선보였는데, 아직 대량생산에는 적합하지 않지만 맞춤형 소량생산에는 적합한 혁신적인 시도로 평가받고 있다. 사용자들이 솔루션을 통해 3D 프린팅 도면과 함께 수량과 제원을 입력하면, UPS의 각 매장에 갖추어진 3D 프린터에서 직접 해당 제품을 생산한 후, SAP와 기술제휴로 이루어진 공급망 솔루션을 통해 최적화된 방식으로 주문 접수부터 생산, 배송까지 이른바 원스톱 형태로 제공이 되는 것이다.

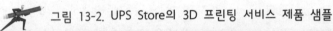

그림 13-2. UPS Store의 3D 프린팅 서비스 제품 샘플

이러한 혁신적인 시도는 전통적인 제조업체－공급업체 관계에서도 필요하다고 할 수 있다. 특정한 부품의 재고가 떨어지거나, 긴급한 고장이 발생하여 빠르게 해당 부품에 대한 공급이 필요할 경우, 최소한의 리드타임으로 재고관리 부담 없이 해당 부품을 3D 프린팅을 통해 생산할 수 있는 것이다. 특히 3D 프린팅하에서는 설계의 변경이 빠르게 이루어지기 때문에 맞춤형 수요에도 실시간에 가깝게 대응할 수 있다는 장점이 있다. 기존에는 많은 업체들이 당장 필요하지 않은 부품들도 재고로 안고 가야 하는 일이 많았지만, 3D 프린터가 상용화되고 보편화되면 재고비용이 감소되고 공급망을 효율적으로

운영할 수 있을 것이다.

　3D 프린팅은 더 이상 상상 속의 기술이 아니라 이미 우리 바로 곁에까지 가까이 다가와 있는 현실이다. 많은 전문가들은 3D 프린팅 기술이 기존의 공급 망에 대한 관리 방식을 혁신적으로 개선하는 동시에, 제조와 물류를 하나로 통합되고 소비자와 생산자의 경계를 희석시키면서 기존에 존재하지 않았던 새로운 형태의 사업 모델들을 만들어 낼 것이라고 전망하고 있다. 따라서 3D 프린터가 SCM 부문에 가져올 변화의 흐름을 파악하고 동시에 연구개발 및 파트너십 등을 통해 장기적인 관점에서 관련 기술에 투자를 하는 것은 대단히 중요한 과제이다.

　이러한 3D 프린팅 기술은 규모의 경제와 범위의 경제라는 두 가지 기본 적인 측면에서 공급망 내부, 외부 이해 관계자들에게 근본적인 변화를 요구한 다. 먼저 3D 프린팅은 규모의 경제를 달성하기 위해 쓰여야 할 자본의 규모를

그림 13-3. 3D 프린터로 제작된 복잡한 형태의 시제품

감소시킨다. 장비의 준비나 가동 준비에 많은 비용이 들어가던 과거의 생산 방식과 달리 노동력이나 설비 투자에 필요한 자본 없이도 직접 제품의 생산을 가능케 하므로, 역량 있는 중소규모의 생산자나 중간 협력 업체들의 영향력이 더욱 강화될 것으로 전망할 수 있다.

3D 프린팅 기술의 높은 유연성은 동일한 장비, 원재료와 프로세스를 활용해 다양한 구조를 가진 제품을 낮은 리드 타임과 생산 비용으로 제조할 수 있도록 하므로 범위의 경제를 달성시키기 위해 필요한 제반 비용을 감소시키는 효과가 있다. 예를 들어 전통적 제조 방식으로는 천공 구조나 프랙탈 구조 등 복잡한 기하학적 구조를 가진 부품을 한 번에 쉽게 제작할 수 없었으나, 디지털 설계 도면을 기반으로 제작되는 3D 프린팅 시스템을 통해서는 이러한 제품을 보다 쉽게 제작할 수 있다. 이렇듯 3D 프린팅 기술은 규모의 경제와 범위의 경제의 경계를 허물어 버림으로써 공급망을 혁신할 수 있는 기회를 기업들에게 제공할 것이다.

물론 현재의 기술 수준으로는 3D 프린팅 기술로 제품이 만들어졌다고 해서 기존 제조 방식으로 생산된 제품과 현저히 다를 가능성도 낮고, 생산 비용 측면에서도 아직 부족한 점이 많은 것은 사실이다. 실제로 일부 전문가들은 1980년대에 소개된 3D 프린팅이 최근에 각광을 받고 있는 현상을 일종의 유행으로 생각하며 느린 제조 시간이나 한정된 재료, 높은 비용 구조 등 3D 프린팅이 가진 한계를 지적하기도 한다. 하지만 이러한 한계는 대부분 기술의 진화 및 시간의 경과에 따라 극복될 수 있는 문제이므로, 현명하게 3D 프린팅의 장단점을 고려하여 자사의 공급망에 융합하는 것이 필요하다.

3D 프린팅 기술은 보다 빠르고 안전하며 가볍고 효율적인 제품을 생산하는 데 중요한 역할을 할 것으로 예상된다. 최종 부품을 만드는 데 필요한 공작 도구의 필요성을 없앰으로써 리드타임을 줄일 수 있고, 필요한 만큼의 재료만을 사용함으로써 원가를 낮추며, 소재가 경량화되어 취급 비용을 줄이는 동시에, 실시간적인 수요에 맞추어 직접 현장에서 제품을 생산 및 공급할 수 있으므로 재고 비용 및 운송 비용이 줄어들 것이다. 또한 높은 정밀도의 성형 기술들을 활용함으로써 복잡하지 않은 제품들은 부품은 현장에서 즉시 수리나 교

체가 가능하다는 장점도 있다.

또한 리드타임 감소, 재료 및 인력 절감, 불량의 감소, 맞춤형 제작의 가능성, 다양한 디자인 및 기능성 등이 3D 프린팅 기술이 공급망 전반에 끼칠 긍정적인 영향들로 손꼽히고 있다. 실제로 BMW는 상황에 맞게 제작된 공작 기구를 이용해 관련 비용의 58%를 줄이고, 프로젝트 소요 기간을 92% 줄였다고 발표한 바 있다. 포드(Ford) 역시 3D 기술을 이용해 프로토타입을 제작하고 공작용 기계 작업을 생략할 수 있도록 함으로써 수백만 달러의 비용을 절감할 수 있었다고 발표하였다.

그림 13-4. 포드(Ford)의 3D 프린팅 연구소

이러한 3D 프린팅의 발전으로 인해, 단기적으로는 전통적인 공급망하에서의 제조기업 및 물류기업들은 그 기반을 위협받게 될 수 있다. 제품의 생산이 공장이 아닌 소비지에서 이루어지기 때문에 전통적인 수익영역이었던 운송, 창고, 보관, 통관 등의 업무가 없어지기 때문이다. 그러나 3D 프린팅 기술이 발달하게 되면 급변하는 소비자의 수요에 실시간으로 대응할 수 있는 새로운 역량이 생기게 되어 공급망 전체가 혁신의 물결로 가득차게 될 것이다. 또한 차후 일반 대중들에게도 3D 프린터가 보급되게 될 경우, 이러한 제조 및 생산 패러다임은 더욱 혁명적으로 변화하게 될 것이다.

3 사물인터넷과 SCM

사물인터넷(Internet of Things: IoT)이란 최근 갑자기 등장한 새로운 개념이 아니라 RFID(전자태그), M2M(사물지능통신) 등의 개념으로 예전부터 존재해 왔던 것이다. 미래창조과학부는 사물인터넷에 대한 정의를 '사물에 센서를 부착해 실시간으로 정보를 인터넷으로 주고받는 기술이나 환경'이라고 했다. 사물인터넷을 쉽고 간결하게 한마디로 표현하자면, '인터넷을 통한 모든 사물들 간의 연결'이라고 할 수 있다. 사물인터넷 시대에는 네트워크 연결과는 거리가 다소 멀어 보이는 신발, 가로등, 지게차 등도 모두 그 대상이 될 수 있다. 실제로 세계 이동통신 사업자협회에서 발표한 자료에 따르면, 전세계적으로 사물인터넷에 연결된 기기는 2011년 기준으로 약 90억 대에서 2020년에는 약 240억대로 증가할 것으로 전망되고 있다.

최근 세계적인 물류 기업 DHL과 IT분야의 세계적 리더인 시스코(Cisco)는 이러한 사물인터넷 관련 동향보고서를 2015년 4월 공동으로 발간하여 시장의 이목을 집중시킨 바 있다. 해당 보고서에서는 사물인터넷이 창고관리, 화물운송, 최종 고객 배송 등 향후 물류의 여러 분야에 도입될 경우 상당한 매출 증대와 비용 절감 효과를 통해 그 파급효과가 막대할 것으로 보고 있다. 또 DHL과 시스코의 동향보고서는 지금이 사물인터넷을 물류 분야에 활용하기에 최적의 시기라고 보고 있다. 모바일 컴퓨팅, IT의 이용, 5G 네트워크, 빅데이터 분석, 사물인터넷 기반의 솔루션을 원하는 소비자들의 니즈 증가 등이 모

Can You See What's Next?:
Technology in SCM (& Distribution)
기술, 공급망 관리의 혁명을 부르다

HOW To? IoT?

두 사물인터넷의 물류 분야 활용을 촉진하고 있기 때문이다. 물류 서비스 제공자도 이에 발맞춰 급속도로 사물인터넷을 받아들이고 있는 시점에서 앞으로 사물인터넷이 물류업계의 판도를 어떻게 바꿀지 그 귀추가 주목된다.

지금까지의 인터넷이 인간 중심이었다면 미래에는 사물(기기) 간의 통신이 네트워크 트래픽을 대부분 차지하고, 사물(기기)의 지능화로 인간의 삶이 보다 스마트하게 되는 사물인터넷(IoT/M2M) 시대가 도래할 것으로 전망하고 있다. 사물인터넷은 현재의 이동통신 기술을 초월하여 스마트홈, 스마트 그리드, 헬스케어, 지능형 교통서비스 등을 중심으로 서비스가 다각화될 것으로 전망된다. 이렇게 사물인터넷이 새로운 시장을 창출할 수 있는 분야로 각광받으면서, 미국, 유럽, 일본, 중국 등에서도 정부 주도의 다양한 정책들이 추진되고 있다. 우리 정부도 사물지능통신 기반구축 기본계획, 인터넷 신산업 로드맵 등을 통해 사물인터넷 시장 활성화를 위한 정책을 지속적으로 추진 중이다.

예를 들어, 해외 주요 국가들은 사물인터넷의 글로벌 시장 선점과 기술 경쟁력 강화를 위한 계획을 바탕으로 기술개발, 연구센터 설립, 산업단지 조성, 의무화 정책 등을 통해 시장 활성화 및 국민 생활 편의를 도모하고 있다.

실제로 유럽은 EU 차원에서 2009년에 사물인터넷 연구개발과 클러스터 구축 등의 사업에 769억원을 투자하는 '사물인터넷 액션 플랜'을 발표하는 등 발빠르게 사물인터넷 시대에 대비하고 있다. 아울러, 유럽의 스웨덴, 핀란드, 이탈리아 등의 국가를 중심으로 모든 가정의 전력사용 검침을 위한 스마트 미터 설치를 진행하고 있다.

미국은 이미 2009년에 사물인터넷의 기반이 되는 스마트 그리드 사업 등에 3,862억원을 투자하는 연구계발 계획을 국가 차원에서 수립한 바 있다. 나아가 미 연방통신위원회는 사물인터넷 관련 규정을 제정하기 위한 공청회를 2013년 3월에 개최하는 등 산업계의 의견을 최대한 수렴하고 있으며, 미국 정부는 사물인터넷을 2025년까지 국가 경쟁력에 영향을 미칠 '혁신적인 파괴적 기술'중 하나로 선정하고 투자를 멈추지 않고 있다.

중국 또한 최근 정부 차원에서 사물인터넷 분야에 대한 막대한 투자를 진행하고 있다. 중국 정부는 사물인터넷 분야에 6조원 이상의 정부 자금을 중장기 과학기술 발전 계획 아래에 투자한다고 발표하였으며, 상하이 등 대도시 인근에 첨단 산업단지와 연구센터를 구축하는 등 인프라 구축에 총력을 기울이고 있다. 이와 함께 중국 정부는 약 8,000억 원 규모의 사물네트워크 산업기금을 별도로 조성하여 민간 차원에서 많은 혁신 사례가 창출될 수 있도록 지원하고 있다. 또 중국의 공업정보화부는 사물인터넷 프로젝트 및 지원 정책을 추진하기 위한 전략으로 사물인터넷 기술 영역에서 500개 이상의 주요 연구 성과를 취득하고, 산업 표준 200개 이상을 제정하며, 100개 이상의 핵심기업을 육성하고자 하는 세부 목표를 설정하고 이를 추진하기 위해 국가 차원에서 자원을 투자하고 있다.

과거 한 국가 내에서 활발하게 움직이던 물류는 이제 전 세계를 넘나들고 있다. 따라서 물류기업과 화주기업들은 신속한 의사결정을 위해 SCM 전 과정서 발생하는 주문, 입고, 선적, 배송, 그리고 재고 등의 정보를 필요로 한다. 이에 사물인터넷 기술을 활용하면 이러한 SCM의 가시성이 혁명적으로 높아지는 효과를 거둘 수 있으므로, 이를 활용한 공급망 및 물류 산업의 변화는 자연스러운 수순이라고 할 수 있다.

구체적으로는 먼저 원재료, 제품, 라인, 직원들의 현황을 실시간으로 모니터링할 수 있으며, 공급망 관리에 활용되는 모든 기기들의 현재 작동 상태뿐만 아니라 앞으로 어떻게 작동할지에 대한 측정 및 통제까지 할 수 있게 된다. 또한 사물인터넷 기술을 바탕으로 사람의 수동적인 개입을 없애고 비즈니스 프로세스를 자동화시킴으로써, 품질 수준을 향상시키고 수요-공급의 예측력도 향상시킬 수 있다.

이렇게 사물인터넷은 창고 관리, 화물 운송, 최종 고객 배송을 포함한 전 물류 산업의 서플라이 체인 상에서 운영 효율성 향상, 고객 경험의 향상, 안전 및 품질 수준 확보 등의 긍정적인 영향을 미칠 것으로 예측된다. DHL이 RFID를 활용해 국가를 넘나드는 화물에 대한 정보를 실시간으로 제공할 수 있는 기반을 갖추고, 이를 활용해 특화된 배송서비스를 개발해 수익성을 극대화하

그림 13-5. 물류창고 내 사물 인터넷 적용 예시 이미지

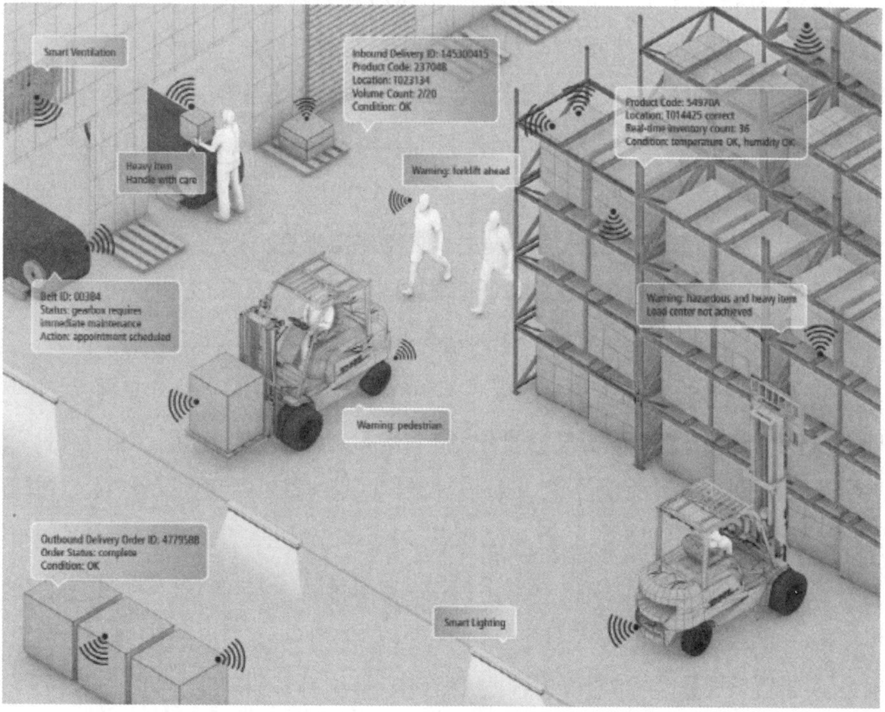

고 있는 것이 대표적인 사례다.

물류 분야는 사물인터넷을 응용하려는 움직임이 가장 활발한 영역 중 하나이다. 수많은 화물이 오고 가는 정확한 정보를 확보하기 위해 세심한 관리가 필요하다. 과거 소품종 대량생산에서 다품종 소량생산으로 제조의 패러다임이 전환되면서 수많은 제품을 적재적소에 출하하고, 재고량을 파악하는 것은 물론 수치에 대한 오류를 줄이는 것은 매우 중요한 일이다. 따라서 이 과정에서 사물인터넷과 모바일 기기를 활용하면 물류센터에서 발생하는 정보를 실시간으로 저장함으로써 수작업으로 인한 오류를 줄이는 방안이 될 수 있다. 오류를 발견하는 즉시 수정하는 것과 물건의 재고 현황부터 품목에 대한 특성까지 다양한 정보를 생성하고 주고받음으로써 업무의 정확성을 개선하고, 변수에 신속하게 대처하는 것도 가능하기 때문이다. 이를 돕는 새로운 제품이 속속 모습을 드러내고 있는데, 현장을 민첩하게 돌아가도록 하거나 불필요한 비용의 낭비를 절감하는 데 도움을 주는 식이다.

기존 물류산업에 사물인터넷을 적용하기 위한 기업의 시도는 이뿐만이 아니다. 화물자동차 업계에서도 사물인터넷을 활용하려는 노력이 계속되고 있다. 사물인터넷을 활용한 관제서비스는 노선부터 운행거리, 속도, 연비, 연료 혹은 소모성 제품의 사용량이나 교환주기를 파악할 수 있도록 정보를 제공한다. 과거 화물차를 배차할 때에 필수품은 전화기였다. 당시에는 목소리로 의사를 전달하거나 문자메시지를 주고받는 게 전부였지만, 최근 볼보는 스마트폰을 이용하여 트럭 운전자가 따로 연락을 하지 않아도 트럭 소유 기업에게 차량에 관련된 정보들을 실시간으로 제공하는 서비스를 제공하고 있다.

IT제조사의 독무대나 다름없었던 모바일 기기의 제조와 소프트웨어 제작에 물류기업들이 뛰어드는 모습은 이제 놀랍지 않은 일이 되고 있다. 사물인터넷을 활용한 물류 플랫폼은 화물의 특성과 관계없이 어떤 작업이든, 어느 기업이든 모두 적용할 수 있는 유연성을 가질 수 있다. 전문가들은 사물인터넷의 장점은 SCM 위에 있는 모든 사물을 연결하고, 정보를 확보하여 다양한 형태로 가공하는 데 용이한 환경을 제공하는 데 있다고 설명한다. 즉, 물류기업은 사물인터넷을 통해 차량이나 물류센터, 배송 네트워크, 인적관리 등 유무형의 자산에서 확보한 실시간 정보를 관리함으로써 서비스를 개선하고 품질을 향상시켜 더 높은 수익을 올릴 수 있다. 사물인터넷의 기본 원리는 SCM의 틀에서 동작하고 있고, 물류산업을 더욱 발전시킬 수 있다고 기대하기도 한다.

그러나 우려의 시선도 있다. 사물인터넷 환경에 적응하지 못한 기업은 서비스 품질을 향상시키는 데 어려움을 겪게 되어 기업 경쟁력이 약화될 수 있다는 지적도 나온다. 이에 대해 전문가들은 긍정적인 의견을 제시하고 있다. 누구나 쉽게 구할 수 있는 스마트폰으로 사물인터넷 환경을 조성할 수 있는 것처럼, 시간이 갈수록 진입 장벽은 낮아지고 활용가치는 더욱 커질 것이라는 전망이다. 또한, 인터넷과 네트워크 확장을 통해 창고관리, 화물운송 등 공급망 관리의 여러 분야에 사물인터넷이 도입될 경우, 기업 및 산업들은 이를 통한 매출 증대와 비용 절감 효과로 막대한 성장 잠재력을 얻을 수 있을 것으로 나타났다. 예를 들어 사물인터넷은 공급망 관리 및 물류 운영 시, 소비자에게 다양한 라스트 마일(Last mile) 배송 옵션을 제공할 뿐만 아니라 효율적인 창고운영 및 화물운송을 가능케 하는 등 물류업계의 판도를 바꿀 것으로 예상된다.

향후 10년 동안 물류업계는 사물인터넷으로 매일 수백만 건의 배송을 실시간으로 운송, 추적, 적재함으로써 물류업무 효율을 극대화할 수 있게 될 것이다. 또한 사물인터넷을 통해 팔레트와 물품 간의 네트워킹으로 창고 관리에 있어 보다 스마트한 재고 관리가 가능해질 것이다. 화물 운송에 있어서는, 물품 추적 시 보다 신속, 정확하고 예측 가능성과 안정성을 높이는 동시에, 사물인터넷과 연결된 차량의 자동 분석기능을 통해 재고 소진을 예측하고 재고점검 일정 관리가 가능해질 것이기도 하다. 이렇게 물류의 효율성을 극대화시킬 수 있는 사물인터넷은 스마트물류의 핵심키워드다. 사물인터넷은 물품을 안전하게 보관하고, 배송하며, 재고 관리를 수월하게 해주기 때문에, 비용 절감 등 고객의 만족도를 크게 높일 것으로 기대를 모으고 있다.

특히 사물인터넷을 물류 운영에 도입할 경우 다양한 변화가 예고된다. 먼저 기기, 소포, 사람의 상태를 밸류 체인상에서 실시간으로 모니터링하고, 기기들이 어떻게 현재 작동하고 있으며 앞으로 어떻게 작동할지에 대한 측정 및 통제를 할 수 있게 된다. 또한 사람의 수동 개입을 없애고 비즈니스 프로세스를 자동화시킴으로써, 품질과 예측력을 높이는 한편 비용 절감도 꾀할 수 있다. 마지막으로 사람, 시스템, 기기들이 서로 유기적으로 협력하여 일할 수 있도록 각자의 일을 최적화시키면서, 여기에서 나온 최선의 방법은 학습할 수 있도록 분석하는 것이 가능해진다.

실제로 최근 삼성SDS는 물류 솔루션 첼로의 최신 버전인 '첼로 플러스'를 발표하며 IoT(사물인터넷)를 활용한 실시간 트래킹 서비스, 빅데이터 분석을 통한 수요 예측, 최적화 분석 기술을 활용한 글로벌 SCM 솔루션을 공개하였다. 첼로 플러스는 화물 차량 및 선박의 위치 정보를 GPS로 추적만 하는 것에서 그치지 않고, 빅데이터 분석 기술을 활용하여 이동 경로 예측 및 지연 여부까지 사전에 분석할 수 있어 공급망의 가시성을 향상시켰으며, 물류센터 재고 및 물류 운송 네트워크의 실시간 분석 및 최적화 기능도 강화하였다.

또한 삼성SDS는 '첼로 스퀘어'라는 이름의 포털 서비스를 함께 공개하였다. 이는 화주와 물류업체 간의 원활한 소통을 위한 서비스로, 기존의 화물 추적 중심의 기능에서 나아가 최적의 국제운송 경로 및 운임 추천, 도착 지연 및 위험상황을 포함한 물동 트래킹 정보까지 쌍방향적으로 제공하고 있다. 화주

그림 13-6. 삼성SDS의 첼로 스퀘어 솔루션 메인 화면

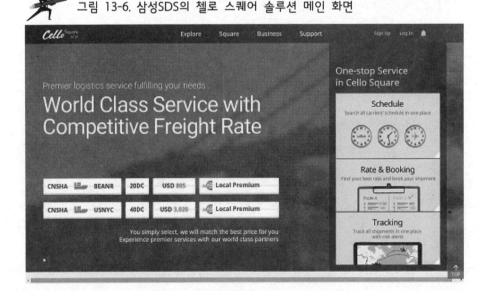

와 물류 실행사가 만나는 시장을 제공하는 개방형 물류 플랫폼인 첼로 스퀘어는 주요 물류 업무를 한 곳에서 실행할 수 있도록 B2B대상으로 먼저 시작됐으나 최근, 전자상거래가 급증하면서 B2C, C2C까지도 사용할 수 있도록 그 활용 영역을 넓혀 가고 있다.

뿐만 아니라 삼성SDS는 최근 가상현실 기술을 기반으로 구현한 창고관리 시스템 첼로 VWS(Virtual Warehouse System)을 발표하였다. 그동안의 물류창고 운영은 물류 운영 전문가가 텍스트로 이루어진 데이터만을 가지고 현장을 파악하거나, 문제 발생 시 직접 현장으로 가야만 하는 한계점이 있었다. 이에 삼성SDS는 컴퓨터를 이용하여 물류창고의 데이터를 3D로 시각화하고 가상현실을 통해 현장에 가지 않더라도 현장에서 직접 보는 것처럼 모니터링할 수 있도록 혁신적인 기능을 추가했다. 이 또한 사물인터넷과 함께 가상현실이라는 신기술을 융합하여 공급망을 혁신해 나가고 있는 일선의 사례라 할 수 있을 것이다.

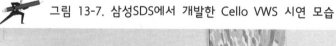 그림 13-7. 삼성SDS에서 개발한 Cello VWS 시연 모습

로봇, 그리고 SCM

과거 공상과학 영화나 소설, 만화에서만 다루어지던 로봇이 이제는 민간 시장에서 적극적으로 활용되며 우리 곁에 바짝 다가오고 있다. 이러한 로봇 기술은 이미 제조업체의 생산라인에서 다양한 형태로 상용화되어 있다. 특히 자동차나 전자기기 등을 생산하는 글로벌 기업들의 경우에는 오래전부터 부분적으로 생산 라인에 로봇을 투입하여 효율성의 향상을 꾀하고 있다. 그러나 최근 들어서는 로봇이 생산 공정뿐만 아니라 창고 관리를 비롯한 물류 전반에까지 활용되며 SCM의 혁신을 선도하고 있다.

불과 몇 년 전만 해도 '물류로봇'이라는 개념은 실현하기까지 오랜 시간이 걸리지 않겠냐는 반응이 일반적이었다. 그러나 이미 아마존은 2012년 키바시스템즈 인수 후 로봇 '키바(KIVA)'를 자사의 공급망 및 물류 시스템에 적극적으로 통합시키며 성공적으로 물류로봇의 가능성을 보여주고 있다. 현재 수천 대

그림 13-8. 아마존의 물류창고 로봇 키바(KIVA)

가 넘는 키바 로봇이 아마존의 초대형 물류센터에서 기존의 방식보다 빠르고 정확하게 효율적인 형태로 업무를 대신하고 있다. 또한 아마존은 현재의 물류 창고픽업용 로봇뿐만 아니라 배송용 드론, 상하차용 로봇, 사물인터넷 기기 등 다양한 신기술과 로봇기술을 융합하며 미래 공급망의 혁신을 선도하고 있는 모습이다.

뿐만 아니라 아마존의 제프 베조스 CEO는 드론을 활용하여 자사 물류센터에서 가까운 거리에는 실시간에 가까운 드론 배송 서비스 '프라임 에어'를 실시하겠다는 계획을 밝힌 바 있다. 그러자 DHL 또한 드론을 이용해 의약품 등 가벼운 소포를 옮기는 배달 테스트를 진행하는 등 해외 물류 및 유통 선도 기업들을 중심으로 드론을 활용한 물류 혁신 플랜 또한 속속 공개되고 있다. 물론 현재의 드론은 운송 무게의 제한, 잠재적인 위험 문제 등으로 인해 장거리 운송에는 적합하지 않으나 소화물 택배나 신선 물류 또는 식품 물류 체인에서의 혁신 가능성은 분명히 존재한다고 말할 수 있다.

그림 13-9. 아마존과 DHL가 개발 중인 운송용 드론 모습

놀랍게도 구글 또한 이러한 로봇 혁명에 앞장서고 있다. 구글은 앤디 루빈 수석 부회장의 지휘 아래 이미 오래전부터 미래를 내다보고 로봇 부문에 상당한 규모의 투자를 해 오고 있다. 재미있는 사실은 구글이 기존에 막대한 투자를 진행해 온 휴머노이드 로봇 분야에 대한 투자는 대폭 축소하고, 대신 아마존와 유사하게 창고 자동화 등 물류부문 로봇으로 투자 방향을 선회하고

있다는 점이다. 실제로 구글은 최근 보스턴 다이나믹스(Boston Dynamics), 샤프트(Schaft) 등 기존에 보유하고 있던 휴먼 로봇 자회사들의 매각을 추진하고 대신 지난 2013년 인수한 로봇 전문 기업 윌로우 가라지(Willow Garage)의 기반 기술을 활용해 창고 자동화 로봇 특허 확보를 추진하는 것으로 알려진 바 있다. 장기적으로는 제품이 공장에서 출하되는 시점부터 구매자에게 최종적으로 배송되는 과정까지의 모든 과정을 무인화할 수 있는 플랫폼을 지원하겠다는 것이 구글의 포부이다.

과연 이러한 로봇들은 공급망에 어떠한 영향을 줄 것인가? 우선 로봇이 물류센터나 창고, 제조라인에 들어오면서 전반적인 작업 프로세스와 관리 시스템이 변화할 것이다. 자연히 인적 자원에 대한 재교육, 공정 및 공간 재설계, 그리고 조직과 자원의 재배치 등이 수반될 것이다. 또 매우 복잡한 환경에서도 로봇은 특유의 높은 기동성과 탐색 능력을 발휘하여 물품을 운반하는 것이 가능하므로, 공급망 전반의 효율성을 극적으로 향상시킬 수 있을 것이다.

뿐만 아니라, 로봇은 알고리즘을 바탕으로 효율적으로 창고를 활용할 수 있으며 인간의 기억력이 아니라 데이터와 코드를 통해 움직이기 때문에 신속하게 입고 및 출고 작업이 가능하다. 구글의 알파고와 같은 인공지능 알고리즘을 바탕으로 로봇들이 스스로 자가 학습하고 발전하면서 기존의 인간 관리자가 파악할 수 없었던 잠재적 문제점들을 개선해 나갈 수도 있을 것이다. 이렇게 로봇을 이용하면 사람이 직접 개입하는 것보다 시간 및 비용을 절감할 수 있고 오류를 최소화할 수 있다는 점에서 혁신의 가능성은 어마어마하다고 말할 수 있다.

이미 해외에서는 물류현장의 업무를 돕는 창고용 로봇시장이 빠르게 확대되고 있다. 미국의 페치 로보틱스(Fetch Robotics)가 개발한 물류 로봇들은 각종 센서 및 카메라 장비를 이용하여 스스로 공간을 인식하고 장애물을 회피하며, 배송 예정 상품의 수납 및 운반을 지원하는 기능을 갖춘 피킹 로봇 '프레이트(freight)'를 개발하여 2015년부터 판매 중이다.

국내 물류기업들도 자체적으로 로봇을 통해 물류현장의 생산성과 효율성을 높이기 위해 고민하고 있다. CJ대한통운은 지난달 17일 경기도 광주에서

그림 13-10. 페치 로보틱스의 물류 자동화 로봇 Fetch와 Freight

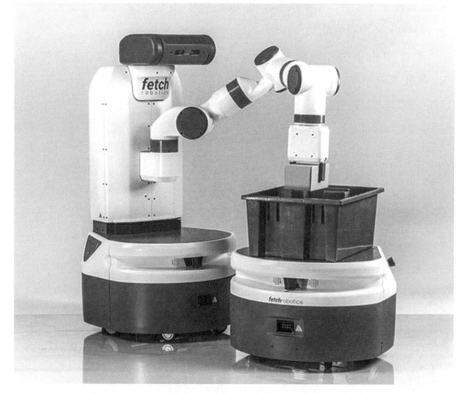

'택배 메가허브터미널' 기공식 행사를 열었다. 이 터미널은 지상 4층, 지하 2층 2개동에 30만㎡(약 9만평) 규모로 축구장 40개 넓이와 맞먹는 아시아 최대 규모로 지어질 뿐만 아니라, 로봇, 사물인터넷(IoT), 빅데이터 등 최신의 융복합기술이 적용된 최첨단 택배 메가허브터미널을 구축할 계획이다. 실제로 CJ대한통운은 현재 산학연 공동으로 아마존의 '키바'를 벤치마킹한 물류로봇을 개발하고 있으며, 2017년부터 시범 운영에 들어갈 계획을 세우고 있다.

CJ대한통운 관계자는 일단 내년부터 기존 물류센터에 운송로봇을 접목해 테스트를 거친 후, 2018년 완공되는 메가허브터미널에 각종 첨단 시스템을 도입할 예정이라고 언급하며, 자율 주행 운송로봇을 통해 작업 시간 단축 및 물건 선별 오류율 및 불량률 감소 등의 효과를 기대할 수 있을 것이라고 밝혔다.

이를 통해 기존 자동화 시설과 함께 증강현실 기술 활용, 피킹 로봇 배치 등을 통해 핵심은 창고 내 업무속도를 높이고 비용 절감과 효율성 확보를 동시에 달성하겠다는 그림이다.

　　한편 일본 정부는 로봇 투자와 함께 인공지능 연구에도 박차를 가하고 있다. 특히 2016년부터 시작하는 제5기 과학기술 기본계획에서 AI 연구를 강화, 로봇 개발과 함께 새로운 제품과 서비스를 만들어내는 기술 기반 구축을 목표로 내걸었다. 이세돌 9단과 구글의 인공지능 알파고와의 세기의 대결을 통해서 이미 인공지능의 가능성과 우수함은 알려져 있다. 로봇 기술이 진정한 혁신을 이루기 위해서는 인공지능 기술의 발전은 필수라는 점에서 두 기술은 함께 개발되어야 한다고 볼 수 있다.

　　또한 인공지능을 통해 로봇들이 스스로 학습을 거듭해 지능을 향상시킬

그림 13-11. 소프트뱅크의 인간형 로봇 페퍼

수 있으므로 제품의 성능뿐만 아니라 전반적인 공급망 효율성이 비약적으로 향상될 전망이다. 이렇게 이미 일본은 로봇과 인공지능(Artificial Intelligence 이하 'AI')으로 눈을 돌리기 시작했다. 일본의 소프트뱅크는 인간형 로봇 페퍼를 기반으로 한 로봇 사업 추진 방향을 최근 공개한 바 있다. 소프트뱅크에서는 페퍼를 통해 로봇과 사물인터넷(IoT)의 결합 또는 로봇과 AI의 결합 형태로 새로운 형태의 산업혁명을 이끌어 갈 것이라고 밝혔다.

일본의 히타치 제작소 또한 인공지능 기술을 기반으로 한 물류창고 관리 시스템을 개발하여 이러한 흐름에 빠르게 대응하고 있다. 사전에 설계된 프로그램에 따라서만 움직이는 기존의 시스템과 달리, 새로운 시스템은 업무시스템에 축적되는 수량, 시간, 상품코드 등 다양한 빅데이터를 분석하여 현장 환경 및 상황 변화에 맞게 운영 전략을 재구성한다는 특징이 있다. 히타치가 개발한 인공지능 솔루션은 사람의 손을 거치지 않고 자동으로 데이터를 저장 및 분석하여, 업무 효율이 높아지는 업무 방법을 도출하고 작업자에게 지시를 내리는 형태이므로 효율성 향상에 크게 기여할 전망이다.

구체적으로는 과거 업무내용이나 실적 데이터와 함께 작업내용, 작업량, 날씨 등 당일 업무상황 데이터를 스스로 선택해 해석함으로써 기상상황이나 돌발적인 수요변동에 적합한 적절한 업무지시를 내릴 수 있다는 것이다. 히타치의 궁극적인 목표는 인공지능을 통해 환경변화에 자동으로 대응하고 나아가 작업자의 노력이나 개선을 인공지능이 이해하고, 업무지시에 반영하는 동작을 매일 반복함으로써 사람과 인공지능이 상호협력하고, 업무효율을 지속적으로 높일 수 있게 하는 것이다.

물론 이러한 기술들이 앞으로 공급망 관리의 트렌드를 어떻게 변화시킬지에 대해서는 그 누구도 정확하게 예상할 수는 없다. 하지만 로봇 기술이 미래 공급망 혁신의 중심에 있을 것이라는 점은 자명한 사실이므로, 다가오는 미래에 대해 철저하게 대비할 필요가 있을 것이다.

5 결론

지금까지 살펴본 기술들은 먼 미래의 이야기가 아니라 현재 진행형이다. 따라서 더 늦기 전에 경각심을 가지고 기술제휴, 개발 등에 힘써야 할 것이다. 특히 향후 3D 프린팅 기술은 국내외 핵심산업 분야로 인지되는 ICT 산업분야와 접목될 전망이다. 이러한 흐름은 사물인터넷(IoT), 스마트센서, 빅데이터, 클라우드 등의 ICT 요소 기술과 융합해 '스마트공장' 개발로 이어지는 추세다. 스마트공장은 기존 제조업에 ICT 기술을 접목해 모든 생산공정, 조달, 물류관리, 서비스까지 통합적으로 관리하는 개념을 지칭한다. 해외에선 독일의 '인더스트리4.0', 미국의 '메이킹 인 아메리카'(Making in America) 등을 통해 다각화된 정책적 노력이 등장했다.

실제로 국내에서도 '제조혁신3.0'이라는 이름으로 한국형 스마트공장 기술 개발과 시범구축 사업이 진행 중이다. 디지털 데이터를 기반으로 제품을 직접 생산하는 3D 프린팅 방식이 더욱 특성화된다면 기존 소재성형 기술과 ICT 기술이 통합된 지능화된 제조기술로 발전될 것이다. 이를 토대로 3D 프린팅은 스마트 제조공장 안에서 다른 생산 기술과 함께 최적화된 생산·운영의 핵심 역할을 할 것으로 기대된다.

공급망 및 기업 내부 운영을 개선하는 것이 항상 중요한 문제였던 것은 아니다. 1990년대를 떠올려 보자. 연료 가격이 낮고 경제적 성장이 높았기 때문에 공급망 최적화로 얻을 수 있는 것이 적었다. 그러나 양상이 바뀌었다. 반테러 조치로 인해 운송 과정에 적색 테이프가 추가되고 지연을 일으키는 절차가 발생했다. 상품 가격이 하락하고 있음에도 불구하고 연료비가 추가됐다. 이런 트렌드로 인해 비용 절감에 대한 긴박감이 생겨났다. 이와 동시에 고객을 유지하고 경쟁하기 위해 기업들은 어느 때보다도 빠른 배송과 광범위한 맞춤형 서비스를 제공해야 한다는 압박감에 시달리고 있다.

시장은 빠르게 변화하고 있다. 새로운 기술과 프로세스 기술 방법론의 조합으로 공급망을 개선하는 툴이 다양하게 등장하고 있다. 새롭게 개발되고 있는 제품 사물인터넷 기술과 빅데이터 분석 소프트웨어는 더 나은 통찰력을 제공한다. 과연 미래의 공급망은 실제로 어떻게 변화할 것일까? 이 변화의 흐름은 이미 우리 곁에 다가와 있다.

Team Up! Supply Chain Integration

CHAPTER

14

뭉치면 살고 흩어지면 죽는다 'S.C. Integration'

오늘날의 사업 환경에서 통합적인 공급사슬 운영은 필수적이다. 나날이 발전하고 있는 글로벌 공급사슬 환경하에서 고객수요 변화와 제품 다양성의 증가 등에 효과적으로 대응하기 위해서는 공급사슬에 참여하는 구성원들 간의 결속력 있는 통합이 요구된다. 공급사의 구성원들 간의 통합적인 의사결정을 통해 공급사슬의 경쟁력을 향상시키고, 구성원들 간의 조정이나 협력을 통해 시간, 장소, 수량, 구색 등의 차원에서 수요와 공급의 균형을 달성함으로써 구매, 생산, 유통 활동의 성과와 고객 만족을 극대화시킬 수 있다.

1 공급사슬 통합의 필요성

공급사슬의 구성원들은 협력을 통해 공급사슬의 총이익을 증대시킬 수 있다. 공급사슬 협력을 위해서는 먼저 공급사슬의 각 단계에서 이루어지는 활동이 다른 단계에 미치는 영향을 고려해야 한다. 그렇지 않고 공급사슬의 구성원들이 자신의 이익만을 극대화하기 위해 노력하게 되면 결과적으로 공급사슬의 총이익을 감소시키는 결과를 불러올 수 있다. 공급사슬 구성원들이 서로 다른 단계에서 서로 상충되는 목표를 가지고 있을 경우나, 다른 단계로의 정보 흐름이 지연되거나 왜곡되는 경우에 충분한 협력을 이끌어내지 못하고 자신들의 이익만 극대화하게 되고, 그 결과로 공급사슬 총이익의 감소와 공급사슬 자체의 가치 또한 떨어뜨리게 된다. 이런 경우들과 더불어 공급사슬의 구성원들 간의 협력을 통한 공급사슬 통합이 꼭 필요한 이유가 있는데, 그것이 바로 채찍효과(Bullwhip effect)이다. 채찍효과는 많은 공급업체들과 소매업체들이 특정 제품에 대한 고객들의 수요 변화는 그리 크지 않은 데 비해 공급 사슬을 거슬러 올라갈수록 주문이나 재고의 변동(variability)이 심화되는 현상을 일컫는 용어로, 공급사슬 통합은 이런 채찍효과로 나타나는 재고의 변동성을 줄이고 안정된 재고 수준을 유지하고 동시에 정보 공유를 통한 비용의 최소화 및 리드타임 단축을 위한 최적의 방식이다. 채찍효과는 앞서 3장에서 이미 다루었지만, 공급사슬 통합과 떼려야 뗄 수 없는 관계이기 때문에 다시 간략하게 설명하고 넘어가겠다. 채찍효과에 대한 보다 자세한 설명은 3장을 참조하면 될 것이다.

채찍효과(Bullwhip effect)는 공급사슬 상류(upstream)로 갈수록 주문량의 변동이 증가하게 되는 것을 말한다. 채찍효과의 발생 원인으로는 전통적인 수요예측(demand forecasting), 가격변동(price fluctuation), 긴 리드타임(lead time), 과잉주문(inflated orders), 일괄/대량주문(batch ordering), 전통적인 기업조직과 행태 등을 꼽을 수 있다.

먼저 전통적인 수요예측(demand forecasting)의 근본적인 문제점은 실제 시장수요가 아니라 주문량에 의존하여 각자 독립적으로 수요예측을 한다는 것이다. 공급사슬 내에 모든 단계에서 독립적으로 수요를 예측하기 때문에 작은 변화에도 모든 단계에서 주문량 및 재고량의 변동 폭이 크게 나타나게 되고, 이는 공급사슬 상류(upstream)로 갈수록 수요 왜곡과 변동이 더 증가하게 된다.

가격변동(price fluctuation)은 소매업체들이 가격이 낮을 때 더 많은 양을 구매하려고 하는 특징에서부터 생겨났다. 가격변동으로 인한 주문량의 변동성을 증가시키는 원인으로는 크리스마스 같은 특정 시기나 소비자들의 소비 트렌드에 따라 변하는 특정 제품에 대한 관심으로 인한 특정 품목 품귀 현상 등을 꼽을 수 있다. 이런 경우들 때문에 많은 소매업체들은 변동성을 피하고 비용을 최소화하기 위해서 주문량을 늘리게 된다. 이 역시 공급사슬의 상류로 갈수록 수요 왜곡과 변동이 더 증가하게 만든다.

긴 리드타임(lead time) 역시 주문량의 변동성을 증가시키게 되는데, 리드타임이 길어질수록 소매업체들은 보다 안전한 재고수준을 위해 재주문시점을 바꾸게 되고 이로 인해 공급사슬 내에서 수요 왜곡이 일어나게 된다.

과잉주문(inflated orders)은 소매업체에서 제품의 품절을 방지하기 위한 행위로, 제조업체의 공급량이 부족하고 공급량이 주문량에 비례해 할당할 것으로 예상하고 주문을 하면서 주문량에 대한 왜곡이 일어나게 된다. 또한, 후에 주문 취소로 인해 제조업체에서는 수요 추정에 대한 왜곡이 발생하게 되어 주문량에 대한 변동성을 증가하게 된다.

일괄/대량주문(batch ordering)은 기업들이 고정비용인 주문비용을 줄이기 위해서, 운송비용이 큰 비중을 차지하는 경우 운송비용을 줄이기 위해서 사용하는 방식이다. 또한 분기별/연도별 목표 판매량의 달성을 통한 인센티브 정책 때문에 비 주기적인 대량주문이 발생하게 되는데, 이러한 불규칙적인 주문은 공급사슬의 상류로 올라갈수록 주문량과 수요량의 변동성을 증가시켜 채찍효과를 불러오게 된다.

전통적인 기업조직과 행태는 기업 내의 여러 구성원들 간의 근본적인 문제점으로 다른 구성원들을 생각하지 않고 오로지 자신만의 이익을 극대화하기 위한 이기적인 행위에서 비롯된다. 먼저 자신의 행동이 다른 구성원에게 어떠한 영향을 미칠지 고려하지 않고, 자신의 입장에서 행동을 취하게 되며, 고려하고자 하더라도 다른 구성원들의 입장을 파악하는 것이 쉽지 않기 때문에 공급사슬의 어떤 단계에서 이루어지는 행동의 가장 중요한 결과가 결국 전혀 다른 단계나 부분에서 나타나는 결과를 가져오게 된다. 또한 공급 사슬을 구성하는 구성원들은 어떤 문제가 발생할 경우 근본적인 원인을 밝히기보다, 당면한 문제만 대응하려는 경향이 있고, 이는 변동이 발생할 경우 공급사슬의 다른 구성원들을 비난하게 되고 서로 적이 되는 결과를 초래하게 된다. 이러한 행태들로 인해 공급사슬 내에 구성원들 간의 신뢰가 결여되고 이는 전체 공급사슬의 성과를 희생하더라도 자신의 이익만 추구하는 기회주의적인 태도를 가져오게 되고, 협력과 대화의 부재로 인한 동일한 문제에 대한 노력이나 투자의 중복문제가 발생하고, 다른 구성원들이 가지고 있는 유용한 정보가 공유되지 않거나 아예 무시되는 결과를 불러온다.

　이처럼 기업 내의 문제점을 비롯하여, 공급사슬 구성원들 간의 협력과 소통의 결여로 채찍효과로 인한 불이익이 증가하게 되는데 이런 문제점들을 해소하려면 근본적으로 불확실성과 변동성을 감소시키고, 리드타임을 단축시키고, 공급사슬 내 구성원들 간의 전략적 파트너십을 맺는 등 표면적인 문제점을 고쳐나가기 보다 공급사슬의 기본적인 문제점들을 없애야 한다.

　불확실성은 수요정보의 공유와 집중화(centralization)를 통해 감소시킬 수 있다. 공급사슬의 모든 단계들이 실제 고객수요에 대한 정보를 공유한다면 보다 확실하게 불확실성을 감소시킬 수 있다. 하지만, 각 단계가 동일한 수요 데이터를 이용하더라도 서로 다른 예측기법을 사용하거나 서로 다른 구매 관행이나 기법을 가지고 있다면 채찍효과가 발생할 수 있기 때문에, 불확실성의 감소를 통해 채찍효과를 줄일 수는 있지만 완전히 제거할 수는 없다.

　변동성은 고객수요 프로세스에 내재하는 변동성을 가격 안정화를 통해 감소시킴으로써 채찍효과를 감소시킬 수 있다. 소매업체는 EDLP(Everyday Low Pricing)와 같은 수요관리 전략을 통해 고객수요의 변동을 감소시킬 수 있다. 가격할인 시 발생하는 고객 수요의 급격한 변화를 효과적으로 제거할 수 있기 때문에 전반적으로 안정된 고객수요 패턴을 달성할 수 있다. 이는 공급사슬의 상류(upstream)에 위치하는 도매업체나 제조업체에 대한 수요의 변동을 감소시키는 데 기여한다.

　리드타임은 제품의 생산과 인도에 소요되는 주문리드타임과 주문 처리에 소요되는 정보리드타임을 포함하고 있는데, 크로스도킹(cross-docking)을 도입하여 주문리드타임을 단축시킬 수 있고, 적절한 정보시스템의 도입을 통해 정보리드타임을 효과적으로 감소시킬 수 있다.

　전략적 파트너십을 통해 정보의 공유와 공급사슬 관점의 재고관리가 이루어질 경우 채찍효과의 영향을 해소할 수 있다. VMI(Vender Managed Inventory)

하에서는 제조업체가 자사 제품에 대한 소매업체의 재고를 관리하며, 재고수준과 매 기간의 공급량을 자체적으로 결정하게 되는데, 이는 제조업체가 소매업체가 발주한 주문에 의존하지 않기 때문에 채찍효과 자체를 피할 수 있게 된다. 또한, 수요정보의 중앙집중화도 공급사슬의 상류(upstream) 단계에서 관찰되는 변동을 획기적으로 감소시킬 수 있다. 소매업체는 고객수요 정보를 공급사슬의 나머지 단계에게 제공하고 상류업체는 소매업체에게 인센티브를 제공하는 전략적 파트너십의 형성을 통해 상호 편익을 얻을 수 있다.

이처럼 채찍효과를 해소할 수 있는 여러 방안들을 살펴보았는데 이를 바탕으로 공급사슬 통합을 구현하기 위한 전략을 세울 수 있다. 공급사슬 통합을 위한 가장 중요한 전략은 coordination으로 공급사슬 구성원 간의 의사결정 권한, 업무, 자원을 최적으로 재배치하는 것이다. 전략적인 재배치를 위해서는 우선 정보의 통합이 우선이 되어야 하기 때문에 먼저 정보 통합의 필요성에 대해서 살펴보도록 하겠다.

2 정보의 통합(Information Integration)

정보의 통합(information integration)은 공급사슬 구성원들 간의 정보와 지식을 공유하는 것이다. 아래의 그림에 나와 있듯이 수요정보, 재고상태, 생산능력계획, 생산일정, 판촉계획, 수요예측, 운송계획 등을 공유하며, 예측과 재고보충 등의 부분에서 조정과 협력을 통해 정보의 통합을 이룬다.

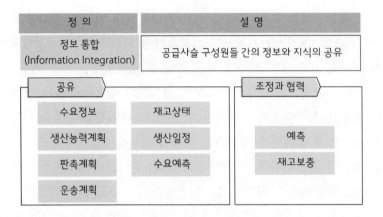

정 의	설 명
정보 통합 (Information Integration)	공급사슬 구성원들 간의 정보와 지식의 공유

공유		조정과 협력
수요정보	재고상태	
생산능력계획	생산일정	예측
판촉계획	수요예측	재고보충
운송계획		

　　정보 공유에서 단일수요시그널(single demand signal)의 형성이 중요한데, 이는 판매원, 지역 마케팅, 본부 마케팅, 소매업체, 물류업체, 제조업체, 공급자 등 공급사슬 내의 모든 구성원들의 수요, 판매, 생산 등의 예측/계획이 하나의 수요 시그널을 통해 이루어져야 한다는 것이다. 만약 정보의 공유가 이루어지지만 단일 시그널이 아닌 다수의 시그널을 통한 정보의 공유라면 정보의 중복과 잘못된 정보 전달로 인해 오히려 악영향을 끼칠 것이다.

　　그렇기 때문에, 정보의 통합과 단일수요시그널을 통해 공급사슬 내의 구성원들 간의 오고가는 정보의 왜곡을 줄이고 보다 빠르고 정확한 정보를 공유하

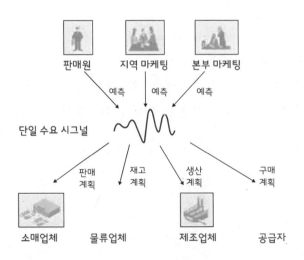

여 기업의 경쟁력을 높일 수 있어야 한다. 다음 섹션에서 설명할 coordination 은 지금까지 설명한 정보의 통합을 포함한 다양한 방법들을 통해 정보의 왜곡 을 줄이고 보다 경쟁력 있고 탄탄한 공급사슬 시스템을 만드는 공급사슬 통합 의 가장 중요한 핵심 전략이다.

3 조정과 협력(Coordination)

Supply chain coordination은 공급사슬 구성원 간의 의사결정 권한, 업무, 자원을 최적으로 재배치하는 것으로, 공급사슬 내의 모든 구성원들의 정보 공 유와 각 구성원들의 활동이 다른 단계에 끼치는 영향을 고려해야 한다는 전제 하에 이루어져야 한다.

(1) Coordination의 필요성

Coordination의 부재는 공급사슬 내의 구성원들의 목적이 다른 단계 (stage)의 구성원들의 목적과 상충되거나 구성원들 사이의 정보의 흐름이 늦어 지거나 왜곡될 경우 나타나게 된다. 먼저 구성원들의 목적이 상충되는 경우는 각 단계의 주인(owner)이 다를 경우 나타나게 되는데, 이는 현재 많은 기업들 의 공급사슬에서 나타나는 공급사슬 구조의 특징이다. 각 단계별 구성원들은 각자의 이익을 극대화시키기 위해 노력하고, 그 결과로는 공급사슬 전체의 이 익이 감소되는 효과를 불러오게 된다. 정보의 흐름이 왜곡되는 경우는 단계 간의 정보를 완전히 공유하지 않기 때문이다. 현재 많은 기업들의 공급사슬에 서는 수많은 제품을 생산하게 되는데 이렇게 제품의 다양성이 증가할수록 정 보의 완전한 공유가 중요한 역할을 하게 된다. 그렇기 때문에 오늘날 기업들 은 공급사슬 내의 여러 단계에 대한 다양한 오너십(ownership)과 증가하는 제품의 다양성을 이겨내고 coordination을 이루어내어 공급사슬 통합 시스템을 발전시키는 것을 목표로 해야 한다.

(2) Coordination의 부재가 기업의 활동에 미치는 영향

먼저 공급사슬에서 coordination의 부재로 인해 퍼포먼스에 끼치는 영향을 살펴보겠다. 앞서 설명했듯이 coordination의 부재는 공급사슬 내의 각 구성원의 개인적인 이익/목표를 극대화하는 행위를 발생시키게 되고, 이는 공급사슬 전체의 퍼포먼스를 깎아내리는 결과를 가져온다. 또한, 정보의 왜곡을 일으켜 채찍효과를 발생시키면서 기업 활동을 저하시키고 생산 활동에도 지장을 주게 된다.

공급사슬에서 coordination의 부재로 인하여 생산비용(Manufacturing Cost)은 증가하게 된다. 채찍효과로 인해 수요량보다 많은 주문량을 처리해야 하고, 공급업체는 늘어난 변동성으로 인해 제품 생산능력을 증가시키기 위해 생산라인 또는 공장의 수를 늘리거나, 높은 재고수준을 유지하기 위해 보다 많은 비용을 쓰게 된다.

생산비용과 함께 재고비용(Inventory Cost) 또한 증가한다. 공급사슬의 구성원들은 수요에 대한 변동성을 처리하기 위해 보다 높은 재고수준을 유지하게 되고 이는 공급사슬 내의 모든 단계의 재고비용을 증가시키게 되고, 보다 많은 재고를 유지하기 위해 창고 공간을 늘리게 되면서 창부료(warehousing cost) 또한 증가하게 되는 결과를 불러온다.

비용과 더불어 리드타임(Replenishment Lead Time)도 증가하게 된다. 채찍효과로 인해 변동성이 증가하게 되고, 이는 공급업체들의 수요에 대한 스케쥴링을 어렵게 만들면서 최적의 재고 수준과 필요 재고 수준의 관계를 복잡하게 만들고 결국 리드타임이 길어지는 결과로 이어진다.

운송비용(Transportation Cost)도 증가하게 되는데, 이 또한 채찍효과의 영향으로 주문이 불규칙하게 바뀌게 되면서 주문량이 넘치는 경우에 초과운송비용을 지불하게 되기 때문이다.

Coordination의 부재는 인건비(Labor Cost for Shipping and Receiving) 역시 증가하는 결과를 가져오는데, 이는 주문에 대한 변동성의 증가로 제품 운송이 불규칙적으로 바뀌면서 보다 많은 인력이 필요하게 되면서 관련 비용이 증가하는 것이다.

제품유효수준(Level of Product Availability)은 지금까지의 여러 결과들과는 반대로 낮아지게 된다. 수요/주문의 변동으로 공급사슬 내에서 제품을 제시간에 보내는 것이 힘들어지면서 잦은 재고부족현상이 발생하게 되고, 결국 제품유효수준을 떨어뜨린다.

공급사슬 구성원들 간의 관계(Relationships Across the Supply Chain)도 부정적인 영향을 받는다. 앞서 설명한 것처럼 공급사슬 내에 여러 문제가 발생하면서 각 구성원들은 자신에게서 문제를 찾거나 협력해서 문제를 해결하려고 하기보다는 다른 구성원들에게 책임을 전가하며 자신을 옹호하기 바쁘고, 이는 공급사슬 내의 신뢰를 깨트리고 잠재적인 협력 가능성마저 상실하게 한다.

아래의 표는 지금까지 설명한 공급사슬에서 coordination의 부재로 인해 퍼포먼스에 끼치는 영향과 연관되어 있는 퍼포먼스 척도를 보기 쉽게 나열한 것이다.

공급사슬에서 coordination의 부재로 인해 퍼포먼스에 끼치는 영향	
Performance Measure	coordination 부재의 영향
생산비용(Manufacturing cost)	증가
재고비용(Inventory cost)	증가
보충 리드타임(Replenishment lead time)	증가
운송비용(Transportation cost)	증가
발송/수신비용(Shipping and receiving cost)	증가
제품이용수준(Level of product availability)	감소
수익성(Profitability)	감소

(3) Coordination을 방해하는 요인들

이제는 공급사슬 내의 coordination을 방해하는 방해요소들이 무엇인지를 살펴보겠다. 앞서 살펴본 각 단계별 개인의 목적을 이루기 위한 행위, 증가하는 정보공유의 지연 및 왜곡, 공급사슬 내의 변동성을 이끄는 모든 요인들이 coordination을 방해하는 요소가 될 수 있다. 이 방해요소들은 5가지의 카테고리로 나뉜다:

① Incentive obstacles

② Information−processing obstacles

③ Operational obstacles

④ Pricing obstacles

⑤ Behavioral obstacles

먼저 Incentive obstacles는 각 단계별/구성원들에게 제안되는 인센티브가 각 단계의 변동성을 증가시키고 공급사슬의 전체이익을 감소시키는 경우를 말한다. 구성원의 단계별 목표에 집중한 인센티브는 공급사슬의 전체이익을 극대화시키지 못한다. 조금 더 자세하게 설명하자면, 공급사슬의 모든 노동자들이 자신의 업무 결과를 향상시키는 데에 대한 인센티브를 받는다면 모두 다른 관련 부서나 업무를 신경 쓰지 않고 어떤 방법을 써서라도 자신의 업무 결과를 향상시키려고 할 것이다. 예를 들어 구매 관리자가 오직 자신의 인센티브를 위해 재고수준과 공급사슬 시스템을 무시하고 무작정 주문을 한다면 오로지 구매 관리에 대한 업무만 향상될 뿐, 공급사슬 전체이익은 감소될 것이다.

잘못 구성되어있는 영업/판매에 대한 인센티브 또한 coordination의 방해요소 중 하나이다. 많은 기업들에서 영업/판매에 대한 인센티브는 특정 기간동안 얼마나 많은 제품을 판매했나를 기준으로 측정하게 된다. 하지만 이를 측정하는 기준은 얼마나 많은 제품을 소비자들에게 판매했나가 아니라 공급업체에서 얼마나 많은 제품을 유통업자나 소매업자에게 전달했나를 기준으로 한다. 많은 영업/판매업체는 인센티브를 받기 위해 이런 시스템을 악용하는데, 평가기간이 끝나기 전에 유통 업자에게 공급업자로부터 많은 제품을 받아놓으라고 하는 경우가 발생한다. 영업/판매업체는 소비자들에게 판매할 경우가 없음에도 불구하고 최대한의 인센티브를 챙기기 위해서 수요량과 관계없이 유통업자의 재고수준을 채우게 되고, 이런 행위는 공급사슬 내의 주문 패턴의 변동성을 증가시키게 된다.

Information – processing obstacles는 수요에 대한 정보가 공급사슬의 여러 단계를 거치면서 왜곡되는 경우 발생하게 된다. 각 단계에서 주문을 받는 것을 토대로 수요 예측을 할 때, 고객 수요에 따른 변동성은 공급사슬 상류(upstream)로 갈수록 증가하게 되고 이는 과도한 주문량으로 변하여 과잉 생산의 주요 원인이 된다. 이런 현상은 과잉 생산뿐만 아니라 반대의 경우에도 해당된다. 소매업자가 제품의 하락추세를 고려하여 주문량을 적게 하여 주문한다면 이는 공급사슬 상류로 갈수록 보다 크게 감소하여 제품 부족 현상을 초래하게 된다.

잘못된 수요예측뿐만 아니라 잘못된 정보 공유도 공급사슬 내의 정보 왜곡을 확대시킨다. 예를 들어 소매업자가 특정 제품에 대한 프로모션을 진행하기 위해 주문량을 늘리는 경우, 공급업자가 이 정보를 알고 있지 못한다면 그저 프로모션을 위한 한 번의 주문량 증가가 아닌 해당 제품의 영구적 주문 증가로 인식하여 재고 유지 수준이나 생산량을 영구적으로 늘리게 될 것이다. 이렇게 되면 소매업자는 프로모션 이후 다시 예전 재고수준으로 돌아갈 수 있지만 공급업자의 경우 넘치는 재고수준과 생산량을 가지게 되고 보다 많은 비용을 지불하게 될 것이다.

Operational obstacles는 주문을 하는 과정에서 행해지는 활동들이 변동성을 증가시키는 것을 뜻한다. 기업에서 로트 사이즈로 주문을 넣을 때 수요량을 채워야 하기 때문에 필요량보다 많은 양을 주문하게 되고 이 과정에서 주문의 변동성(variability of order)이 발생하고 이는 앞서 설명한 것처럼 공급사슬의 상류로 갈수록 증가하게 된다. 로트 사이징 주문(lot sizing order)은 주문 횟수를 줄여 주문에 들어가는 고정비용(주문비용, 운송비용 등)을 줄이거나 수량할인(quantity discount)를 받아 비용을 절감하기 위한 방법으로 꼭 안 좋은 방법이라고 할 수는 없다. 하지만 큰 로트 사이징 주문은 오히려 너무 적은 주문 횟수로 고객의 수요에 적절하게 대응하지 못 할 수도 있고 수량할인으로 줄인비용보다 많은 재고유지비용을 지불해야 하는 아이러니한 상황을 발생시킬 수도 있다.

또한 제품효용수준(product availability level)을 주문량과 동일하게 맞추는 rationing scheme도 coordination을 방해하는 operational obstacle 중 하나이다. 예를 들어 소매업자가 현재의 여러 상황을 고려하여 75개의 주문량을 맞추기 위해 100개의 제품을 공급사슬 상류에 주문한다면 공급업자는 100개의 주문을 수요량이라고 예측하고 앞으로의 주문량에 맞추기 위해 재고유지수준을 100 이상으로 끌어올리게 된다는 것이다. 이런 현상은 주로 전자산업에서 흔하게 나타난다.

Pricing obstacles는 제품에 대한 가격정책이 주문의 변동성을 증가시킬 때 나타난다. 로트 사이즈에 따른 수량할인은 보다 큰 로트 사이징 주문을 통해서 보다 싼 가격으로 제품을 구입할 수 있기 때문에 공급사슬 내에서 로트 사이징 주문량과 크기를 증가시키게 되는데 이는 앞서 설명한 것처럼 채찍효과를 야기하고 변동성을 증가시키게 된다.

트레이드 프로모션(trade promotion)이나 공급업자에 의한 단기할인(short-term discounts)은 전방구매(forward buying)를 하게 만드는데, 이는 할인기간 동안 소매업자나 유통업자들이 현재의 수요량을 넘어 미래의 수요까지 보다 적은 비용으로 다루려는 목적으로 큰 로트 사이즈로 주문을 넣게 된다는 것이다. 이런 급격한 가격변동(price fluctuation) 때문에 주문량과 회수가 불규칙하게 되고 변동성 역시 증가한다.

Behavioral obstacles는 공급사슬 내의 각 단계별 구성원들의 소통(communication)과 공급사슬의 구조에서 비롯되는 문제점들이다. 여러 방해요소들 중 대표적인 5가지를 꼽자면,

① 공급사슬의 각 단계는 각자의 활동을 자신들 위주로 하게 되고 그 활

동이 다른 단계에 끼치는 영향에 대해서 예측하지 못한다.

② 공급사슬 내의 여러 단계들은 사슬 내에서 발생하는 여러 문제점들에 대해서 근본적인 원인을 찾으려고 하기보다는 현재 자신들이 처해 있는 상황과 접점이 있는 문제들만 해결하려고만 하는 경향이 있다.

③ 공급사슬의 각 단계별 구성원들은 변동(fluctuation)에 따른 책임을 다른 구성원들에게 미루려고 하고, 성공적인 구성원은 나머지 구성원들의 적이 되는 경향이 있다.

④ 공급사슬 내의 그 어떤 단계별 구성원도 지난 활동으로부터 배우지 않는다. 그 이유는 어떤 활동의 결과는 다른 단계에서 발생하는데 이를 알지 못하기 때문이고, 그래서 서로 다른 구성원을 탓하기만 할 뿐이다.

⑤ 공급사슬 내의 신뢰부족문제는 공급사슬의 전체적인 퍼포먼스에 대해 기회주의적인 성격을 띠게 만들고, 다른 단계에서 얻을 수 있는 정보를 서로 공유하지 않거나 무시하게 된다.

(4) Coordination을 이루기 위한 방법들

Coordination을 방해하는 요인들을 알아보았으니 이제는 어떻게 해야 방해요소들을 극복하고 공급사슬 내의 coordination을 이룰 수 있는지 알아보겠다. 공급사슬 전체의 이익을 극대화시키고 정보의 왜곡을 완화하기 위한 경영방식으로는 총 5가지가 있다:

- 목표와 인센티브 조정하기
- 정보 가시성(visibility)과 정확성(accuracy) 향상시키기
- 경영성과 향상시키기
- 안정적인 주문을 위한 가격전략 구상하기
- 전략적 파트너십과 신뢰 쌓기

먼저 목표와 인센티브 조정을 통해 공급사슬 내의 모든 구성원들의 활동

이 개인의 목표 및 이익 극대화를 위한 것이 아닌 공급사슬 전체의 목표와 이익을 위한 활동을 하도록 유도할 수 있고, 이를 통해 coordination을 향상시킬 수 있다. 예를 들어 모든 구성원들에게 공급사슬흑자(supply chain surplus)를 이룰 수 있는 win-win scenario를 제시하고 이를 이루기 위해 노력한다면 보다 나은 coordination을 이룰 수 있을 것이다.

인센티브도 각 구성원들의 비용적인 측면을 평가하여 주기보다는 공급사슬 전체의 수익성에 끼치는 영향을 평가한다면 모든 구성원들이 자연스럽게 각자의 이익보다 전체의 이익과 수익성을 먼저 고려할 것이다. 또한, 앞서 언급한 영업/판매업자에 대한 인센티브 정책도 기존의 특정 기간 동안 얼마나 많은 제품을 공급업체에서 유통업자나 소매업자에게 전달했나의 기준을 얼마나 많은 제품을 소비자들에게 판매했나의 기준으로 바꾼다면 전방구매(forward buying)를 없애고 공급사슬 내의 변동성을 줄일 수 있을 것이다.

공급사슬 내의 여러 단계에서 얻을 수 있는 정보에 대한 가시성(visibility)과 정확성(accuracy)을 향상시키는 것도 coordination을 이루기 위한 좋은 방법이다. Point-of-Sale(POS) 데이터를 공유하게 되면 채찍효과를 감소시킬 수 있다. 정보의 왜곡의 가장 큰 요인은 각 단계에서 주문량을 통해 미래의 수요를 예측한다는 것이다. 각 단계마다 받는 주문량이 다르기 때문에 각 단계마다 예측하는 수요량도 당연히 다르게 된다. 하지만 모든 단계에서 신경 써야할 주문량은 오직 소비자를 만족시킬 양이다. 그렇기 때문에 소매업자가 POS 데이터를 공급사슬의 구성원들과 공유한다면 모두가 소비자의 수요에 따라 미래의 수요예측을 할 수 있게 되고, 이는 정보의 왜곡을 감소시킴과 동시에 보다 정확한 수요예측을 통한 비용절감과 리드타임의 단축으로 이어지게 된다.

POS 데이터를 공유하게 되었다면 공급사슬 내의 모든 단계별 구성원들이 함께 수요예측을 하고 플랜을 짜면서 coordination을 이룰 수 있게 될 것이다. 하지만 협력계획(collaborative planning) 없이 POS 데이터 공유만을 통한 완벽한 coordination은 보장할 수 없다. 예를 들어 소매업자는 작년 1월 프로모션을 통해 제품에 대한 수요가 증가했던 데이터를 가지고 있고 이에 대한 POS 데이터를 공급업자와 공유했었다. 하지만 이번 1월 달은 프로모션이 없을 예정으로 소매업자는 이번 수요량이 작년의 데이터와 다를 것이라는 사실을 인지하고 있지만 공급업자는 작년의 데이터에 의존하기 때문에 결국 같은 POS 데이터를 가지고 있다고 해도 서로 다른 수요 예측이 발생할 것이다. 이럴 경우 Collaborative Planning, Forecasting, and Replenishment (CPFR)을 통해 모두에게 최선의 방법을 제시하고 협력계획과 예측을 위한 새로운 가이드라인을 세우도록 한다.

이 외에도 하나의 단계 (stage)에서 공급사슬 전체의 보충 결정 (replenishment decision)을 내리게 하도록 공급사슬을 디자인함으로써 정보의 왜곡을 줄일 수 있다. 앞서 언급했듯이 정보의 왜곡에 있어서 가장 큰 요인은 각 단계에서 전 단계에서의 주문량으로 수요 예측을 한다는 점이다. 그 결과로 모든 단계들은 다음 단계로부터의 보충 주문 (replenishment order)의 역할을 하게 되지만 실제 보충의 역할은 소비자가 제품을 구입하는 소매업자에게 있다. 이런 점들을 보완하기 위해 하나의 단계에 전체의 보충 결정을 내리도록 하면 공급사슬 내의 여러 수요 예측으로 인한 문제점을 없앨 수 있고 coordination을 향상시킬 수 있다. 많은 산업 분야에서는 continuous replenishment programs (CRP)와 vendor-managed inventories (VMI)를 사용하여 이를 실천하고 있는데 CRP와 VMI에 대한 자세한 내용은 뒤에 가서 다루도록 하겠다.

경영성과를 향상시키는 방법을 통해 정보의 왜곡을 줄이고 재고 부족이 발생했을 때 필요한 적합한 product rationing schemes를 디자인할 수 있다. 먼저 보충 리드타임 (replenishment lead time)을 줄이게 되면 리드타임 동안 발생하는 수요에 대한 불확실성을 줄일 수 있고 이는 경영성과의 향상으로 이어진다. 리드타임의 감소는 특히 계절성 품목 (seasonal item)에서 강한 이점을 발휘하는데 그 이유는 예측의 정확도를 높이면서 다수의 주문을 가능하게 하기 때문이다. 리드타임을 줄여 경영성과를 향상시키기 위해서는 Electronic Data Interchange (EDI)나 온라인 주문을 통해 주문서 제출과 정보의 이동에 대한 시간을 단축시키거나 셀룰러 제조 (cellular manufacturing)을 통해 생산의 유연성 (flexibility)을 증가시키거나 크로스 도킹 (cross-docking)을 이용하는 방법 등이 있다.

로트 사이즈를 줄이는 것도 또 하나의 방법이다. 로트 사이즈를 줄이게 되면 변동성도 줄어들게 되고, 이는 경영성과를 향상시켜 정보의 왜곡을 감소시키게 된다. 우선, 로트 사이즈를 줄이기 위해서는 주문비용, 운송비용 등의 고정비용을 줄여야 한다. 미국의 Wal—Mart와 일본의 Seven—Eleven이 많은 제품과 공급업자들을 아우르는 통합 물류 시스템으로 로트 사이즈를 성공적으로 줄인 경우이다. 로트 사이즈를 줄일 경우 보다 잦은 주문을 해야 하기 때문에 재고 수준에 민감할 수밖에 없다. RFID(radio frequency identification) 같은 기술을 사용해서 재고를 컴퓨터 시스템으로 관리할 수 있게 하여 시간을 절약하고 빠른 대응을 통해 작은 로트 사이즈의 단점을 보완할 수 있다.

이 외에도 rationing scheme을 통해 소매업자들이 인위적으로 주문량을 늘리는 일을 방지하도록 하여 정보의 왜곡을 최소화시킬 수 있다. 그 중 "turn—and—earn" approach는 현재 소매업자의 주문량보다 과거 소매업자의 판매량을 바탕으로 소매업자에게 적당한 제품의 양을 할당하는 것이다. 판매량을 바탕으로 하게 되면 전방구매 같이 인센티브를 늘리기 위한 소매업자의 속임수를 피해갈 수 있다. 또한 이 approach는 제품에 대한 수요가 저조한 기간에 소매업자에게 보다 많은 제품을 판매하라고 밀어붙이는 효과도 얻을 수 있다. GM이나 HP 등이 turn—and—earn approach를 사용하여 주문량이 아닌 판매량을 바탕으로 재고수준을 측정하는 방식을 적용 중이다.

작은 로트 사이징 주문을 권장하고 전방구매를 감소시키는 가격전략을 구상하여 안정적인 주문을 이루는 방법 역시 정보의 왜곡을 줄이는 방법이다. 로트 사이즈를 기반으로 하는 수량할인(lot size-based quantity discounts)은 소매업자들이 비용적인 측면에서 보다 큰 이익을 얻기 위해 필요 이상의 양을 주문하는 경우가 발생할 수 있기 때문에 용량을 기반으로 하는 수량할인(volume-based quantity discounts)을 통해 로트 사이징 주문으로 취할 수 있는 인센티브를 없앨 수 있다. 이 경우 특정 기간 동안 구매한 총 양을 기반으로 할인을 적용하기 때문에 자연스럽게 로트 사이즈의 크기를 줄일 수 있고, 공급사슬 내의 주문 변동성 또한 감소시킬 수 있다.

또한 프로모션을 없애고 EDLP(everyday low pricing)를 적용하는 안정적인 가격 책정 방식으로도 채찍효과를 줄일 수 있다. 프로모션을 없애게 되면 소매업자들의 전방구매를 없앨 수 있고 자연스럽게 소비자의 수요에 맞는 주문을 하게 만들 수 있다. P&G나 Campbell Soup의 경우 EDLP를 적용하여 공급사슬 내의 채찍효과를 줄이고 보다 안정적이고 경쟁력있는 시스템을 구축하고 있다.

마지막으로 전략적 파트너십을 맺고 신뢰를 쌓는 방법이 있다. 앞서 설명했던 여러 방법들이 공급사슬 내의 구성원들의 탄탄하고 전략적인 파트너십과 신뢰를 바탕으로 했다면 보다 수월하게 coordination을 이루고 정보의 왜곡을 보다 간단하게 해결할 수 있었을 것이다. 신뢰를 바탕으로 하는 파트너십은 여러 단계 간의 거래비용(transaction cost)을 낮출 뿐 아니라 보다 전체적으로 낮은 비용으로 공급량과 수요량에 대한 정보를 공유할 수 있는 환경을 형성하게 한다. Kumar(1996)의 연구에 의하면, 많은 소매업자들이 공급업자들과 신뢰를 쌓은 파트너십을 맺고 있을수록 급격한 수요 변화에 따른 2차 공급자를 찾고 2차 공급라인을 구축해야 하는 일이 적어진다고 설명하고 있다. 이처럼 탄탄하고 전략적인 공급사슬 시스템을 구축하려면 신뢰와 coordination을 키우고 발전시켜야 하고, 그러기 위해서는 공급사슬 내의 모든 구성원들이 각자의 위치, 역할, 목적을 명확하게 인식하고 있어야 하며 문제가 발생했을 때 다른 구성원을 탓하지 않고 모두 같이 근본적인 문제의 발생원인을 찾아 해결하도록 하는 문제 해결 메커니즘이 필요하다.

(5) Continuous Replenishment & Vendor-Managed Inventories

정보의 왜곡은 공급사슬 내의 replenishment responsibility를 하나의 개체(single entity)에 맡기는 활동들에 의해 약화될 수 있다. 공급사슬 전체를 위한 하나의 보충 결정(a single point of replenishment decisions), 또는 의사결정 권한의 위임은 공급사슬의 가시성(visibility)과 주문을 끌어내는 일반적인 예측(common forecast)을 보장한다. Single point of responsibility를 부여하는 대표적인 두 가지 방법으로는 연속적 재고보충 프로그램(continuous replenishment programs; CRP)과 VMI프로그램(vendor-managed inventories; VMI)이 있다.

연속적 재고보충 프로그램(CRP)는 도매업자(wholesaler)나 생산업자(manufacturer)

가 POS 데이터를 바탕으로 하여 규칙적으로 소매업자(retailer)에게 제품을 보충해주는 방식이다. 여기서 CRP는 공급업자(supplier), 배급업자(distributor), 또는 제3자(third-party)가 관리하게 된다. 하지만 대게의 경우, CRP 시스템은 소매업자의 POS 데이터를 가지고 운영되기보다는 실제 소매업자의 창고에서 회수되는 재고를 바탕으로 운영되는데, 이 방식이 CRP를 시행하기 더 쉽고 소매업자도 데이터를 공유하기에 더 편하다. 공급사슬 내에 여러 단계들을 연결하는 IT시스템이 CRP시스템의 기반이 되는 정보와 인프라를 제공 및 구축하고 CRP에서 소매업자의 재고(inventory)는 소매업자가 소유 및 관리한다.

VMI(Vendor-managed inventories)프로그램은 생산업자와 공급업자가 소매업자의 모든 제품과 재고에 대해서 관리 및 책임을 지는 방식이다. 그 결과로 보충 책임에 대한 컨트롤은 소매업자에서 제조업자에게로 옮겨가고, 대부분의 경우 재고는 소매업자에게 팔리기 전까지 공급업자가 소유하게 된다. VMI는 생산업자가 재고 보충 결정을 내리기 위해 소매업자의 수요에 대한 정보를 생산업자와 공유해야 한다고 보고 있다. VMI는 소비자의 수요 데이터를 제조업자에게 전달함으로써 생산계획을 세우는 데 도움을 주고, 이는 생산업자의 수요 예측을 향상시키고 생산량과 소비자의 수요량을 보다 정확하게 맞추어 비용을 절감하는 데에 큰 기여를 한다.

의사결정 권한의 위임의 한 방법인 VMI프로그램은 여러 기업에 의해 성공적으로 도입되고 있는데 대표적으로 미국의 Kmart와 Fred Meyer가 있다. Kmart는 약 50개의 공급업체와 거래를 하고 있는 슈퍼마켓 업체로, VMI를 통해 계절성 품목(seasonal item)에 대한 재고 회전율(inventory turns)을 3에서 약 10까지 끌어올렸고, 일반 품목들의 재고 회전률을 12에서 20까지 끌어올리는 성과를 거두었다. 또 다른 슈퍼마켓 체인업체인 Fred Meyer는 VMI를 통해 재고를 30~40% 가량 줄일 수 있었고, 동시에 충당률(fill rate)을 98%까지 끌어올릴 수 있었다. 두 기업 이외에도 Campbell Soup, Frito-Lay 등 많은 미국 기업들이 VMI 프로그램을 통해 경쟁력을 높이고 있다.

유럽 기업들의 성공 사례로는 Barilla Spa와 Cortese가 있다. 이탈리아 대형 파스타 제조업체인 Barilla Spa와 대형유통업체인 Cortese가 이 프로그램을 도입하여 커다란 성공을 거둔 바 있다. Cortese의 재고수준은 VMI프로그램 도입 전에 비해 46%나 절감되었고 결품률(stockout rate)이 6~7%에서 거의 0%대로 떨어지는 이상적인 결과를 가져왔다. 아래의 그래프는 VMI로 인한 재고수준의 절감과 결품률의 감소를 보기 쉽게 나타내고 있다.

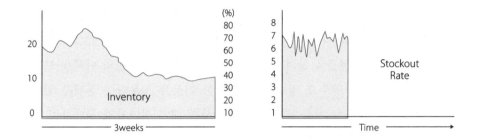

또 다른 사례로는 다국적기업인 3M, P&G, Wal–Mart가 있다. 3M은 P&G의 Pampers 생산라인에 대한 자재(테이프)의 재고보충을 위한 VMI 프로그램에 참여하고 있으며, 재고보충은 P&G의 생산계획 및 재고수준을 고려하여 이루어지고 있다. P&G는 이미 Wal–Mart와 VMI프로그램을 실시하고 있기 때문에, 현재는 공급사슬 내 3주체(3M, P&G, Wal-Mart)가 VMI프로그램에 함께 참여하고 있는 형태이다. 이러한 형태를 연속적 재고 보충 프로그램(CRP)이라고 한다.

이렇듯 많은 기업들이 활용하고 있는 VMI프로그램이 장점만 있는 것은 아니다. 단점을 꼽자면, 소매업자들이 여러 경쟁 제조업자들로부터 받는 제품을 동시에 판매하게 되는데, 제조업자들이 재고 결정을 할 때 같은 VMI agreement에 속해 있는 경쟁업체가 끼치는 영향을 고려하지 않는다는 것이다. 그 결과로 소매업자의 재고는 최적의 수준보다 높게 유지된다. 이렇게 VMI프로그램 내에서 같은 카테고리에 속해있는 비슷한 제품을 여러 제조업자들로부터 받는 경우, 카테고리 리더(category leader)를 정하여 카테고리에 속한 모든 제조업자들의 보충 결정을 관리할 수 있도록 하여 모든 제조업자들의 제품 판매량을 고려하여 과잉 생산을 하지 않도록 하고 소매업자의 재고를 최적의 수준에서 유지할 수 있도록 하는 것이 현명한 방법이다.

(6) Collaborative Planning, Forecasting, and Replenishment(CPFR)

Collaborative Planning, Forecasting, and Replenishment(CPFR)은 다수의 파트너들의 지능을 합하여 계획(planning)을 짜고 고객의 수요를 만족시키는 비즈니스 활동을 일컫는 용어이다. Voluntary Interindustry Commerce Standards (VICS) Association에 따르면 1998년부터 300개가 넘는 기업이 CPFR을 도입하여 시행하고 있다고 한다. 이번 섹션에서는 CPFR에 대한 기본적인 정보와 CPFR을 도입하여 성공한 사례들을 살펴보겠다. 먼저 CPFR은 2개 이상의 단체/파트너들이 그들의 데이터를 맞추고 정보 교환에 대한 기분을 세운다는 전제가 있어야만 만들어질 수 있다는 것을 명심하자. 공급사슬 내의 판매자와 구매자는 아래의 네 가지 공급 사슬 활동(supply chain activity)을 따라 협력(collaboration)할 수 있다.

① Strategy and planning: 파트너들은 공동 작업/협력의 범위를 결정하고, 역할(roles)과 책임(responsibility)을 분담하고, 체크포인트를 분명히 인식한다. 협력과 같은 합작 사업 계획(joint business plan)에서는 프로모션, 신제품 소개, 지점의 개점 및 폐점, 수요와 공급에 영향을 끼치는 재고 정책의 변화 같은 중요한 문제들을 서로가 확인해야 한다.

② Demand and supply management: 협력적인 판매 예측(collaborative sales forecast)은 매장에서의 소비자 수요에 대한 파트너들의 최적 예측 값을 기획한다. 이는 후에 판매 예측(sales forecasts), 재고 위치(inventory positions), 그리고 보충 리드타임(replenishment lead time)을 기반으로 하는 미래 주문(future orders)과 배송 요구조건(delivery requirements)을 결정하는 협력적인 주문 계획(collaborative order plan)으로 바뀌게 된다.

③ Execution: 예측이 정확해질수록 예측은 실제 주문으로 바뀌게 된다. 주문을 완수하면 생산, 운송, 수신, 제품 비축의 순서로 진행된다.

④ Analysis: 주요 분석 작업은 예외적인 상황(exceptions)을 알아보고, 트렌드를 찾거나 퍼포먼스를 평가하는 데 사용되는 기준을 평가하는 데

에 집중한다. 성공적인 협력(successful collaboration)의 기본은 예외에 대한 식별(identification)과 해결방안(resolution)에 있다. 예외란 두 개의 파트너들의 예측 사이의 갭(gap), 또는 문제가 있는 다른 퍼포먼스의 기준, 또는 허용 가능한 범위를 벗어난 것을 의미한다. 그렇기 때문에 성공적인 CPFR을 이루기 위해서는 두 단체/파티(party)가 예외를 해결할 수 있도록 하는 프로세스를 가지고 있어야 한다.

성공적인 CPFR 도입 사례로는 독일의 세제 제조업체 Henkel과 스페인의 식품 유통업체 Eroski를 꼽을 수 있다. CPFR을 도입하기 전, Eroski는 프로모션 기간 동안 Henkel의 제품의 재고가 떨어지는 일이 자주 발생하곤 했다. Eroski의 판매 예측의 70%에서 평균 50%의 에러가 나타났고, 판매 예측의 5%는 50%가 넘는 에러를 가지고 있었다. 하지만 CPFR 도입 후, 98%의 고객 서비스 레벨(customer service level)을 달성하며 경쟁력을 크게 향상시킬 수 있었다.

또 다른 사례로는 다국적 기업 Johnson & Johnson과 영국의 유통업체 Superdrug가 있다. Superdrug는 CPFR을 통해 제품효용수준(product availability)을 1.6% 증가시킴과 동시에 물류센터의 재고수준을 13%가량 줄일 수 있었다. 이 외에도 여러 기업들에서 CPFR을 활용하는 사례들이 늘어나고 있기에, 지금부터는 CPFR이 활용되는 4가지의 대표적인 시나리오를 살펴보겠다.

첫 번째 시나리오는 소매행사 협력(retail event collaboration)이다. 슈퍼마켓 등의 소매환경에서는 프로모션이나 다른 소매행사(retail event)는 소비자의 수요에 큰 영향을 끼친다. 더불어, 소매행사 중의 품절상태, 초과 재고, 예기치 않은 물류비용 등은 소매업자와 생산업자 모두의 재무성과에 큰 영향을 미친다. 이런 상황들을 방지하기 위해서는 소매업자와 공급업자의 공동 계획, 예측, 보충 프로모션 등의 협력이 효과적이다.

소매행사 협력은 두 개의 단체(party)가 협력에 포함될 브랜드들과 구체적인 재고관리코드들(SKU)을 확인시켜줘야 한다. 타이밍, 기간, 기준 가격, 광고, 진열 전략 등의 자세한 사항들은 당연히 공유되어야 한다. 여러 사항들의 변화가 있을 때마다 바로 소매업자들에게 알려주는 것 또한 중요하다. 단체 간의 사항에 대한 모든 정보 공유가 끝나고 계획이 세워지면 행사를 위한 예측(event-specific forecasts)이 세워지고 이 역시 공유된다. 예측들은 후에 계획 주문(planned orders)과 배송(deliveries)으로 바뀌게 된다. 행사가 시작되게 되면 예측하지 못했던 변화나 예외가 발생할 수도 있기 때문에 판매를 모니터하게 되고, 이 과정은 두 단체가 행사기간동안 반복적으로 수행하여 문제를 해결한다.

두 번째는 물류센터의 보충 협력(distribution center replenishment collaboration)이다. 이 방법은 시행하기 가장 간단하면서도 가장 많이 쓰이는 협력의 방법이다. 두 거래 파트너(trading partner)가 물류센터 철수에 대한 예측이나 물류센터에서부터 공급업자까지 기대했던 수요에 대한 예측에 대해서 협력하여 시행한다. 이 예측들은 물류센터에서 공급업자까지의 주문의 흐름으로 바뀐다. 생산업자는 이런 정보들을 통해 수요를 예측하고 앞으로의 생산 계획에 포함시킨다. 이런 협력을 통해 공급업자는 생산비용을 줄일 수 있고, 소매업자는 재고와 재고부족을 줄일 수 있게 된다. 물류센터의 보충 협력은 두 단체들의 자세한 POS 데이터의 공유는 필요하지 않고 종합 예측(aggregate forecast)만을 필요로 하기 때문에 다른 협력전략보다 쉽게 시행에 옮길 수 있는 것이다. 그렇기 때문에 처음 협력을 진행한다면 이 방법이 가장 좋은 방법이 될 수 있다.

세 번째는 매장의 보충 협력(store replenishment collaboration)이다. 거래 파트너들이 매장 수준에서의 예측(store-level point-of-sale forecasts)을 하는 방법으로, 특정 기간 동안 매장 수준에서 발생한 주문들에 대한 예측으로 발전할 수 있다. 이 방법은 방금 설명했던 물류센터의 협력보다 훨씬 어려운 방법으로, 특히 작은 매장을 가지고 있는 기업들에게는 더 어려운 방법이다. Costco같이 큰 매장을 가지고 있다면 보다 쉽게 이 전략을 사용할 수 있고 장점으로는 생산업자가 제품의 판매 현황을 보다 확실하게 볼 수 있고, 이로 인해 보다 정확한 보충기간을 정할 수 있고, 재고 효용수준이 향상되고, 재고수준이 감소한다는 것이다. 이 전략은 특히 새로 출시되는 제품과 프로모션에 적합하다.

마지막 네 번째는 모두가 협력하여 계획을 짜는 방법(collaborative assortment planning)이다. 패션업계처럼 시즌에 따른 제품 변화가 빠른 산업에서 주로 사용되는 전략이다. 이런 산업의 특징은 이 전의 자료에 대한 분석 의존도가 다

른 산업에 비해 현저히 낮고 산업 내 기업들 간의 트렌드 분석과 급변하는 소
비자들의 취향에 대한 협력에 훨씬 더 많이 의존한다는 것이다. 패션업계를
예로 들자면, 많은 패션업체들이 협력하여 새로운 시즌에 대한 종합적인 계획
을 세우고, 세워진 계획으로 견본제품을 만들어 패션쇼를 통해 소비자들에게
보여주고 이를 최종 상품화할 것인지를 결정하게 된다. 이렇게 제품에 대한
모든 것들이 미리 계획되면 생산업자의 입장에서는 원자재를 구하고 충분한
분량을 확보하는 데 충분한 시간이 주어지게 된다. 이 협력전략은 다양한 제
품 믹스(product mix)를 수용하기 충분하거나 최종 제품에 대한 원자재들이 공
통성(commonality)을 가지고 있을 때 가장 유용한 전략이다.

아래의 표는 지금까지 설명한 네 가지의 협력전략을 보기 쉽게 표로 나타
낸 것이다.

표 14-1. 대표적인 CPFR 시나리오 4가지

CPFR 시나리오	공급사슬 내의 적용 위치	적용되는 산업 분야
소매행사 협력 (retail event collaboration)	많이 알려진 유통 체계나 카테고리 (highly promoted channels or categories)	EDLP를 실시하는 산업 외에 모든 산업 분야
물류센터의 보충 협력 (distribution center replenishment collaboration)	소매 물류센터(retail DC) / 유통 물류센터(distributor DC)	약국, 철물, 식료품점
매장의 보충 협력 (store replenishment collaboration)	매장 배송(direct store delivery) / 물류센터에서 매장으로의 배송 (retail DC-to-store delivery)	대량판매상, 창고형 매장
모두가 협력하여 계획을 짜는 방법 (collaborative assortment planning)	패션(apparel) / 시즌에 따른 품목들 (seasonal goods)	백화점, 전문소매상

성공적인 CPFR을 시행하려면 조직 구조에 변화와 적절한 기술의 활용이
요구된다. 효과적인 협력을 이루려고 한다면, 생산업자가 판매, 수요예측, 물
류가 포함된 다기능적이고 고객별 대응이 가능한 팀을 만들어 대형 고객들
(large customers)을 상대해야 한다. 소매업자도 상품 계획, 구매, 보충을 포함한

팀을 준비하여 공급업자 옆에 두려는 노력이 필요하다. 수십 개가 넘는 공급업자와 파트너십을 맺고 있다면 이런 노력이 불가능할 수도 있기 때문에, 각 공급자에게 팀을 보내기 보다는 비슷한 카테고리로 공급자들을 묶어서 카테고리별로 팀을 배치하는 것이 현명하다. 또한, 소매업자에게 여러 물류센터와 여러 매장이 존재하여 공급사슬 내에 여러 레벨의 인벤토리가 존재한다면 하나의 물류센터 인벤토리, 하나의 매장 인벤토리로 통합하여 운영하여야 재고의 중복이 일어나지 않고 효과적으로 재고관리를 할 수 있다.

아래의 그림은 방금 제안한 새로운 조직 구조를 간단하게 표현한 것이다.

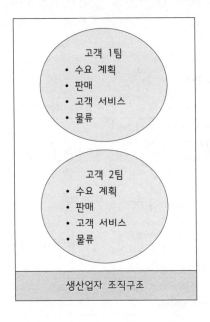

CPFR에 쓰이는 테크놀로지는 특별하거나 특정한 기술을 요구하는 것은 아니지만 예측과 정보를 공유하고, 예외상황을 평가하고, 수정이 가능하도록 해야 한다. 기술의 발전으로 지금은 이러한 것들이 모두 가능하고, 더 나아가 이 모든 방법들이 공급사슬 내의 모든 처리과정을 기록할 수 있는 엔터프라이즈 시스템(enterprise system)에 통합되어야 한다.

성공적인 CPFR 도입을 위해서는 계획과 변화의 필요성과 실행력만으로 되는 것이 아니라 항상 위험과 장애물도 존재하고 이를 넘어야 한다는 것을 명심하고 있어야 한다. 예를 들어, 보통 기업들은 여러 기업들과 관계를 맺고 있기 때문에 CPFR에서 파트너인 두 업체 중 최소 한 업체는 부득이하게 상대방의 경쟁업체와도 관계를 맺고 있는 경우가 존재할 수 있다. 이럴 경우 지금까지 강조한 정보의 공유가 정보의 오남용으로 이어질 수 있다. 또 다른 위험은 한 쪽에서 스케일이나 테크놀로지를 바꾸게 되면, 나머지 한 쪽의 업체는 끌려가듯 무작정 따라야 하거나 더 심각하게는 협력관계를 끊는 상황이 발생하는 것이다. 마지막으로, CPFR의 도입과 예외적인 상황의 해결을 위해서는 두 업체의 긴밀한 상호관계를 필요로 하는데 이때 두 조직의 서로 다른 기업 문화가 장애물로 작용할 수가 있다. 파트너 기업들 간의 협력적인 조직문화를 구성하지 못한다면 CPFR의 성공에 있어 주요 장애물로 발전할 가능성도 있다는 것을 잊어서는 안 된다. 다른 주요 장애물은 한 쪽의 기업에서 매장 수준에서의 협력(store-level collaboration)을 원하는 것이다. 매장 수준에서의 협력은 다른 협력전략보다 조직적이고 기술적인 측면에서 더 높은 투자를 필요로 하기 때문에 상대방에게 큰 부담을 안길 수 있다. 그렇기 때문에 협력의 시작은 행사(event-)나 물류센터 수준의 협력(DC-level collaboration) 같은 비교적 실행하기 쉬운 협력전략을 사용하는 것이 현명하다. 하지만 가장 큰 장애물은 파트너와 공유하는 수요 정보가 기업 내에서 통합적으로 사용되지 않는다는 것이다. 파트너와 함께 CPFR의 이익을 극대화시키기 위해서는 각 기업 내에서의 서로의 수요, 공급, 물류에 대한 정보를 공유하고, 공유한 정보를 통합하여 공동 계획을 세우고 함께 실행해나가야 하는데, 그렇지 않은 경우 CPFR으로 이익을 기대하기는 어렵다.

(7) Coordination을 위한 실천방안

실제 산업에서 성공적인 공급사슬 coordination을 이루기 위해서 명심해야 할 7가지 방안들이 있다:

① 채찍효과 수량화하기

② Coordination을 위해서 최고경영층의 약속받기

③ Coordination을 위해서 자원 바치기/집중하기

④ 다른 단계들(stages)과의 소통에 집중하기

⑤ 공급사슬 전체에서 coordination을 이루기 위해 노력하기

⑥ 공급사슬 내에서의 연결성을 향상시키기 위해 테크놀로지 이용하기

⑦ Coordination으로 얻은 이익을 공평하게 나누기

먼저 채찍효과를 수량화하는 것은 매우 중요하다. 대부분의 기업들이 채찍효과가 공급사슬에서 큰 위험으로 작용한다는 것을 간과하고 있다. 매니저들은 소비자들로부터 받는 주문에서 발생하는 변동성과 그들이 공급업자들에게 넣는 주문에서 발생하는 변동성을 비교해야 한다. 이런 전략은 기업이 채찍효과에 얼마만큼의 기여를 하는지 수량화할 수 있다. 채찍효과에 대한 기여도를 확인하면 공급사슬의 모든 단계에서 문제가 발생하고 있고 전체의 이익이 줄어들고 있다는 사실을 보다 쉽게 인지할 수 있다. 채찍효과의 수량화가 없다면 기업은 변동성이 생기는 문제를 없애려고 하기보다, 그저 변동성을 완화하려는 노력만 하게 된다. 그 노력이란 기업이 아주 조금의 퍼포먼스를 향상시키기 위해서 재고관리와 스케줄링 시스템에 넘치는 비용을 투자하게 되면서 회사자금을 낭비하게 되는 것을 뜻한다. 채찍효과의 크기를 확인하게 되면 공급사슬 내의 여러 단계에서 각자 coordination을 이루기 위해 어떤 노력을 해야 할지를 깨닫고 공급사슬 내에서 발생하는 변동성을 없애기 위해 노력할 것이다.

두 번째로는 최고경영층의 약속을 받아내는 것이다. 최고경영층의 허가와 지원에 대한 약속을 받아내야만 coordination을 성공으로 이끌 수 있다. Coordination은 각자 단계의 업무에만 집중하는 단계 매니저(stage manager)가 공급사슬 전체와 기업 자체의 이익을 위해서 움직여야만 이루어질 수 있다. 그렇기 위해서는 기존에 행해져 오던 전통적 관례를 깨고 모두가 함께, 각자의 목표가 아닌 하나의 큰 목표를 바라봐야 한다. 매니저들의 단계 목표 지향

적인 마인드와 행동을 바꾸기 위해서는 최고경영층의 강력한 지지와 변화에 대한 의지가 필요하다.

Coordination은 공급사슬 내의 모든 구성원들이 참여하여 경영자원을 쏟아 노력하지 않는다면 이룰 수 없다. 종종 많은 기업들이 coordination의 부족은 어쩔 수 없는 현실이라고 생각하거나 저절로 이루어질 것이라고 생각하며 최대한의 노력과 투자를 하지 않는 경우가 있다. 하지만 이런 마음가짐은 단계별 매니저들이 오직 자신들의 영역만 신경 쓰게 하고 각 단계가 다른 단계에 미치는 영향과 상호관계에 대해서는 아무도 신경 쓰지 않는 현상을 초래한다. 이런 악순환을 끊고 coordination을 이루는 가장 좋은 방법은 공급사슬 내의 여러 업체들을 하나로 묶어 팀을 구성하는 것이다. 각 업체의 매니저들은 기존의 '내 영역만 잘 되면 돼'라는 마인드를 가지고 팀으로 일을 하게 되면 얻을 수 있는 것이 아무것도 없기 때문에 자연스럽게 서로 협력하고 서로에게 미치는 영향과 상호관계에도 집중하게 된다. 하지만 이렇게 팀을 구성하는 것은 업체 간의, 매니저들 간의 충분한 신뢰가 바탕이 되어야 한다는 것을 명심해야 한다.

다른 단계들(stages)과의 소통에 집중하는 것은 coordination의 가치를 높인다. 기업들은 종종 공급사슬 내의 단계들 간의 소통이 부족하고 서로 정보를 공유하지 않으려고 하는 경향이 있다. 하지만 대부분의 경우, 기업들은 coordination의 부족으로 인한 불만을 토로하게 되고, 정보 공유를 통해 보다 더 효과적인 활동을 할 수 있게 되는 것을 원한다. 구성원들 간의 규칙적인 소통은 보다 나은 생산 환경을 만들고 모두에게 더 이로운 변화를 가져오게 된다. 예를 들어, PC산업에서는 PC를 생산하기 몇 주 전부터 마이크로프로세서를 대량으로 주문하는 것이 일반적인 과정이었다. 하지만 산업 환경이 수주 생산(build-to-order)로 바뀌면서 마이크로프로세서의 대량 주문보다 일일 단위의 주문이 필요하게 되었다. PC업체들은 일일 단위의 주문을 공급업자들이 꺼려할 거라고 생각했지만, 충분한 소통을 통해 공급업자들이 오히려 로트 사이즈를 줄이고 주문 빈도를 높이는 방법을 선호한다는 것을 알게 되었고 자연스럽게 수주 생산에 맞는 환경으로 바뀔 수 있었다. 만약 PC산업에서의 여러 단계 간의 소통이 없었다면 상호간의 보다 나은 이익을 창출해낼 수 있는 coordination은 이루어지지 못했을 것이다.

Coordination을 통한 최대한의 이익을 얻기 위해서는 공급사슬 전체가 잘 어우러져야 한다. 공급사슬 내의 두, 세 단계만 잘 어우러진다고 해서 충분한 coordination이 이루어질 수 있는 것이 아니다. 공급사슬 내에서 가장 영향력 있는 단계/구성원이 모두가 잘 어우러져 coordination을 이룰 수 있도록 노력해야 한다.

인터넷이나 다른 다양한 소프트웨어 시스템 같은 테크놀로지가 공급사슬 전체를 아우르는 정보에 대한 가시성(visibility)을 높여줄 것이다. 지금까지는, 대부분의 IT기술의 활용으로 기업 내에서의 정보에 대한 가시성만을 이룰 수 있었다. 하지만 공급 사슬을 아우를 수 있는 정보에 대한 시야를 넓히기 위해서는 각 기업과 산업마다 다른 특성을 가지고 있는 공급사슬에 따라 그에 맞는 IT기술과 ERP시스템 같은 소프트웨어 시스템을 잘 활용해야 한다. 기업들이 IT시스템에 대한 막대한 투자가 그만한 가치가 있다는 것을 깨닫는다면 보다 나은 협력적인 예측과 계획을 수행하는 데 큰 도움이 될 것이다. 또한 인터넷의 활용도 정보 공유를 돕고 공급 사슬 간의 연결성을 극대화시킬 것이다.

Coordination을 이루는 데에 있어서 가장 큰 장애물은 공급사슬 내의 구성원들이 coordination으로 인한 혜택/이익을 공평하게 받지 못할까 하는 불안감에서 온다. '나는, 우리 단계(stage)는 투자만 하고 혜택을 못 받으면 어쩌지'라는 생각은 최대한의 노력과 투자에 앞서 머뭇거리게 하고 신뢰를 떨어뜨리게 한다. 이런 문제점을 해결하기 위해서는 공급사슬의 영향력 있는 구성원/단계에서 먼저 나서서 모두가 공평한 이익을 누릴 것이라는 확신을 주면 보다 수월하게 모두의 신뢰를 얻고 함께 coordination을 이루기 위해 노력할 수 있을 것이다.

요약

지금까지 공급사슬 통합의 필요성을 알아보았고, 보다 효과적인 공급사슬 통합을 위한 정보의 통합과 coordination전략을 살펴보았다. 특히 coordination 은 공급사슬 통합을 위한 핵심 전략으로 공급사슬 내의 모든 단계와 구성원들 이 함께 개개인이 아닌 전체를 위해 소통하고 협력하여 전체의 이익을 극대화 시키는 것이다. 각 단계에서 각자의 목표에만 집중하거나 공급사슬을 거치면 서 정보가 왜곡되면 coordination의 부재가 나타나게 된다. 주문의 변동성은 소매업자에서 유통업자를 거쳐 생산업자와 공급업자에게 다가갈수록 그 폭이 커지고, 이를 채찍효과라고 한다. 채찍효과는 공급사슬 시스템에 들어가는 모 든 비용을 증가시키고 고객을 위한 서비스 레벨을 감소시킨다. 또한, 모든 구 성원들을 효율성과는 멀어지게 하고 고객의 만족도와 공급사슬의 생산성도 저 하시킨다.

Coordination의 주요 장애물은 잘못된 인센티브 정책으로, 구성원들이 전 체의 이익이 아닌 각자의 이익만을 추구하게 되는 것이다. 그 외에 다른 장애 물로는 정보 공유의 부재, 운영상의 비효율성으로 인한 긴 리드타임과 큰 로 트 사이즈, 전방구매를 자극하는 잘못된 판매 인센티브 및 프로모션, 주문의 인플레이션을 자극하는 rationing scheme, 신뢰의 부재 등이 있다.

경영자들은 각기 다른 단계와 역할들을 아우르는 목표와 인센티브 정책 과 모두의 관심을 하나로 집중시키는 전략을 통해 coordination을 이루는 데 도움을 줄 수 있다. 또한 판매 정보, 협력적인 예측과 계획, 공급사슬 전체의 보충(replenishment)을 위한 하나의 컨트롤 센터 운영, 효율적으로 리드타임과 로트 사이즈를 줄이기 위한 생산 활동 개선, EDLP 전략, 전방구매를 줄이기 위한 다양한 전략, 공급사슬 내의 전략적 파트너십과 신뢰를 쌓기 위한 노력 등이 coordination을 이루는 데에 큰 도움이 될 것이다.

파트너들마다 원하는 CPFR 관계가 다르다. 매장행사(store events)에 대한 협력을 원할 수도 있고 물류센터 보충(DC replenishment), 매장 보충(store replenishment), 종합적으로 갖추어진 계획(assortment planning) 등 원하는 협력전략은 다양할 수 있다. 물류센터 보충 협력은 종합적인 데이터를 필요로 하기 때문에 시행하기가 가장 쉽다. 매장 보충 협력을 이루기 위해서는 데이터 공유와 테크놀로지에 대한 높은 투자를 필요로 하기 때문에 기업에게 경제적인 부담이 따를 수도 있다. 각 전략마다 장/단점이 있기 때문에 파트너들과 모두에게 가장 적합한 전략을 찾아 실행하는 것이 바람직하다.

Index

찾아보기

Index

Index

Index

저자 약력

김수욱

서울대학교 경영대학 경영학과 졸업
서울대학교 대학원 경영학과 석사 졸업
미국 Michigan State University 경영학박사(Ph.D)

현) 서울대학교 경영대학 교수
현) 서울대학교 경영대학 부학장
현) 서울대학교 경영전문대학원 부원장
현) 한국 생산관리학회 회장, 한국 산업엔터테인먼트융합 경영학회 회장,
    대한경영학회 차기회장, 한국 중소기업학회 부회장, 한국경영과학회 부회장,
    한국품질경영학회 부회장
현) 국방부 군수혁신위원회 위원, 고용노동부 사회적기업육성위원회 위원,
    행정자치부 정부청사혁신위원회 위원, 국토교통부 국가교통정책심의위원회 위원

서울대학교 발전기금본부 본부장 역임
서울대학교 경영정보연구소 소장 역임
기획재정부 공공기관경영평가위원 역임
미국 Columbia University 방문교수

주요 저서: 나쁜 기업이 되라, 혁신을 위한 경영트렌드, 한국형 강소기업 육성전략,
             오픈이노베이션 시대의 공급망 경영전략, 금융SCM, 서비스 운영관리

황소채찍효과

초판발행	2018년 3월 10일
중판발행	2019년 11월 30일
지은이	김수욱
펴낸이	안종만 · 안상준
편 집	전채린
기획/마케팅	조성호
표지디자인	권효진
제 작	우인도 · 고철민

펴낸곳	(주) **박영사**
	서울특별시 종로구 새문안로3길 36, 1601
	등록 1959. 3. 11. 제300-1959-1호(倫)
전 화	02)733-6771
f a x	02)736-4818
e-mail	pys@pybook.co.kr
homepage	www.pybook.co.kr
ISBN	979-11-303-0498-4 93320

copyright©김수욱, 2018, Printed in Korea

정 가   20,000원